富锦县立中学校楼,建于1927年

吕庆芳(女,前坐者),富锦抗日游击队领导人,人们亲切地称她为李老太太

1943年10月5日，东北抗日联军教导旅野战演习后，旅长周保中及部分主要干部摄于北野营。（自左向右）
　　一排：巴达林、张寿篯(李兆麟)、王一知、周保中、金日成、什林斯基。
　　二排：张光迪、冯仲云、王明贵、王效明、崔石泉、彭施鲁。
　　三排：杨清海、徐哲、姜信泰、金光侠、金铁宇、隋长青。
　　四排：安吉、朴德山、崔勇进、陶雨峰、金京石。

1943年10月，东北抗日联军教导旅部分主要干部在北野营合影

东北抗日联军富锦七星砬子兵工厂车床

爱国志士常隆基塑像矗立于枪击日军中将之地——乌尔古力山上

1947年夏，中共富锦中心县委领导与第三军分区（富锦）领导合影

1947年8月，从延安等地来富锦开辟革命工作的女干部合影，此后她们陆续南下去开辟新解放区的工作

1947年10月，富锦联中52名初中学生参加前线服务团。图为合江省政府主席李延禄到富锦为联中青年前线服务团授旗时的合影

富锦革命
烈士纪念塔

苏联红军
烈士纪念碑

1950年，在抗美援朝、保家卫国运动中富锦中学有大批学生参加了志愿军。图为初中二年级9名女学生参加志愿军时的合影，她们是新中国首批雷达女兵

1958年4月22日，富锦机械厂（拖拉机厂前身）生产的第一台拖拉机——松花江3号，在一片欢乐声中问世了！它是新中国自产的第一台拖拉机。此台拖拉机到北京参加了当年的五一节游行检阅活动，接受了毛主席等党和国家领导人的检阅

1958年秋兴修水利的场面

20世纪70年代的发电厂

富锦港口

富锦火车站（2018年）

富锦拖拉机厂生产的农用小四轮拖拉机出厂下线的场面（1995年）

锦山镇德祥村（2018年），1936年秋中共山西党支部在这里建立

富锦城市之东祥小区（2014年）

新天地商厦（2019年）

富锦市经济开发区一角（2020年）

2020年9月22日，庆祝中国第三个农民丰收节黑龙江主会场活动在富锦水稻公园举行

富锦市革命老区发展史

富锦市老区建设促进会 编

黑龙江教育出版社

图书在版编目（CIP）数据

富锦市革命老区发展史 / 富锦市老区建设促进会编
. — 哈尔滨：黑龙江教育出版社，2021.5
ISBN 978-7-5709-2204-8

Ⅰ．①富… Ⅱ．①富… Ⅲ．①富锦—地方史 Ⅳ.
①K293.54

中国版本图书馆CIP数据核字(2021)第078440号

顾　　　问	于万岭			
丛书主编	杜吉明			
副　主　编	白亚光	张利国	李树明	李　勃

富锦市革命老区发展史
Fujinshi Geming Laoqu Fazhanshi

富锦市老区建设促进会　编

责任编辑	高　璐
封面设计	朱建明
责任校对	杨　彬
出版发行	黑龙江教育出版社
地　　址	哈尔滨市道里区群力第六大道1305号
印　　刷	哈尔滨博奇印刷有限公司
开　　本	787毫米×1 092毫米　1/16
印　　张	33
字　　数	410千
版　　次	2021年5月第1版
印　　次	2021年5月第1次印刷
书　　号	ISBN 978-7-5709-2204-8　　定　价　68.00元

黑龙江教育出版社网址：http://www.hljep.com.cn
如需订购图书，请与我社发行中心联系。联系电话：0451—82 533 097　82 534 665
如有印装质量问题，影响阅读，请与我公司联系调换。联系电话：0451—51 789 011
如发现盗版图书，请向我社举报。举报电话：0451—82533087

《富锦市革命老区发展史》
编纂委员会

主　　　任	李源波
副 主 任	郝　旺　吕村笙
委　　　员	许志东　佟　宁　于　迅　郑恩贵
	衣树羽　鲁春礼　王　刚　王　强
	王延德　朴明生　林广友　张春生
	杨守昆　杨志宇　杨培顶　聂桐林
	魏玉海
办公室主任	衣树羽

《富锦市革命老区发展史》
编辑部

主　　编	衣树羽
编写人员	衣树羽　穆宝达　刘延复　王殿阁　张家繁
	（按撰写各章先后顺序排列）

总 序

在举国欢庆新中国成立70周年前夕,中国老区建设促进会王健会长请我为《全国革命老区县发展史》丛书作序,作为一名在老区战斗过并得到老区人民生死相助的老兵,回首往事,心潮澎湃,感慨万千,深感义不容辞,欣然应允。

中国革命老区,是以毛泽东为代表的中国共产党人在领导人民推翻帝国主义、封建主义和官僚资本主义三座大山,争取民族独立和人民解放伟大斗争中建立的革命根据地,在这片红色的土地上,诞生了无数可歌可泣的革命英雄儿女,为后人树起了一座不朽的丰碑。她是新中国的摇篮,是党和军队的根。

在艰苦卓绝的战争年代,老区人民把自己的命运与中华民族的命运紧紧地联系在一起,与中国共产党和人民军队的命运紧紧地联系在一起,他们生死相依,患难与共。我曾亲历过战争年代,并得到过老区红哥红嫂的救助,切身感受到发生在身边的一幕幕撼天动地的革命故事,在那极其艰难的条件下,老区人民倾其所有、破家支前,不怕艰难困苦,不怕流血牺牲。"最后一碗米送去做军粮,最后一尺布送去做军装,最后一件老棉袄盖在担架上,最后一个亲骨肉送去上战场",这是当时伟大的老区人民为建立新中国做出巨大牺牲的真实写照,它将永远镌刻在中国共产党、中国人民解放军、中华人民共和国的历史丰碑上。他们的光辉业绩永载史册，他们的革命精神必将影响一代又一代的革命新人，造就一代又一代的民族脊梁。

在社会主义革命和建设时期，革命老区和老区人民响应党的号召，面对落后的面貌、脆弱的经济、恶劣的生态环境，他们本色不变，精神不丢，自力更生，艰苦奋斗，干一行爱一行。始终坚持"革命理想高于天"，自觉做共产主义远大理想的坚定信仰者和忠实实践者，勇于向恶劣的自然环境和贫穷落后宣战，他们在各条战线上为国建功立业，用平凡的双手创造了一个又一个不平凡的奇迹，彰显了老区人的崇高精神和人格力量。

在改革开放的伟大进程中，老区人民解放思想，勇于创新，发奋图强，攻坚克难，老区的经济社会建设取得了辉煌成就。特别是在改变中国的面貌、中华民族的面貌、中国人民的面貌、中国共产党的面貌的伟大实践中发挥了至关重要的作用。老区人民既是改革开放的参与者，也是改革开放的推动者。

艰苦练意志，危难见精神。老区人民在近百年的革命战争、社会主义建设和改革开放的伟大实践中，孕育形成了伟大的老区精神：爱党信党、坚定不移的理想信念；舍生忘死、无私奉献的博大胸怀；不屈不挠、敢于胜利的英雄气概；自强不息、艰苦奋斗的顽强斗志；求真务实、开拓创新的科学态度；鱼水情深、生死相依的光荣传统。这是党和人民宝贵的精神财富、丰厚的政治资源，是凝心聚力、振奋民族精神的重要法宝，也是社会主义核心价值观的重要内容。

中国老区建设促进会怀着强烈的政治责任感和历史使命感，组织全国各地老促会人员克服困难，尽心竭力编纂《全国革命老区县发展史》丛书，记录老区的光辉历史和辉煌成就，传承红色基因，弘扬老区精神，是功在当代、利及千秋的一件大事。手捧这部丛书的部分书稿，读着书中的故事，倍感亲切，深感这部丛书具有资政、育人、存史的社会功能，有着重要的时代和历史价值。它是不忘初心、牢记使命的源头活水，是赞颂共产党、讴歌老区人民的一部精品力作，是弘扬老区精神、传承红色记忆的丰厚载体，是一项继承优秀传统文化、弘扬革命文化、发展社会主义先进文化，坚定"四个自信"的宏大文化工程。它必将成为一种文化品牌，为各界人士了解老区宣传老区支持老区提供一部有价值的研究史料。希望读者朋友们能从中了解并牢记这些为党和民族的利益不断奉献的老区人民，从中得到教益，汲取人生奋斗的精神动力。

新时代赋予新使命，新起点开启新征程。让我们更加紧密地团结在以习近平同志为核心的党中央周围，坚持以习近平新时代中国特色社会主义思想为指导，增强"四个意识"，坚定"四个自信"，做到"两个维护"，弘扬老区精神，铭记苦难辉煌。为实现"两个一百年"奋斗目标，实现中华民族伟大复兴的中国梦做出新的更大的贡献！

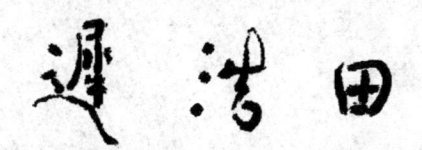

迟浩田

2019 年 4 月 11 日

编写说明

2017年6月，中国老区建设促进会组织全国各地老促会启动编纂《全国革命老区县发展史》丛书，按照"建立中国共产党、成立中华人民共和国、推进改革开放和中国特色社会主义事业"三大里程碑的历史脉络，系统书写革命老区百年历史，深入挖掘革命老区红色文化资源，这对于充实丰富中国革命史籍宝库、在新时代传承红色基因、弘扬革命精神、强固根本，对于激励人们在新的历史条件下夺取中国特色社会主义伟大胜利，实现中华民族伟大复兴的中国梦具有重要意义。

丛书编纂以习近平新时代中国特色社会主义思想为指导，以《中国共产党历史》《中国共产党的九十年》等重要文献为基本依据，以党的领导为核心，以老区人民为主体，以老区发展为主线，体现历史进程特征，突出时代发展特色，坚持辩证唯物主义和历史唯物主义相统一、历史真实性与内容可读性相统一的原则，书写革命老区从站起来、富起来到强起来的光辉革命史、不懈奋斗史、辉煌成就史，把老区人民的伟大贡献、伟大创造、伟大成就、伟大精神充分展示出来，形成一部具有厚重历史特征和鲜明时代特色的精品力作。这是一部培根铸魂、守正创新，既为历史立言，又为时代服务，字里行间流淌着红色血脉、催生着革命激情的传世之作。丛书的编纂出版将成为讴歌党讴歌人民讴歌时代、传播红色文化、为革命老区和老区人民树碑立传的重要载体。丛书按照编年体与纪事本末体相结合、以编年体为主的编写体例确定框架结构；运用时经事纬、点面结合的方式记述史实；坚持人事结合、以事带人的原则处理人与事的关系；采取夹叙夹议、叙论结合以叙为主的方法展开内容。做到史料与史论、历史与现实、政治与学术统一，文献性、学术性、知识性相兼容。

为编纂好《全国革命老区县发展史》丛书，打造红色文化品牌，中国老区建设促进会认真组织积极协调，提出政治立场鲜明、史料真实准确、思想论述深刻、历史维度厚重、时代特色突出、编写体例规范、篇目布局合理、审读把关严格、出版制作精良的编纂出版总要求，力求达到革命史籍精品的精神高度、思想深度、知识广度、语言力度，增强丛书的权威性和社会影响力。各省（区、市）、市（州、盟）、县（市、区、旗）老促会的同志，以强烈的使命感、责任感和紧迫感，勇于担当，积极作为，认真实施，组织由老促会成员、专家学者等参加的十余万人编纂队伍。编纂工作主体责任在县，省、市组织协调、有力指导、审读把关。各方面人员以高度负责的精神和科学严谨的态度，满腔热情地投入工作，为丛书编纂出版做出了重要贡献。丛书编纂工作还得到了党和国家有关部委、地方各级党委政府及有关部门的大力支持和积极参与，社会各界也给予了热情帮助。中共中央政治局原委员、中央军委原副主席、原国务委员兼国防部长迟浩田上将，对老区人民怀有深厚感情，对革命老区建设发展十分关注，欣然为《全国革命老区县发展史》丛书作总序。

| 编写说明 |

丛书由总册和1 599部分册（每个革命老区县编纂1部分册）组成，共1 600册。鉴于丛书所记述的史实内容多、时间跨度长和编纂时间紧，不妥之处，敬请批评指正。

中国老区建设促进会

目 录

序 ··· 001

第一章　自然概况 ·· 001
第一节　地理区位 ··· 001
第二节　地形地貌 ··· 001
第三节　山脉水系 ··· 004
第四节　气候 ··· 008
第五节　土壤 ··· 012
第六节　植被 ··· 015
第七节　湿地 ··· 016

第二章　历史沿革与行政区划及人口变化 ················ 022
第一节　历史沿革 ··· 022
第二节　行政区划 ··· 027
第三节　各时期人口的变化 ·································· 038

第三章　富锦建县初期的开发与建设 ····················· 040
第一节　赫哲人迁移和闯关东人渐聚 ······················ 040
第二节　垦荒农业渐兴 ······································· 044

第三节　工商各业创建 …………………………… 047
　　第四节　集镇村落的出现 …………………………… 051
　　第五节　学校教育兴起 ……………………………… 056

第四章　东北抗日斗争时期中共党组织的建立与发展及老区
　　　　　人民的反日行动 …………………………… 060
　　第一节　日本侵略者的殖民统治 …………………… 061
　　第二节　中共党组织的建立及其革命活动 ………… 079
　　第三节　富锦地区各阶层群众的反日斗争 ………… 085

第五章　东北抗日联军在富锦地区的艰苦斗争 ………… 103
　　第一节　抗日联军的抗日活动 ……………………… 103
　　第二节　主要战斗 …………………………………… 111
　　第三节　英雄人物与抗日英烈 ……………………… 114
　　第四节　主要遗址和纪念场所 ……………………… 144
　　第五节　民族英雄的抗日壮举 ……………………… 150

第六章　东北解放战争时期的富锦战略要地建设 ……… 154
　　第一节　建立巩固的东北根据地，富锦成为合江的战略
　　　　　　要地 ………………………………………… 154
　　第二节　大批军政干部进入富锦开展工作 ………… 157
　　第三节　民主政权和武装部队在富锦的建立 ……… 160
　　第四节　富锦在合江省东部地区的战略地位 ……… 166
　　第五节　剿灭土匪，稳定秩序，安定民生 ………… 169
　　第六节　培训输送急需人才，改造旧教育，发展新教育 … 175
　　第七节　参军参战，服务前线 ……………………… 181
　　第八节　土地改革和大生产运动的进行及成果 …… 185
　　第九节　工业、商业、交通业、金融业、邮电业的恢复发展
　　　　　　和财税体制的变化 ………………………… 191
　　第十节　卫生医疗事业的开辟和文化事业的建设 … 198

第十一节　中共党的组织由地下转为公开，党员队伍不断
　　　　　扩大，进步群团组织相继建立⋯⋯⋯⋯⋯⋯⋯ 204

第七章　社会主义革命和建设时期的经济建设和社会发展⋯⋯ 207
第一节　党组织的发展和管理体制的变化⋯⋯⋯⋯⋯⋯⋯⋯ 207
第二节　政治运动的开展⋯⋯⋯⋯⋯⋯⋯⋯⋯⋯⋯⋯⋯⋯ 210
第三节　农村经济的初步发展⋯⋯⋯⋯⋯⋯⋯⋯⋯⋯⋯⋯ 215
第四节　自然灾害中的自救与奋斗⋯⋯⋯⋯⋯⋯⋯⋯⋯⋯ 222
第五节　电力、交通、邮电的发展⋯⋯⋯⋯⋯⋯⋯⋯⋯⋯ 225
第六节　工业经济的发展⋯⋯⋯⋯⋯⋯⋯⋯⋯⋯⋯⋯⋯⋯ 228
第七节　财贸战线的发展⋯⋯⋯⋯⋯⋯⋯⋯⋯⋯⋯⋯⋯⋯ 233
第八节　城乡建设⋯⋯⋯⋯⋯⋯⋯⋯⋯⋯⋯⋯⋯⋯⋯⋯⋯ 244
第九节　卫生医疗⋯⋯⋯⋯⋯⋯⋯⋯⋯⋯⋯⋯⋯⋯⋯⋯⋯ 250
第十节　教育事业的全面发展⋯⋯⋯⋯⋯⋯⋯⋯⋯⋯⋯⋯ 254
第十一节　文化体育事业的发展⋯⋯⋯⋯⋯⋯⋯⋯⋯⋯⋯ 267

第八章　改革开放时期的巨大变化和发展⋯⋯⋯⋯⋯⋯⋯⋯⋯ 272
第一节　农业：从集体经营到联产承包，现代农业的
　　　　推进⋯⋯⋯⋯⋯⋯⋯⋯⋯⋯⋯⋯⋯⋯⋯⋯⋯⋯ 272
第二节　工业改制的完成，招商引资的推进，乡镇企业的
　　　　创办⋯⋯⋯⋯⋯⋯⋯⋯⋯⋯⋯⋯⋯⋯⋯⋯⋯⋯ 281
第三节　财贸战线的转制，旅游业的兴起⋯⋯⋯⋯⋯⋯⋯ 292
第四节　财政与税务⋯⋯⋯⋯⋯⋯⋯⋯⋯⋯⋯⋯⋯⋯⋯⋯ 302
第五节　各类教育事业长足发展⋯⋯⋯⋯⋯⋯⋯⋯⋯⋯⋯ 306
第六节　卫生医疗条件的改善和技术的提高，计划生育政策
　　　　的施行⋯⋯⋯⋯⋯⋯⋯⋯⋯⋯⋯⋯⋯⋯⋯⋯⋯ 320
第七节　文化体育事业的新发展⋯⋯⋯⋯⋯⋯⋯⋯⋯⋯⋯ 325
第八节　城乡建设的巨大变化⋯⋯⋯⋯⋯⋯⋯⋯⋯⋯⋯⋯ 331
第九节　交通、邮递、电信的快速发展⋯⋯⋯⋯⋯⋯⋯⋯ 336

第十节　健全社会保障体系 ………………………… 341

第九章　建设中国特色社会主义新时代的跨越式发展 …… 347
　　第一节　现代农业的发展与贡献 …………………… 347
　　第二节　经济开发区的建设 ………………………… 358
　　第三节　富锦城市的建设与繁华 …………………… 363
　　第四节　社会民生保障 ……………………………… 373
　　第五节　旅游业的开发 ……………………………… 387

第十章　扶贫攻坚战 …………………………………… 394
　　第一节　实施十大行动 ……………………………… 394
　　第二节　"十三五"时期扶贫攻坚成果 ……………… 398
　　第三节　攻坚成果的巩固 …………………………… 402

附录：富锦历年大事记 ………………………………… 408
后记 …………………………………………………… 496

序

在中国老区建设促进会和黑龙江省、佳木斯市老区建设促进会的组织指导下，在富锦市委、市政府的领导下，富锦市老区建设促进会历经三年多的时间，组织编写了这部《富锦革命老区发展史》。这期间，正值庆祝中华人民共和国成立70周年、喜迎中国共产党成立100周年，又恰逢富锦建县110周年。以上重要历史时刻的献礼！

本书全面真实地记述了富锦1909年建县以来各方面的建设和发展情况，是富锦的第一部发展史，也是一项重大的历史文化工程。

富锦是革命老区，这里有红色的基因，这里传承和发扬着革命老区的精神。在中国共产党的领导下，富锦人民在革命、建设、改革进程中作出了重要贡献。

抗日战争时期，有众多的抗日组织（自卫团、义勇军、游击队、山林队、黄枪会、红枪会、救国会等）、抗日联军部队（三军、四军、五军、六军、七军、独立师等部）在富锦地区活动，抗联第十一军在富锦地区成立。富锦人民以各种各样的方式支持抗日组织和抗日联军的行动，为抗日战争作出了重要贡献。至今，在富锦地区还广泛流传着可歌可泣的抗日斗争故事。

解放战争时期，在中共中央东北局和合江省委的领导下，富锦建立了各级党组织、各级政权组织，全面剿匪，开展土地改革，大力发展经济。富锦是合江省的政治、军事、经济、文化中心，有深厚的根据地基础。富锦人民参军参战、支援前线，为解放战争的胜利作出了突出的贡献。

新中国成立后，在社会主义革命和建设时期，富锦老区人民响应党的号召，本色不变、信念坚定、自力更生、艰苦奋斗，在各条战线上都为祖国的建设发展贡献了力量。

改革开放后，富锦市委、市政府解放思想、锐意改革、奋发图强、攻坚克难，城乡建设变化巨大，企业全面改制，农业生产、基础教育、文化体育等均迈入全国先进行列。

走进新时代，富锦市以全面建成小康社会为总揽，牢固树立"创新、协调、绿色、开放、共享"的发展理念，凝心聚力、砥砺前行，在建设中国特色社会主义的道路上不断前行，为富锦的发展史不断增添光辉的篇章。

习近平总书记说："历史是一面镜子，鉴古知今，学史明智。"《富锦革命老区发展史》是一部在中国共产党领导下，富锦老区人民的奋斗史、创业史、成就史。这部书具有重要的历史价值，具有资政、认知、存史的社会功能，是帮助各界人士了解富锦近代、现代和当代的一部有价值的史料。

身在富锦建设富锦，离开富锦关注富锦。希望各界朋友都来读一读这部本土的史书，希望富锦的各界人士、家乡父老以及学校师生都来学习、了解一下本土的历史，也希望各图书馆、图书室、图书屋等，将这部富锦的发展史列入必藏之书。

中共富锦市委书记：李源波

第一章 自然概况

第一节 地理区位

富锦市位于黑龙江省东北部,东经131°25′至133°26′,北纬46°45′至47°45′,松花江下游南岸,三江平原腹地,是三江平原区域中心。周边与7市县相毗邻:西与集贤县、桦川县毗连;东与饶河县、同江市为邻;南起七星河,与宝清县接壤;北靠松花江与绥滨县隔江相望。全境东西180千米,南北92千米,幅员总面积8 227平方千米,占黑龙江省土地面积的1.8%,占佳木斯地区总面积的25%。

第二节 地形地貌

一、地貌

富锦市地处三江平原腹部,具有典型的沼泽化低湿平原的地貌景观。

全市南部低平原区和北部平原区以及沿江泛滥地,总面积为4 393平方千米,占县属面积89.3%;低山残丘527平方千米,占10.7%。全县地势总的趋向是由西北向东南缓慢倾斜,坡降为

1/10000—1/15 000。

1.低平原。位于二龙山—乌尔古力山—别拉音子山一线以南，包括砚山、头林、长安、宏胜、兴隆等大部和锦山、二道岗、上街基、择林、永福等南半部，总面积为341万亩，占县属面积46.3%，为富锦的主体地貌。全区地势低洼，遍布碟形洼地和线形洼地，海拔在54~58米，地表为3~17米的黏土层，大部为草甸土。地下水接近地表。境内自西向东有漂筏河及其下游外七星河，南部为七星河、挠力河，均为平原沼泽性河流。由于河槽弯曲、狭窄，每逢降雨，水分自然汇集，沿河两岸成为沼泽性湿地。特别是连续降雨后，雨水由完达山流下沿双鸭山、集贤、友谊等大面积经流，汇集于本区，使本区成为承泄区，造成大面积农田被淹。为了解决外水对本区的威胁，1982年首先在内七星河富锦县一侧修筑了隔堤，挡住了内七星河水的漫延，同时又在外七星河两侧修筑两条相距700~1 000米的束水堤，从而使上游来水得到了控制。

2.平原。主要分布在沿江一带的二级阶地和波状起伏的漫岗上，面积为1 607平方千米，占县属面积32.6%，海拔为60~65米，呈不规则带状分布，位于松花江沿岸的西安、上街基、大榆树、富民等地以及富廷、日新、头林、二林、向阳川、永福等平原漫岗。这些平原地均开发较早，七星岗和兴隆岗分别在20世纪50年代和60年代开垦，土壤类型大部为黑土、草甸土，是富锦主要产粮区。

3.沿江泛滥地。主要分布在松花江沿江一带的河漫滩与江中岛屿，面积为513平方千米，占县属面积10.4%。地势低平，沟塘相间分布，海拔55~59米。地下水位高，水资源丰富，生长以沼柳和小叶章为主的草甸植被。土壤为泛滥地草甸土，土质轻，砂性大，保水、保肥性能差，不适宜农作物生长，遇到洪水威胁，既保证不了收成，又易造成水土流失。

4.低山残丘漫岗。面积为527平方千米，其中山丘面积为173平方千米，占县属面积3.5%，为完达山余脉，自西向东有别拉音子山、乌尔古力山、二龙山等。山地海拔高度为80~150米。最高山峰为乌尔古力山，海拔为538.7米，其次是别拉音子山，海拔为472.8米。山前漫岗分布在山丘的坡积裙和山麓台地上，面积约353平方千米，占县属面积的7.2%，平均海拔为65~80米。植被为柞树、桦树、椴树、山杨等阔叶次生林，土壤为暗棕壤，适于发展林业。

二、地质

富锦在区域大地构造单元上位于吉黑褶皱系佳木斯隆起带，其区域地质演化受整个三江平原地质演化的制约。三江平原与俄罗斯境内的阿穆尔平原，统称"三江阿穆尔地堑"，该地堑是东北大陆裂谷系的部分。在地质史上，自中生代晚期侏罗纪开始活动，进入新生代第四纪后，呈间歇性沉降运动，沉积了较厚的第四纪松散沉积物，其厚度不一，残丘周围的厚度不足50米，而别拉音子山西侧的厚度达300余米，其他地段在170~200米之间。

三、地层

1.早更新世（距今约120万—300万年）。早期的沉积物仅见于别拉音子山以西的第四系底部，沉积环境为内陆封闭盆地充填式堆积，主要为冲洪积相的砂、砾石、卵砾石，此时的其他地质均为陆裸剥蚀区。

晚期由于三江平原的整体下沉，富锦地区除别拉音子山、乌尔古力山等残山外，广大地区均接受了河床滞留相的砂砾石、中粗砂及边滩相的砂、中细砂沉积。

2.中更新世（距今约25万—120万年）。由于三江平原的进一步下沉，南部地段发育有湖相亚黏土堆积。当时的古松花江自别拉音子山南部流入古三江湖（指120万年前，北至乌尔古力山，东至创业、前进农场，南至宝清境内完达山一带），北部地段仍为河床滞留相及河床边滩相沉积，主要岩性为砂、砂砾石。

3.晚更新世（距今约1万—25万年）。早期仍为河床滞留相及河床边滩相沉积，其中以松花江、挠力河等河流的沉积物为主。松花江在黑鱼泡、头林等地流过。中晚期由于末次间冰期时气候转暖，富锦地区除残山以外，均接受了河漫湖相沉积，主要岩性为亚黏土、亚砂土。以后由于地壳抬升，松花江改道别拉音子山北，区内逐渐转向剥蚀区。

4.全新世（距今约0—1万年）。主要是广大低平原低洼地带发育的沼泽相淤泥质亚黏土、泥炭草炭层堆积及现在的松花江和七星河地带的冲积层。

第三节　山脉水系

一、山脉

富锦地势低平，只有少数孤山残丘，自西向东散立在县域中部。

1.乌尔古力山。由海西花岗岩和上古生代浅变质岩系组成，位于县城东南11千米处，该山为西北东南走向，主要天然林有柞树、桦树、椴树、山杨等。由于该山处于要地，距县城、松花江较近，日本侵略军在1942年将该山划为军事禁区，驻扎军队，并强迫外地劳工来修筑明堡、暗道和盘山道。

新中国成立后，为了发展林业生产，政府采取了封山育林措施，使天然次生林得到保护和发展。1958年建起花果山园艺场，1965年又建起石砬山林场，使林业生产、多种经营得到发展。因有盘山路，每年春夏之季都有大批游人来此游览观光，人们登上山巅可以俯瞰富锦大地和美丽的松花江景色。

2.别拉音子山。山体组成与乌尔古力山同，位于县城西35千米处的锦山镇，呈南北走向，长约20千米，宽约4千米，山上有柞、桦、椴、山杨等天然阔叶次生林。自1965年在山东南脚建起工农林场后，开始人工栽植落叶松、樟子松等针叶树。山上有盘山路，车行可至山顶。2009年，在主峰顶建有"锦台"楼阁，为观景台，南坡修有登山台阶路，可由此步行登山。

3.对锦山。位于长安镇东日新村南1千米处，距县城22.5千米。因该山成南北向对着富锦县城，故称"对锦山"。该山主峰海拔162.2米，山上有阔叶次生林。

4.二龙山。该山为第三纪末玄武岩喷发所形成，位于二龙山镇南2千米，呈东西走向，两端各有一座山峰，形似两个龙头，故称"二龙山"，两座山峰海拔分别为171.6米与172.5米，山上植被仅有零星小灌木。

5.北山。为二龙山的延伸，位于二龙山镇北4千米处，哈同公路东侧，因在龙山村北，故称"北山"，主峰132.7米，以山命名的"北山村"位于山南端。

6.太平山。位于二龙山镇东北17千米，距永乐村北约2千米，主峰海拔为117.6米。山上有"土丘子"蛇，这也是除乌尔古力山和别拉音子山外，富锦另一有蛇的山，蛇的数量很多，遇到雨天，有时蛇会爬到树上。

二、水系

富锦境内有一江七河，即松花江、七星河、外七星河、挠力河、安邦河、莲花河、别拉洪河、寒葱河。除外七星河、别拉洪河外，其余均为界河。

1.松花江。发源于吉林省长白山天池，干流全长1 840千米，为黑龙江最大支流，流经2省3市16县，流域面积545 000平方千米，在同江三江口汇入黑龙江。松花江是富锦与绥滨县的界江，上至桦川县老河公，下至同江乐业乡平安村，流经本县全长84千米，流域面积为191 637亩。当水位（大连基点，下同）达到57米高程时，富锦城北水面宽1 600多米。史上最高水位出现在1998年8月30日，洪峰最高水位为61.11米，超过警戒水位（59.67米）1.44米。

松花江有利于航运、灌溉和水产养殖。富锦港是松花江下游大港之一，轮船由本港出发沿江面上可到达哈尔滨，顺流而下入黑龙江可到同江、抚远，进乌苏里江可到饶河、虎头等地，经三江口沿黑龙江逆水而上，可到萝北、嘉荫、黑河、漠河等地。

为发展全县水稻生产，1956年春在富锦镇东北3千米建起红旗灌区（第一电力抽水站）。从3月12日破土动工，到5月27日抽水，仅用了75天，创造了富锦水利建设史上的奇迹。1973年又在西安乡和悦陆村东建起红卫灌区，装机容量为930千瓦，流量为8.52秒立方米，灌溉面积2.1万亩。

松花江是富锦重要的渔业生产水域，盛产各种鱼类，年产鱼2 000余吨。

2.七星河。发源于双鸭山市七星砬子山，是富锦市与宝清县的天然界河。在富锦流长73千米，由西向东北，于炮台亮子流入挠力河，最后于饶河县东安镇注入乌苏里江。七星河为平原型沼泽性河流，河道弯曲，河床宽窄不等，通常在6~20米之间，平槽泄量仅为15秒立方米，平均五年一遇洪水，流量为280秒立方米。致使洪水由老道林子流入外七星河。

3.外七星河。上游为漂筏河,发源于双鸭山,进入平原河身随即消失,溪线经黑鱼泡折向东,漫行沼泽区,即为漂筏河。至解放亮子始有河槽,转向东北,至菜嘴子以上4千米处入挠力河,是本县境内主要河流。外七星河全长183千米,集水面积11 593平方千米,出口流量111秒立方米,是集贤、友谊、富锦及附近农场排水承泄区。上中游无河槽,为碟形洼地;下游河道弯曲,排水受挠力河顶托,平槽流量小于10秒立方米,而五年遇洪水流量曾达188秒立方米,洪水经常漫溢。

4.挠力河。是富锦市与饶河县的界河,富锦区域内长度为240千米,是七星河、外七星河的汇流河。河道弯曲浅窄,每年约有5.5亿立方米的水量漫溢滞蓄于洼地,直接影响内、外七星河两岸排水,使本市南部形成天然滞洪区。

5.安邦河。发源于双鸭山,流经双鸭山、集贤、桦川、富锦等市县。河道弯曲狭窄,过去由富锦临江村南向东折入火烧沟子,过红卫总干经江南村(新建村)北蜿蜒流入松花江。1977年,二九〇农场在临江村西将河道截入松花江,并在村西建立了电力排水站。

6.莲花河。发源于富锦市七桥村东沼泽地,在同江市庆丰村入同江界,因河水清澈,满河丛生莲花而得名。莲花河水深0.7—2.4米,河宽30—50米,沿岸为低洼湿地,杂草丛生,河底为泥炭沼泽;全长127千米,共有22条支流,在富锦流长36千米。莲花河又是七桥沟子、锦东、致富、太东、双庆等排干的承泄区。莲花河进入同江界后流向东北与其支流青龙河泄流,转北流经街津口入黑龙江。2016年8月11日,正当荷花盛开飘香之际,富锦市老区建设促进会牵头,市环保局、沿江湿地管理局、二龙山镇政府、旅游局等单位参加,在莲花河二龙山新龙段开展了"爱我莲花河、观赏莲花河、保护莲花河"的宣传活动。

7.别拉洪河。位于富锦市东部创业农场界内,该河发源于创业农场一队西北低湿沼泽地,向东至下游偏北注入乌苏里江。全长267千米,跨同江、饶河、抚远三个县,流经富锦界内35千米而入同江界,在富锦流域面积为27.8万亩。1977年,该河列入三江平原治理第一期工程,已开挖成新河,上宽20—45米,深3—5米。

8.寒葱河。为莲花河的支流,发源于富锦市东北部张映山以北湿地,向北流入小莲花河,而后沿富锦、同江界折向东北入莲花河,流经富锦16千米。

第四节 气 候

一、大陆性季风气候

富锦地处黑龙江省东北部,为三江平原温和、半湿润农业气候区,有明显的大陆性季风气候特点。这里四季分明,春季风力大,降水少;夏季气温高,降水集中;秋季降温快,时有霜冻;冬季漫长,寒冷干燥。

年平均气温2.5℃,年平均最高年温4℃,最低年温0.6℃;全年平均温度在0℃以上有7个月。最冷月出现在1月份,月平均气温—20.1℃;最热月出现在7月份,月平均气温为21.9℃。年际温差大,极端最低温度为—37.8℃,极端最高温度为37.1℃,相差74.9℃。全年平均日照时数为2 474.6小时,最多年日照2 787.1小时,最少年2 095.7小时。无霜期平均144天,历年最短无霜期117天,最长无霜期176天。全县历年平均稳定通过≥10℃的积温为2 587.8℃,最多年2 981.1℃(1982年),最少年2 120.4℃(1969年),年际差860.7℃,为积温不稳定区。

全年降水日数为115天，其中雷暴雨29天。年平均降水量536.3毫米，其中作物生长期（5—9月份）降水428.1毫米，占总降水量79.8%。历年最多降水量824.5毫米，最少降水量338.6毫米，年际差485.9毫米，这是形成富锦旱涝的主要原因。降雪期始于10月初，终雪期在翌年4月下旬，全年平均积雪122天。

有纪录以来，全县一次连续最大降水量为160毫米（1965年8月2日—8月8日），一日最大降水量为100毫米（1972年8月2日），一小时最大降水量54.3毫米（1972年8月2日），10分钟最大降水量为23.6毫米（1978年6月12日）。年蒸发量为1 211毫米，蒸发量大于降水量，特别是5—6月份蒸发显著，可达401毫米，约占全年蒸发量的三分之一。由于春季降水量少，蒸发量大，往往出现春旱；秋季降雨量大，蒸发量少，易产生秋涝。全年平均相对湿度为68%，春季为61%，夏季为76%。

富锦处于西风带，全年盛行西风，年平均风速3.8米/秒，全年大风天数平均为29天，最多年57天，最少年8天。

全年平均地面温度4.4℃，超过气温1.9℃，有5个月地温低于0℃。通常在10月下旬开始封冻，到翌年5月上旬结束。冻土层1.5—2米，最深达228厘米。

上述光照、降水、温度等气候条件，可基本满足一年一季农作物的生长需要。

二、四季气候特征

1.春季（3—5月）。这是冷暖空气交替最激烈的时期，气温变化无常，昼夜温差大。前期气温较低，后期因太阳辐射增强，暖空气开始活跃，天气多变。春风大，风力强，最大风力达7—8级，有时超过8级，风向多为西南风转西北风。加上春季降水较少（90毫米），蒸发量大（393.8毫米），天气干燥，常出现春旱现象。春季是霜冻终止的季节，终霜年均在5月7日。冻土一般从4月7日开始解冻，4月下旬开始返浆，5月中旬可全部化通。

2.夏季（6—8月）。由于受西太平洋副热带高压增强的影响，东南季风加强，西伯利亚冷空气后撤，海洋暖湿空气不断侵入，此季太阳辐射最强，气温回升较快，平均气温为20.3℃，7月份最热，平均为21.9℃，极端最高气温达37.1℃（1972年7月8日），≥10℃活动积温为1 869℃，占全年积温72.2%。夏季降水集中，季平均降水为306.5毫米，占全年降水量57.1%，最多年份降雨量达471.2毫米（1965年）；最少年份为137.8毫米（1954年），历年峰值月最多降雨量达231.6毫米（1965年8月）。由于夏季对流加强，常出现阵雨、雷阵雨或大暴雨天气，时有冰雹出现。在气旋活动频繁的年份，可出现连续阴雨天气，1963年7月21日至8月3日曾出现过连续14天阴雨。季蒸发量为519.9毫米，占全年蒸发量42.9%。日照时数为690.9小时，略高于春季，但辐射强度大。由于夏季热量资源充足，降水充沛，对农作物生长十分有利，但有的年份出现低温和连续阴雨也将给农业生产造成较大危害。

3.秋季（9—10月）。太平洋副热带高压南移，北来冷空气势力迅速增强，时有小股侵入，气温开始缓降，季平均气温为10.1℃，其中9月份气温较8月下降5.5℃；10月份又较9月份下降9.8℃，且白天温度高，夜间降温剧烈。本季≥10℃活动积温为408.9℃，仅占全年活动积温的15.8%。初霜平均在9月29日出现，最早初霜为1960年9月9日，最晚为1979年与1983年10月16日。秋季平均降水量为109.4毫米，占全年降水量20.4%，历史上1956、1959、1972年，秋季降水分别达到195.8、208.9、202.7毫米，因此出现秋涝，特别是10月份降雨过多，对秋收有直接影响，即"埋汰秋"。相对来说，由于秋雨大，底墒足，对下年保苗较为有利。秋季降水多为雨，从10月中旬后转向降雪，初雪平均出现在10月14日，最早为1977年9月21日，从10月下旬土地开始封冻，预示着冬季即将来临。

4.冬季（11月—第二年2月）。受西伯利亚冷空气影响，冬季严寒，千里冰封，干燥少雪，多西北风。季平均气温为－15.5℃，最冷在1月，平均气温为－20.1℃，极端最低气温－37.8℃（1980年1月15日）。整个冬季降水很少，季平均降水量为30.4毫米，占全年降水量的5.7%，历史上冬季降水超过50毫米的只有7个年份，1950年冬雪之大，超过了历史记录，据富锦水位站观测资料记载：降水量达140.3毫米（包括1951年1—2月），造成公路交通雪阻，为历史所罕见。

三、自然灾害

灾害性天气，是指涝、旱、低温、霜冻、大风、冰雹、暴雨等。

1.涝灾。富锦主要自然灾害是涝灾。由于富锦地处三江平原腹部，地势低洼，地下水位较高，遇上降水多的年份，土壤水分很快达到饱和，地表大量积水，而出现涝灾。

2.旱灾。仅次于涝灾的自然灾害是旱灾。1954年为富锦县历史上旱灾最严重的一年，全年降水量421.5毫米，其中5—9月仅降水280.5毫米，为历年降水的65.5%，严重影响了作物生长，粮食亩产降到46公斤，全县减产81 580吨；1977年降水量338.6毫米，春、夏、秋三季一直干旱，粮食总产由上年的21.4万吨降到17.6万吨，减产幅度为17.8%。

3.低温冷害。俗称"哑巴灾"，在整个作物生长期间均可发生，但以夏季6—8月对农作物影响最大，由于阶段性低温，使作物贪青晚熟，造成粮食减产。当6—8月的气温平均比常年低0.7℃以上，其中6月、8月又分别比常年气温平均偏低，即为低温冷害年。

4.风灾。富锦处于西风带，境内无高山屏障，春季风大，风蚀严重。全年平均大风天数为29天，其中春季（3—5月）大风次数最多，平均13天；平均最大风力可达9级（24.7米/秒），对春播和出土幼苗生长极为不利。

5.冰雹。冰雹是一种固体降水，它多发生在春末夏初或夏末秋初，始于4月，终于10月，其中5、6月较多。富锦属于少雹地区，不常出现冰雹，年平均2.1次，最多年出现4次。

第五节 土 壤

为查清土壤类型，富锦于1981年7月开展了第2次全县土壤普查工作，历经2年时间，基本完成土壤普查任务。

富锦地处祖国东北边疆，属于寒温带地区，纬度水平差异不明显。在同一气候带内，受自然因素和人为影响，有着不同发育方向的土壤，也有在不同发育阶段的土壤，随着地势、水热条件及植被不同，分布的土壤类型也不同。其中较大面积的黑土和小面积的暗棕壤为本县典型地带性土壤。暗棕壤集中分布在孤山残丘，海拔80—90米以上地域；黑土主要分布在60—80米的垂直地带上；大面积的开阔平原及低平原则形成本县面积最大的水生土壤——草甸土；在低洼地区则形成一定面积的沼泽土。

本县土壤有7类，即暗棕壤、黑土、草甸土、白浆土、沼泽土、泥炭土、水稻土。

一、暗棕壤

农民称为山地土或山坡子土，属地带性土壤，面积为178 409

亩，占全县土壤面积的2.5%，其中耕地为20 957亩，自然林地121 837亩，荒山35 615亩。暗棕壤分2个亚类：典型暗棕壤和原始型暗棕壤。富锦以典型暗棕壤面积较大，上层为腐殖质层，肥力较高，颜色较深，结构良好，土质疏松，由于地势高，坡度大，自然排水良好，但水土流失严重，应逐步退耕还林。

二、黑土

黑土是本县主要土壤，开基年限较长，主要分布在地势较高的漫岗、高平地、山冈坡地上，海拔在60米以上，兴隆岗、宏胜等南部地区多分布在59米左右的地方，黑土层大部在20—70厘米，深者可达1米。全县黑土面积为1 607 093亩，占全县土壤面积的22.2%，耕地1 269 488亩，垦殖率79%，占全县耕地总面积的38.7%。根据地域性附加成土过程不同，将黑土划分为黑土、草甸黑土和白浆化黑土等3个亚类，黑土分黏底黑土和砂底黑土两个土属，以黏底黑土面积较大，养分含量较高。草甸黑土都位低，土壤水分丰富，养分含量较黑土亚类略高，但因排水条件差，土性凉，养分转化较慢。白浆化黑土，土质黏重，多处岗坡地，表层易侵蚀，养分含量低。

三、草甸土

草甸土是全县分布较广、面积较大的一种土壤，主要分布在低平原和岗坡下平地上，全县面积为3 968 140亩，占总土壤面积的54.9%，其中耕地1 420 477亩，基殖率35.8%，占全县耕地面积的43.3%。土壤表层腐殖质多，结构良好，下层土质黏重，透水性差，土壤冷浆，有黏粮性，耕性不良，适耕期短，不担旱涝，遇连雨则"哑巴涝"成灾，土壤养分贮量较高，但释放较慢，供肥也较慢，前劲小，后劲大，不发小苗，发老苗。全县草甸土可分为5个亚类,即草甸土、白浆化草甸土、碳酸盐草甸土、沼泽化草甸土、泛滥地草甸土。草甸土为全县低产土壤之一,应通过排涝除渍、浅翻深松、增施有机肥、种植绿肥来加速土壤熟化和改良利用。

四、白浆土

白浆土是富锦主要低产土壤,主要分布在本市东部永福、二龙山、新建、向阳川乡和太东林场以及南部宏胜等地,全县白浆土面积为915 244亩,占全县总面积的12.7%,耕地518 683亩,占全县耕地的15.8%。白浆土集中分布于降水较多、土壤质地黏重、排水不良的地带。根据形成条件及水热状况,可分为岗地白浆土、草甸白浆土、潜育白浆土等3个亚类。白浆土腐殖质集中于表层,一般在10—20厘米,下层为白浆层和淀积层,有隔水作用,土壤透水性很弱,土壤"库容"小,贮水能力低,排水能力弱,不抗旱、不抗涝。由于土质黏,适耕期短,土温低,春季土壤有效养分低,特别是磷素贫乏,直接影响作物生长,今后除根据土壤特性,积极发展水稻生产外,还要采取深松、深施肥措施,加深和培育肥耕层,以提高抗灾能力。

五、沼泽土

沼泽土主要分布在头林、兴隆岗、长安、宏胜、永福等地,面积为531 646亩,占总面积7.4%,其中耕地28 348亩,垦殖率5.5%。富锦沼泽土分草甸沼泽土和泥炭沼泽土两个亚类,前者面积占沼泽土类面积的92.1%,草甸沼泽土潜在肥力大,有机质含量较高,表层含量高,下层含量极少,磷素和速效养分含量低,土壤过湿、枯朽、冷浆,前期不发小苗,后期又易贪青徒长晚熟。对沼泽土应持审慎态度,要充分发挥其优势,综合开发利用，发展水稻、养牛、养禽、养鱼、育苇等多种经营。

六、泥炭土

全市泥炭土约50万立方米，主要分布在沿江和七星河一带。1981年土壤普查时，由于积水较深未能详细调查，仅在隆川乡金山村东1 400米的山间洼地查出泥炭土375亩，其中耕地284亩，泥炭层在1米左右，有机质含量高达21.73%，可用于培肥地力。

七、水稻土

这是人为活动下，经过种植水稻所形成的土壤。1985年，全市有67 000亩水稻土。后来，富锦水稻种植面积不断增多。2019年，富锦水稻种植面积达206万亩。

第六节　植　被

富锦市自然植被植物种类属于长白山植物区系。因受地势、土壤、水分等多种因素影响，形成了本地区以三江平原低湿地沼泽化为主的植物群落。

一、森林植被

森林植被主要分布在孤山、残丘、岗地及平原边缘的丘陵漫岗上，在乌尔古力山、别拉音子山、二龙山、对锦山以及富廷、西安、头林、二林、兴隆、向阳川、七星等漫岗上均有分布。山地以蒙古栎（柞）为主，伴生有白桦、山杨、紫椴、糠椴、黄菠萝、水曲柳、胡枝子（苕条）、大叶樟、小叶樟、苔草等；在漫岗上，除山杨、白桦、蒙古栎外，伴生有胡枝子、榛等，地下为暗棕壤或黑土。

二、草甸植被

除少数漫岗地有部分灌木外，大片平原为草甸、草原植物，即"五花草塘"。植物组成有牡蒿、小叶蒿、黄花菜、马兰、狗尾草、扁竹兰、落豆秧等。县内黑土区主要分布在这类植被上，现已垦为耕地，成为全县重要产粮区。

三、沼泽植被

沼泽植被为隐域性草甸植被类型，主要组成以湿生植物为主，主要分布在富锦南部低湿地带，海拔在55米左右。由于排水条件差，常年积水，主要生长小叶樟、三棱草，伴生有毛水苏、千屈荬、芦苇、漂筏苔草、鸡头米、莲花等。土壤为沼泽土、泥炭土。

第七节 湿 地

一、三环泡国家级自然保护区

三环泡国家级自然保护区建立始于1991年，位于黑龙江省三江平原腹地、七星河中下游，地理坐标为132°12′21″—132°57′01″E，46°45′07″—46°51′04″N，总面积27 687公顷。保护区以湿地生态系统和珍稀野生动植物资源及其栖息地为主要保护对象，集资源保护、科学研究于一体。

保护区地貌类型为低河漫滩，即处于七星河和挠力河左岸低河漫滩，宽度4—6千米，海拔高60米左右，西高东低，坡降1/10 000—1/15 000。从整体看，保护区地势平坦，地面大平小不平,几无起伏,一般相对高度1—2米。由于河道变迁,河漫滩上平行鬃岗、迂回扇、废弃河道、牛轭湖和各种形状的洼地等微地形发育较好。虽微地形高差较小,但因水分状况不同,导致沼泽类型和芦苇长势有明显差异,成为三江平原地区未开发前的缩影。

保护区地表多被大面积的沼泽及草地覆盖,蓄水能力极强,降水径流迟缓,地表水保存及潴积时间长,水力资源十分丰富。保护区地表水源主要为七星河和挠力河,七星河和挠力河均为永久性河流,夏季洪水季节,河水泛滥出槽,使河道两边的湿地均能得到充分的水分供应,从而保证了保护区湿地的生态用水。

三江平原是温带湿地具有国际意义的湿地代表,保护区具有未被破坏的、保持完整的原始湿地生态系统,是三江平原湿地中类型齐全、保持完好的原始湿地之一,是三江平原原始景观的缩影。保护区无论是生物种类组成、区系特征,还是在群落结构或生态系统水平上,均反映了其温带湿地生态系统的性质,是该生物地理区域的典型代表。

保护区内湿地面积大,生物多样性丰富。据统计,保护区内有高等植物415种,其中包括国家二级保护植物5种;保护区内有脊椎动物301种,其中国家一级保护动物6种,国家二级保护动物28种。此外,还有昆虫动物265种,大型真菌54种。丰富的生物多样性显示了保护区巨大的保护价值和科学研究价值。保护区保存完好的原始湿地生态环境成为众多水鸟的繁殖、栖息地,也是东北亚地区重要的水鸟迁徙停栖地,每年都有数十万只水鸟在此停栖,具有全球保护价值。

二、富锦国家湿地公园

富锦国家湿地公园坐落于黑龙江省东部三江平原腹地富锦市

境内，总面积2 200公顷，2008年建立，2009年晋升为国家级湿地公园，被评为国家"AAAA级"旅游景区、"全国野生动物保护科普教育基地"，是国家重点建设的21个湿地公园之一。

富锦国家湿地公园的前身为富锦市锦山沼泽的一部分区域，发展至今经历了原始自然沼泽湿地——围垦破坏、生物多样性丧失——退耕还湿——恢复重建几个重要的演替过程，是三江平原经过自然演替和人工修复后最具典型的恢复湿地。

2005年，黑龙江三环泡自然保护区管理局成立，代管富锦市锦山自然保护区，保护区管理局在富锦市委、市政府领导下，通过开展一系列打击非法破坏和侵占湿地资源的专项行动，推平围坝、引水恢复湿地，逐步实施退耕还湿。2008年，在退耕还湿的基础上建立了湿地公园，2009年被批准为国家湿地公园（试点），2013年通过验收正式授牌。公园成立之后，通过积极引入国际先进的管理和发展理念，广泛开展国际合作，先后实施了英国WWT（湿地与水禽信托基金会）合作项目、中欧环境治理项目、富锦市利用德国政府贷款建设湿地生物多样性保护项目。作为国家支持重点建设的21个国家湿地公园之一，2017年黑龙江富锦湿地与杭州西溪湿地、广州海珠湿地等9家具有全国代表性、影响力的国家湿地公园共同发起成立中国国家湿地公园创先联盟，富锦国家湿地公园已经逐渐成为我国国家湿地公园建设的典范。

如今，园区内湿地生态系统保持完好，水生植物繁多，孕育了芦苇、睡莲、香蒲、水葱等草本植物多达290种；园区内生活的脊椎动物有270种，其中鸟类有177种。丰富的植被和水资源为鸟类提供了重要的生存环境和条件，这里已经成为候鸟的重要繁殖地和迁徙地。

三、沿江湿地自然保护区

黑龙江富锦沿江湿地自然保护区成立于1988年，2000年晋升为佳木斯市级自然保护区，2008年5月12日经省政府批准为省级自然保护区。保护区位于松花江下游南岸，富锦市北部，东部与同江市接壤，北部以主航道为界与绥滨县隔江相望，西部与桦川湿地自然保护区为邻，南部紧靠松花江大堤与富锦市上街基镇、富锦市区、大榆树镇、向阳川镇及二龙山镇相连。保护区沿松花江南岸东西带状延伸，其地理坐标为：47°12′04″—47°28′44″N，131°25′56″—132°29′19″E；最近端紧靠城区，最远端距城区45千米，东西长84千米，南北最宽8千米，周长218千米，总面积26 797公顷。保护区共分三个功能区，分别是核心区11 433公顷，缓冲区7 658公顷，实验区7 706公顷。区内河流泡沼大量分布，是典型的湿地类型自然保护区。

保护区内保护对象是内陆湿地生态系统及濒危水禽。区内生态系统完整，河流泡沼与草甸遍布整个自然保护区，区内有脊椎动物289种及数千种无脊椎动物、微生物、低等植物。区内栖息有众多珍稀鸟类和鱼类，有国家级珍稀濒危动物31种；鸟类192种，有列入国家一级保护野生动物的丹顶鹤、东方白鹳、白头鹤、金雕等4种；有列入国家二级保护野生动物的白枕鹤、白琵鹭、灰鹤、鸳鸯、大天鹅、施氏鲟、达氏鳇、水獭、猞猁、雪兔等27种。区内还有维管束植物378种，隶属于73科；有列入国家重点保护野生植物的野大豆、莲和乌苏里狐尾藻等。保护区内湿地资源十分丰富，提供了丰富的野生动植物遗传基因库。

黑龙江富锦沿江湿地自然保护区的建设和发展有效保护了区域内珍贵的自然资源，维护了区域内生态平衡，保护区内丰富的野生动植物资源、特殊的湿地生态系统，具有重要的保护和科研价值。

四、锦山沼泽市级自然保护区

锦山沼泽市级自然保护区于1991年7月经富锦市人民政府批准正式成立，2000年经佳木斯市人民政府批准晋升为佳木斯市市级自然保护区。保护区位于富锦市西南50千米处，西至二九一农场、集贤县双山乡，东至锦山镇新胜村、民胜村，北至锦山镇永阳村、富丰村、黑鱼村，南至友谊县，总面积为5 445公顷。保护区属内陆湿地与水域生态系统类型，以水生和陆栖生物及其生境共同形成的湿地和水域生态系统为保护对象。锦山自然保护区植被组成中有维管束植物99种，隶属于27科63属。保护区内共记录有脊椎动物3纲8目19科30种。其中，兽类2目3科6种，鸟类5目14科21种，两栖1目2科3种。

2005年，经富锦市人民政府授权由黑龙江省三环泡自然保护区管理局代为管理。

五、择林沼泽市级自然保护区

黑龙江择林沼泽市级自然保护区位于黑龙江省东北部、三江平原东部、富锦市东南二道岗滞洪区，距富锦市区36千米，地理坐标为47°6′26″—47°12′30″N，132°19′32″—132°30′17″E，总面积为8 986公顷。保护区以保护大面积原生性沼泽湿地生态系统及其珍稀野生动植物资源为宗旨，集资源保护、科学研究和生态旅游于一体。

黑龙江择林市级自然保护区根据实地调查及分析统计，共有高等植物399种，其中苔藓植物20种，隶属于12科17属；蕨类植物3种，隶属于2科2属；种子植物（仅有被子植物）376种，隶属于66科204属。本区仅有国家级重点保护植物1种，即豆科植物野大豆。择林自然保护区共有脊椎动物157种,其中,鱼类有3目4科19种,两栖类有2目3科5种,爬行类有1目2科5种,鸟类13目31科103种,哺乳类5目9科25种。另外,还有昆虫154种,隶属于10目59科。鸟类动物中以沼泽湿地鸟类占主体,草原及农田鸟类也占有相当大的比例。保护区内有国家二级保护鸟类13种,丰富的生物多样性和典型的湿地生态系统显示了该保护区巨大的保护价值和科学研究价值。特别是在我国三江平原地区湿地资源日益减少的今天,保护好这片沼泽湿地具有重要的现实意义。

择林市级自然保护区于1991年由富锦市环保局申请建立,同年获批,2000年晋升为市级自然保护区,2005年经富锦市人民政府批准由黑龙江省三环泡自然保护管理局代管。

第二章 历史沿革与行政区划及人口变化

第一节 历史沿革

一、富锦地名之由来

"富锦"之名称是由满语"弗提斤"转音而来的。据《东北历史地理》考证，在明代"海西东水陆城站"下有"弗踢关城弗能都鲁兀站"，而弗踢关城恰在松花江南岸的富锦市西郊的大屯古城。"弗踢关"在明代文献中又写成"弗提斤"，明代在此设弗提卫，弗提卫是明代奴儿干都司下辖的重要卫所之一。在清代乾隆年间，又写成"福题希"。据乾隆年间阿桂等编撰的《满洲源流考》："福题希卫，旧作弗提，今改正。"

清光绪八年（1882年）在此设协领，名为富克锦协领。宣统元年（1909年）始设县，名为富锦县。因此，还可以理解为"富锦"之名是由"富克锦"缩写并改称而来的。

二、古代富锦之隶属

据1923年富锦县知事宋云桐（后为黑龙江文史馆首任馆长）编撰的《富锦县史录》考证：富锦在虞舜时代"为息慎氏东北之一部，周曰肃慎"，"汉晋时代为挹娄国之一部"。《后汉书·东夷传》载：挹娄古肃慎之国也。在夫余东北千余里，东濒大海，南与北沃沮接，不知其北所极。北魏以后为勿吉豆莫娄之一部。《魏书·勿吉传》载：勿吉国在高句丽北，旧肃慎国也。唐代"开元以后为黑水靺鞨"，辽代"为生女真五国等部之一"。《北盟汇编·二》载：女真古肃慎国也。金代"属于呼尔哈路"，元代"属于开元路"。《元史·地理志》载："开元路古肃慎氏地，隋唐曰黑水靺鞨"。明代初"为努儿干都司地"，明季清初"隶于东海三部之窝集部，后为赫哲部"。"窝集部为乌苏里江、松花江、混同江及东海滨等处。"

三、富锦地区是满族发祥地之一

以葛依克勒氏族南迁发展为辉发国为例，可以充分说明富锦地区是满族发祥地之一。

在明代，葛依克勒氏族是个大氏族，在南迁之前，一直住在德辛母儿枯、阿木机等十五个噶栅（即村屯）内，分布在松花江口至乌苏里江口的黑龙江沿岸，而这一带正归弗提卫所辖。这个氏族的一支也是弗提卫的一支，"弗提"就是富锦，弗提卫是明代在富锦设立的非常重要的卫所。

《清太祖皇帝实录·诸部世系》记载："辉发国，本姓益路得里，原系沙哈梁兀喇江尼马察部人。始祖胜古力，移居渣鲁，后投纳喇姓哈羊干秃墨兔。二人杀七牛祭天，遂改姓纳喇（哈羊干秃墨兔所居地名曰张，亦胡笼国人）。"

据《东北历史地理》考证，辉发又作灰扒、回跋、回霸、回怕、晦发、瓦法等，均为辉发河的同名异译，是辽金女真人聚居地之一。辉发部是由弗提卫的一支南迁辉发河流域后发展起来的。

《清太祖实录》卷三记为："辉发国，本姓益克德里，黑龙江岸尼马察部人也。"考益克德里姓，遍查明代女真（包括今满族、赫哲族等）姓氏，只有《清实录》所记"格伊克里"（天聪二年正月戊子条）、"克益克勒"（崇德二年二月丁亥条）和"格克勒氏"（顺治十六年三月辛丑条）可以当之。它们均为今赫哲族葛依克勒姓的译音。在明代，葛依克勒氏族是个大氏族，在顺治十三年前后内迁之前，一直住在德辛母儿枯、阿木机等十五个噶栅内，分布在松花江口至乌苏里江口的黑龙江沿岸，这一带正归弗提卫所辖。这个氏族的一支也是弗提卫的一支，在"始祖昂古里、星古力"的率领下，"自黑龙江载木主迁于渣鲁居焉"。"有扈伦国人噶杨噶图墨土，姓纳喇氏，居于张，因附其姓，牢四牛祭天，改姓纳喇。"（见《东北历史地理（下）》第676页）

据《满洲实录·诸部世系》记载，到第七代弗提卫都督往机奴时，自渣鲁移居辉发河流域，"招服辉发诸部，于辉发河边扈尔奇山筑城居之，因名辉发国"。

日本学者和田清在《东亚史研究》（满洲篇）考证：辉发部先民来自黑龙江的弗提卫（今黑龙江省富锦市）。

中国学者刘小萌在所著《满族从部落到国家的发展》中说："海西女真，又称扈拉温、忽喇温，以今松花江中游呼兰河流域而得名。""海西女真所处地理位置正当南北交通的要道，复有江河横贯东西，形成多源多流的特点，可以海西女真著姓纳喇姓为例说明。"《八旗满洲氏族通谱》卷24记辉发部始祖来历说，"本姓益革得里，系黑龙江尼马察部人，其始祖昂古里、星古力自黑龙江载木主迁于渣鲁居焉"，后来加人纳喇姓氏族，改随其姓。黑龙江又称"沙哈梁兀喇""萨哈连乌喇"。日本学者和田清考证："辉发部先民来自黑龙江的弗提卫（今黑龙江省富锦市），说明海西女真的一部，亦如建州女真，是来自黑龙江下游

的渔猎民。"(《满族从部落到国家的发展》2013年版第11页)

海西女真有四大部落,史称"扈伦四部",即哈达部、乌拉部、叶赫部、辉发部。据黑龙江社会科学院历史研究所编纂的《黑龙江通史简编》(2017版)载:"居住在忽拉温及其以东地区女真人由北迁向西南,并先后定居于开元边外至松花江上游之间。这就是于建州女真相抗衡、争执女真社会牛耳的'扈伦四部'。它和建州女真共同构成了满族的核心部分,在明清之际的女真族发展史上占有十分重要的地位。""辉发部的前身为弗提卫的一支。""都督察哈尼死后,弗提卫内部发生分化。"一支部从原居住地南下,迁到渣鲁,并改姓纳喇。"到第七代往机奴时,又移向辉发河流域,于辉发河边贺里气山(即辉发山)筑城居之,因名辉发国。辉发部这次最后定居的中心城寨,在今吉林省辉南县城(朝阳镇)东北的辉发山城。"(见该书上册407—410页)

四、设治前的建置沿革

明王朝建立后,为了进一步加强边防,于奴儿干都司建立前后,又继续增设卫所。其中弗提卫就是永乐七年(1409年)五月乙酉设置,以部人塔失为指挥,归奴尔干都司管辖,卫所建在今大屯古城。

清光绪八年(1882年)设富克锦协领。吉林将军铭安因赫哲兵调赴甘肃有战功,奏设富克锦协领,归三姓(今依兰县)副都统管辖,协领衙门设在嘎尔当屯。

五、设治后的建置沿革

光绪三十一年(1905年)十月初四日,于拉哈苏苏(今同江)置临江州。临江州官员吴士潋派周霞村为设治员,来富克锦建立设治局。富克锦设治局归临江州管辖。

光绪三十四年（1908年）改富克锦设治局为富克锦分防巡检，周霞村为分防巡检，亦归临江州管辖。

宣统元年（1909年）四月十五日，以富克锦分防巡检升改富锦县，属吉林省临江府（今同江县）。八月甲申，于依兰府置东北路道，富锦县直属东北路道。

1913年，富锦县属依兰道统辖。

1928年，废依兰道，富锦县直属于吉林省。

1932年6月，日本军队侵略富锦，在日本侵略军的操纵下，成立伪富锦县公署。

东北沦陷时期，日本侵略军1934年开始对东北地区实行"分而治之"的政策，省的数量增多，区域划小。东北地区划分为15省、1特别市，其中在今黑龙江省内设有伪龙江、滨江、三江、黑河、北安、东安6省。富锦县属伪三江省管辖。

六、解放后的建置沿革

1945年8月12日，富锦解放。

1945年11月29日，省工委派革命干部到富锦地区开展工作，并成立富锦军分区和富锦专员公署。富锦地区辖富锦、绥滨、同江、抚远、萝北、佛山（嘉荫）等6县。

1945年12月7日，根据中共合江省工作委员会的批准，中共富锦县委员会、富锦县民主政府于当日成立。

1946年6月1日，中共合江省委决定撤销中共富锦地委，改组为中共富锦中心县委员会。

1949年5月，松江、合江两省合并为松江省，富锦县隶属松江省，富锦县民主政府改为富锦县人民政府。1954年8月，松江、黑龙江两省合并为黑龙江省，富锦县隶属黑龙江省，同时，富锦县人民政府改为富锦县人民委员会。

1984年12月，合江地区行署与佳木斯市合并，实行市管县体制，富锦县隶属佳木斯市。

1988年8月30日，民政部《关于黑龙江省设立富锦市的批复》同意撤销富锦县，设立富锦市（县级）。

第二节　行政区划

一、清代后期富锦的舆地

根据祁寯藻在咸丰、同治之际所撰的《富克锦舆地略》记载，富锦地区的区划，东"至俄伯力止"，西南"至音达木河止"，"南至呢满（今虎头）卡伦南莫力河（今穆棱河）口四百里，由呢满卡伦南莫力河口山路，向西北回至富克锦城六百里。"

清光绪年间，将松花江以北黑龙江流域的很大区域入在富锦地区。光绪十七年（1891年），三姓副都统富魁撰《富克锦山川形势》，更为详细而明确地记之。《富克锦山川形势》载："富克锦所辖境内大山，自西南与姓（即三姓，今依兰）接界之音达穆河（即音达木河）源小黑山起东接七星砬子、青嘴子、阿尔哈、大锅魁，连至发希山角止，东西二百五十里……""自黑龙江北岸俄站起，至徐尔固俄镇地方六十里，北靠大山，有俄官棉德幅、管街阿达瞒等二名驻兵五名，东至伯力俄省地方七百里，有总理东海各处地方大官一员，迭次大小官百余员，驻兵约有千名。北岸俄人共设十一站，每站三四十家皆有兵驻防。又乌苏哩江口界牌处，对岸江东靠大山图力密俄镇地方，有官十余员，兵约数百名。由此顺江东南至呢满河口八百里，其间共计俄站十三站，各站皆有兵驻防，其大山、大河舟楫往来之月令，每年节届谷雨后行舟，至立冬停止，其大路、小路所通之地方及黑河口起，至乌苏哩江口，顺西岸至臭力河口与俄接界，均以松花江、乌苏哩江为界限。又由莫力河口，西至斐底河口，南面以莫力河与宁古塔接界，斐底河斜向西北，音达木河口止向西南面与三姓接界，以音达木河口由松花江向东，至黑河口。以上江北岸与爱珲接界。逐一分晰，均用朱线画明，贴说舆图，此山川形势之志。"

二、清末民初时期的行政区划

清宣统元年（1909年），东北路观察使王铁珊派戴雪桥等人来富筹办建治，案定区划：东至古必扎拉与临江府接界；西至瓦里霍吞（万里河通，即今桦川县悦来镇万里河村）与桦川接界，南至七星河与宝清接界；北依松花江与黑龙江分界。任命郏周臣为富锦第一任知县。

清宣统元年八月，设依兰府置东北路道，富锦县直属东北路道。

1913年，改东北路分巡兵备道为依兰道，富锦县属依兰道统辖。《富锦县志》载："全县总面积为5 500平方千米。县界：东至沙岗村与同江为界，南以七星河与宝清为界，西至宝山镇与桦川为邻，北隔松花江与绥滨相望。"全县设6个区，即一区海沟，二区上街基，三区西安镇，四区新城镇、五区集贤镇，六区兰家街1924年，后增设七区——头林区。

1921年，实行保甲制，即每一个区内设一个保；区与保同在一个村办公，保下设若干甲，每甲设正副甲长、文牍各1人，甲下设牌，每牌有牌长1人；各保都有自卫团。

1928年，裁依兰道，富锦县直属于吉林省。1929年，富锦县公署改为富锦县政府，县知事改称县长。

1930年，全县除城区外，有7个区，65个村。分别是：一区十间房、下吉利、海沟、太平川、五顶山、砚台山、笔架山、龙眼泡、张开泰。

二区上街基、嘎尔当、大屯、永安、三合、对锦山、于乡约、长发、赵禄。

三区北下坎、二道岗、赵玺堂、大崴子、别拉山、北岗、洪家店、姚家店、小富廷岗。

四区新城镇、梨树园子、三道乌龙、东大林子、南林子、宝宝山、西下套子、朱家店。

五区集贤镇、兴隆镇、国强街基、张万银、曹忠臣、三门周家、赵家炉、四间房、腰王、夹信子、福山、小街基、砭石河子、七星砬子、柳树河。

六区三道岗、下道口、李金围子、兰家街、圈河、阎尚福。

七区头道林子、二道林子、漂筏河、柳大林子、长春岭、兰豁子、西官道、洋炮甸子、瓦盆窑。

据1913年县知事调查，全县总面积为5 500平方千米。东至沙岗村与同江为界，南以七星河与宝清为界，西至宝山镇与桦川为邻，北隔松花江与绥滨相望。

三、日伪时期的行政区划

1932年6月，日本帝国主义侵占富锦。

1934年，富锦隶属伪三江省管辖。此时仍保留保甲制，全县设8个保98个甲。各甲均设有保卫团，配有团丁和枪支。具体情况如下：

城区保，设在县城，设48个甲，分别是：东南甲、魁乙甲、德盛甲、东北甲、忠孝甲、太平甲、务本甲、平安甲、东泰甲、临城甲、南阳甲、仁信甲、廉明甲、东昌甲、常安甲、仁义甲、明德甲、太安甲、田川甲、荣春甲、郊外甲、月明甲、兴隆甲、文峰甲、中平甲、顺江甲、新盛甲、烟村甲、东村甲、西南甲、新开甲、庚辛甲、中兴甲、东滨甲、公一甲、振武甲、鸿源甲、东兴甲、水庆甲、临江甲、康平甲、臧春甲、永安甲、益增甲、信义甲、锦昌甲、德祥甲、东市甲。城区保有保卫团一个，团丁230人，枪48支。

一区太平保，设在太平川屯，辖7个甲，分别是：平川甲（太平川）、五顶甲（五项山）、砚山甲（砚台山）、海沟甲、吉利甲（下青利）、邵店甲、十房甲。太平保有保卫团丁127人，枪120支。

二区永安保，设永安屯，辖6个甲，分别是：万安甲（永安）、三合甲、务本甲、对山甲（对锦山）、上街甲（上街基）、嘎当甲（嘎尔当）。永安保有团丁96人，枪91支。

三区西安保，设在西安镇，下设6个甲，分别是：洪店甲（洪家店）、山西甲、富廷甲（小富廷岗）、山东甲（李花马）、南岗甲（王明德）、下坎甲（万宝）。西安保有团丁92人，枪92支。

四区新城保，设在新城镇，有7个甲，分别是：南林甲（杨宝密）、宝山甲（宝山镇）、三道甲（三道乌龙）、水发甲（长发）、新城甲、梨树甲、乌龙甲（东太平川）。新城保有团丁189人，枪138支。

五区集贤保，设在集贤镇，有9个甲，分别是：集贤甲、兴隆甲、永安甲（金山堡）、兴安甲（兴安镇）、信字甲（夹信子）、太平甲（关家粉房）、腰村甲、长发甲、兴镇甲。集贤保有团丁320人，枪320支。

六区安乐保，设在三道岗，有6个甲，分别是：三道甲（裴家街）、长安甲（干巴林子）、东安甲（何莲三）、套河甲（白小万山）、升平甲（李金围子）、凤山甲（北菜营子）。安乐保有团丁109人，枪105支。

七区大林保，设在头道林子，设8个甲，分别是：头林甲、二林甲、新发甲、柳林甲（柳大林子）、漂河甲、心湖甲、长春甲（长春岭）、官道甲（西官道）。团丁120人，枪118支。

日本侵略军为了强化控制，强制归并屯。1939年，日本侵略军废除保甲制，施行街村制。全县改划为2个街22个村（相当于区）。

2个街即富锦街和集贤街。富锦街分11个区，49个分区；集贤街有4个屯。22个村设有村公所，村公所设村长、助理、司计各1人，雇员数人。

22个村的情况分别是：街基村17个屯，头林村7个屯，柳林村2个屯，务本村36个屯，砚山村22个屯，邵店村19个屯，太平川村16个屯，山西村9个屯，二道岗村18个屯，西安村14个屯，新城村11个屯，梨树村7个屯，乌龙村8个屯，兴隆村19个屯，兴安村14个屯，腰屯村19个屯，沙岗村25个屯，嘉信村7个屯，太平村14个屯，永安村42个屯，下道口村6个屯，三道岗村12个屯。至1941年，全县共有301个村落（当时称集家或部落），每个部落外围均建有高大的土围墙。至1945年8月，全县已有村屯339个。

四、解放后的行政区划

这一时期，各地的行政区划变动较多，富锦辖区范围及体制变化也较大。

1945年10月25日，在中国共产党领导下设置三江地区，成立行政专员公署。同年11月21日，撤销三江地区行政专员公署，宣布成立合江省政府，驻佳木斯市。合江省管辖佳木斯、东安等2市和依兰、勃利、汤原、桦川、富锦、同江、抚远、饶河、宝清、绥滨、萝北、佛山、鹤立、虎林、密山、鸡宁、林口等17县。在合江省成立的同时，于中部和东部分别设立佳木斯专区和富锦专区。

1946年4月，将一部分市县划归他省管辖，撤销佳木斯专区；6月，增设集贤县和桦南县，撤销富锦专区。

1949年4月21日，东北行政委员会决定，撤销合江省建制，并入松江省，5月11日，两省机构正式合并，省会哈尔滨市。富锦县属松江省管辖。

1946年3月，富锦县民主政府调整行政区划，废除解放前的街村制，将村公所改为乡政府，同时新设7个区公所，区公所辖乡。7个区公所有：一区太平川，二区上街基，三区花马，四区新城，五区集贤，六区三道岗，七区头林。县城设5个区，即：德盛区、新盛区、东明区、益增区、中康区。

1946年6月，集贤县成立，富锦的第四区、五区、六区划归集贤县。

1946年11月，富锦县委、县政府决定调整行政区划。农村撤销乡政府，调整区的管辖范围。农村设5个区，即：一区太平川，二区永安，三区花马，四区西安，五区恒山。县城内仍保留原5个区。此时，全县共计10个区。在农村，区公所改为区政府，区政府直接领导村。每个区的人员配备，由区长、民政助理、财粮助理、公安助理、秘书、通讯员、杂役等7人组成。每个村设村长、民兵队长各一人，民兵若干人。在县城，区领导闾，闾也是县行政区划的基本单位。每个闾设闾长，下设邻长。

1947年4月，县政府对行政区划作出调整。将县城内的原益增区和中康区合并城一区，原东明区更名为城二区，原新盛区更名为城三区，原德盛区更名为城四区。农村仍为原来的5个区。此时，全县共有9个区。

1948年4月，县政府将县城的原4个区合并为一个区，即城区。

1948年6月，在农村又增设了头林、上街基和凤山等3个区，分别为：六区头林，七区上街基，八区凤山。

1949年1月6日，经东北行政委员会批准，合江省政府发布民字第1号令，决定将同江县划归富锦县。原同江县民主政府下辖的同江、二龙山、向阳川（包括已经撤销的马鞍山）等3个区划归富锦县领导。与此同时，富锦撤销了头林区和凤山区。至此，全县城乡共有10个区。富锦县对所辖各区的排列及名称为：一区（城区）、二区（永安区）、三区（花马区）、四区（西安区）、五区（恒山区）、六区（大榆树区，为原太平川区改称）、七区（上街基区）、八区（向阳川区）、九区（二龙山区）、十区（同江区）。

1949年5月，在松江与合江两省合并为松江省的同时，富锦县民主政府改为富锦县人民政府。

1949年6月27日，松江省政府经东北行政委员会批准，发布了第1136号和松秘字437号通令，绥滨县与富锦县合并为富锦县。合并后，富锦县的辖区由10个增至16个。这些辖区是：一区（富锦城区），二区（永安区），三区（花马区），四区（西安区），五区（恒山区），六区（大榆树区），七区（上街基区），八区（向阳川区），九区（二龙山区），十区（同江区），十一区（大同区），十二区（绥东区），十三区（连生区），十四区（集贤区），十五区（北岗区），十六区（绥滨区）。

此时，全县辖177个行政村，406个自然屯。

五、新中国成立初期的行政区划

1954年8月，松江、黑龙江两省合并为黑龙江省，同时成立合江地区行政专员公署，简称合江行署，驻地佳木斯市。富锦县属合江行署管辖。

1955年3月，富锦县人民政府改为县人民委员会，简称县人委。1955年11月根据省文件精神，决定将农村区政府改称区公所，原绥滨区政府改称绥滨镇人民委员会。

1956年3月，富锦县将永安区的柳林、东明、联合、长春岭等4个村12个自然屯划归集贤县。同年4月，实行并区划乡，将全县170个行政村划为11个区2个镇35个乡。区公所成县人委派出机构，负责领导所辖乡。乡设人民委员会，编制3至5人，除乡长、秘书外，不设助理员。

这11个区分别是：长安区，领导长安、上街基、日新乡；花马区，领导花马、二道岗、德祥乡；西安区，领导西安、清化、德福乡；砚山区，领导砚山、东瑞、头林乡；太平川区，领导太平川、北中和、大榆树乡；向阳川区，领导向阳川、择林、富民、兴隆乡；二龙山区，领导水福、集民、二龙山、太平山乡；同江区，领导乐业、同江、三村乡；绥东区，领导绥东、永安、连生乡；福兴区（即原集贤区），领导集贤、福兴、中仁乡；北岗区，领导北岗、水德、大同乡。

2个镇分别是：富锦镇，设15个街；绥滨镇，设5个街。

1956年10月，除保留同江区公所外，其余10个区公所均撤销。原区公所驻地的乡为中心乡，负责领导片内其他乡，中心乡编制与原区公所基本相同。

1958年3月，撤销德福、日新、北中和、择林、清化、永德等6个乡，全县为29个乡（不包括七星、二九〇、绥滨3个农场乡）。同年4月，又撤销二道岗、德祥、东瑞、兴隆、永福、集民、太平山、乐业、三村、永安、福兴、中仁等12个乡。此时，全县有17个乡2个镇，外加3个农场乡。至此，原有中心乡已失去领导作用，由县直接领导乡镇。

1958年9月，全县实现人民公社化，成立了14个人民公社。这些公社分别是：卫星（富锦镇）、黎明（长安）、东风（花马）、五星（西安）、先锋（砚山）、太阳升（头林）、灯塔（大榆树）、宏伟（上街基）、红旗（向阳川）、东方红（二龙山）、同江、东升（绥东）、松花江（绥缤镇）、黑龙江（集贤）。公社设管理委员会，管委会下设管理区（相当于村），管理区下设生产队。

1959年3月，将同江、三村、乐业三个公社划归抚远县，富锦县为13个公社86个管理区。

1960年6月，撤消西安、集贤公社，将其并入农场，又增加锦江公社。全县为12个公社152个管区477个生产队。

1961年5月，增加太平川、富民、连生、北岗等公社，同时撤销锦江公社。全县为15个公社331个自然屯。

1962年4月，增加西安、二道岗、择林、永福、中仁等公社，全县有20个公社（不包括绥滨、二九〇、七星、蜿蜒河等4个农场乡）。随着基本核算单位下放，原管理区经调整改为生产大队，生产大队下设生产队。

1964年3月，富锦与绥滨分县，把原富锦所属的松花江以北各公社全部划归绥滨县。富锦县有15个公社。

1965年，富锦开发南沟里，成立了兴隆岗公社。

1976年，在兴隆岗之南划分出部分生产大队，成立了宏胜公社，在二龙山之北划分出部分生产大队，成立了新建公社。至此，全县有18个公社。

六、改革开放时期的行政区划

（一）地市管辖体制的改变

自1954年成立中共合江地区委员会（简称合江地委）和合江地区行政专员公署（简称合江行署）以来，开始实行地区管县的体制。至1983年，合江行署管辖15个市县，富锦县属合江地委和合江行署管辖。

1984年12月，开始实行市管县的体制。合江地委、合江行署与佳木斯市委、市政府机构合并。从此，富锦属佳木斯市管辖。

（二）富锦撤县建市

1988年8月30日，民政部《关于黑龙江省设立富锦市的批复》同意撤销富锦县设立富锦市（县级），由黑龙江省直辖。1988年9月23日，黑龙江省民政厅下发文件，明确富锦市从佳木斯市划出，从1989年1月1日起实行。1989年5月14日，省委召开*会议决定富锦市由省直辖改为佳木斯市代管。省政府所属各部门国民经济和社会发展各项计划单列。

（三）农村管理体制的改革

1.改人民公社为乡。1983年末，全县为18个公社394个生产大队。这18个公社是：大榆树公社、富民公社、向阳川公社、择林公社、永福公社、二龙山公社、新建公社、隆川公社、砚山公社、头林公社、兴隆岗公社、宏胜公社、长安公社、二道岗公社、锦山公社、上街基公社、西安公社、富锦镇公社。1984年3月，全县各公社均改为乡，原公社所在地均为乡政府所在地。

2.改生产大队为行政村及村屯的合并。原生产大队既是人民公社的中间一级经济管理机构，又是国家基层政府下设的一级行政管理机构。生产大队一般设大队长和副大队长2人。1984年3月，在公社改为乡的同时，将生产大队改为村。村设有村民委员会。村民委员会主任、副主任和委员，由村民直接选举产生。村民委员会每届任期三年，其成员可以连选连任。

2001年6月至9月，富锦市对行政村进行了调整，将原395个行政村合并为266个行政村。

3.陆续撤乡建镇及乡镇的合并。1984年2月，二龙山公社改为二龙山镇。1988年8月，撤销头林乡，改称头林镇，1988年11月，撤销宏胜乡，改设宏胜镇；撤销兴隆岗乡，改称兴隆岗镇。1991年7月，撤销西安乡，改设西安镇。1992年10月，撤销砚山乡，改设砚山镇。1993年12月，撤销长安乡，改设长安镇。1995年，全县有9个乡9个镇。

2000年12月开始对乡镇进行合并。全市由18个乡镇合并为11个。隆川乡、富民乡并入大榆树乡，永福乡、择林乡并入向阳川镇，上街基乡并入西安镇，二道岗乡并入锦山镇。合并后的11个乡镇分别是：大榆树乡、富锦镇、向阳川镇、二龙山镇、西安镇、锦山镇、长安镇、砚山镇、头林镇、兴隆岗镇、宏胜镇。

2002年6月，大榆树撤乡建镇。2003年8月，西安镇政府驻地由西安村迁至清化村，同时西安镇更名为上街基镇。

4.组建城市社区，撤销富锦镇。2003年6月，富锦市委、市政府将富锦镇所属6个街道办事处划出，组建中共富锦市城市社区委员会和富锦市社区建设委员会。

2004年9月，省民政厅批准撤销富锦镇，设城关社区委员会。

5.恢复富锦镇建制。2018年1月，恢复富锦镇建制。1月30日，中共富锦镇委员会、富锦镇人民政府正式挂牌。

第三节　各时期人口的变化

富锦人口数，1909年为1 599户12 124人；1929年，全县有21 163户141 439人。

1932年，全县有20 760户，人口135 401人。1945年，全县人口219 892人。

1946年，将富锦的四区、五区、六区划归新成立的集贤县。此时，富锦全县人口减至105 830人，户数为21 684户。1949年1月和1949年6月，同江、绥滨并入富锦后，全县人口增至192 447人，户数为40 894户。

1950年，全县有40 413户，人口195 570人。1959年，同江、三村、乐业三个公社划出后，全县有人口243 536人。1964年绥滨县又划出后，全县人口减少到223 291人。

1968年，全县户数为48 958户，人口258 519人，其中男性人口135 079人，女性人口123 440人。

1978年，全县户数为77 383户，人口381 445人，其中男性人口200 925人，女性人口180 520人。

1989年7月至1991年8月，富锦市进行了第四次全国人口普查。普查结果，总户数（不含建三江农垦区）81，552户，总人口344，973人，其中男性人口176，378人，占总人口的51.13%，女性人口168，595人，占48.87%。

2000年1月至2001年12月，富锦市进行了第五次全国人口普查。普查结果，总户数（不含建三江农垦区）99 834户，人口358 167人，其中男性为184 110人，占总人口的51.40%，女性174 057人占48.60%。

2010年1月—2012年12月，富锦市进行了第六次全国人口普查。统计结果如下：全市总户数为153 830户，总人口437 165人，男性人口225 069人，女性人口212 096人。其中，市属城乡户数为122 262户，人口351 097人，男性人口180 641人，女性人口170 456人；七星、大兴、创业等三个农垦区（属富锦行政区划内）户数为31 568户，人口86 068人，男性人口44 428人，女性人口41 640人。

第三章 富锦建县初期的开发与建设
（1909年6月—1931年9月）

第一节 赫哲人迁移和闯关东人渐聚

一、赫哲人的繁衍与迁移

由于居住地域广阔，赫哲人的自称较多。居住在今富锦市大屯以上松花江沿岸的人自称"那贝"，居住在今富锦市嘎尔当至今同江市街津口村的人自称"那乃"，居住在今同江市街津口村一下至乌苏里江沿岸的自称"那尼傲"。这三种称呼中的"那"都是"本地""当地"之意，"贝""乃""尼傲"都是"人"之意。此外，原居住在今同江市八岔以下地区和区乌苏里江沿岸的人自称"赫真"或"赫吉斯勒"，意为"下游人"或"东方人"；原居住在勤得利以下黑龙江沿岸的人还自称"奇愣"。"赫哲"是从"赫真"变音而来，是"黑斤""黑津""黑哲""赫金"等名称的同音异写。"赫哲"作为族称最早出现于清康熙二年（1663年）。1934年，民族学家凌纯声《松花江下游的赫哲族》一书出版后，"赫哲"作为族称广泛传播。

富锦境内原为土著居民赫哲族的渔猎生息之地，较早分布于富锦境内的赫哲族人，多数聚居在沿松花江南岸的和悦陆、大屯、嘎尔当、富克锦、下吉里、古比扎拉等地。刘忠波《赫哲人》载:"清道光至同治年间,赫哲族共有十八姓,其中分布于松花江下游者有三姓:葛依克呼(15户)、额页尔古(5户)、符斯哈喇(15户)";光绪八年(1882年)在嘎尔当设富克锦协领衙门后,曾编赫哲一旗800人,并称"当时该处赫哲族人分居五十余屯,共五百二十户",为富锦地区赫哲人户数最多的年代。

1913年,本县尚有赫哲族人300余户。清咸丰十年(1860年)清政府解除了200年的"封禁"政策之后,由于汉民族的迁入,土地大量开发,分散居住在富锦松花江沿江一带的赫哲人,逐渐向下江抚远、饶河一带迁徙。至1931年,在大屯、嘎尔当只留居20余户,和悦陆、下吉里等地留居者为数寥寥,直至1946年解放后,多年留居在大屯、嘎尔当及下吉里等地的少数赫哲人,几乎全部下迁至抚远、饶河等地。

汉民迁入,大量开发土地,是赫哲族迁出富锦地区的一大因素。另外还有赫哲族青壮年人大批充军守土戍边、清政府南迁和《瑷珲条约》影响等诸多原因。

二、"闯关东"人渐聚及对富锦的影响

"闯关东"一般是指从清朝同治年间到清末这个历史时期内,中原地区百姓去关东谋生的历史。

"闯关东"的关,指山海关。以长城为关口,分为关里、关外。关里指长城以南地区,关外指长城以北地区。关东一般指今天的辽宁、吉林、黑龙江等地区,因位于山海关以东,故得名。

闯:清军入关后,实行民族等级与隔离制度,颁布禁关令,严禁汉人进入东北"龙兴之地"垦殖。尽管禁令日见严厉,却不能完全禁阻关内群众进入东北。迫于日趋沉重的生活压力和连年不断的自然灾荒,越来越多的山东和河北省农民或泛海偷渡到辽

东,或私越长城走辽西,涌向仍在沉睡的东北沃野。这些移民都是在清廷实行封禁政策的条件下进行的,故称之为"闯"。

"闯关东"较多者,从山东闯到辽东,再有辽东迁入富锦。《白山黑水录》描述19世纪末移民情景:"由奉天入兴京,道上见夫拥独轮车,妇女坐其上,有小儿哭者、眠者。夫从后推,弟自前挽,老媪拄杖,少女相依,踉跄道上……前后相望也。由奉天至吉林,逆旅所共寝食者皆山东移民。"这些为求生的农民历尽艰辛,沿奉天至吉林的官道向东奔向宁古塔、三姓和下江地区。富锦作为"闯关东"者聚集的重要地区,对其影响自然是深远的、重大的,也是本史浓墨重彩追溯"闯关东"历史的原因。

"闯关东"促进了富锦人口数量的快速增长。由于招引垦民,直隶、山东等地"闯关东"者大批迁入富锦,全县人口猛增。《富锦县志》载:"宣统二年(1910年)1 599户12 124人;民国二年(1913年)2 565户18 908人;民国七年(1918年)5 300户40 549人;民国18年(1929年)21 163户141 439人。20年间净增129 315人,年均增加6 466人。

"闯关东"促进了富锦耕地面积大量增加。由于政府开放官荒,"闯关东"者剧增,垦荒建村,工商日盛,富锦农耕面积逐年扩大。1913年,全县有耕地15 704公顷,至1932年日军侵入时耕地达79 410公顷,19年间增长4倍。

"闯关东"促进了富锦工商各业迅猛发展。自清光绪十六年(1890年)开放官荒后,关内"跑关东"、外地来垦荒的汉民日渐增多,当地需要生产、生活资料与日俱增,清宣统元年(1909年)东发祥火磨建成,清宣统三年(1911年)依兰"鸿泰号"来上街基分设第一家商店。尔后,随着人口的不断增加,各行各业相继建立,门类增多,使富锦成为下江一带唯一繁荣的重镇,自然形成了一个经济中心。

"闯关东"促进了富锦文化事业日益繁荣。因土地之开发，人口不断增加，至1921年后，每逢夏季，江船通航，自哈尔滨、依兰等地，随轮船来此地流动演出之京戏班、评戏（俗称"落子"）班、二人转、木偶戏等戏班连续不断，中原新的文化形式传入富锦，戏院、书店、电影院也相继设立。

三、富锦建县后的地方武装

清宣统二年（1910年），游巡队改为警务局，富锦县城里有巡警350余人，县辖6个行政区，每区有区官1人、巡官2人、什长3人、巡警30至40人。

1917年9月，吉林省警备队派副官刘武臣带领第三、第四两个连计240人来富锦驻防。这是民国以来富锦县的正式军队。

1932年1月，路永才团长回富锦接防。6月，日军侵占富锦。

1913年设警察所，因为全县有6个辖区，所以警察所又下设6个警区。1928年，改警察所为公安局。公安局下辖城区分局、第一分局、第二分局、第三分局、第四分局、第五分局、第六分局和第七分局。城区分局下辖5个分驻所。每个分局设分局长、巡官、雇员、巡长、夫役各1名，警士8名。

民国初年，富锦县设保卫团，为地方武装。县里保卫团为总队部，设总队长；各区为正队和分队，设正队长和分队长。1931年5月，富锦县保卫团有团丁456名。另有省警察第24分队28名警察驻防富锦县一区太平川、28名驻七区头道林子、27名驻一区邵家店。还有省保安步兵一队队长等12人驻扎富锦县城北二道街，二队队长等12人驻扎富锦县城正大街。

第二节 垦荒农业渐兴

一、富锦地区的垦荒

1.开禁放垦。清咸丰十一年（1861年）至宣统三年（1911年），鸦片战争后，清政府对东北边疆控制日益削弱，沙俄不断侵蚀黑龙江边境，清政府需开禁放垦，以充实边防。清政府采纳黑龙江将军特普钦建议，于咸丰十年（1860年）正式开禁放垦，鼓励移民实边，以振兴关外经济。

2.开放官荒。清光绪八年（1882年），富克锦设驻防协领，于沿江一带，免费划给赫哲甲兵"恩赏地" 6 000小垧；留有"生息地"（为满人或官员所领取之土地）1 380小垧；"随缺地"（也叫"职田"，为八旗官兵的养赡地，在职期间以所分地亩收益补助薪饷）425小垧；"公田"（为署衙公用官地）2 386小垧，合计为1万余小垧。其余荒地在清光绪十六年（1890年）始经三姓副都统出放，称为"民田"（即汉人所领之荒地），按数索取荒价，领数不限。发放时指山河为界，跑马占荒，有钱有势者可以获取大片荒原，成为领主，后为地主。

因划给赫哲族的土地，无人耕种而撂荒，又经富克锦协领衙门在光绪十九年（1893年）、光绪二十三年（1897年）、光绪三十一年（1905年）分3期将随缺地、生息地、公田放荒给汉族人，总面积18 683垧。到宣统三年（1911年）已放荒37万垧。当时荒地价每方地（45小垧）以哈大洋计值4元3角，等于3两银子或者9吊钱。荒价不高，领取自由，但贫苦农民无力领取和开垦，有权势富户，轻易得到大片荒地。

由于政府开放官荒，"闯关东"者剧增，垦荒建村，工商日盛，富锦农耕面积逐年扩大。1913年，全县有耕地15 704公顷，至1932年日军侵入时耕地达79 410公顷，19年间增长4倍。

3.火犁开荒。富锦土地开垦是从城西20千米的西下坎开始。初开荒时是先岗后洼，当时本县城西是榛柴岗，开垦树岗地，须先放树，刨树根。凡开树岗地，大部用畜力开垦，使用燕尾犁开荒，套6匹马，2个人1天可开1小垧地；亦有用自制大木犁，备上25公斤重铁铧，名为"撞山倒"，套10匹马，1天可开八九亩地；蒿塘、草塘较好开，1天可开1垧地。无畜力者用镐刨，即所谓"镐头地"，每人每天可刨6分地。

清宣统三年（1911年），北京来的"廖老爷"（廖兴石，旗人），使用早期蒸汽拖拉机（俗称"火犁头"或"大爪子"）在现西安乡北部和悦陆沿江一带垦荒。

1914年，义太号财东焦经通开办"万国农具公司"，用万国"火犁"在西新民、小梁店一带垦荒。1928年，"盖州李"（李焕章，盖县人）有一台"万国火犁"，在合发东部与他人合伙"份开荒"200余垧（小垧）。

二、粮食作物的生产和销售

清光绪十六年（1890年）富锦放荒开垦时，气温低，土壤冷浆，早期只播种小麦、谷子、大麦、荞麦、糜子、稗子、小豆等早熟作物，以后始有大豆、玉米、高粱等作物种植。

民国初年，本县粮食已自给有余，1913年利用水路，首次向海兰泡、伯力出售小麦、大麦600吨，并向同江、抚远等邻县输出小麦、谷子、大豆等余粮。

随着制粉、榨油、酿酒等粮食加工业的发展，大豆种植比例由1913年的11.7%，到1929年远超小麦，达到44.8%，年产大豆35 167吨，除本县自销外，92%运往外地。而小麦种植比例略下降，种植面积却增长2.6倍，年产16 849吨，76%运往外地。高粱种植比例较1913年扩大10倍多，仅次于豆、麦。至1931年粮食总产达到95 390吨。虽然耕地、总产扩大了4倍，但因广种薄收，耕作粗放，粮豆单产不高，到1931年混合垧产仅有2 432斤（即亩产162斤），当时人口稀少，产粮外销较多，1929年年输出量已占粮食总产53.6%。

三、蔬菜生产

富锦地区栽培蔬菜历史较久，随着垦荒，种类逐渐增多。《金史》等书记载，辽、金时期（10世纪末—13世纪初），女真人种植的蔬菜有大蒜、大葱、韭菜、芥菜、葵菜、瓜类等。

自清代以来，从中原地区引进和当地培育的蔬菜种类渐趋增多。从食用其嫩荚、籽粒的豌豆、豇豆、菜豆，到食用其叶的韭菜、葱、甘蓝、白菜、芥菜、芹菜、菠菜、生菜、油菜、茴香、香菜、茼蒿以及食用其根、茎、果的萝卜、胡萝卜、茎蓝、马铃薯、莴苣、大蒜、圆葱、冬瓜、南瓜、丝瓜、西葫芦、青椒、西红柿、茄子等，已经应有尽有，形成了叶菜、根菜、果菜三大类，并依栽培季节不同，形成春菜、夏菜、秋菜三种类型。

因气候寒冷，蔬菜生产季节很短。为保证常年有蔬菜食用，民间的传统方法是在庭院修建菜窖，将收获的耐贮秋菜藏于窖内，利用窖内的自然温度防冻、防腐、保鲜，备冬季食用。

四、烟草生产

晒烟俗称黄烟，明代末期传入富锦。到清代后期，农村几乎家家户户种烟。据《黑龙江外记》记载："人家隙地种烟草，达斡尔则一岁之计也……其烟以庹计，流人一庹为数束零售，谓之把儿烟。"

富锦县头林烟同尚志县亚布力烟、林口县刁翎烟、宁安县簸箕掌烟、泰来县汤池烟，一同被列为名品，各具独特风味。

第三节　工商各业创建

一、工业作坊

1.东发德火磨。富锦县第一家火磨（制粉厂）东发德，于宣统元年（1909年）开业，有磨粉机、90马力蒸汽机，经理为程世海。1916年，地主赵福堂（赵禄）见办工厂有利可图，将东发德火磨兑过来接办，改字号为"东兴德"。1920年火磨遭火灾焚毁，当年即重建，改设150马力蒸汽机，日产面粉10余吨。

2.德祥东火磨。富锦县另一家较大的火磨"德祥东"，开办于1917年，至1921年扩建，占地面积大，烟囱修得高，人们便称为"大火磨"，而称"东兴德"为"小火磨"。

3.油坊、米坊。清光绪三十一年（1905年），富锦有5家油坊，2家米坊。1920年，油坊增加到12家，米坊增加到5家，生产规模较大，既可供应本县食用，还往外运。期间，富锦县烧锅（制酒作坊）相继建立。

4.电灯厂。1915年，东发祥火磨老板利用15马力的汽力机带动10千瓦的直流发电机，发出之电全部供镇内照明。富锦县城第一次有了电灯。

1916年，东发祥火磨兑给赵禄，改字号为"东兴德"，增添30马力汽力机1台，带24千瓦直流发电机，供电范围扩大。1921年，又增加1台60千瓦的直流发电机。1923年，又增添45马力卧式蒸汽机带动80千瓦的直流发电机，所发之电带电灯500余盏，还有一部分供鸿兴泉烧锅（制酒作坊）作动力用。

1928年，富锦县开始有电压550伏特、功率125千瓦的交流发电机。

5.成衣铺。1912年，富锦县第一家成衣铺开张，字号鸿兴茂，能做西式服装。

1929年，全县服装加工店铺发展到22家。

6.铁匠炉（铺）。清宣统三年（1911年），何铁匠在上街基开办铁匠炉，挂马掌和锻制镰刀、锄板等小农具。同年，黄姓归侨开设铺，打造铁壶等日用品。

1915年，苏联归来侨民孟宪涛和仲某等，开张大火炉，生产农用大车和五金家什。同期还有个铧炉。

1929年，富锦县城、上街基有铧炉、铁匠炉、铜匠炉、洋铁铺51家，从业人员135人，资本金3万多元。

7.木匠铺。清宣统元年（1909年），富锦设县，随着城市发展，建房增多，流入了一些木工。次年，王木匠开设软硬作木铺。后来又有5家木铺开业，全在县城。

1931年，全县木材加工业发展到26家，从业人员58人，资本金1.5万元。

8.食品加工。清宣统元年（1909年），富锦县食品加工业开始兴起，先有生产粗糕点的麻花铺，次年有了豆腐坊、粉坊。同时，出现了走街串乡用麻花、针头线脑换农副产品的货郎小贩。

清宣统二年（1910年），生产高级糕点、南方茶点的芝兰香、老鼎兴等小型食品加工厂相继开业，每家雇工十几人。

1929年，酱园兴盛，青酱、醋和酱菜远销海兰泡、虎饶等地。糕点厂、酱园、豆腐坊、粉坊发展到32家，从业人员169人，资本金6万多元。

二、商业店铺

1.鸿泰商号。清末富锦县始陆续有商业店铺的开设。宣统三年（1910年），依兰"鸿泰号"来上街基分设第一家商店。

民国初期，仅五年时间，本县大小商号即发展到107家，至1925年则增加到1 100余家，各行各业，门类增多。资本大的商户，除经营杂货外多兼营粮业，地主兼营工商业的也较多，使富锦成为下江一带唯一繁荣的重镇，自然形成了一个经济中心。

2.公茂长粮栈。民国时期，富锦县地广土肥粮多，市面粮价便宜，商人经营粮食有利可图。私营粮行的兴起，始于1915年第一家公茂长粮栈开业，同时多数资本雄厚的大商号均兼营粮食。

1922年，又有公茂德粮栈开业，此后县城内相继有德顺兴、庆泰永、长源盛等较大专业粮栈开业；到1931年，专业粮栈发展至15家，资本在万元以上者即有10家，如恒德庆、德发祥、裕泰成、同丰泰、大来裕、以及恒记粮栈等。

3.义丰园饭店。1912年，富锦县第一家规模较大的饭店"义丰园"开业。其后相继有文华居、长发馆、致香春、鸿发和、会仙居、文义成、一品香、西盛馆等20余家中型饭店和30余家小食铺开张。1927年，富锦县城有60余家饭店。

4.柏家店。清光绪二十二年（1896年）富克锦开设第一家大车店——"柏家店"，店主柏福臣。因店先于建县故有"先有柏家店，后有富锦县"之说。

1918年，随着本县荒原开发，市面繁荣，过往客商增多，大车店发展到10余户，客栈40多家。最大的客店有60个床位，但设备简陋，多数客栈为一铺大炕，铺上炕席，只有枕头无被褥。

1923年，富锦兴种鸦片，客商更多起来。此时社会治安亦混乱，土匪蜂起，加之军警横行霸道，时至客店以查店为名，向店主敲诈勒索，于是店主们推举李仁轩经营的大车店为"官店"，专门应付军警和官员，由各客店给"官店"议交一定数量的招待费，以图安宁。

1920年，贾玉廷开设万泰店，其规模为各店之首，能容大车300台，客房30余间，厨房10间，堪称富锦第一大店。

5.四海泉浴池。1915年，富锦县第一家浴池开张，字号"四海泉"，业主姓党。1932年，李岐开办了"三江泉"，王志远开办了"东滨泉"，浴池增至3家。

6.照相。1918年，本县第一家照相馆开业（业主吴希久），设备简陋，质量低劣，价钱昂贵，至1925年王佐臣合资开办第二家照相馆。

7.钱庄。富锦县金融业的兴起，早在民国初期，除较大商号兼营"钱桌"外，私营的钱庄即有德顺昌钱庄、德兴润钱庄两家。

最早开设的典当业有永茂当铺和公益昌当铺。义泰当铺开设于1925年。

1930年之前，吉林殖边银行即在富锦县设有临时分支机构。1926年，吉林督军署始正式于本县派设吉林永衡官银钱号驻富锦分号，及时上解本县收入的税款，办理汇兑和放款。

1927年，哈尔滨交通银行亦曾在本县设分支机构。

三、药铺与医疗

1.世一堂中药辅。富锦县城最早开设中药店者，始于1914年有和发广、德庆魁开业，较大的中药店世一堂则在1916年开业，至1930年县城中的中药店才增加到9家。

2.中医。随着"开放官荒，招民引佃，汉民渐聚"，始有外地游方郎中流入。本县第一位中医李凯臣，早在嘎尔当设协领衙门时，即来此地行医。相继有张花先生、战省三等来此地行医。至1912年后已有中医十数人，远则来自河南、河北、奉天，近则来自宾县，其行医方式少数为游医，多数为坐堂行医或开设医师铺（诊所带药柜），如纯裕堂、人和堂、保和堂等。1930年，除在县城外，乡间5个区尚有38家医师铺或小药铺，本县较有名望的老中医刘汉臣、姜万珍、刘占一、曹育民等，当时即在乡区开业行医。

3.西医。富锦县西医的传入，始于1918年，医师杨华廷在县城中创办了第一所私人医院——协济医院。至1930年私立医院已有协济、乾九、惠存、德民4家医院，但设备简陋，共有简易病床15张；城乡有西医8人（乡区新城、集贤3人）；城乡有中医药工60余人，其中乡区（一至五区）41人。

4.官医。1931年，以市政公所名义，在私营协济医院附设"县立诊疗所"一处，聘请该院医生杨华廷为"医官"，县府每月拨给哈洋30元，为贫民免费施疗与施种牛痘苗等事宜。民国时期，由民政、公安部门署理全县医事、医药、保健及公共卫生事宜。

第四节　集镇村落的出现

一、集镇出现

宣统元年（1909年）建县后，城乡居民点逐渐增多起来。

宣统二年（1910年），县城驻地设在"下街基"（即今富锦镇）之后，至民国初期，相继在新城、集贤、兴安、兴隆（即国强街基）等地小集镇出现。1924年，全县城乡划分7个区，自然村落近300余个。实行保甲制后至1932年，全县有8个保59个甲，每甲辖属3—5个村屯，由此萌发了镇村建设。

二、县城变迁

早在光绪八年（1882年）于嘎尔当设富克锦协领衙门前后，在大屯、嘎尔当、上街基、下街基和下吉利一带，沿江高岗之处已有散居民房出现。

1905—1908年，临江州在富克锦初设"设治局"（后改设"巡检衙门"）时，即在下街基放荒和放街基号，清宣统元年（1909年）奏准设县，翌年将县城驻地定在下街基，安官立衙，成为富锦县政治经济中心，人口日渐增多，官府衙门、民用建筑和商户等房屋建筑亦迅速增加。

县衙随即对县城的建设做出初步规划：沿松花江南岸，东西走向，划出矩形整齐的街基，东西阔、南北窄，城内辟有3条东西大街，即正大街和南、北二道街；又辟有3条南北大街，纵横形成3个十字大街，在各十字大街之间，又分出若干胡同，城内交通四通八达，并于县城周围挖城壕和筑城墙，立东南西北四门：东门位于现化工厂东侧，南门（即老南门）位于现三八街与向阳路东北转角处，西门位于现正大街西端临近江边，北门（清江门）位于向阳路西临近松花江边。

建县伊始，县府即按街基规划县城中的道路，以东西走向为主干街，南北为次干道，纵横各3条主干街道，交叉成3个十字街，居于中央的南北街为大十字街，东侧的为东十字街，西侧的为西十字街。

另辟有多条南北街（称胡同），均与主干街道相交，向北直通江沿，初步形成了矩形的棋盘式规模街道网。

1916年，城中央东西走向的正大街、南二道街和北二道街，和南北走向的3条主干道路业已形成，当时均为土路面，两侧挖明沟，顺势自然排水。

随着市面的繁荣，相继于正大街等主次干道及大十字街南北街（即今向阳路）等两侧，又在明沟的基础上铺设了木板构成的阳沟板，高出路面30多厘米，宽60多厘米，板上平坦，成为人行道，沟板下即成阴沟排水。

正大街路幅为12米，南、北二道街为10米，各胡同的路幅均在7—8米，整齐划一，民宅建筑多集中于此。而各主干街道两侧，多为商户建的门市房。随着县城人口的日渐增多，后又扩建南、北三道街，均在老城壕之内。

1930年，正大街又向西拓延，在县城最高程68.8米处（新开路与正大街西南转角处）向南打通，向北直抵江沿，新辟一条南北新街，因拆除部分民房和清除障碍，故名为"新扒街"，后改称新市街（今新开路）。

三、房屋变化

清末建县初期，县衙驻地（下街基）只在城西沿江高岗处，有少数的民居土草房，多为低矮的马架子，散散落落，无明显格局。

建县后，于新规划县城街基的东侧（今三中南操场）建起县衙门，相继居民、商户建筑的房屋逐渐增加，较大商号的营业用房多建于正大街两侧，大多为土草房，少数建起青砖瓦房。

1914年，和发广药店第一个建起二层楼房。

随着市面日趋繁华，一些较大商号亦相继建起楼房和一些门面较为美观的带有门脸的砖瓦平房，如庆升厚杂货店、世一堂药店、德祥东火磨等。1916年，富锦县城开始建起楼房，至1932年，县城中各行各业建成二层楼房的达20余幢，其中富锦中学大楼建于1928年，单层15间，砖木结构，白铁瓦盖，天棚地板均用优质木料建成。

富锦农村未开发之前，当地土著居民赫哲人沿江而居，迁徙不定，没有固定的屋舍，均就地取材，以木杆为架，结成圆锥形，顶上披以茅草，四周围上桦树皮，全家人栖聚其中，称为"撮罗子"（赫哲语为尖棚子的意思）。

随着广大农村土地的开发和农业生产的日益发展，乡间居民的住宅建筑初辟；县城中始有大商号裕隆祥、双发公等，安装了暖气设备。

四、公路交通

随着"闯关东"大量汉民流入，尤其是光绪二十九年（1903年）中东铁路通车后，更促进了城乡交通运输的发展。

1.上行公路。《富锦县志》载：富锦县城经大屯、三义堂，过桦川境的马鞍山去桦川县城的官道；富锦县城经嘎尔当、魏家山车站、洪盛店、范家站、宝宝山，过桦川境的孟家岗去桦川县城的官道。

2.下行公路。《富锦县志》载：富锦县城经古比扎拉、图斯科去同江的官道；古同路（自古比扎拉经向外委、小城子、图斯科、尼尔固到同江）；龙同路（自二龙山经小城子、图斯科、尼尔固至同江）；向同路（自向阳川经向外委、小城子、图斯科、尼尔固到同江）；乌同路（自乌尔古力经荣总理窝棚、小城子、图斯科、尼尔固至同江）。

3.县际公路。富锦县城通往宝清和富锦县城通往饶河的大道。

4.乡村公路。全县乡村道路，是随着开荒建点自然形成村落之后逐渐形成的，连接各村屯，均为土路，路基不良，夏秋季积水漫路，许多路段难以通行，有些偏远村屯需待冬季结冰后，才能通行。

五、邮政与电话电报

1.民办邮政局。富锦县邮政业务始于清宣统二年（1910年）。当时无官办邮政，由初佩五在下街基（寓锦镇）北二道街（现第一小学西侧）租张继洲民房三间办邮局一所，初自任局长，另配2名邮差。

2.官办邮政局。民国时期，改为官办，业务量稍有增加。民国以前，邮件主要通过古驿道往来富锦。往来信件一般出邮差送至单位（团体）；私人信件则置于邮局信袋中，由收信人认领。江路通航季节，沿江邻县的公文、信件，由船只运送。封江后，则用爬犁、大车、自行车、汽车运送。

《依兰县志》载：1913年开辟旱路通邮。由珠河（今尚志县）经延寿县、方正县、达依兰，再经东兴镇（今佳木斯市）、悦来镇（今桦川县）抵富锦县。

3.电报。富锦县电报业务始于清光绪二十九年（1903年），经营收、发电报业务。

4.商会电话局。1921年方有电话业务。是年，由商会的部分商人请王子固技师建立电话局，主要设备有500号"西门子"交换机1台；用户250户，多为机关、商会；也有军官和大商人将电话安在住宅。《佳木斯市志》载：1928年9月12日，佳木斯至富锦、依兰长途电话通话。

第五节　学校教育兴起

一、小学校兴起与发展

自光绪十六年（1890年）开禁后，"闯关东"来富锦垦荒的汉民日渐增多，促进了农业、工商业的发展和地方经济的繁荣，县城内大小商号1 100多家，成为下江一带唯一重镇，形成了唯一的经济中心。据《富锦县志》记载，富锦地方官吏与少数富裕人家为子女学习文化，开始设立学校。1909年建县后，富锦出现了前所未有的兴办学校的热潮。

富锦的学校教育出现在20世纪之初，最早的小学出现在1909年。

据《富锦县志》记载，光绪三十四年（1908年）临江州（今同江县）创办师范讲习所1班，学习时间为6个月，毕业生姜德显、王世昌来富锦创办学校。

宣统元年（1909年），于城内设立男女小学各1处，男校即后来的第一校；嘎尔当原有1所私塾改为第二校；女校在现在的第一小学校路南，学生30余人。

1915年，在富锦6个区各设1处小学。城内有孙耀廷设立女子小学1处，学生1班。

1916年，县长吴士澂为削减教育经费，只留城内1处学校，其余全部撤销。1919年又恢复，城内又增设小学1处。1921年，成立第一女子小学。

1923年，成立模范两级学校，在街东日升福楼房。学生来源：接收第一校初、高级各1班，第十校学生1班。同年设立基督教会学校1处。1924年，将孙耀廷创办的女子小学改为县立，学生两班，百余人。本年县立小学14所，学生795名，教职员21名。

1924年县立小学一览表

学　校	开办时间和地点	学生人数	教职员人数
县立第一校	1915年8月　城区北二道街	319	21
县立第二校	1912年3月　二区嘎尔当屯	35	1
县立第三校	1919年9月　二区大屯	25	1
县立第四校	1918年3月　城区东南门里	58	1
县立第五校	1917年3月　二区长发屯	23	1
县立第六校	1914年9月　三区赵家屯	36	1
县立第七校	1917年8月　五区集贤镇	28	1
县立第八校	1921年3月　五区太平山、集贤镇	42	1
县立第九校	1921年3月　五区集贤镇	27	1
县立第十校	1922年9月　城区东门里	43	1
县立第十一校	1923年9月　六区向阳屯	36	1
县立第十二校	1921年3月　五区矫家屯	38	1
县立第一女子小学	1921年4月　城区	48	1

1925年2月27日，第二女校成立，招生80人（初、高级各1班）。

1930年，建立清真小学校一所，校址在清真寺内。

1930年，省教育厅发令禁止小学采用文言教科书。高小一律废止读经一科，修身改为公民、卫生二科，国文改为国语，改文言文为语体文，手工改为工用艺术，图画改为形象艺术。初小增加社会（包括历史、地理、自然）课程。高小废止外国语。为锻炼学生体魄，增进国民健康，添设国术一科。

1930年春，苏军进攻富锦时第二女校因被炮弹击中烧毁，将女学生归并入第一女校，富锦县慈善会成立崇德初级小学一处。据《黑龙江省志·教育志》《民国十九年（1930年）吉林省辖区21县统计表》：富锦县有初级小学30所，学生2 283名；高级小学（男）3所，学生136名；高级小学（女）1所，学生27名。

1931年,"九一八"事变后,富锦县学校基本停课。

二、县立中学校的成立与发展

1925年,富锦开始筹备成立县立中学校。

经过富锦县教育局一年的前期准备,1926年10月18日,富锦县正式向吉林省教育厅报请成立县立中学校。

1926年12月18日,吉林省教育厅正式批准设立富锦县立中学校。

1927年3月1日,富锦县立中学校正式成立,首任校长为孙桂岩。原计划春季开学,后因省教育厅定为秋季始业,所以于当年8月10日正式开学上课。

当时中等教育为三三分段制,即初级三年,高级三年。富锦县立中学校为初级中学校。

富锦县立中学校是富锦第一所中学校。富锦县立中学的成立和开学,标志着富锦中学教育的兴起。

富锦县立中学校首届学生为第一班,入学50人,学生来自富锦、宝清、同江等地。

1927年8月开学时,富锦县立中学校有职员2人、教员3人。至1929年,富锦县立中学校有职员2人、教员6人,8名教职员中,大学学历2名,高等师范学历2名,专门学校学历1人。

1927年8月,富锦县立中学校开设公民、国文、英文、数学、历史、地理、博物、理化、图画、手工、音乐、体操等12门课程。至1929年,富锦县立中学校课程调整为党义、国文、外国语、历史、地理、算学、自然、生理卫生、图画、音乐、体育、工艺、童子军和职业科目。

富锦县立中学校教学楼于1927年由商会、农会捐款兴建,教学楼为二层,30间,973平方米,青砖铁瓦,外廊式木制走廊。

1930年7月，富锦县立中学校第一届初中学生23人毕业，大多任小学教师。至1932年，富锦县立中学校共毕业3个班，毕业学生93人，毕业后从事教师30人，官吏8人，实业55人。

富锦县立中学校是黑龙江地区建校最早的14所县立中学校之一，也是松花江下游地区的最高学府，远近闻名。

三、私立中学校的出现

1931年8月，富锦黎明女子中学校成立，该校属私立学校，为富锦史上第一所女子中学。校长为李景祺，有教员3名，每期招收学生40名左右。校址先设在第一小学（北二道街路南），后迁到东南门外。1937年秋，黎明女子中学校并入富锦县立中学校。

第四章　东北抗日斗争时期中共党组织的建立与发展及老区人民的反日行动

（1931年9月—1945年8月）

"九一八"事变后，日本关东军占领了东北全境，对东北人民进行了长达14年之久的奴役和殖民统治。

1932年3月1日，日本关东军司令部以"满洲国"的名义发表了"建国宣言"，宣布在东北建立"满洲国"，与中国政府脱离关系。日本侵略当局扶植了一个伪满洲国傀儡政权，将长春改称新京，作为"首都"，年号"大同"。1934年3月1日，又改"满洲国"为"满洲帝国"，改年号为"康德"。日本侵略当局对东北占领区实行"划小省区，分而治之"。1934年11月1日，开始推行其"新省制"，富锦县属"三江省"管辖，省会设在佳木斯市。

1932年6月，日本关东军侵占富锦，富锦沦陷。从此，富锦成为侵略者的战略要地。富锦人民和东北人民一样，爱我中华，坚持抗日，为打击侵略者、保卫家乡作出了贡献，涌现出很多可歌可泣的英雄人物和英雄事迹。

第一节　日本侵略者的殖民统治

富锦土地肥沃，是重要的产粮区，距离中苏边境较近，处于交通要道。日军驻富锦七七五部队队长片山，后来在他主编的《富锦回忆录》中说："作为重要的前沿基地，富锦驻扎了国境守卫队，顺着松花江岸铺设了军用道路，成了交通要道。"从中可见富锦地理、地位的重要。

一、军事入侵

1932年6月，日军小滨（中佐）司令和石井大尉领一个营的兵力约400余人突破富锦江防线，占领了富锦。此后，日伪驻防富锦的部队逐渐增多。1940年驻兵最多。

伪满时期，日本侵略者在富锦共修筑了日军大营、伪军大营8处，其中有嘎尔当大营、上街基大营、五顶山大营、东南门大营、海沟大营各1处，南岗大营有3处。

此外，还设有地方武装。1932年，日本侵略者为了加强对边境各县的统治，于9月间成立了富锦、同江、绥滨三县"联防清乡办事处"。同江县县长庞绍宣为总督办，富锦县长白馥、绥滨县长赵某为帮办，日本人风发三津美为顾问。在富锦城内又组织农民会的民团预备队，商会组织了商团预备队，共计400人，临时守城。后来二团合并，由杨余堂担任总指挥，下用2名保董，由商会的沈寿三和另外"选"出来的张甲东来担当。

1934年至1938年，日本侵略者在本县实行保甲制度，全县设8个保98个甲，每保设一个保卫团。

二、军事工程

日军侵占富锦后，出于军事目的，立即着手修建飞机场，先后建了4个飞机场，即南岗机场、茂盛机场、华胜机场、西飞机场。

1.南岗机场。南岗机场1941年建。它位于城南，临城村西北，距县城3千米。它有跑道两条，一条为东西向，长1 000米，宽100米；一条为南北向，长约1 100米，宽70米。

2.茂盛机场。茂盛机场1942年建。它位于县城东南茂盛村附近，处县城与乌尔古力山（山上当时有日军驻扎）之间。此机场跑道为椭圆形，长轴1 500米，短轴1 000米；跑道南侧及圆弧转弯处道宽90米，北侧道宽30米。

3.华胜机场。华胜机场1941年建。它位于城东，华胜村附近，有跑道一条，长1 000米，宽80米。

4.西飞机场。西飞机场1932年建。它位于城西大屯村附近，距县城6千米，有跑道一条，长约1 000米，宽20米。

日军在富锦各地还筑建了众多碉堡。据不完全统计，筑建水泥碉堡138个，其中大屯南6个，南岗26个，吉祥16个，乌尔古力山90个。

此外，日军还在乌尔古力山中修筑山洞、地下兵舍等若干工程，在县城的东西两侧沿江修筑炮台7座。

三、统治机构

（一）伪满县公署

日军侵占富锦后，成立了伪县政府。1934年将县政府改为县公署。1934—1937年，县级实行参事官制度，置县长、参事官、副参事官等职，参事官与副参事官均由日本人担任。县公署下设总务科、内务局、财务局、警务局，作为具体办事机构。1938年取消参事官制度，实行次长制，参事官改为副县长，县长（中国人）实际是副县长（日本人）的傀儡。据《富锦一般情况》记载，是年富锦县公署设县长1名、参事官1名、副参事官2名。1932年9月，日伪当局派白馥从佳木斯来到富锦任伪县长，成立了县公署警察局。伪满时期，富锦县公署官吏有荐任官（县长、科长）和委任官及委任官试补（股长或副股长），委任官亦称属官。1934年，富锦县按丙类县的规定实行改组。县公署实有88人。1936年，县公署共有官吏及公职人员94人。

1936年，富锦县公署的组织机构有：

1.总务科。总务科下设庶务股、会计股、文书股。

2.内务局。内务局下设行政股、教育股、实业股。

3.财务局。财务局下设征收股、理财股。

4.警务局。警务局下设警务股、司法股、特务股。

1942年，富锦县公署的组织机构有：

1.总务科。总务科下设庶务股、文书股、会计股。

2.财务科。财务科下设征收股、理财股。

3.行政科。行政科下设行政股、土木股、教育股。

4.警务科。警务科下设警务股、司法股、特务股、卫生股。

5.地政科。

6.经济科。

7.实业科。

（二）庞大的警察、宪兵、特务组织

日军入侵富锦后，为加强统治，在富锦建立起庞大的警察、宪兵、特务机构。

1.警察机构。1933年8月，伪满民政部发出训令，严令重建县政。1934年1月1日，富锦按丙级县实行改组，伪县公署设总务科和内务、警务、财务3局。

警察局置局长、指导官，局长1人，由中国人充任，指导官10员，由日本人充任。局内设警务股、特务股、司法股，局下设8个警察署，即县城、太平川、上街基、西安镇、新城镇、集贤镇、二道岗、头道林8个警察署。在署下，又设分驻所或派出所。

1936年富锦县警察局组织设有3个股。警务股股长1人，科员3人，雇员5人；司法股股长1人，科员2人，雇员3人；特务股股长1人，科员2人，雇员3人。

每个警察的肩上都佩戴着黄色肩章，一见肩章便识官阶。官阶分警正、警佐、警尉、警尉补、警士。伪警察署长多由警佐担任。伪警察着黄军装，戴大硬盖帽子，挎指挥刀，对老百姓训话多用"混合语"，即汉语与日语夹杂，以便吓唬人。

伪满警察的主要任务是维持治安，即进行所谓的"讨伐"和警护国境。同时还负有一般行政警察的任务，即警护、刑事、宗教、思想、风纪、卫生、保安、产业、交通、营业、建筑、工厂等管理之责，还负责管理盐业、林业、烟务等。1937年后，警察还负有防谍、谍报、警防、经济保安、劳务、督催粮谷出荷等任务。可以说，在伪满政治生活中，不与警察发生直接或间接关系的部门几乎是没有的。

2.宪兵机构。1935年3月，伪满政府公布《陆军宪兵令》，1939年公布《宪兵总团令》。富锦伪满洲宪兵分团上统于"三江省"第七宪兵团，下辖"三江省"富锦以东各县。

日本宪兵队系日本关东军宪兵队，富锦日本宪兵分队主要是监视日伪军队官兵及政府人员的言行，是日伪军警宪镇压机关的主脑，一切屠杀与镇压中国人民的暴行，皆出自日本宪兵队的指挥、操纵或由其参加。

3.特务机构。1937年12月，伪满政府发布《保安局官制》，相继建立"三江省"伪保安局富锦特务分室，对外称警务厅特务分室，位于北三道街原哈尔滨旅馆楼上。

特务分室设总班长和班长，班长所属班员5名，总班长和班长均是日本人，大特务广野治郎任富锦特务分室总班长。下设机要秘书和嘱托等职，再下分主要特务和一般特务，共141人。

1940年4月后，特务分室与特务股二位一体，广野治郎独揽一切，并设若干特务分驻点有牧养场、砖窑、管烟所、达子队、沟里等。这些特务构成特谍班，他们都有其各自的公开职业，但谍报身份则完全是秘匿的。

特务分室是日本关东军情报局第二课安插在伪满洲国边境的一个特务分支机关，与日本军特务机关（位于通江街路西）、伪满横田特务机关、日本宪兵队等相互勾结，构成反苏反共、镇压中国人民的谍报组织。

（三）协和会

"九一八"事变后，中国人民的抗日浪潮日益高涨，日本侵略者在进行武力镇压的同时，需要一个"思想教化的国民组织"，以便于对中国人民进行奴化教育。于是，日本关东军策划并亲自组建了协和会。协和会于1932年7月25日成立。日本和伪满高官均出席在伪国务院举行的成立大会。协和会章程规定："本会以谋求振兴"满洲国"的建国精神和宣扬王道乐土政治为宗旨。"1936年7月25日协和会成立4周年举行纪念会时，改名为"满洲帝国协和会"。同年9月18日，日本关东军司令官植田谦直发表《满洲帝国协和会之根本精神》的声明，阐述协和会的本质，就是以皇民化为目标的"民族协和"，实施"建国精神"，即"以实现日满一德一心、民族协和、王道乐土、道义世界为理想的天皇的圣意"。伪满协和会中央本部机构庞大，设有总务部、指导部、实践部、训练部、文化部、青少年部、调查部等十多个部门。协和会自成立起，始终维护日本帝国主义对中国东北的殖民统治，直接参与到伪满洲国的政治、经济、军事、文化、教育等方面，成为侵略者的帮凶，东北老百姓称之为"蝎虎会"。

1937年，富锦县建立了满洲帝国协和会富锦县支部。协和会设顾问（日本人担任）、支部长（伪县长兼任）、事务长（日本人担任）和支部委员。机构有总务室、庶务股、文书股、会计股、宣传股。全县各村均成立了协和分会，全县协和会员近万人。协和会还设有若干外围组织，例如，青年训练所、义勇奉公队、青年奉士队、伪满洲妇女协和会、伪满洲国十字会、道德会等。协和会富锦支部是伪县政府的所谓"精神母体"，是向富锦人民灌输其所谓"建国精神"的反动组织。

（四）募兵征兵制

1940年，日伪当局公布《国兵法》，将募兵制改为征兵制。《国兵法》规定，19周岁男青年应征当"国兵"，服役期为3年。

四、实行奴化教育

日本侵略者的最终目的，并不满足于使中国东北彻底殖民化，而是要使其实现"日本本土化"。为此，实行了一整套奴化教育方针和措施。

（一）学校停办或校舍被占

富锦沦陷后，社会混乱，人心不安，因此学校停办，学校教育受到严重的破坏。到1933年5月，全县原有的40处学校，处于停课状态的有23处，仅有的一所中学——富锦县立中学校也在停课状态中。在1933年5月1日填写的《富锦县各级学校状况调查表》的"说明"一栏中，记载得很具体、很明确："因经费拮据，故学校多半停顿。计之城乡各校，仅开学17处，共计

25班，学生982人，教员25人。再查现未开学各校儿童数、教员数、学级数各栏，均无凭填列。"可见，在战乱中多数学校已人走舍空。

1934年春，日军在富锦侵占了富锦县立中学校的校园，富锦最好的教学楼变为日军守备队驻地，迫使富锦中学校多次搬迁。据当时的学生龚华霖回忆："记得1934年4月初，日本关东军抢占我们中学楼，强迫学校搬家。"

（二）查禁各类中国教科书

日伪当局先从教科书下手。日本关东军发出了一道密令，"排日教材要断然铲除"。1932年4月，伪满洲国国务院的第2号令通令各地学校，"凡有关党义教科书一律废止"。伪文教部相应成立的教科书编审会规定了编审教科书的原则，即"明征建国精神，彻底了解民族协和、王道乐土之理想"。

为此，日伪当局大规模地查禁、没收、焚烧中国各类教科书，甚至各种书籍、报纸、刊物，只要是有一点点中国民族意识或民主思想的，均在禁止之列，凡是带有"中华""中国"字样的书刊，都不放过。

1933年3月，伪文教部正式着手编纂初等教育和中等教育的全套"国家教科书"。到1935年末，将小学和初级中学的"国家教科书"共22种39册全部出齐。此外，由"帝国教育会"编纂的、经伪文教部审定的"审定教科书"23种29册，供初中、高中、职业中学和师范学校等采用。

侵略者还利用封建意识形态钳制中国师生，利用宗教麻痹、愚弄、控制中国师生，营造极度恐怖阴森的氛围恐吓中国师生，利用新闻出版文化领域大量仿造和宣传灌输中国师生。

（三）推行"新学制"，强调"实业教育"

1932年6月，日伪当局提出了改革学制的主张。对"新学制"进行了长达5年的酝酿和筹划。1937年5月2日,伪满洲国国务院正式颁布《学制纲要》,自1938年1月1日起实行。实行新学制的目的是确立殖民地教育制度,突出实业教育,培养为日本掠夺东北资源粗通技术、供其使役的驯服工具。

富锦县立中学校被改制后,名为"三江省立富锦国民高等学校"(人们简称"富锦国高")。为加强对学校的领导和控制,日伪当局任用"日系人"掌握学校权力,由日本人出任学校的"主事",名义上是"副校长",实际上是总揽学校一切大权的,再加上日籍的教员,便构成了学校的实权派,他们居于中国教师之上,自称"日系人"。这就是以"日系人"为中心的学校管理体制。

1938年春至1943年末,"富锦国高"的校长是刘宗汉,他是由"三江省"派来的,而"日系人"中的副校长有须藤、沧田、树川、石黑等。1944年春至1945年8月,校长是高尚弼,"日系人"副校长是本江伊三郎。

(三)宣扬"建国精神"

在"国高"的课程设置里,"建国精神"课是主要的。它对"国民"之一切思想行动须以具体的"国民"道德为中心,在教科书中编写了"中坚国民""我国之建国""学生之本分""友邦之仗义援助""报恩感谢""皇帝即位""回銮训民诏书""历代天皇之御纪、仁慈""社会奉仕""万邦协和""日满一日一心"等课文。

"建国精神"课是日本帝国主义对学生进行奴化思想教育的主渠道。"建国精神"课宣扬的是:第一,东北从来就是一个"独立国","满洲国"是这个"独立国"的现实形态,因此"国民"应当忠于"这个国的皇帝"。第二,日本是"满洲国"的救星,是"满洲国民"的"父母之邦","日满应一心一德"，"国民"应无条件服从、忠孝日本天皇。第三，要"举国人而尽奉公之诚，举国力而援盟邦之战"，为"大东亚圣战"，青年学生应无条件地贡献自己的一切。

侵略者为达到奴化教育的目的，不仅在课程设置和教科书上下功夫，还在系列的常规性的教育活动上下功夫。

1. 朝会。每天早上上课前进行。全体师生在操场上集合后，"升国旗、唱国歌"，向新京（长春）、东京（日本）方向行遥拜礼，然后齐诵"国民训"，做"建国体操"，最后由校长训话。

2. 周会。每周举行一次。周会的内容必有，校长还要宣读《回銮训民诏书》，以灌输"日满一心一德""日满亲善"之类。

3. 勤劳奉仕。1942年12月，日伪当局公布了《学生勤劳奉仕令》，所谓"勤劳奉仕"就是强迫学生劳动。在富锦国高，除农科的实习（也是劳动）外，每年还要"勤劳奉仕"2个月。如上学校农场劳动、挖防空洞、修飞机场，等等。

4. 崇拜伪满"皇帝"和日本天皇。师生必须崇拜之，每逢仪式，必向伪满"皇居"、日本"帝宫"方向行遥拜礼。师生都要会背"回銮训民诏书""国民训"等。

5. 军事训练。1940年12月15日，日伪当局公布了向学校派遣陆军现役将校案，加强了学生的军事训练。太平洋战争爆发后，1942年又把军训正式列入教学计划，进一步加强军事训练。

五、对土地的侵占及粮食的搜刮

1934年，侵略者对农会进行改组，协助伪县公署管理农业事宜。在伪县公署内设有内务局实业股主管农业。1939年，在实业股基础上建立开拓科（科长为日本人），下设农林、开拓、畜产等股。当时编制有30人，其中日本人占75%。

伪满时期，由于日伪当局实行殖民掠夺政策，使富锦县农业生产日渐萧条。1939年，日伪实行《粮谷管理法》。1941年，日军从东北大肆掠夺粮食，强行农民交出荷粮，强征农村劳动力（即出劳工），修筑各种工程，农业生产遭到严重破坏，广大农民处于饥寒交迫、水深火热之中，农村呈现一片荒凉景象。

1933年，全县耕地有74 319公顷，至1936年达到139 999公顷。

1936年，日伪在大梁店西南建立机械化农场一处，开荒约600垧。

1938年，日伪在务本建农事试验场，场址在务本村北，从大地主赵禄手中置地200垧。1940年春，农事试验场改为劝农模范场，有原种圃、试验圃、苗圃、种畜、机械设施等。此场归县公署开拓科管理，场长由开拓科长（日本人）兼任。

1938年，为给日本大批移民做建点开荒准备，在原四区（今属桦川县）、六区（今属友谊县）、七区（今头林镇）等地，以低价强行收买土地，熟地平均30元一垧，荒地2元一垧。然后，当地农民种地必须向"满蒙开拓株式会社"租种。

1939年，原同江开拓股在二龙山境内开荒建点，由原同江境内无地农民耕种，此谓"内县移民"，先后建起5个部落：一部落太东，二部落新兴，三部落康庄，四部落后共荣，五部落莲花，在这里垦荒近千垧。

1940年10月和1941年4月，日本移民分两批到笔架山（现属集贤县）一带建点开荒。

1944年，日伪推行"南满"向"北满"移民政策，由锦州、义县、北票等地强行移民到双子山（现集贤县）一带开荒建点。

至1945年日本投降前，富锦县耕地面积137 238公顷，人均耕

第四章 东北抗日斗争时期中共党组织的建立与发展及老区人民的反日行动

地0.62公顷。

伪满时，土地由伪县公署行政科土地股管理。1942年，成立地政科，对全县土地曾进行航测和地面测量，以核实面积，同时整理地级，换照补税。

1939年，日伪实行《粮谷统治法》；1940年，成立"兴农合作社"，每年在要7月25日定粮价，即所谓的"七二五定价"。大豆、小麦等粮食统由"粮栈组合"负责收购、发运和配给，原私营粮栈归"粮栈组合"负责与管理。大米、白面都不准普通老百姓随便吃。如有吃者，一旦被日伪警察特务发现，即按"经济犯"处理。

"兴农合作社"购进的大豆、小麦等大部分运往日本。1942年冬，日本侵略者为满足扩大侵略战争之需要，美其名曰"支援圣战"，竟然派出大量的日伪警察、特务、官公吏到农村去强行翻粮，逼缴"出荷粮"，农村的粮食为之搜刮一空。翌年春酿成粮荒，许多老百姓挖野菜充饥。这年农历五月间，百姓挨饿最严重，有的村每天均有因饿致死的人。

原《富锦县志》主编焦贵林先生有一篇《日伪时期见闻》。他在文中写道：要出荷中国人不准吃粮食。1941年，庄稼收成不好，日本人却不管中国人的死活，组织了大批的汉奸特务，在日军的配合下，下乡要出荷粮。有的庄稼一上场就被特务看着，边打边收，农民一年辛苦的劳动成果全被收走了，自己却没有饭吃。到来年春天就更惨了，许多人家种不上地，因为没有种子，只好去抬高利贷。没有粮食吃，就去挖野菜充饥。到1942年，日本侵略军要粮更紧了要农村各家不准吃粮，只准吃糠和野菜，粮食全部上交。并且派警察特务下乡翻粮，凡有私自藏粮者，一旦查出就是经济犯。就是这年的秋天，我去姥姥家，和一些小孩在新开街玩耍，突然，看到一个人呕吐，吐出来的是面条，正巧，一队巡逻的宪兵在这里经过,立即把这个人给抓走了。在日伪统治下,富锦许多人骨瘦如柴,饿死者不计其数。

六、对电力、交通、邮政、通讯的垄断

日本侵占富锦后,垄断了电力工业。1935年,在原有设备基础上建立发电厂一处,其供电范围主要是日本南大营的电网和照明,其次是日本机关和伪满机关的电网和照明,剩余下来的电量才能给为日本侵略者等效劳的伪官、公吏们照明,一般居民只能"望灯兴叹"。

电业系统的头目大多是日本人。在发电所内工作的分为四种人:第一种是日本人,有职有权,他们横行霸道,任意欺压工人们;第二种雇员,帮助日本人的;第三种叫佣员,在日本人、雇员手下,管厂内做零活的小工;第四种是做零活的小工。

交通运输方面,侵略者设立了各种交通机构。1932年,建立了"铁路局"(当时没有铁路),还有汽车组合、马车组合。组合里设组合长1人(中国人),副组长1—2人(日本人)。1934年,由"县公署"及"大陆公司"组成"富锦汽车公司",商运汽车则归"国际运输株式会社富锦营业所"管理。

修筑了多条道路。1934年,日本侵略者出于军事目的,强征大批民工和车辆,修建两条公路:一条由富锦至佳木斯的公路,总长180千米,一条由富锦经二龙山至同江的公路,总长75千米。此外,还有通往乌尔古力山、砚山,以及其他主要乡村(到各村公所所在地)的20多条警备道路。

日伪时期,运输业被汽车组合、马车组合所垄断。这一时期,运出的货物主要是粮食。日军掠夺的粮食及其他物资大多经松花江运往哈尔滨。

1942年,富锦"满铁"有"帕司"一台,由富锦发往佳木

斯。至1945年，还有3辆斯达克客车，营运路线至福利屯。

除了修建4个飞机场外，还设有"航空会社"，主要负责办理军备运输，也有办理载运旅客以及公文信件。所用飞机为双翼小型飞机。从富锦至哈尔滨，军用机不定期，民用机除星期日外，每日对开一班。

富锦的邮政业务始于清宣统二年（1910年），电报业务始于清光绪二十九年（1903年），1920年方有电话业务。1932年日军侵占富锦后，由于侵略战争的需要，充实加强了机构，设邮政局长1人，事务员1人，信差3人，邮差4人，车差6人，并在五区的集贤镇、兴隆镇，四区的新城镇设邮政代办所。

1935年，邮局又添设汇兑和储金业务，局长和主事均为日本人。设4个系，即庶务系、邮便系、储金汇兑系、保险系。

1935年，成立"满洲邮电株式会社"，兼营电报电话。这个部门是日本侵略者控制的重点，他们自封为"东北各局之冠"（见《富锦一般情况》）。

1937年，日本侵略者将富锦建为"国境"地带的通讯网和枢纽，设无线电报室，直接和日本东京联系。为了严密控制四乡电话，还建立了"警备电话局"，往上直通"三江省警备厅"，向下可通全县各较大的中心屯。设备安装在"县公署警备处"，专供特务机关传达情报用。

1940年春，富锦设立了"放送局"。富锦放送局设有广播电台，地址在富锦西南门外300米之路东（今通江路中段路东、第三小学院内）。它同属日满合办的掌握东北通讯命运的"满洲电信电话株式会社"。"满洲电信电话株式会社"设在新京（长春）大同广场，并设有"放送总局"。这时期，东北设广播电台最多时有21座，"三江省"在佳木斯和富锦设有此电台，这些电台统归设在新京的"满洲电信电话株式会社"所属的"放送总局"管辖。富锦"放送局"为华语转播台，即转播"新京放送局"的华语广播节目，每天早、午、晚转播三次。但是，太平洋战争爆发后，每天中午和午后均转播日语新闻节目。每天午后，通过短波，由"放送总局"宣布节目内容，富锦"放送局"值班播音员抄收，再结合本局要穿插的节目内容编排，经局长审阅，再刻钢板印刷，然后发送给放送监听官和各机关、学校。

七、殖民经济统治

1932年6月，日军入侵富锦。同年7月，设"满洲中央银行富锦支行"，接收了原吉林省军署永衡官银钱号富锦分号。伪满富锦支行下设国库、存款、营业、出纳、汇兑、总务等6个系。1941年，"满洲中央银行富锦支行"改为"兴农金库"，之后，人们均称之为"坑农金库"。

日伪统治时期，本县私营银行先后开设4处，即德发银行、德泰银行、福德银行、三江银行。前三家于1945年8月自行关闭，三江银行延长到1946年才撤销。

1932年以后，伪满洲中央银行发行了伪国币，废除了吉林官贴、吉大洋和哈大洋等货币。在"满洲国"统一流通伪国币，最大面值为100元，因其背面绘有一群绵羊，故称为"绵羊票"，最小票面为5角，还有硬币1角、5分、1分等三种。日本国的"金票"不经兑换即可在伪满洲国与伪国币同时流通，币值相等。

日伪时期，富锦大小商号有1 000余家。七七事变后，日伪统治者强化殖民经济统治，肆意掠夺地方财富，操纵本县的财政命脉，除大量倾销"东洋货"（过剩产品），强行征购搜刮粮食、工业原料外，还直接投资开设工厂和洋行。在富锦先后设有立井、三太、三菱、北隆等洋行及各类业体"组合"，操纵与统治市场，使本县的民族工商业纷纷倒闭，幸存者亦不景气。

1941年开始，日伪统治者对食盐、火柴、白酒、香烟等商品实行专卖，对棉布、棉花严格控制，采取了"通账配给"办法。爱国商人和一些中小商户被迫停业，有的弃商务农。由此使本县市场萧条，奸商和日伪势力勾结，大搞黑市交易，从中鱼肉人民。例如，棉布价格，配给棉布由每尺1角7分7厘涨到2角1分3厘，而黑市每尺高达7角钱。这样的黑市交易一旦被伪警察、宪兵、特务发现后，往往是买者受处罚，而卖者却无事。

照相业被列入"特种取缔行业"。照相器材要由日伪当局统控分配。侵略者将富锦划为"第二国境线"，居民要起"居民证"，证上要有一寸照片。这照片只有一家照相馆可照，当时叫汝芳照相馆，其他几家就萧条了。外出拍照必须取得"警察署"的批准，方可行事。

八、对城乡的管制

富锦县城已有百余年的历史。早在光绪八年（1882年）在嘎尔当设富克锦协领衙门前后，即在大屯、嘎尔当、上街基、下街基、下吉利一带，沿江高岗之处，就有散居民房出现。1905年，临江州在富克锦设设治局，后改设巡检衙门，此时在下街基放荒和放街基号。宣统元年（1909年）建县，翌年将县城驻地定在下街基位置，即今天的富锦城。

日伪时期，富锦设有"都邑建设局"。"都邑建设局"对富锦县城亦有过所谓远景规划，这个规划提出：旧区不动，新区向南和西南方向发展，城市中心转盘道设计在现农机修造厂南面，日本人住宅区设在"火神庙"上风高地，接近汽车站，交通方便，但是这个规划未能实现。

侵略者强行迁民并屯。焦贵林在《日伪时期见闻》中写道：1933年，我家住在上街基屯西南清林寺后边，家有三间土草房，周围有近一垧地的果树园,过着自给自足的平静生活。一天下午,一队日本兵从城里开来,声称归屯并户,扫荡散住居民。在日军没来前就听说,沿公路散住的房子都被日本人给烧了,有人阻拦还被日本兵杀了。我爸妈害怕日本兵,抱着我去爷爷家躲避,家中只留一位远房爷爷焦树宽看家。当日本兵来到时,一个日军先跟他说日语,他不懂,被日本人打了几个嘴巴。翻译官说:太君叫你赶紧搬到屯里去,你要不去就杀了你。爷爷没办法,就拿着自己的被子走了。当他快要进屯时,回头一看,多年居住的家已是一片火海,从此家没有了。我爸妈听到家被烧的消息,如同晴天霹雳,过日子的家当全没了,怎么生活呀!全家哭作一团。

侵略者为了强化控制,强制归并屯。1939年,日本侵略者废除保甲制,施行街村制。全县改划为2个街22个村(相当于区)。

日伪时期,由日本人垄断的"建筑组合"把持承揽大中型建筑工程。例如,县城中较大的"大陆公司"即专门包揽和垄断建筑业的市场,把一些较大的工程由"组合"的日本人"大把头"承包下来,强行廉价分头包给当地的中国人把头(俗称"二把头"),"二把头"再分工种包给"小把头"。

九、抓劳工,抢钱物,杀无辜

1940年春三月,一批劳工在乌尔古力山西边的六号山给日本人打了半个月石头。没几天,又一大批劳工,在对锦山北边挖河,挖了半个月。同年农历七月,还有大批劳工上西集贤田青屯,在水甸子里修道。劳工们穿的衣服少,衣服湿了没有换的,只能赤身露体,在水里拽草筏子,干了一个月。这一年,有的出劳工的时间累计起来,就有三个月。

| 第四章 东北抗日斗争时期中共党组织的建立与发展及老区人民的反日行动 |

1942年腊月初一，大批劳工到别拉音子山西边修福山大坝。这条大坝靠抓劳工修建，一直修到1945年解放前。

1944年，侵略者从辽宁省新民县强制派劳工600人到富锦。这年农历四月十七就来到了富锦县。新民县派出劳工的是5个中队，每个中队又分为5个小队，每个小队24人，共计600人。他们从新民坐火车到哈尔滨三棵树，再乘船到富锦。到富锦后，就用汽车把他们运到乌尔古力山上。这山里驻扎着日本兵。在山里，日本人给劳工每人发一套黄色的斜纹布衣服，上衣背后印有白色的"刑"字。他们每天天亮吃饭，日头出来干活，日头落下收工。农历八月末九月初的时候，有20多个同乡劳工突然说头疼，这些人很快就死了。日本军人让他们当中跟死亡者有亲属和朋友关系的人去收敛尸体，用汽油火化，然后把骨灰装在水泥袋里，带回家乡。对于这20多人的死，人们都感到很蹊跷。

在小梁店屯，焦贵林家又盖了两间草房。本以为这里离县城远了，可以太平了。在日本侵略者占领的富锦，人民哪有安生之地呀？一天中午，父亲去井台挑水。一群日本兵进屯了，朝着井台这边来了。他们喝足水后，朝着他父亲说日本话，父亲一句听不懂。这些日军就大打出手，他父亲被打得遍体鳞伤，鼻青脸肿，晕倒在井边。他父亲病倒了，这一病半年，卧床不起，险些丧命。

日本兵用活人训练狼狗。上街基屯东有一个日本军大营，军事训练的次数越来越多。一天，几个同学在官道（公路）上玩儿，远远发现一队日本兵，每人牵着一只狗，向嘎尔当屯方向奔去，朝几个穿着破烂衣服的人扑去，眼瞅着他们被狼狗扑倒，远远传来嚎哭声，几个小孩被吓得蹦着高往家跑。

在乌尔古力山东边居住的老李家的父亲就是被日本人打死的。一天晚上，日本兵进村了，他们闯进李家院里要粮食，要钱物。李家父亲说没有，日军就向他大腿开了一枪，他出血过多，无医救治，不幸去世了。

马运荣有段惨痛的遭遇。他生在宝林屯，1945年他35岁，到街里有个叫赵豆腐坊的人家喂马、赶车、种地，当长工。这年他在乌尔古力山东边的福德屯给赵家种地、喂马。8月初的一天，日军突然闯进福德屯，抓住了马运荣，非逼他套上马车上山不可。从此，他们13个人整天在日军的屠刀监视下日夜抢修工事，运送准备撤退隐藏的军需物资，一连十几天，度日如年。这时，苏联红军已进入富锦，飞机不时地在乌尔古力山上空盘旋。劳工们盼望着早一天回家。杀人成性的日军怕军事秘密和掩藏的物资泄露，竟然对这13个车老板（当时对赶马车人的称呼）下了毒手。一天下午，一队端着刺刀的日本兵突然闯进工棚，逼着他们在工棚的西南角集合，然后把他们双手背过来用铁丝拧上，用刺刀逼着他们走出工棚，站在山坡上，东西一字排开。一个日本兵手提战刀，从西往东逐个砍。正砍的时候，苏联红军的飞机又飞来了，在上空盘旋轰炸，日军慌乱中躲进了山洞。当时有个小伙子破开铁丝的捆绑，往山南跑了，日本兵开了一枪，打伤了他的胳膊，他终于逃出了虎口。飞机飞过后，日本兵出了山洞，把剩下的车老板又一一地砍杀了。马运荣也被砍倒了。过了一阵子，他苏醒了，心想：我怎么没死呢？原来日军没砍着颈动脉。他没敢动弹，在死人堆里躺了两三个小时。生存的欲望促使他想办法活下去，他开始一点点挣脱着，反复拧动双手上的铁丝，不知费了多少劲，终于打开了。他一手托着没有砍断的脑袋，一只胳膊着地往南坡山下爬。天亮时，他爬到了新发屯，一个姓刘的人家把他抬到屋里，了解情况后，刘家立即派人到街里赵豆腐坊家送信，赵家马上用车把他拉到街里进行治疗。接着又托人找到苏联军队的翻译，把他安排到苏军在富锦设的医院，对他做了精心的治疗。出院后，他虽然伤口痊愈了，但是说话声音嘶哑了，脑后留下了一道手指深的疤痕。后来，人们给他一个绰号，叫"马铁脖子"。马铁脖子及这批劳工的遭遇，正是日军侵略中国、残杀无辜百姓的铁证。

第二节 中共党组织的建立及其革命活动

一、中共富锦党支部的建立

在长达14年的抗日战争中，中共富锦各级党组织，发动人民群众，组织抗日武装，为抗日战争的胜利做出了很大贡献。

1931年，中共汤原中心县委成立后，派中共党员李万春、李仁根（朝鲜族）到富锦县安邦河一带（现为集贤县所辖）开展党的工作。

1931年松花江涨大水淹没了福兴村，该村100多户村民迁移到富锦县五区安邦河（今集贤县集贤镇）一带种植水田。在这些搬迁户中有全华、李忠义、任春植、李石远、李万峰、尹锡昌等受过中共党组织培训的农民。

1932年2月4日，中共汤原中心县委直属中共满洲省委领导后，改换了县委领导成员，调原县委书记李春满到富锦县安邦河组建抗日游击队。4月，李·万春、李仁根等人创建了中共安邦河地下党支部，隶属于汤原中心县委。

二、中共地下党员在富锦中学校里的活动

中共地下党在富锦中学校的活动是从张进思和于树屏来到富锦后开始的。1933年夏，因巴彦抗日游击队斗争的失败，张甲洲改名张进思来到富锦中学教书，暂时隐蔽。1933年秋，

因齐齐哈尔特别支部被破坏，于九公改名于树屏（后名于天放）也来到富锦中学教书，暂时隐蔽。1959年，于天放在给富锦一中的信中说："伪满时富中未成立党支部，只有两名党员做一些政治活动。"信中还说："张、于二人以及一些进步教员，对学生进行一些爱国主义教育，反对日本帝国主义和伪满的教育和宣传；动员一些较进步的学生去关内学习并参加党所领导的军队。为了在学生中培养积极分子，作为将来发展入党的对象，曾建立半工半读的工读生制度，吸收家庭贫苦、思想进步的学生作为工读生。同时，在对外活动方面，做了一些伪军警工作，动员头道林子'警察署署长'李景荫（过去曾参加抗日）率队参加东北抗日联军独立师，予日军以重大打击和威慑，给我军和人民群众以极大的鼓舞，壮大了抗日力量。"

他们建立了地下工作站，为抗联送去了电台、药品、被服、俄式缝纫机、枪支弹药等。

1937年8月28日下午，张进思、于树屏等人秘密离开县城投奔抗联独立师。不幸的是，途中遭遇袭击，张进思壮烈牺牲。

三、中共富锦安邦河区委的建立

1933年，中共汤原县中心县委根据中共满洲省委"关于集中力量动员和组织广大人民群众起来抗日救国"的指示，派中共党员李春满、李爱道、李仁根到安邦河一带，以种水稻为掩护，在夹信子附近的朝鲜屯开展秘密抗日。这年秋，由李春满、李爱道、李仁根等5人（都为朝鲜族人）组建了中共安邦河区委，区委设在夹信子屯刘士发家，下设4个党支部，共有党员28名，李春满任区委书记。区委成立后秘密组织救国会和农民协会，共发展90名救国会会员和40名农民协会会员。

1934年农历正月初三，为建立安邦区武装游击队，李春满和

| 第四章　东北抗日斗争时期中共党组织的建立与发展及老区人民的反日行动 |

金正国等4人以过年送贺礼为名，去大地主刘大麻子家做工作，希望能够收缴地主和自卫团的武器。到高大麻子家时，恰逢各屯地主、乡绅在给高大麻子拜年，客厅里人很多。李春满抓住这个时机，向屋子里的人宣讲抗日救国道理。他列举了日本帝国主义侵占东北后的种种恶行，说明中国共产党的抗日主张，号召在座的人有钱出钱，有枪出枪，共同抗日救国。这突然的行动，把在座的地主、乡绅惊呆了。有的犹豫不决，有的急于离开，有的企图反抗。随后，屋子外面刘大麻子家的炮手已将客厅围困起来，与李春满带来的同志展开枪战，当场打死四个地主，李春满等3人牺牲，金正国脱险。安邦河区委由于失去主要领导，党的工作受到影响。

1934年3月，中共汤原中心县委派党员李忠义（朝鲜族）到安邦河重新组建安邦河区委，李忠义任区委书记，区委会设在夹信子村宽厚甲屯刘世发家。区委组建后，救国会会员发展到120多人，农民协会会员发展到60多人。

1935年1月，中共安邦河区委原书记李忠义调离，由任春植（朝鲜族）继任区委书记，组织部长李施远、宣传部长李万春。

1935年2月9日，李万春等7人带领30多名进步青年攻打夹信子屯伪警察所，因行动失密，李万春等10余人牺牲。

1935年8月1日，中共中央发表《为抗日救国告全体同胞书》（即《八一宣言》），号召全国团结一致共同抗日，恢复一切失地，并提出了建立抗日民族统一战线的主张。全国各地积极响应号召开展武装斗争。中秋节前一天，汤原游击队为帮助安邦河区建立游击武装，派戴鸿宾队长和徐光海主任带领18名队员化装成警察进入地主何梦麟家，收缴长短枪60余支，用这些武器组建了富锦安邦河区抗日游击队。

1936年3月，中共吉东特委被破坏后，成立了下江特委。中共下江特委在饶河十八垧地成立，以书记朴元彬，委员崔石泉、郑鲁岩、刘忠诚等为核心，领导富锦、虎林、饶河、绥滨地下党组织，隶属吉东省委领导。

　　1936年9月18日，中共珠河、汤原两个中心县委和东北抗日联军第三、第六两个军党委在汤原帽儿山召开军政联席会议，出席会议的有赵尚志、夏云杰、冯仲云、朱新阳、许亨植等。会议通过了《关于目前政治形势分析我党的新策略与任务的决议》和《关于若干组织问题的决定》，并决定成立中共满洲（临时）省委，赵尚志任执委会主席，冯仲云任书记。中共汤原中心县委改为下江特委，书记白江绪。省委机关设在佳木斯郊区大马裤。下江特委下属组织有佳木斯市委和汤原、依兰、富锦、绥滨、桦川5个县委，共有党员400余人。中共安邦河区委隶属下江特委领导，由姜伯川任区委书记。

　　1936年秋，中共安邦河区委派老董（本姓马）到花马（今锦山镇）山西村（今德祥村）开展工作，先后发展4名党员，成立中共山西党支部，书记老董，组织委员张佐臣，宣传委员徐化民，武装委员王树荣，区委主要是在别拉音子山、洪家店、二道岗、花马屯一带组织抗日救国会和农民自卫队，配合抗联队伍巩固老红区，开辟新区工作，收编山林队、义勇军。至1937年，山西党支部已发展党员7名。

四、中共富锦县委员会的建立

　　1936年11月，中共下江特委派刘忠民（下江特委特派员）为巡视员到安邦河地区发展党组织，筹建中共富锦县委员会。安邦区党区的工作日渐活跃，活动范围和红色区域逐步扩大，救国会、妇救会、儿童团、自卫队等抗日群众组织扩大到腰六排和国强街基一带，救国会会员发展到600多名。同时帮助抗日联军第六军和独立师在七星砬子建立起后方根据地。安邦河区从集贤镇东亚火磨弄到两台机床,成立了抗联兵工厂。又派党员张凤之和徐万林等人去七星砬子建被服厂和医院。

1936年11月中旬,姜伯川调离安邦河区委。

1936年12月,刘忠民发展李连贵入党,李连贵接任中共安邦河区委书记。

1937年1月,中共下江特委特派员赵明久到安邦河协同刘忠民开展工作。

1937年2月,在安邦河区委基础上,组建了中共富锦县委员会,县委机关设在安邦河区夹信子屯宽厚甲刘士发家。下江特委任命刘忠民为书记,赵明久为组织部长,郎清真为宣传部长。同年先后建立了安邦河、集贤、英区(今桦川县英子岗)、新区(今桦川县新城镇)4个区委,党员100余人。

1937年4月,中共下江特委为加强对富锦、绥滨等地下党组织的领导,决定建立下江特委分局,派组织委员姜忠诚来富锦组建下江特委分局,书记姜忠诚,组织部长刘忠民,宣传部长刘善一(原名王恩久),分局设在安邦河区夹信子村宽厚甲屯刘世发家,负责富锦、宝清、绥滨等地下党的工作。

1937年7月7日,抗日战争全面爆发后,为组织民兵抗日救国,7月中旬派刘忠民去绥滨县开展抗日救国活动,富锦县委书记由刘善一继任,县委机关仍设在安邦河区夹信子村宽厚甲屯刘士发家。到1938年初,全县党员发展到100多名。党的干部全部用化名。为扩大党的影响,以利于组织抗日救国活动,党的活动在人民群众中半公开。因安邦河区委、富锦县委机关一直设在夹信子宽厚甲,活动在安邦河附近,由此,群众称夹信子一带为"红地盘"。

1937年9月,刘忠民以下江特委分局组织部长身份,从绥滨县过江到富锦县拉拉屯(今砚山镇永发村)一带开展组织发展工作，成立了中共五顶山党支部。由韩仁任党支部书记，老祝任组织委员，老焦任宣传委员，韩永魁与李淑珍夫妇为支部成员。拉拉屯是通往南沟里抗联根据地的必经地之一。在拉拉屯附近的巨福、八家子、东五顶等村，早在1936年，吉东省的下江特委在此开展活动，抗联七军在八家子建立了据点。在拉拉屯建立党组织是当时抗日斗争的需要，为抗联建立一个可靠的情报站、交通站和军需转运站。

1937年底，中共富锦县在富锦三、四、五、六等区都建立了基层党组织，形成了大片红区，全县组建了4个抗日游击队。

五、中共富锦党组织惨遭破坏

1938年1月29日，富锦县夹信子村救国会委员王和向日伪军告密，李连贵、刘士发等10多人被捕后被杀害，党员姜显廷叛变。

1938年3月15日，日本侵略者制造了"三·一五"事件。佳木斯日本宪兵队和伪三省警务厅，纠集所辖各市县日本宪兵分队、伪警察、自卫团、特务共计1 000余人，对伪三江省所辖的汤原、依兰、桦川、富锦、勃利等县及佳木斯市党组织进行大规模搜捕。这次事件使松花江下游地区党组织遭到严重破坏。中共富锦县委书记刘善一在康家屯被捕，刘忠民在绥滨县曲家窝棚被捕，五顶山党支部书记韩仁被捕，支部成员韩永魁与李淑珍夫妇被秘密暗杀，安邦河区委书记李连贵、集贤区委书记任春植等也壮烈牺牲，地下党组织遭到严重破坏，幸存的党员也与党组织失去了联系。

1938年11月16日，北满临时省委征得下江特委同意，派抗日联军六军一师政治部主任徐光海（朝鲜族）兼任富锦县委书记。但徐光海于同年11月23日在宝清与日伪作战时牺牲，此后，富锦县党的组织失去领导。由于日本侵略者加强了残酷统治，致使党的组织无法恢复。

直到1945年8月15日东北光复后，富锦县党的组织才重新建立和发展起来。

第三节　富锦地区各阶层群众的反日斗争

一、富锦中学（国高）师生的爱国精神和反日行动

1931年"九一八"事变后，富锦县立中学校立即组织学生宣传队，努力唤起群众之工作，学校职员、学生宣誓：坚决不买日货。按照上级要求，组织学生义勇军，学校义勇军的教官、学生都在左胸前佩戴蓝底白字"团结奋斗 雪耻救国"胸章。学校每日清晨应举行集会，高呼下列口号："永为忠勇国民！""誓雪中国国耻！""恢复中国领土！""振兴中国民族！"等等。学校师生们走上街头，强烈抗议日本帝国主义的侵略行径。他们高呼着"坚决反对日本帝国主义的侵略！""打到日本帝国主义！"等口号，表现了师生们深厚的爱国情感和民族气节。

1933年秋至1937年间，富锦中学校的张进思（原名张甲洲）、于树屏（原名于九公，后名于天放）两人成为富锦地区抗日斗争的重要人物。他们建立了秘密组织，在校内开展抗日救国的宣传、教育和动员，精心策划抗日活动，他们还在边疆地区萝北小学校设立了交通站。

1935年，富锦中学校在张进思的领导下，成立了"文艺研究会"，出版了《曙光》小报，发表了一些以曲折笔调揭露日伪侵略者罪行、描绘人民苦难生活的作品，反映了处于日伪铁蹄践踏下各界群众的呼声。张进思和于树屏及进步教师向学生们介绍

和推荐鲁迅、郭沫若、茅盾、老舍、冰心等中国作家的作品，讲述岳飞、文天祥、郑成功、林则徐等民族英雄的事迹，召开演讲会、雄辩会等，对学生进行抗日救国和民族气节的教育。

张进思和于天放等组织爱国师生及家长给抗日联军筹集服装、药品、资金、武器、弹药、电台等，同时为抗日联军提供军事情报，积极配合抗日联军进行英勇艰苦的斗争。

在学校里，张进思、于天放以及一些进步教员，一方面对学生进行爱国主义教育，进行反对日本帝国主义和伪满的教育和宣传；另一方面，培养和动员一些较进步的学生去关内学习，并参加党所领导的军队。同时，还注意吸收家庭贫困、思想进步的青少年参加学习。在进步思想的影响下，学生们把爱国情感化为抗日行动，走出富锦去求学深造、去参军参战、去参加革命，为中国的解放和祖国的统一做出了贡献。

1934年，富锦中学毕业的孙世明、高士洁、陈殿波等学生去北平求学深造。徐吉骧先后入黄埔军校和空军航校，他驾驶战斗机先后击落日军飞机6架，成为闻名的战斗英雄。苗力田高中毕业后入中央大学求学，后成为著名的哲学史家、翻译家。1935年富锦县立中学校学生孙为去北平中山中学求学，同年参加了"一二·九"学生抗日救亡运动，后又转到陕甘地区做抗日宣传。1936年，富锦县立中学校的学生田澍、张凤阳、袁凤林等离开富锦去往北平求学。七七事变后，田澍和张凤阳去往山西参加抗日队伍。1940年，富锦国高毕业的戴纪春考入伪新京（长春）法政大学，他在大学里参加了爱国学生自己组织的"反日铁血团"。1941年，富锦国高毕业的蓝中玉、解德全等考入伪满新京陆军军官学校，1942年蓝中玉参加了有9名学生秘密组织的以反满抗日为宗旨的"仙洲同盟"，解德泉也与他们秘密合作，向民主联军提供非常重要的军事情报。

富锦县立中学校学生龚华霖在《怀念张进思于天放老师》一文中写道:"在国难当头的情况下,两位老师为了加速培养我们成才,真是费了很大的苦心。""在两位恩师的宣传鼓动下,我和徐吉骧便第一批进关了。使我最难忘的是我俩出发时,两位老师亲自送到码头,直到船开了他们才回去。"

面对日伪当局的奴化教育,手无寸铁的学生们不甘屈辱和"阶级服从",他们通过不同形式进行反抗和斗争。学生们对大量的"农业实习""勤劳奉仕"等强迫性无偿劳动大为不满,便偷着反抗。春耕时种地,学生们故意把一些豆种埋在坑里,上面还压上一些石头块。过些日子,豆芽一起长出地面,将石头块都拱起来了。夏锄时,偷着断苗断根铲地。学生们隔三岔五地将一些禾苗在根部铲断,或者将草根留住。秋收时,装作不会收割。

1944年,在富锦国高毕业的王洪在他的回忆文章里记录了当时学生反日奴役的史实:在举行朝会、周会、遥拜等仪式时,每逢背诵"诏书""国民训"之类时,学生们有时就"念咒语",也就是小声骂日本人,诅咒日军早日滚蛋,早日灭亡。1945年夏,随着奴化教育的加强,学生们的反日情绪也越来越高。日伪统治者迫使三、四年级的学生到双鸭山去"勤劳奉仕"。学生们住在临时的工棚里,外面下大雨,棚里下小雨,地面很湿;吃的是高粱米饭,饭做得不是"夹生"就是"串烟",吃的菜就是大锅清水汤。学生们有一些吃出了胃病,而日本人却住在帐篷里、吃小灶。学生们非常愤怒,通过大骂本江、破坏工具、"磨洋工"、偷着往食品里放石子等方式发泄。一天下大雨,工棚里漏雨把学生们的行李都浇湿了。一些学生怒火爆发,冲出工棚,冒雨大骂本江,高喊"本江你出来!",吓得本江无影无踪。

富锦中学校的抗日救国教育和抗日救国行动在富锦史上乃至东北抗战史上留下了光辉的篇章。

二、反日组织的建立及革命行动

"九一八"事变之后，日军很快占领了东北全境，处在水深火热之中的东北人民，纷纷揭竿而起，成立抗日武装抗击日军。

（一）自卫团

1931年9月24日，直辖富锦13个县的依兰镇守使二十四旅旅长李杜，号召所辖各地奋起抗日。李杜为巩固后方，撤销了已投降日本人的吉林省代主席、吉林边防参谋长熙洽的亲信，富锦驻防团团长马龙图的职务，任命爱国军人马泽洲为富锦驻防团团长。12月末，李杜在依兰召开了所管辖各县的县长会议，命令各县成立战时自卫团，规定各县编额为：富锦自卫团500至800人，依兰、桦川自卫团不少于1 000人，同江、抚远为200人。

1932年1月7日，李杜训令，凡没有成立"战时自卫团"的各县，立即成立战时自卫团，以应对抗击日军时局。富锦县按照李杜的要求，立即在原有保卫团的基础上，组建了一支800人的战时自卫团。自卫团设8个中队16个小队。每个中队100人，每两个小队为一个中队，每个小队50人。1月17日，李杜调富锦战时自卫团两个中队，由赵光启、赵光礼带队去依兰，编成第二混成旅暂编步兵一营，准备进攻哈尔滨。1月21日，李杜调富锦马泽洲团去哈尔滨参战，富锦由路永才团驻防。4月20日，富锦战时自卫团全部调往依兰，编入九旅666团和668团，同二十六旅组成中路军，再次进攻哈尔滨。

（二）黄枪会

1932年5月，东北军李杜部下信志山组织红枪会、黄枪会，并与王勇部合师抗日。合师后，队伍扩大至5 000余人，推举黄枪会吴国文为大帅，活跃于佳木斯至富锦一带广大地区，声威大振。由于黄枪会作战勇敢，多次打败日伪军，日军称他们为"铁孩子"。

（三）义勇军

1932年8月31日晨，张锡侯率抗日义勇军1 000余人，攻打富锦。当时日本中佐小滨士善司令和石景大尉带领关东军一个营的兵力约400余人，在富锦县城内驻防，还有于大头的军队两个团驻守在上街基（和平村）。张锡侯和奚铁牛率领军队化装成日伪联军，从宝清出发，一路声称是日满联合军，顺利通过各地，没有发生遭遇战。正是伏天雨季，阴雨连绵，道路泥泞，行军艰难，一门炮要六头牛拉。富锦到宝清有240里，走了3天3夜，在31日拂晓开始攻打富锦县城。张锡侯的义勇军先头部队已攻占了上街基、太平川、南岗和小东南门。张锡侯把司令部设在董老帽大院，大炮设在南岗。刘志坚旅从上街基（城西南）进军，张光耀旅从海沟（城东南）进军，蔡永祥旅从南岗（城南）进军，他们一齐攻打富锦城。义勇军的三门木炮装上火药和碎铁向城内轰击，于大头的两个团退进城内。轰轰的炮声，密集的枪声不绝于耳。小滨司令慑于张锡侯的威势，准备乘船撤走。但是有一个富锦土豪给小滨打电话，泄露了张锡侯军中的大炮是木头做的军事秘密，电话里告诉小滨："这炮不是从苏联买的大野炮，威力不大，不要怕。"已经上船准备撤退的小滨一边组织军舰上的炮火配合，一边下船组织日伪军进行反攻，日军的机关枪、迫击炮响成一片，张锡侯组织几次冲锋都没有成功，又激战了两个来小时，义勇军的弹药所剩无几了，无奈之下，只得撤走。张锡侯的军队顺着海沟大路退向五顶山，后面有日伪军追赶，三门大炮也丢掉了。义勇军进入五顶山后，敌人退回了县城。张锡侯又率队连夜从五顶山退到了饶河，先在西丰沟休息了几天，又到团山子重整旗鼓，展开游击战。

（四）红枪会

1932年12月13日，东北军马占山部徐营率绥滨红枪会200余人，袭击富锦，在东大街伪公署及旅部门前与敌伪激战十来个小时，遇到日军及警团的拼命抵抗，形势对红枪会和刘斌队不利，他们不得已才撤出富锦，回到绥滨。本年冬，冯景荣出资在富锦古比扎拉（富锦富民屯）成立红枪会，会员由16人发展到300余人。

1934年5月，鲁祥、纪振纲在夏云杰领导下，于兴安镇组织红枪会抗日救国队，连下五区（集贤）伪自卫团和三区伪自卫团武装。7月，纪振纲等人来二龙山，在周家大院（东凤阳）成立红枪会。10月，苏梅派李祥山、李祥川兄弟到太平川、二龙山、向阳川一带组织抗日红枪会与抗日团体。

1935年以后，富锦东部红枪会会友中的热血青年陆续参加了抗联七军和独立师，独立师改编为抗联十一军后，其一师四团基本上是由这部分人组成，最后跟随李景荫西征。古比扎拉（富民）红枪会会友，大部分参加了冯治纲的义勇军。

1933年8月，太平川警察署在谢东旭的鼓动下，除署长1人外，其余十几名伪警察全员反正，组成一支游击队，报号"小海龙"，活动于砚山一带，1936年在富山屯加入葆满队（李葆满鲜族抗日队伍）。

1935年8月，戴鸿宾、徐光海来富锦西部大地主何木林家，缴枪60余支，用于组建富锦安邦河抗日游击队。这支游击队是按"八一"宣言组建。后来发展为抗联六军第五师第四团。

（五）妇女会

1933至1938年，在中共富锦地下党及抗日联军领导下，富锦县部分村屯成立了妇女救国会。

（六）救国会

1934年3月，苏梅等人从桦川来富锦首先组建抗日救国会。富锦抗日救国会设在富锦西部永安村陈山屯（今属集贤县）。1937年，在富锦东部成立了富锦县救国会支会，会址设于城内北二道街四号。秋季，迁于城东的临山屯，救国会会员协助张进思做了大量工作。

富锦抗日救国会会长为姜振东，下设有组织部、宣传部、肃反部、交通部、儿童部、青年部、妇女部、户籍部、运输部。这个组织相当于一个地下抗日政府，直接由下江特委分局领导。

1936年9月，由北满省委安排，统一行动，富锦抗日救国会二龙山救国会烧毁了二十五米桥；向阳川救国会烧毁了七米桥，意图是破坏敌人的交通和干扰敌人的后方。西安救国会、上街基救国会、山西救国会在一夜之间破坏了通往佳木斯、集贤、宝清、同江的电话线路，烧毁电杆几十个。这些行动都是在抗联六军、七军配合下完成的。这时的富锦一般村屯都有救国会组织，富锦乡村成了抗日红区。

（七）山林队

1934年3月，中共河北省委特派员苏梅、刘公仁，党员李向之先后由桦川来富锦，组织救国会、红枪会、青年会。收编"双龙""九胜""天龙"等山林队，组建一支二百余人的抗日队伍。苏梅、刘公仁等人来富锦，以陈山屯（现在集贤境内）为中心，将活动在蒋家林子、东大林子雷家店以南的山林队，组建为抗日游击队，队长白云峰，1937年任十一军参谋长。

1936年7月，抗联第四军在富锦收编了刘振国、唐青山、"九洲""老来好"等山林队，编为抗联第四军第四师。

1937年春天的一天，抗联第六军军长戴鸿宾、军政治部主任李兆麟找到一师一团政治部主任高玉彬传达了组织决定，让他收编"中侠""柱国"两个山林队。戴鸿宾和李兆麟同高玉彬一起分析了抗日联军和"中侠""柱国"两个山林队的形势，认为现在抗联部队正处于发展时期，"中侠"和"柱国"两个山林队是当地打击日军很出名的义勇军，在当地群众中很有影响。这两支义勇军队伍的成员都爱国，仇恨日本侵略者，现在他们的活动很艰难，他们有意投靠抗联，已经要求抗联派去政治干部。高玉彬听了两位首长的分析，更有信心完成这次收编任务。第二天，在蛤哈蚂（现上街基镇和悦路西），高玉彬坐船过江到了绥滨。在"中侠""柱国"两个队的驻地，两队队长刘振生、邱金海看到挎着枪、骑着马远道而来的高玉彬，老远就迎了出来，非常欢迎高玉彬的到来。按照戴鸿宾和李兆麟团结抗日的指示，高玉彬和刘振生、邱金海、李树清等人杀了公鸡，喝了血酒，换了"兰谱"，拜了把兄弟，表示了共同抗日救国的决心。高玉彬向收编的"中侠""柱国"两队的官兵提出了四条纪律：不抢不夺老百姓的东西，不准说"黑"话，不准打骂老百姓，不让老百姓遛马。这些官兵都一致表示遵守这四条纪律。高玉彬又请示戴鸿宾军长和李兆麟主任，同意将"中侠""柱国"队为主的部队改编为抗联六军第五师，刘振生任师长，高玉彬任政治部主任，邱金海任参谋长，李树清任师副官长，李津芳任传达员，王春阳任军需官，下设4个团。改编后，高玉彬组织官兵一起学习，落实"四条"纪律，进行保护百姓、爱国抗日教育。对老、弱、残兵和家庭实属困难的允许回家，先后走了四五十人。当地的农民青年和部分学生听到抗日救国的宣传后，踊跃报名参加抗联，六军五师很快发展到700余人。

三、伪满军警的哗变

"九一八"事变后，日军的暴行使不少加入伪军警不甘欺辱的人纷纷反正，加入到了抗日的队伍。

1932年2月19日，吉林省代理主席通电各县政府，号召时局艰危，集四方英才，联合志士，团结群众，组织义勇军为国效命，抗日杀敌。

1932年10月21日，伪江防舰队"利济"号，在富锦下游10余里处起义，击毙舰长等5人，48名士兵弃舰，赴饶河团山子，加入张锡侯的义勇军。

1933年8月24日，伪富锦县同江街保卫队长张又峰率部反正，扣留伪县长，击毙伪商会会长。

1933年8月，富锦县太平川警署在谢东旭的鼓动下，除署长外，其余十几名警察全员反正，组成游击队，报号"小海龙"，活动于砚山一带。

1937年6月15日，富锦县头道林子警察署长李景荫在张进思的工作下率部反正，编入抗联独立师，任参谋长。

1937年8月，富锦七区自卫团团长邢自清率部参加抗联，在长尾巴林子（今头林镇长合村）成立抗联游击连。同月，白厚福率驻依兰伪军三十八团118人起义，加入抗联，在近山屯附近成立六军一师六团。

1937年12月，依兰暖泉自卫团团总张广文率四十多名团丁起义，在富锦编为六军四师十四团。

四、老区村群众在抗日斗争中的贡献

（一）掩护地下党建立组织

1931年，中共汤原中心县委派李万春、李仁根（夫妻）来富锦五区安邦河一带秘密发展党员，建立党支部和区委会，区委机关得到安邦河一带村民的秘密支持和掩护。

1933年秋，中共汤原中心县委派李春满、金正国、李爱道

（均为朝鲜族）来富锦建立安邦河区委。区委机关设在安邦河宽厚甲夹信屯（现集贤境内）刘世发家东厢房。

1936年秋，中共安邦河区委派党员董青林（老董）、张佐臣、五介臣等3人到富锦县三区山西村（德祥）开展工作。当时这里还没有形成村落，只是分散着几个地窨子、马架子。落脚在李晓有的马架子，以打短工、务农作掩护，扎根串联和老乡唠家常，宣传抗日救国道理，组织了抗日救国会和农民自卫队。先后发展了王书荣、徐化民（徐国智）等4名党员，成立了中共山西支部，董青林任书记，共有7名党员。

1936年11月，中共桦川县委派刘忠民到富锦县安邦河区委发展组织工作，刘忠民以特派员身份来富锦安邦河区委筹建中共富锦县委。12月，刘忠民发展李连贵入党，接任中共安邦河区委书记职务。安邦河区委为支援抗日根据地建设，帮助抗联六军和独立师在七星砬子建立兵工厂、被服厂、随军学校、后方医院等。到年底，党的组织在富锦群众的掩护支持下，三、四、五、六等区已经建立起来，形成了大片红区；一、二、七区也正在开展工作，全县建了4个游击区。

1937年9月，刘忠民以下江特委分局组织部长身份，从绥滨县过江到富锦县拉拉屯（今砚山镇永发村）一带开展组织发展工作，建立了中共五顶山支部，支部成员主要是当地农民，韩仁任支部书记，老祝任组织委员，老焦任宣传委员，委员韩永魁。永发村成为富锦抗日秘密党组织驻地。

富锦群众支持党组织开展地下活动，这些群众为党组织建立发展贡献了力量，有的为抗日献出了宝贵生命。

（二）群众参加抗日组织及活动

1931年12月下旬，富锦在原有的自卫团基础上组建了800人的战时自卫团，自卫团成员都是来自于农村，绝大多数是普通百姓，经训练后，在抗击日军保卫家乡的战斗中发挥了重要作用。经过抗日实战，同时在党的地下组织的宣传影响下，许多自卫团成员加入了抗日联军部队，壮大了东北抗日武装力量。

1932年冬，冯景荣出资在胡比扎拉（富锦富民屯）成立红枪会，其成员300多人绝大多数都是当地农民，是一股抗日力量，在与日军的战斗中，舍生忘死，有的牺牲了，其后有不少会员参加了党领导的抗联队伍，为抗联队伍的发展壮大补充了新生力量。

1934年3月，中共汤原中心县委派党员李忠义（朝鲜族）到安邦河重建区委，区委会设在宽厚甲刘世发家，发展救国会员120多人，农民协会会员有60多人。

1934年3月，中共河北省委特派员苏梅等人在富锦收编"双龙""九胜""天龙"等九股山林队，组建一支200余人的抗日救国军（大多数是当地农民），后于1937年编入十一军。

1934年5月，纪振纲、鲁祥在夏云杰领导下，在西安屯吸收150多名新会员参加抗日。

1935年2月，中共安邦河区委宣传部长李万春等7人带领30多名进步青年攻击夹信子村伪警察署。

1935年冬至1936年春，下江地带都建立了抗日救国会组织，委员多由贫苦农民工人担任，每个救国会都有一个农民自卫总队，任务是打击汉奸走狗和土匪，配合部队作战。经济委员会领导互经会，会里存有粮食、布匹、食盐等物资。这些物资除供给部队外，还补助队员家属。交通委员领导交通队和运输队，也同样是"三三制"组织，传送长途信件和给部队运送给养。妇女工作除缝补衣服外，有时站岗放哨，跑短途交通及侦察敌情。抗联战士负伤了，没有医院，就住到救国会会员家调养治疗。同年9月，北满省委部署领导的破坏日伪交通和通信设施的统一行动，得到村民的大力支持，二龙山救国会在抗联七军配合下烧毁了同江二十五米桥，西安、上街基、山西救国会一夜间割断了日军通往佳木斯、集贤、宝清、同江的电话线。

1933年秋，中共地下党组织建立，机构设在夹信子村宽厚甲屯刘世发家。刘世发是普通农民，为地下党组织提供活动地点，千方百计掩护党的活动。富锦最早的党支部——安邦河支部，最早的区委——安邦河区委，最早的中共县委都在他家的厢房里诞生。在日伪的严酷统治下，中共党组织几年中得到迅速发展。1938年1月29日，因被人告密，刘世发与李连贵等十余人被捕，不幸牺牲。

1937年7月28日，中共下江特委在夹信子村宽后甲屯耿贵春家召开会议，耿贵春秘密掩护会议，会议决定富锦县委书记由刘善一担任。

（三）秘密建立联络活动及军需交通站点

1935年，张进思秘密组织的恳亲会与学生家长交朋友，许多学生家长冒着生命危险为抗日救国服务，在学生家长中发展了交通员、情报员、联络员；建立了以"庆丰久"旅店为据点，以学生家长刘福兴家为军用物资转运站。张进思的父亲张英在悦来镇开了个行医所，暗中在新城镇建立了为抗联六军服务的地下医院，药品常来源于福康药房和东亚药房。

1936年春，张进思、于树屏通过关系把王秉正、于九耕（于树屏之弟）、张莹藩、霍汉生等4名老师安排到萝北县小学任教，在萝北爱国百姓的支持和帮助下建立了地下活动阵地。

1936年，吉东省下江特委在富锦县拉拉屯（砚山永发村）开展抗日活动，拉拉屯是通往南沟里抗联根据地的必经之路。拉拉屯附近的巨福、八家子、东五顶等村成了抗联活动据点。抗联七军在拉拉屯、八家子村民的支持下，建立了抗联活动可靠的情报站、交通站和军需转运站。8月,抗联在七星砬子成立被服厂,张进思通过学生家长商人于明久,从哈尔滨搞回三台俄式手摇缝纫机送到被服厂。秋季,又通过各种渠道,搞到一批大枪子弹,用这批枪弹武装了在富锦新建的抗联四军四师。秋天烟市时,张进思又忙着找可靠的村民把春天种的烟叶收上来,用来还上为抗联筹借的债务,余下的钱用作敌后工作的经费。从春到冬,张进思通过爱国学生和家长、村屯村民建立的"转运站",在群众的支持下,一次次冒着生命危险把一批手枪和电台交到抗联,又把群众提供的地图、药品、乌拉(皮革棉鞋,里面可续乌拉草)、纱布、马具、盐等物品分批送到抗联六军、七军的根据地。

(四)建立秘密兵工厂

1936年秋,抗联独立师祁致中、刘忠民、徐光海决定在七星砬子建设后方根据地,主要是兵工厂、被服厂、医院、学校等。先动员奉天(沈阳)兵工厂的7名失业工人,后又动员来20多名工人开始建兵工厂。他们用圆木、石头垒起了数间厂房。第一造枪车间、弹药车间和修械所设在老道沟,第二造枪车间设在小白砬子。在地方党组织的协助下,想方设法从佳木斯一家铁工厂买来一台旧车床,又通过集贤救国会在东北火磨厂买来两台零件不全的机床。在抗联的动员下,三排镇(集贤兴安乡)东北有一开铁匠炉的赵师傅带着伙计和工具来到山上。地方党组织,多次发动群众捐款,购买了大量铁料,铜料,为修理枪械提供原料。工人和战士用缴获的敌人的汽车发动机、烧柴油发电,还在山里筑水坝,用水轮带动发电机发电。在缺水、冰冻时,把铁轮装在机架上,用人力摇动轮子发电。枪械修理,日夜不息,为部队作战解决了很大难题。胡志刚和几名技术高的工人一起,设计了一种"匣撸子"手枪。外观与槽子枪相仿,只是带着匣枪一样的机头。在一个多月时间里,生产出这种枪100多支。以后他们又试制成功手提式自动冲锋枪，这种枪的效能也很好，但一个月只能造三四支。中共北满省委为了表彰工人们的斗志和创造精神，特派李兆麟同志到七星砬子兵工厂慰问。兵工厂考虑到三八式步枪子弹容易获得，便试制成功一种直把轻机枪。部队用了这种机枪后，作战能力明显加强了。兵工厂弹药车间，主要是生产子弹头和给空弹壳充填火药，生产手榴弹和迫击炮弹。兵工厂建成后，六、三、五军的被服厂，三、六军的军政大学和五军的军政干部学校也陆续建立在这里，七星砬子已成为抗日联军的一个重要后方根据地。

1937年10月，日军利用叛徒引路前后两次大举进攻兵工厂，给根据地造成很大破坏。十一军、六军远征海伦后，兵工厂与上级失去联系，工人和战士们处于断绝给养状态，经常以野菜、松子维持生命。

1939年1月，敌人第三次大规模进犯兵工厂，胡志刚、韩团长指挥工人、战士抢占山头，拼死抵抗，战斗了一天一夜，突围三次均未成功。次日早晨敌人又发起进攻，战士们子弹打光了，就用石头和敌人搏斗。残暴的日军竟然施放毒气，整个山头被毒烟笼罩，胡志刚和几十名工人、战士英勇不屈，为中华民族的解放事业献出了宝贵的生命。

（五）群众舍家抗日救国

富锦沦陷时期，新开街有一"义善堂"，这里是以义善为掩护的抗联联络站。义善堂把义善捐款秘密送到抗联部队。交通员唐广恩不惧艰险，用白布围腰藏好钱并安全送到地下党组织。

转心湖村是支持抗联、帮助抗联的联络站。距离对锦山8里地，有一个小村叫转心湖甲，此地周边环水，有沼泽，有森林，便于隐蔽。1933至1937年间，抗联队伍从山外打仗回来，必经隋英屯南奔转心湖屯，在此住宿、休整。在村开荒占草的李中，人称李三爷，他家房后是原始树林，他经常偷偷地给抗联提供帮助和支持。夏装、冬装、棉鞋、手套、棉被等都是经李三爷周旋，把物资倒运转心湖，藏在他家房后树林中（现在三间房、大树林仍在）。抗联队伍吃住在他家，最多时有百余人。1937年，日新的特务、伪军多次袭击转心湖，"围剿"抗联。李中被特务告密，联络点遭破坏。

每当抗联部队驻村，老百姓就自发帮助遛马，铡草喂马，家家都提供物资。转心湖甲群众参加抗联的有十几人。转心湖群众为支持抗日出人、出力、流血，甚至牺牲。1937年秋季，屯里8个人，包括吴风山3个外甥一家4口人，还有其他4人，集中在吴风山家，准备搞一次行动，没想到被人告密。大半夜，他们带着匣子枪蹚水直奔隋英屯，快到连生前面于家林子，天也大亮了。此时发现前面有敌人，日伪军用机枪封锁所有道路。他们利用于家林西侧一块高粱地，进行掩护，双方战斗打响。敌人运来一车的兵力，从东端屯而来，把这个高粱粮地全部围住，架机枪扫射，拉大网搜查。最后，8个人全部壮烈牺牲。1937年，追剿抗联基地的富锦日军南大营七七五部队血洗转心湖，抗联队伍及老百姓牺牲多人。

在艰苦的环境下，兴林、转心湖等村为抗联十一军坚持抗日斗争做出了贡献。

1936年，头林结合村的韩守仁（15岁）在富锦南沟里参加了抗联，任抗联七军三师师长景乐亭警卫员。同年，头林复兴村的唐万有（15岁）也参加了抗联七军二师，当上了抗联小战士。

1937年，14岁就当猪官的阎凤海当上了儿童团团长，15岁时他就参军当上了抗联战士。还有许多爱国青年先后参加了在富锦各地活动的抗联部队，还有许多的爱国者参加了党的地下组织，更有许多无名英雄为抗日救国献出了宝贵生命。

1937年5月，抗联独立师进驻花马卢家大院（今永庆村），其后在洪家店扩军，收了十几名新兵，卢家大院的小马倌卢连峰当上了四团团长隋德胜的警员。1937年6月，抗联七军二师一部及三师全部，共1 500多人在富锦头林南二道林子和1 500多日伪军进行了十多个小时的激战，抗联部队取得了战斗的胜利。群众事先为抗联获得了情报，使抗联做了充分的准备，占据了有利地形。二道林子的群众大力支持修筑工事，村里许多青壮年农民帮助抗联干活；群众还杀猪慰劳抗联战士；一位老大爷为了修工事，把自己的一副寿材献了出来。战斗间隙，村民们冒着生命危险给抗联战士送饭、送水、抢救伤员，战士们怕伤着老百姓，主动上前迎接，保护群众。

1937年，14岁的崔成贵在漂筏河给地主当小半拉子扛活，因年岁小，常被人欺侮，他不满地主的虐待，参加了抗联十一军，队伍西征后他留守地方。漂筏河的路五爷，送自己的独生子参加抗联六军，还多次送钱物支援抗联。

1937年8月28日，张进思投奔抗联独立师牺牲后，他的朋友霍德舒被抓到宪兵队，要他交代张进思妻儿的下落，他抵死不说，受尽了酷刑。于树屏投奔独立师后，日本人把他的妻子和3个孩子关到监狱，日夜审讯逼问追查张进思、于树屏与他们有来往的人和活动，日本人实在得不到答复，一年多后把她们"假释"。为了抗日，于树屏的父亲、女儿献出了生命。

1938年9月，葆满队在日新东北小桥与日伪军展开激战，有两名战士因战马被打死，在撤退时掉了队留在日新屯。老百姓为他们换了便服，隐蔽起来，躲过了敌人搜查，使他们平安归队。独立师利用对锦山西南庙，作为抗联的联络点。日新屯的郑庆祥、刘庆连、胡春荣都来这里为抗联送过情报。

第四章 东北抗日斗争时期中共党组织的建立与发展及老区人民的反日行动

1938年，日伪实行并屯后，抗日斗争进入艰苦的时期。乡亲们背小背给抗联送军粮。春秋季节在齐腰深的冰水里踩着漂筏行走，随时都有掉下去的危险。大雪封山的时候，白天容易被敌人发现不敢走，只得夜间拉荒。富锦街朱魁一的家就是给抗联背小背上粮的地方。长尾巴林子（今头林镇长合村）于俊龙、汲庆忠背小背给抗联送粮不幸牺牲。柳林村（今属友谊县）村长朱国亮任伪村长，他家开的小铺其实是抗联的联络站，他常托人去县城买些胶鞋、手电、电池等当时控制的物品，暗中送给抗联部队。1940年春，抗联得到他的情报，袭击了柳林村。抗联部队撤走时，一些村民人背马驮，为抗联送去了粮食等军需物资。

1942年，唐富荣14岁，一天晚上，日本特务逮捕了她的父亲唐广恩。在特务机关，唐广恩受尽酷刑，被打折了肋骨，但他始终不松口。特务们没有实据，最后取保交钱把他放了。由此，唐富荣恨透了日本人。1943年，唐富荣被人介绍到日本洋行看电话，借此机会她多次给地下党搜集情报。一天她得到日本人要去太平川一带拉粮的消息，她马上把这事告诉了父亲。因为唐富荣提供的情报，日军运送的粮食都被抗联游击队截去了。

在艰苦的抗日战争岁月里，抗联部队所需粮食、衣服等军需品大部分都是老区群众无偿供给的，当时农村大众生活也十分贫苦，但他们还是节衣缩食，把省下的粮食、衣物等，想方设法，甚至不惜流血牺牲送给游击队和抗日联军。他们拼死突破日伪层层封锁，靠人背、马驮、爬犁拉，为抗联送粮食、衣物。东北抗战时期，抗联所需给养80%以上来自群众捐助。1936至1938年，日军实行归屯并户，严密封锁山区，制造无人区，妄图割裂军民，把抗联困死在山中。当时转战于三江平原一带的抗联部队生活异常艰苦，夏天藏在深山密林中和日军周旋，受蚊虫叮咬；冬季转战于冰河雪岭和日军、酷寒拼争，有时几天吃不上一顿饭，几夜睡不成一宿觉。

1943年5月2日，爱国志士常隆基枪击日本关东军驻满洲最高军事顾问楠木石隆后，逃到大兴屯刘家窝棚，一位老人外号刘大眼珠子给他换了上衣。晚间，他来到富士屯高希璞家，高家不顾日军"窝藏不举，全家杀头"的命令，给常隆基饭吃，又给他换了裤子、鞋。为此，刘家窝棚老人，还有高希璞被日本人抓到宪兵队严刑拷打，关押了半年多，直到奄奄一息，托人说情、花钱才赎了出来。

第五章 东北抗日联军在富锦地区的艰苦斗争

东北抗日联军,是中国共产党创建和领导的抗日武装。1936年2月10日,中共驻共产国际代表团以中共中央名义决定:东北抗日军队统一名称为东北抗日联军。同月,东北抗日联军第三、五、六军及独立师,师以上干部在富锦县德祥屯召开会议,参加会议的有三军赵尚志、五军周保中、六军戴鸿宾、独立师祁致中等,主要确定了抗联各部活动区域及开辟新区、改造山林队伍和对待地主的有关政策等问题。

第一节 抗日联军的抗日活动

一、抗联三军

1936年8月,东北人民革命第三军改为抗联第三军,军长赵尚志、政治部主任李兆麟。李兆麟率三军二师来富锦黑鱼泡、转心湖建立据点,在富锦扩充兵员260余人。9月,由富锦人组建一师骑兵一支队。

1938年春,活动在依兰东部一带的抗联第三军第四师在反"讨伐"斗争中,为避开敌人进攻锋芒,开始向富锦、宝清一带转移。当部队行至花马街基时，第三军第四师150余人与第六军、第四军、第十一军各一部相遇，展开联合作战，击溃日军屯垦团富锦第四兵连，缴获重机枪1挺、轻机枪2挺、步枪50余支、子弹5 000余发。之后，第三军四师部队继续向东转移，当行进至柳木河沿赵家屯时，不意被500余名日军包围。师长陆希田在率部突围战斗中不幸被流弹击中而牺牲。第四师部队经血战突围后，师党委决定，原保安团政治部主任陈云升继任师长，李中央为副师长，于保合负责政治工作。随着敌人"讨伐"的不断加剧，第四师部队开始分散活动，师部率保安团向桦川、宝清开展游击活动，第三十二团留在富锦一带活动。

二、抗联四军

开辟富锦、宝清新游击区。1936年2月22日，中共中央发表了《东北抗日联军统一军队建制宣言》，宣布将原东北境内的由共产党领导的人民革命军、反日联合军和抗日同盟军一律改变番号为东北抗日联军（简称"抗联"）。据此，原抗日同盟军第四军于同年4月起正式改称东北抗联第四军。与此同时，由于原第四军第四团在虎林、饶河地区发展较快，吉东特委决定将它改编为第四军第二师。同年11月，又将第二师扩编为东北抗联第七军。为此，李延平决定将第四军的部队做出新的调整。第一师以第一团、第二团和由"占高山"部队改编的第二团组成；第二师以原第五团李天柱部队为基础组成；第三师以原第七团宫显庭部队为基础组成。以后，还收编了刘振国的部队为第四师。不过，这是在1936至1937年之间逐步实现的。

开辟富锦、宝清两县为新游击区，是第四军在1936年之内的重大军事行动。这个计划的实现，促进了1937年在三江地区出现抗日游击战争的高潮。东起虎林、饶河，西至依兰、方正，三江地区的抗日游击斗争逐步连成一片,而且还可以和松花江以北的汤原、萝北、绥滨等县境内的抗日斗争互相呼应。第四军开辟富锦和宝清新游击区的斗争,是和第二军第四师共同进行的。

在宝清与富锦交界处的杨荣围子,此处是两地之间通行的要道。杨荣围子有一家较大的地主老方家,一直拒绝与抗联合作,而且当抗日部队在其邻近通过时,老方家还鸣枪报警。这家地主院墙坚固,有十多支步枪和三支大抬杆(火药枪)作为自卫武器,很难攻下。这就迫使部队在富锦与宝清两县之间通行时,要绕道锅盔山,非常不便。到了1937年的春节,由第四军政治部主任黄玉清,率领一支只有20人的精干骑兵队伍,伪装成日本军,利用夜间进入这家地主院内,未费一枪一弹,收缴了他们的全部自卫武器。这一胜利,使富锦与宝清之间通行无阻,为在1937年春季抗日游击战争在富锦与宝清地区的大发展创造了极为有利的条件。

在开辟富锦和宝清新游击区的同时,第四军其他部队继续活动在勃利、桦川和方正一带。

1936年7月,抗联四军在富锦收编了刘振国、唐青山、"九洲"、"中央"、"老来好"等山林队,并将其改编为抗联四军第四师,刘振国任师长,朴德山任政治部主任。

1937年11月20日,抗联四军二师在花马南大甸子密营,歼灭伪军100余名。

1938年5月27日,四军一师长张相武在富锦国强街基(集贤太平镇)附近作战牺牲。

三、抗联五军

1937年10月,抗联五军二、三师(由警卫旅扩编)从大旗杆驻地出发,袭击富锦、宝清交界处大孤山保安团,毙敌10余人,俘伪军50余人，缴步枪50支，手枪2支。

四、抗联六军

1936年秋，抗联六军与日军骑兵200余人（后调伪军400余人），在安邦河激战，俘部分日伪军，余敌败退。

1936年8月，抗联六军教导队在李兆麟带领下于花马（今锦山）前大甸子建立密营。

1937年2月2日，抗联六军在安邦河村召开军政联席会议，决定将原来7个团扩编为4个师。一师师长马德山，政治部主任徐光海；二师师长张传福，政治部主任张兴德；三师师长周云峰兼政治部主任；四师师长戴鸿宾，政治部主任吴玉光，军部保卫团长李凤林。

1937年5月末，安邦河游击队编入六军五师四团，团长刘成贵。

1937年秋，抗联六军游击队女指导员吕庆芳率部在转心湖挫败日军渡边部队。

1938年5月，抗联六军五师袭击富锦小梁店日军机械农场，并与增援日军战斗了4个小时，缴获枪104支，马26匹，焚毁房、库、机械。

1938年6月26日，抗联第六军第一师在政治部主任徐光海率领下偷袭富锦县国强街基，将伪警察署全部缴械，获大小枪30支。

1938年秋，李兆麟率六军教导队180余人由松花江北南渡，急行军50余里赴老道庙山里，击退敌军，解救被敌围困的十一军一师李景荫部队。

1938年11月16日，下江特委决定由徐光海兼任中共富锦县委书记。23日，徐光海去宝清组建留守支队密营，于张家窑附近与日军激战不幸牺牲。12月1日，李兆麟、李景荫率第三批西征队（六军教导队、十一军一师），由富锦出发西进。

五、抗联七军

1936年11月15日，抗联四军二师改编为抗联七军，军长陈荣久，参谋长崔石泉，军部下辖3个师500余人。

1937年4月，抗联七军200余人在二龙山小永善屯歼灭日军从兴安岭调来的蒙古骑兵26团。

1937年5月15日，七军二师李学福率部300人，在二龙山前十一甲（长春岭），与日伪军500人激战，毙敌50余人。

1937年7月，抗联二师、三师在二龙山北山与伪军400余人遭遇，激战半小时，毙敌20余人。

1937年8月2日，抗联第七军李学福部约300人在富锦县第一区永福屯附近，与日伪军发生激战。

1937年8月，敌军500人奔袭抗联七军三师部驻地（高台子），此战从上午8点时打至日落，敌死伤100余人，败走。

1938年6月，抗联第七军一部在富锦和同江交界的七排，击退伪军步、骑兵200余人的进攻，毙敌50余名，缴轻机枪1挺、子弹千余发、马20余匹。

1938年8月15日，抗联七军一师在五顶山与敌激战，毙敌20余人，缴枪50余支，一师副师长姜克智不幸牺牲。

1939年3月下旬，景乐亭代理七军军长，率部活动于富锦孟家岗一带。

六、抗联独立师

1937年2月11日，独立师一部袭击富锦哈达密河自卫团，解除自卫团全部武装。

1937年5月2日，抗联独立师师长祁致中率部进驻花马，收缴反动地主枪支，并在洪家店、近山、重兴等村屯建立了保卫队、妇女会、反日互济会等群众抗日组织。

1937年6月15日，富锦县七区头道林子伪警察署长李景荫在抗联独立师师长祁致中劝导下率部起义，参加抗联独立师，李景荫被任命为独立师参谋长。

1937年6月，东北抗日联军独立师展开强大的政治攻势，迫使富锦别拉音山伪保卫团投诚。在返回驻地途中，又袭击了柳大林子伪警察所，解除了40余名伪警察的武装。

1937年7月，在富锦西安德福东杨家围子，抗联独立师骑兵被日军小滨部骑兵包围，李景荫怀抱机枪，左右扫射，率队杀出重围。

1937年7月25日。抗联独立师一部袭击了富锦县第七区恢复不久的伪警察署。之后，队伍进入五顶山，一举攻占了该地的伪自卫团办事处，解除37名自卫团丁武装。

七、抗联十一军

1937年10月，独立师于二区对锦山改编为抗联十一军，军长祁致中，一师师长李景荫，共1 500余人。

1937年11月，抗联六军五师和抗联十一军在五顶山前夹击敌人，缴获轻机枪2挺、马枪70余支，打死日本教官1名，俘敌80余人。

1937年11月12日，东北抗日联军第十一军军长祁致中率军部和第三旅一部，在富锦县富廷岗西北的黑鱼泡附近，同日伪军展开激战，重创了敌人。

1938年4月，李景荫在前甲大甸子（仁义）附近与日军交锋，不久撤退。当日军在二道岗自卫团部摆庆功宴时，李景荫率部杀回，歼敌50余人。

1938年5月，十一军政治部主任金正国在富锦李家粉房（永贵屯）被叛徒杀害。

1938年6月，北满临时省委决定，抗联三、六、九、十一军留一部分在原地活动，其余分批向黑嫩平原远征。18日，李景荫率一师一部、三军四师一部在富锦县南柳大林子与日伪军作战，毙日军10余人，俘5人，缴迫击炮1门、步枪5支。

1938年8月20日，李景荫、于树屏在富锦张兽医窝棚伏击日军马队，毙日军松野副队长。

1939年6月中旬，抗联第十一军三旅旅长姜宝林率部于富锦县南部与伪军500余人激战，姜宝林壮烈牺牲。

1939年12月20日，李景荫的西征队到达黑嫩平原海伦八道林子。

八、抗联二路军

1937年9月29日，抗联四、五、七、八、十军及姚振山的义勇军、王荫武的救世军组成抗日联军第二路军，周保中任总指挥。

1938年3月，富锦、饶河、虎林的日军骑兵500余人和伪军两个团对抗联第二军密营饶河县小南河、十八垧地、关门嘴子反复进行军事"讨伐"和经济封锁，实行"三光"政策。七军军部留原地坚持，一、二师跳出包围，到同江、富锦活动。

1939年7月2日，抗联第二路军总指挥部警卫部队，在富锦县李金围子西北截获敌人运输车9辆，缴获马30匹，以及大批粮食和其他物资。

1939年7月28日，抗联第二路军总指挥部直属部队袭击富锦县兴隆镇附近杨家"集团部落"，摧毁伪甲长办事处，缴获步枪

26支、马28匹、牛11头、粮食3石。

1940年7月2日，抗联第二路军总部姜信泰小分队，在富锦县城南李家围子附近，袭击日伪运输队（50余人），毙敌7人，截获车9辆、马30匹及大批粮食。7月28日，第二路军总指挥部直属队袭击杨家围子伪甲长办事处，缴枪26支、马28匹、牛11头、粮食3石。7月31日，二路军总部警卫队在七星河上游杨树岗伏击日伪军，毙敌11人，缴获一批粮食及军用品。

1940年7月28日，抗联第二路军总指挥部警卫部队夜袭富锦县兴隆镇附近一村落，缴守敌步枪26支，烧毁甲长办事处，没收粮食、牛马等物资。

1941年7月末，二路军王效明、姜信泰各率小分队由苏联北野营回黑龙江一带，在富锦、桦川等地进行军事侦察。1942年返回苏联境内北野营。王小明率小分队再次以富锦、佳木斯、勃利、宝清为中心目标，侦察敌情，1943年4月返回北野营。

1942年，东北抗联第二路军留守队（第二支队），在富锦、宝清、桦川一带开展对敌斗争活动，不断干扰敌人，打击敌人。

1943年3月28日，抗联第二路军二支队长刘雁来、政委李永镐率侦察小分队在富锦、佳木斯、宝清、饶河、同江、抚远等地侦察敌情。

九、抗联三路军

1939年4月2日，北满省委决定，撤销北满抗联总司令部，以三、六、九、十一军为基础，成立抗联第三路军。

1939年7月，赵尚志、戴鸿宾、祁致中等110余人，从苏联回东北，在下江一带开展抗日斗争。

1940年5月28日，冯仲云任抗联第三路军政委。

1940年7月2日，抗联第三路军总部姜信泰小部队，在富锦以南李金围子附近袭击敌运输车队，击溃护送车队的伪军，毙伤敌7人，截获敌运输车9辆、马30匹和大批粮食。

第二节　主要战斗

一、土仓子战斗

1939年12月16日，抗联五军三师和七军三师成立的联合部队在七星河西土仓子击毙日军指挥官1人、教官1人、伪军10余人，缴获轻重机枪各1挺、步枪20余支、迫击炮2门。

二、小永善战斗

1937年4月，日本侵略者从兴安岭调来伪二十六团（蒙古骑兵团）到富锦"围剿"抗日联军。二十六团全是蒙古族，精于骑术，善射击。他们傲气十足，自以为"围剿"几百人的抗联队伍，定会马到成功，但他们在富锦人生地不熟，像无头苍蝇乱碰乱撞。抗联七军200人在二龙山的小永善附近设伏兵，不到一小时，全歼二十六团。

三、五顶山战斗

1937年秋，抗联七军二师、三师和独立师部分队伍在五顶山一带活动。一天上午，10余辆卡车满载日伪军来到五顶山下，他们靠运输方便，突然袭击抗日联军。11点左右战斗打响了，400余名日伪军在火炮、轻重机枪的掩护下，由山西侧向抗日联军阵地爬行。300名抗联战士据守有利地形，决心给日伪军一个严厉打击。当日伪军接近阵地100米左右时，抗联师长周义昌下达射击命令，抗联战士们的步枪、机枪一齐射向日伪军，顿时五顶山上枪声大作。日伪军向抗联阵地发起十余次冲锋，均被击退。夜幕降临后，日伪军自知对自己不利，急急乘卡车遁回富锦县城。五顶山战斗，抗联战士以少敌众，共打死打伤日伪军60余名。

四、别拉音子山伏击战

1937年8月，伪第四教导大队从富锦县城出发，开往双鸭山"讨伐"抗联。抗联独立师师长祁致中得到此情报后，率部队200余人，在别拉音子山南部设伏兵，用一个半小时击溃敌军。此战，抗联独立师缴获敌军步枪200余支、轻机枪2挺和几门小钢炮，还有其他一些军用物资。

同月，独立师李景荫率部100余人，缴长安屯自卫团武装。21日，白厚福率驻依兰三十八团118人伪军起义，加入独立师。

五、姜祝堂之战

1937年秋，姜祝堂（今长安乡所在地）有伪保卫团100余人，抗联独立师决定解除此团的武装。在李景荫副师长、薛华副官长指挥下，一天拂晓，包围了该团兵营（一个大院套围着五间大房）。抗联战士向保卫团喊话，宣传抗日救国的道理，但保卫团队长极其顽固，不让团丁投降。为了争取保卫团团丁投降，抗联王连长跃上墙头高喊："弟兄们，中国人不打中国人！"却遭顽固分子的射击，王连长当场牺牲。"为王连长报仇！"战士们持枪越过大墙，向伪保卫团猛烈开火，迫使其缴械投降。打扫战场后，将王连长和张排长的遗体掩埋好，把负隅顽抗的队长就地正法。此战，抗联独立师解除了姜祝堂保卫团的武装，缴获步枪100余支。

六、花马战斗

1937年冬，东北抗日联军第六师在师长刘振声、政治部主任高玉彬率领下，从绥滨开赴富锦，在别拉音子山西德祥村的马家大院及花马店（今锦山镇）与抗日联军十一军师长李景荫部会师。第二天与尾追十一军的日伪第四军管区教导队100余人发生枪战，毙敌90人，其中日本教官1人，缴获轻机枪2挺、马盖枪80支。

七、二道林歼敌

1937年，抗联七军二师、三师部1 500余人，在师长邹继昌、景乐亭带领下，进驻大旗杆（今宏胜红旗村）建密营，期间在二道林子将来犯日（小滨部）伪军共1 500余人击败，击毙150余人，俘10余人。

八、黑鱼泡战斗

1937年11月12日，东北抗日联军第十一军军长祁致中率军部和第三旅一部在富锦县富廷岗西北的黑鱼泡附近同日伪军展开激战，重创了敌人。

九、高台子战斗

1938年8月，李景荫带领部队来到高台子筹集给养，抗联七军三师师部和七团、八团共计500多人在此休整。日伪军闻讯派出600余人进行"讨伐"。李景荫决定率部守株待兔，歼灭来敌。上午8时，日伪军发起进攻，我军诱敌深入，敌军中计，我军待敌进入火力射程时，以炮火为掩护，用老抬杆炮、步枪交叉射击，击退日伪军8次进攻。这次战斗一直打到天黑，以敌人死伤100多人的失败结束。

第三节　英雄人物与抗日英烈

东北抗日斗争时期，富锦涌现出许多爱国志士、民族英雄。为击败侵略者，他们转战南北，出征东西，英勇顽强，有的献出了年轻的生命。

一、张进思

张进思，原名张甲洲，1907年5月生于黑龙江省巴彦县。1929年考入北平大学理化专业，同年参加中国共产党。1930年，因参加反对军阀阎锡山的运动被捕，半年后，被营救出狱。不久，他考入清华大学政治系。他的同学胡乔木后来在回忆信中写道：他"为人非常正直，对党十分忠实，很有能力和魄力。"先后曾任中共北平市委宣传部部长和代理书记等职。

"九一八"事变后，1932年春，张甲洲联络在北平的东北籍学生回家乡组织反日武装，走上了"打回老家去"开展抗日斗争的悲壮路程。

1932年5月，张甲洲与张文藻、张清林、郑炳文、于九公（于树屏、于天放）、夏尚志等人，化装成商人，来到哈尔滨，很快与中共满洲省委取得联系。省委指示他们要开展武装斗争，并将人员做了分工。张甲洲、张文藻、张清林和郑炳文等去巴彦组织反日武装，于九公回家乡呼兰开展工作，夏尚志另有任务留在哈尔滨。

张甲洲回到家乡巴彦后，立即投入到组建反日武装的工作中。他利用各种社会关系，通过联系县保卫团团总王家善，中学校长孔庆尧，镇东村、洼兴村自卫团长侯振邦、陈维新、米秀峰

第五章 东北抗日联军在富锦地区的艰苦斗争

等,在半个多月的时间里,很快就组织起一支一二百人的反日队伍。5月16日,在巴彦县北七马架召开反日武装成立大会,队伍命名为巴彦反日义勇军,张甲洲任总指挥,王家善任副总指挥,孔庆尧任参谋长,张文藻任文书兼交通员,张清林和郑炳文负责政治工作,队伍下设两个中队。

反日义勇军成立伊始,即遭到地方反动势力的极端仇视。他们诬陷游击队为"红匪",采取各种手段挑拨队伍领导者之间的关系,调集地主武装进行围攻,致使这支队伍刚建立内部就出现分裂,王家善、孔庆尧等人离队而去,队伍减员一半。为了挽救这支队伍,张甲洲将队伍报号"平洋",联合当地的山林队"绿林好",坚持进行反日斗争。

中共满洲省委非常重视这支抗日武装,于6月初陆续派省委军委书记赵尚志和共产党员夏尚志等人协助张甲洲工作。赵尚志(化名李育才)到巴彦后,与张甲洲共同研究了面临的形势和游击队的发展。赵尚志根据部队存在的问题,建议张甲洲整顿队伍,严明纪律,改善部队与人民群众的关系。为提高部队战斗力、培养干部,赵尚志提议"建立中心队伍"。张甲洲接受了赵尚志的建议,对部队进行了整编,建立东北工农义勇军江北骑兵独立师,由张甲洲任师长、赵尚志任参谋长,下辖3个大队及模范队(后称少年连)。第一大队队长张清林,第二大队队长夏尚志,第三大队队长呼青山,赵尚志兼任模范队队长。此外,还成立了教导队、宣传队,为加强党对部队的领导,队内秘密成立了党的干事会。

随着反日斗争的开展,巴彦反日游击队逐渐壮大起来。为了从敌人手中夺取武器,歼灭敌人的有生力量,部队决定攻打龙泉镇。龙泉镇有伪警察署、伪自卫团和天增泉烧锅共百余人武装,镇内有围墙和炮台,防卫力量较强。7月攻打龙泉镇的战斗取得胜利。巴彦反日游击队名声大振，许多农民及当地小股武装纷纷投奔。为进一步开展抗日斗争，振奋群众抗日斗志，打击日本侵略者，张甲洲和赵尚志决定联合义勇军、山林队等抗日队伍攻打巴彦县城。8月30日，巴彦反日游击队和原马占山抗日救国军余部才鸿猷团（简称"才团"）、山林队"绿林好"分别从南、东南、东北三面攻进巴彦县城。城内自卫团溃不成军，伪军营长沈某被击毙，伪县长程绍濂逃出城外时被俘，县城遂被占领。部队进城后，立即下令严守群众纪律，不许抢夺城内居民财物。派出战士开展宣传工作，撒传单、贴标语、组织演讲团，揭露日军的罪行和南京国民政府的不抵抗政策，号召群众起来抗日，并打开伪县公署粮仓，赈济贫民。镇内青壮年纷纷要求参加抗日队伍，巴彦反日游击队迅速发展。然而进城后不久，"才团"首领采取封官许愿的办法串通"绿林好"，要吞并巴彦反日游击队。张甲洲和赵尚志及时识破他们的阴谋，率队撤出巴彦县城，到达巴彦县北部姜家窑七马架一带进行整训，准备进行新的战斗。

中秋节前后，部队接到情报，称呼（兰）海（伦）路康金井车站敌人防务空虚，于是决定前往袭击。康金井车站是呼（兰）海（伦）路上的一个车站。张甲洲和赵尚志挑选100名精明强干的战士，组成一支轻骑队，长途奔袭康金井车站，将车站伪警护队打得狼狈逃窜，使呼海路沿线敌人为之震惊。此后，反日游击队赴西集厂一带活动，又陆续收编一些山林队，队伍扩大到700余人，编成第一、第二、第三、第四、第五、第六队及少年队、教导队和洋炮队。队里建立了党的干事会，设有书记和组织干事、宣传干事，还建立了士兵委员会和反日同盟会等组织。

1932年10月，中共满洲省委派巡视员吴福海到巴彦反日游击队，传达贯彻省委关于执行"北方会议"决议精神和省委指示。其主要内容是：（1）将东北工农义勇军江北骑兵独立师改编为中国工农红军第三十六军江北独立师。（2）成立军事委员会，张甲洲为司令，赵尚志为第一政委，吴福海为第二政委，两人都是省委代表。（3）执行土地革命政策，实行打土豪、分田地。此后根据"北方会议"和省委的指示，巴彦反日游击队即打起红军的旗号，在北满的呼兰、绥化、兰西、安达等地进行活动。

红军第三十六军江北独立师为开辟新的游击斗争区域，解决枪支和部队御寒物资筹集的问题，做好冬季斗争的准备，联合"绿林好"所部于10月29日一起攻打东兴设治局（东兴正式设县之前为设治局）。由于独立师采取声东击西的战术，敌人毫无防备，仓促应战，被联合部队迅速击败。守敌从东门撤出，逃进山里，部队顺利占领东兴。占领东兴后的第三天，敌人便开始疯狂反扑。由于独立师领导人缺乏对敌斗争经验，没有彻底清除城内残敌，敌人乘机挑动红枪会和地主武装向独立师进攻，激战中，部队伤亡很大，赵尚志左眼负伤，夏尚志左腿负伤，30余名战士牺牲，最后部队不得不突围撤出战斗。

东兴战斗后，赵尚志离队治伤。红军第三十六军江北独立师西进呼兰，经兰西、青冈到达安达县境活动。12月上旬，部队向西行进，以图汇合马占山所属邓文、李海青义勇军部队，共同开展抗日斗争。当部队到达泰来时，得知马占山所部已溃败退入苏联境内，邓文、李海青义勇军部队自拜泉失守后向西开去，难以与之汇合，江北独立师不得不回师东归，欲去汤原活动。独立师由泰来，经林甸，过明水，进依安，入拜泉，当行至拜泉县三星镇附近时连续遭到"大排队"、红枪会的袭击，受到损失。部队到达海伦，正值寒冬季节，战士们顶着刺骨寒风，踏着厚厚的冰雪，由海伦到绥棱和庆城（今庆安），进入铁骊（今铁力）县境。在队伍东进途中，赵尚志归队。这时年关已近，许多来自农村的战士思乡心切，离开部队。在铁骊筹集给养时，遭到伪自卫团200余人的连续追击，部队遭受很大损失。接着又遭到伪军曹荣部队及地方反动武装的袭击，使部队受到沉重打击，以致前往汤原的计划无法实现，部队领导只好决定返回巴彦。当队伍辗转到达巴彦县骆驼砬子山时，只剩下五六十人。

自从巴彦反日义勇军贯彻执行"北方会议"精神，改编为红军独立师之后，部队执行土地革命任务，建立苏维埃，没收地主财产，领导农民抗租、抗债，分地主家的粮食、财物。由于执行"左"倾错误政策，使红军独立师面临严重困境。

1933年初，巴彦县已建起各级伪政权，日伪军警遍布城乡。在敌我力量悬殊的形势下，为避免所剩部队被敌人围歼，张甲洲、赵尚志等义勇军指挥部人员决定，部队化整为零，分散隐藏，听令再集。（随后，赵尚志等到中共满洲省委汇报工作，满洲省委以赵尚志执行右倾机会主义路线，拒绝检查错误为由，将其开除党籍。）以后赵尚志到哈东一带从事创建抗日武装工作，张甲洲到富锦进行秘密抗日活动。

1933年夏，张甲洲改名张进思，潜入富锦，经人介绍到富锦县立中学校（富锦一中前身）当教员。不久，于九公改名于树屏也来到富锦县立中学校。富锦县立中学校是松花江下游地区的文化摇篮。此时中学处于停课状态。为了这块阵地，张进思千方百计动员师生返校复课，不断招收新生。在教学上，他以渊博的知识，博得全校师生的拥护。刘向书（张进思爱人）后来在《宛平来客》中这样写道："张进思很有学问，数理化、国文、英文他都能教，哪位老师缺课，他都能代。他给我们上第一堂课的时候，就给我一个良好的印象，他那高大魁梧的身材，落落大方的气魄，神采焕发的表情，加之那俊秀而方正的脸膛，非常引人注目。讲起课来，深入浅出，旁征博引，不但明白透彻，而且绘声绘色，使人们听得津津有味。所以，同学们都爱听他的课，感到这位'宛平来客'不简单。"

1934年，张进思得到上司的赏识，由教师提为教务主任，不久晋升为校长。他以缺教师为名，陆续请来一批北平的大学生，如于树屏（于天放）、曾昭芳、周西帆、陈模等，到富锦中学教课。他说："先把学校的主科夺过来，占领这个主要阵地。"以教育工作为掩护，坚持抗日活动。刘向书说："后来才知道他和于树屏都是共产党员，他们'千里来相会'是有目的的。"他艰苦经营，占领了这个阵地，把这所文化摇篮变成了三江大地上的革命摇篮。他的到来，增添了富锦的文化，在这里播撒下了革命的火种。

他在富锦中学期间，独具匠心，创办了免费补习班，把没有指望求学的穷家子弟招为预备生，将家庭特别贫苦的学生，招为工读生，半工半读，边劳动边读书。经过他们的教育与培养，这些学生及大部分家长都成了"无形战线"的可靠力量。为抵制日伪奴化教育，向学生进行革命思想教育，成立了读书会、文艺研究会，创办了论坛小报，向学生宣传革命思想与没有国就没有家的道理，对学生人生观起到培养指导作用。为了培养学生军事素质，以适应将来斗争需要，他利用中学成立的童子军，学军事常识，学刺杀、学旗语，潜移默化向学生宣传抗日救国思想。在他的教育下，一批批青年走出校门，有的进关求学，参加党领导的军队，有的直奔抗日战场。

为了斗争需要，他必须学会日语。县公署参事官（副县长）日本人横山安启非常赏识他，二人交上"朋友"。1936年10月，他调入县公署任教育股长。张进思的活动引起特务机关的怀疑，虽然列入"要视察人"，但有日本参事官"保驾"。

刘向书在《宛平来客》中说，1936年秋，张进思先后弄来一批手枪和一批长枪，通过学生家长分别捎往"新城镇"和"悦来镇"。

一次，张进思去佳木斯参加教育会，结识了萝北小学校长李德美。通过他介绍去一批小学教员，有刘向书的好同学张莹蕃（女）、于树屏的弟弟于九耕、霍德舒（张进思好友）的儿子霍汉生，以及从哈尔滨监狱出来的王秉正（清华同学王道风）。他们都在一个小学当教员。为了开辟第二阵地，于1937年5月成立了萝北地下工作站。

1937年春天，张进思开始做头道林子警察署长李景荫的工作。不久李景荫率部反正，参加了独立师，任师参谋长（后任十一军一师师长）。夏季一天，他把350套大号学生服，由小学教师转运站成员刘希贵从新京（长春）友道服装公司取回，送到抗联部队。

1937年6月，抗联独立师需要一批有文化的人到部队工作。8月初，师党委第二次派交通员郭革一找张进思联系。经20余天筹措，决定8月28日出城。28日那天，独立师把队伍布置在长发屯。郭革一午后2点多进城，到学校找到张进思。张进思安排郭革一和于树屏走南门，陈模和张乐然（一小教员）走西门。张进思表示，自己坐马车出城。有三四百套学生服，还有一台收音机，得把这些东西带出去，先寄存在城外老乡家里，然后队伍再去取。张进思的好学生王善述在《终生难忘的恩师》中说："8月28日晚4时，这是终生难忘的时刻。就在这个时候，我按照张老师的吩咐，把富中的油印机、收音机等物品装进一条麻袋里，送到校门外的马车上。张老师上车时，趴在我耳朵上说：'过几天，我们就攻打富锦，你听候胜利的消息吧！'"

此前，日伪当局调张进思到佳木斯任三江省协和会理事。当他临上队前夕，以去佳木斯上任为名，在县公署广场向全县学生、老师举行告别会。

8月28日下午4点左右,于树屏、陈模等人已出城去了师部。傍晚,张进思从西门出城,天已黑了才与前来接应他的李景荫、郭革一等同志会面。在一同前往师部途中,路经董老茂屯的一块苞米地时,有敌人从苞米地里开枪了,张进思不幸中弹牺牲,年仅30岁,为反对帝国主义侵略,为争取民族独立解放,献出了年轻的生命。

郭革一在《请贤》中说:"1937年冬我在北满省委受训时,冯仲云对我说:'我早就想调他到省委做宣传工作,可惜他牺牲了'。"

2014年8月,张甲洲被列入国家公布的第一批300名著名抗日英烈和英雄群体名录。

二、于树屏

于树屏(1908—1967年),原名于九公,后名于天放,黑龙江呼兰县人。1928年考入清华大学经济系,1929年加入中国共产党外围组织反帝大同盟,结识了冯仲云、冯基平等共产党员。1931年5月加入中国共产党并任清华支部书记。"九一八"事变后,他参加了清算北平汉奸逆产及北平大学生南下向南京政府请愿示威的抗日救亡运动。1932年5月,他与张甲洲(张进思)、张文藻、张清林、郑炳文、夏尚志等东北籍大学生踏上了"打回老家去"的悲壮路程。中共满洲省委为加强齐齐哈尔方面的抗日救国工作,派于九公到齐齐哈尔任特别支部书记。满洲省委(驻哈市)被破坏后,齐齐哈尔方面亦遭破坏。

1933年秋,于九公更名于树屏来到富锦。经在富锦县立中学校潜伏的张进思介绍在学校任英语教员,1935年任教务主任。1936年秋,张进思调任富锦县公署教育股长,于树屏接任校长。他教课认真,对学生注意文化学习和思想教育,在学生中指导爱国反日。他任教务主任时，配合校长张进思在学校成立了读书会，开始以补习英语为主，后来广泛吸收在校学生参加，逐步向学生推荐一些进步书刊，并亲自组织学生开展读书交流活动。从点评中引导学生增强爱国观念，利用读书会的形式开展抗日救亡工作，一面抵制了日伪的奴化教育，另一方面为革命夺得了青少年教育阵地。于树屏在富锦中学任职期间，与张进思等人以学校为阵地，以超群的组织能力，秘密建立据点，收集敌伪情报，发动群众支援抗联，参加抗日武装建设等抗日救国活动。为了开辟第二阵地，把刚从哈尔滨市营救出来的清华同学王秉正（王道风）和自己的弟弟于九耕及张莹藩（女）、霍汉生等4名同志派往萝北，开展抗日救亡工作。1937年5月，成立了萝北地下工作站。1937年8月28日，他根据党组织安排，秘密到抗联独立师从事武装斗争。同年10月独立师在富锦地区改建为抗联十一军，于天放先后任十一军随军教育处长、十一军一师政治部主任。1938年6月，中共北满临时省委决定各军要尽快突破日伪军封锁，抗联三、六、九、十一军向西北战略转移。1938年11月，于天放随李兆麟将军指挥的由东北抗联六军教导队与十一军一师组成的第三批西征部队，从绥滨蒲鸭河远征至海林八道林子。在艰苦的西征途中，于天放创作了著名的东北抗联《露营之歌》第四段《冬征》。歌词写道："朔风怒号，大雪飞扬，征马踟蹰，冷气侵入夜难眠。火烤胸前暖，风吹背后寒。壮士们，精诚奋发横扫嫩江原！伟志兮，何能消减，全民族，各阶级，团结起，夺回我河山！"1939年1月，于天放任西征后成立的东北抗联西北临时指挥部第三支队政委。5月，东北抗联第三路军编成，李兆麟任总指挥，冯仲云任政委，于天放任第六支队政委。他们活动在海伦、北安、绥化、拜泉、青冈、兰西等地，不畏雨雪风霜，不怕枪林弹雨。1941年11月，于天放率三路军六、九、十二支队100

余人进行野营整训。1942年2月12日，抗日民族英雄赵尚志在梧桐河吕家菜园子中敌埋伏，壮烈殉国。2月19日，周保中、李兆麟任命于天放为三路军军政特派员返回东北接替中共北满省委书记、三路军政委金策的工作。1944年，东北战场上除了教导旅派遣的小分队在中苏边境执行侦察任务外，于天放领导的东北抗联三路军留守部队孤悬敌后，同日伪军进行殊死战斗。1944年12月19日，因被人告密，于天放及部下一些人在绥棱县上集镇宋万金屯被捕，先后被关押在庆安警务科"留置场"和"北安省"警务厅特务分室秘密监狱。面对敌人的威迫利诱，他以丰富的斗争经验，大智大勇，坚贞不屈，与日军进行了殊死的较量。1945年7月12日，他同另一名抗联战士赵忠良打死日军看守特务石丸兼政，成功越狱，并在人民群众的掩护下脱险。日军悬赏百万，组织疯狂的大追捕，逼迫数十万中国老百姓"拉大网"搜寻。于天放越狱前曾草诗一首，留在监狱内：

中日世仇不共天，十载抗日破万难。

行动失慎遭逮捕，中国男儿入牢监。

威迫利诱逼降策，救亡信念铁石坚。

囹圄铁窗寒冬度，草木葱茏虎归山。

1945年8月15日，于天放在讷河老莱村逃亡路上，得知了日本无条件投降的消息，立即在讷河组织了东北抗联三路军宣传部自卫队，迎来了"九三"抗日战争胜利日。

著名作家刘白羽的报告文学《人民英雄于天放》开篇即说："黑龙江的人，没有不知道于天放的。"文中写道："这样惊天动地的事情，听了真使人兴奋、感动。说完，于将军就领着我去参观他逃生的监狱。他随走随指点那阴暗的单身牢房、那廊道、那重重的铁门，以及那最后击破的窗户。我听着，我望着他微红的脸，他是如同穿过惊涛骇浪的巨船，他兴奋，但他十分沉静，他几乎足有一种气魄可击退一切逆风暴雨,因为他是那样沉静。"

原抗联第三路军政委、时任松江省政府主席冯仲云于1946年所写的《东北抗日联军领导者之一于天放》一文,有这样一段话:"是的,于天放在江省的确是极有名望的,无人不知的民族英雄。他之所以如此出名,不仅是由于'八一五'事变不久前他在北安监狱中逃亡,日军在江省各地雷厉风行通缉他,几十万悬赏要他的头颅,还因为他是江省出色的知识分子,坚苦卓绝的民族英雄。"

抗战胜利后,于天放先后担任东北民主联军黑龙江军区政委、副司令员,黑龙江省人民政府副主席,黑龙江省政协副主席兼黑龙江大学校长等职务。1951年,他撰写的回忆录《牢门遇险记》由东北青年出版社出版,成为人民群众喜爱的读物,后经东北人民出版社、辽宁人民出版社等多次再版,是新中国成立初期最畅销的红色图书。1954年国庆节,毛泽东主席在天安门城楼上与于天放握手时,以诙谐幽默的湖南乡音说道:"天放,抓不到;今天,见到了。大智大勇,人民英雄!"于天放任省政府领导期间,曾于1956年来到富锦视察。他回到曾经工作过的学校看望全体教师,并与全体教师合影留念。当得知学校还未安装自来水时,他帮助解决了全校饮水问题。这在那时是个非常大的事,全校师生十分感激。

三、祁致中

祁致中(1913—1939年),原名祁宝堂,别号名山,山东省曹县曹家庄人。1931年春天闯关东来到东北,在桦川县驼腰子金矿(现属黑龙江省桦南县)当工人。"九一八"事变后,他不甘忍受日本侵略者的欺压,奋起抗日,组织工人缴了看守金矿的日军武装,成立"东北山林义勇军",被推举为首领。1935年

2月间，祁宝堂带队进入方正县境，在东北人民革命军第三军赵尚志军长和政治部主任冯仲云的教导下，他表示一定坚决抗日，跟着共产党走，并立即向队伍宣布，改名为"祁致中"。1935年冬天，汤原县委接受了祁致中要求改编和入党的请求，经汤原县委批准，祁致中光荣地加入了中国共产党，党组织先后选派金正国、李学忠、杨子岐等3名党员干部到祁致中队伍里做政治工作。1936年5月20日，在依兰县第三区，将祁致中队伍和其他几股抗日山林队一起，正式改编为中国共产党领导的"东北抗日联合军独立师"，师长祁致中任，政治部主任刘振声，指导部主任金正国。1937年4月21日深夜，祁致中率部袭击了佳木斯去富锦县的交通要塞——悦来镇，直接威胁佳木斯，给敌人以有力打击。6月初，祁致中带领师部和部分队伍，进入富锦地区，收缴了一些警察和自卫团的武装，策动了富锦县七区头道林子伪警察署署长李景荫弃暗投明，参加抗日。1937年10月间，祁致中在富锦县二区，将独立师正式扩编成东北抗日联军第十一军，祁致中任军长，下辖一个师3个旅。第十一军编成后，祁致中继续率队在富锦地区活动。1938年初，祁致中过乌苏里江去苏联。祁致中随赵尚志新组建的100余人的队伍回国，赵尚志被任命为东北抗日联军总司令，祁致中任东北抗日联军总司令部副官长。回东北不久，该部袭击了嘉荫县境内的乌拉嘎金矿，获得胜利。

2020年8月，祁致中被列入国家公布的第三批185名著名抗日英烈、英雄群体名录。

四、李景荫

李景荫（1904—1969年），富锦县三区李家窝棚（现上街基镇东立村）人。

1931年"九一八"事变后，依兰镇守使李杜通电吉林省所辖各县成立战时自卫团，富锦三区的保卫团改称为富锦县战时自卫团第一大队第二中队，李景荫任第二中队队长，后任吉林自卫军第二混成旅暂编步兵一营一连连长、自卫军保卫团（668团）一营营长。1937年6月15日，李景荫在头林率部反正，参加了独立师（先后任参谋长、副师长）。同年11月，由祁致中介绍加入中国共产党。1937年10月，抗联十一军成立后，他任十一军一师师长（祁致中任军长）。五顶山战斗之后，李景荫率部连连打击日军，取得战果，例如，五顶山战斗、小梁店战斗、黑鱼泡战斗、张小脚林子战斗和西山口战斗、花马北山口之战、前甲大甸子之战、漂筏河之战和柳大林子之战。1938年，十一军编入抗联第三路军，准备西征。同时，宣布省委决定组建龙南指挥部，李景荫任指挥。1939年10月，李景荫率部队完成西征任务，部队重新进行整编。十一军一师与三军七团组建为龙南第一支队，三军一师组成了龙南第二支队。李景荫任龙南部队指挥，大力开展平原游击战。1939年中共北满省委在《北满抗日游击运动新方略》的报告中称李景荫为"下江的勇士"。1940年10月，李景荫病重无法带队，组织送他到苏联治疗。1942年8月，李景荫回东北进行侦察工作，先后在长春、绥化、方正等地进行潜伏、侦察和秘密组织活动。1945年8月日本投降后，李兆麟把李景荫派回富锦，配合从延安来的地方干部，在苏联红军的支持下，接收富锦。李景荫任公安局长。新中国成立后，李景荫先后在双鸭山和阜新煤矿任副矿长。1954年，李景荫脑病复发，瘫痪15年。1969年1月29日去世，享年64岁。

五、张乐然

张乐然，原名张凤岐，曾用名张中孚，1911年生于辽宁省开原县八棵树村。1935年冬，张凤岐从北平郁文大学毕业后回家乡任教。1936年投身革命，到富锦县第一完小任教员。1937年8月28日，他与张进思（张甲洲）、于树屏（于天放）、陈模等一起，投奔了抗联独立师。同年10月，抗联独立师在富锦地区改编为东北抗日联军第十一军，历任抗联独立师秘书长、十一军秘书长、第三路军秘书长。他于1938年1月加入中国共产党。在苏联参加抗联教导旅整训期间，先后几次参加抗联小部队回国，执行非常危险、复杂、艰巨的任务。抗联小部队有时出入国境，要越过敌人的几道封锁线；有时为了获得准确情报，要冒着生命危险，非常近距离地接近敌人的据点、军事设施；有时为了躲避敌人的搜查和追捕，必须机智、勇敢、灵活、果断；有时为了达到目的，必须以坚韧、顽强的意志，以常人难以想象、超出生命极限的行动，克服和战胜困难、险阻。尽管如此，抗联小部队每次都能很好地完成任务。抗联小部队在有效完成侦察任务中，付出了重大牺牲。1945年夏，抗联领导人张乐然在最后一次回国执行任务时，不幸牺牲。

六、金正国

金正国（1912—1938年），原名金相周、别名金相奎、金振国。1912年3月1日出生于朝鲜庆尚北道礼泉郡虎鸣面山合洞，1930年加入中国共产党。1932年初，任中共汤原中心县委秘书、汤原反日游击总队指导员、"明山队"政治指导员。1936年夏，任东北抗日联军独立师一旅政治部主任，后任师政治部主任、军政治部主任兼一旅政治部主任。1938年，金正国和旅长张治国率领一旅200多名战士在桦川来材河地区活动，跳出""围剿""，转战桦南永平岗山里及七星砬子，坚持抗日。1938年5月，在富锦县李家粉坊活动时被叛徒杀害。时年26岁。

2015年8月，金正国被列入国家公布的第二批600名著名抗日英烈、英雄群体名录。

七、吕庆芳

吕庆芳（1897—1959年），女，富锦县人。1936年12月，带领大儿子李兴亚一起参加了抗联队伍。吕庆芳参加抗联后，作战英勇，不久便成了一位出色的指挥员。她带领队伍经常出没于抚远、饶河、同江、富锦、宝清、勃利等地，打击日本侵略者。富锦县曾流传许多吕庆芳英勇战斗的战事，其中"转心湖枪打渡边"，流传尤为广泛。1938年，组织上派吕庆芳在富锦做地下工作，主要任务是宣传抗日救国，发动群众，秘密组织地下武装。1945年富锦解放，吕庆芳组织起一个近百人的队伍，一方面打击伪警察、特务，一方面维持富锦的治安。不久，吕庆芳便将自己带领的队伍与杨振魁的队伍合并，编为合江军区富锦军分区二十六团，下辖4个连。杨振魁任团长，吕庆芳任第4连连长。1946年，吕庆芳被委任为一区区长。1947年春，县委调吕庆芳任富锦镇改造院院长，做吸食鸦片烟和违法乱纪的人的改造工作，许多人在她的教育下，改造成了新人。由于战争年代辛苦劳累，致使身体不佳，吕庆芳于1959年病逝，终年62岁。

八、姜克智

姜克智（1910—1938年），山东省牟平县人。1926年来到黑龙江省虎林县杨家岗落户务农。1935年9月，当饶河游击队改编为东北人民革命军第四军四团时，姜克智正式参加了四团，担任排长。1936年4月，四团再次扩编为四军二师，姜克智任师部政治保安连连长，并加入了中国共产党。11月，抗联七军正式成立，姜克智率政治保安连随军部活动。1937年3月5日，姜克智带队随军长陈荣久去攻打在西林子沟口的日伪，战斗之后，被提升为七军一师一团团长。1938年7月，姜克智被任命为抗联七军一师副师长。1938年秋，抗联七军一师再次去同江、富锦地区活动。姜克智率队在同江、富锦交界的乌尔古力山西唐家油坊驻扎，被敌特探知，派出400多人来"讨伐"。姜克智为减少群众损失，将队伍撤向唐家油坊后的五顶山与敌人进行战斗突围。在队伍转移时，不幸被流弹击中头部牺牲。时年28岁。

2015年8月，姜克智被列入国家公布的第二批600名著名抗日英烈、英雄群体名录。

九、徐光海

徐光海（1907—1938年），生于朝鲜庆尚南道密阳郡一个贫农家里。

1933年7月，中共汤原中心县委选拔了一批有实际斗争经验的党员，到义勇军部队做争取、改造工作。徐光海被党派到了报字"阎王"的一支义勇军部队。1934年10月，徐光海率领"阎王"队的21名义勇军队员参加了汤原游击总队，并安排到副官处工作。1936年4月，徐光海到东北抗日政治军事学校接受培养。11月，徐光海毕业回到六军司令部。1937年2月，东北抗联第六军4个团扩编为4个师，徐光海被任命为六军一师政治部主任。六军司令部决定一师配合富锦县委开辟游击区，建立抗日根据地。徐光海率领一师在富锦、宝清、集贤等地狠狠地打击了警察署、自卫团等日伪反动政权。1938年11月16日，李兆麟写信报告北满临时省委，得到同意，决定任命徐光海兼富锦县委书记，参加下特常委工作，以便集体领导。11月23日，他带领锅盔山后方医院的工作人员和伤病员20余人往外转移。12月14日，他率领的转移队伍与叛徒陈传和带领的伪军三十五团相遇。在激烈战斗中，徐光海、裴成春、刘昌友等20余名同志壮烈牺牲。时年31岁。

2015年8月，徐光海被列入国家公布的第二批600名著名抗日英烈、英雄群体名录。

十、李延平

李延平，1903年3月9日出生于吉林省延吉县城郊一个贫农家庭里，是李延禄的弟弟。1913年进本村私塾读书，1915年因家境贫困而辍学。1916年，13岁的李延平到当地一家皮铺学手艺，后因皮铺倒闭而失业。1928年，他在亲友们的资助下，到哈尔滨学开汽车，学成后却得不到录用，只好返回家乡与父亲一起种地谋生。

1931年"九一八"事变爆发，李延平耳闻目睹日军的侵华暴行，胸中燃起强烈的反抗怒火。1932年1月，他来到黑龙江省宁安县，投奔了抗日救国军，并担任了抗日救国军军部参谋。

1932年3月中旬，李延平同志参加了在南湖头"墙缝"伏击天野少将率领的一部分日军的战斗，他因作战勇敢，英勇顽强，抗日救国军的领导把追歼天野及余部的重任交给了他。他机智灵活，用火攻战术又消灭了许多敌人。1932年6月，他光荣地加入了中国共产党。

1932年7月，李延平被任命为执行特殊任务的绥宁游击支队长。不久，他率领游击支队智取了绥宁公司，缴获步枪60多支和许多其他军用物资。

1933年2月，李延平率领游击支队第二分队伏击了伪军车队，缴获了三汽车物资，全部分给了当地群众。

1933年冬，党派李延平去苏联莫斯科东方大学学习。1935年冬，李延平学习结束，返回东北抗日战场。

1936年3月间，中共中央驻共产国际代表抗联四军军长李延禄先到莫斯科，再转道巴黎返回上海，任务是开展抗日救国统

第五章 东北抗日联军在富锦地区的艰苦斗争

一战线工作。组织上决定由李延平接任抗联第四军军长职务。

1936年六七月间，李延平率领部队进入宝清开辟游击区。他率队成功袭击了宝清七区伪甲所，缴获步枪60多支。

1936年8月，李延平率队进入富锦地区开辟游击区。时任第四军秘书的彭施鲁在《开辟富锦、宝清新游击区》一文中回忆说："开辟富锦、宝清两县为新游击区，是抗联第四军在1936年之内的重大军事行动，这个计划的实现，对于1937年在三江地区出现的抗日游击战争高潮是很有关系的。东起虎林、饶河，西至依兰、方正，使三江地区的抗日游击斗争逐步连成一片。而且还可以和松花江以北的汤原、萝北、绥滨等县境内的抗日斗争互相呼应。"他还说："富锦县是以平原为主，但也有不少丘陵地带，还有不少沼泽地，这对游击活动是很有利的。"

在宝清和富锦县交界地区七星泡的西南面，有一个较大的屯子叫杨荣围子，在杨荣围子的西面是锅盔山。杨荣围子和锅盔山相距较远，约有40里路，中间地形开阔，但是没有人烟，又缺少良好的隐蔽条件。因此第四军从宝清往富锦县去的行军路线颇难选择。杨荣围子屯里有伪自卫队驻守，在杨荣围子西边三里远的地方，有一个孤立的地主大院老方家。李延平决定争取老方家，如果他们对抗日联军采取合作态度，通路问题就会很容易解决。

1936年8月一天下午，李延平率队来到杨荣围子的西边，并在距离老方家约二里路的地方停留下来，派陈副官带两名战士前去做老方家的工作。

陈副官去了半天才回来，肚子气得鼓鼓地说："不行，和他们说了也不通，还一直骂我们是胡子，还威胁说，如果我们不走他就开枪。"

但是抗联队伍不能不去富锦，还非得经过这里不行。李延平命令队伍成一字形拉开距离向北前进，准备向富锦县去。但是方家大院儿开枪了。抗联队伍的步枪和轻机枪向地主家的院墙角炮楼回击，但是双方都处于视野不良的状态，我方没有良好的地形地物可以利用，火力效果较差。在这次战斗中，彭施鲁秘书腿部受伤了。李延平当即下令撤退，队伍利用夜间进入了富锦县境，在下半夜到达了富锦县兴隆区的李金围子。

富锦与宝清两线之间的通道阻塞问题未能解决，始终是军长李延平的一块心病。李延平决定，在大年三十拿下方家大院儿。离大年还不到一个月，李延平决定这些日子队伍只在富锦的炭窑沟、老道沟和孟家烧锅一带活动。

年三十的上午，四军政治部主任黄玉清率领骑兵出发了。队伍开进方家大院附近的时候，已接近晚上十点钟，周围漆黑一片，部队只能凭着雪的反光摸索前进。队伍智取了方家大院。方家老头子无可奈何。

到了4月间，方家大院儿已成为第四军出富锦去宝清的中转站了，经常要在那里吃上一顿饭，休息调整。

从此，富锦和宝清两县的抗日游击区域连成一片，成了抗日联军纵横驰骋的原野。

抗联四军在李延平的领导下，迅速发展壮大，1937年1月，根据上级指示，部队编成4个师10个团，共2 000多人。

1937年8月，李延平因长期行军作战，营养不良，患了重病，在宝清县凉水泉子山里养病，不料被敌人探知，几十名敌伪军偷偷摸来，李延平沉着指挥部队，一边战斗，一边布置转移，终脱险境。同月，李延平率领四军与五军、六军各一部，共同进行了攻打凉水泉子的战斗，歼敌百余人，缴获轻机枪三挺步枪100多支。

1938年春，中共吉东省委和东北抗联第二路军总指挥部制定了打通北满与南满等地抗联及抗日军队联系的西征计划，李延平担任联合西征部队主要负责人。1938年7月12日，李延平率第四、五军主力部队攻打了娄山镇，缴获敌人机枪二挺，步枪百余支，弹药万余发，还有大量粮食和其他军用物资。8月中旬，西征部队在李延平等同志领导下，克服了重重困难，终于胜利地到达了五常县。

1938年10月，李延平率领四军部队在五常县南磨石顶子活动时，不幸遭到敌人的重重包围，战斗中，李延平身负重伤，壮烈牺牲。

2015年8月，李延平被列入国家公布的第一批300名著名抗日英烈、英雄群体名录。

十一、李学福

李学福，朝鲜族，1901年12月出生于吉林省延吉县山菜沟老虎山屯，东北抗日联军第七军军长。

李学福12岁时，父亲病故，他和哥哥靠种地维持全家生活。1915年，他随母亲、哥哥迁居到饶河县大佳河。不久，他们又搬到三义屯。在这里他开始读书，后因母病故，辍学回家种地。

李学福青年时期就关心政治，后来他当了三义屯屯长，肯于为穷苦人办事，替穷人说公道话，在当地群众中很受拥护。

1931年初，日本侵略者占领了饶河。经过革命斗争的考验，这一年李学福光荣地加入了中国共产党。为了创立党领导下的抗日武装，他和崔石泉等同志在饶河县城北的三义屯举办了70余名青年参加的军政干部训练班，为建立游击队准备了人才。他还利用自己的社会关系，与救国军取得联系并获得支持，使游击队和反日会组织很快发展、壮大，开展了反日活动。后因汉奸出卖被捕，险遭枪杀。逃出后，他参加了饶河反日游击队，开始了他的武装斗争生活。

李学福参加饶河反日游击队后，担任军需长，负责部队的给养和其他军用物资筹备工作。他想尽一切办法，保证部队物资供应。他还说服救国军第一旅同意接受与游击队联合抗日的协定。不久，游击队改编为救国军独立营。

1933年12月27日，独立营参加抗日部队联合攻打虎林县城的战斗，独立营以牺牲30多名队员的代价，取得了打死百余名敌人的重大战绩，使独立营在人民群众中的威信越来越高。

1934年2月，饶河地区的救国军全部溃散，独立营再次改称饶河反日游击大队，李学福担任游击大队的领导职务。同年7月，李学福接任牺牲的张文偕大队长的职务。8月，他率队攻打雾林洞伪军的一个据点，打死10余名伪军，缴获了13条步枪。冬季，他率队与敌人进行了两个多月的游击战，使日伪军受到了很大打击。

1935年1月29日，李学福指挥滑雪队员出其不意打击来犯的日伪军，仅两三天的时间就歼灭日军百余名。2月10日，他又率队袭击了伪军驻地，击毙伪军连长以下10余人，俘敌40人，缴枪50多支。5月，又率队将马鞍山伪军驻地的23名敌人全部缴械。同时还缴获小佳河伪自卫团18支步枪。

1935年9月初，根据吉东特委的指示，饶河反日游击大队正式改编为东北人民革命军第四军第四团，李学福被任命为团长。9月20日，李学福率队击溃了小南河、小西山的自卫团，缴获步枪40余支。9月26日，他又率队打击了偷袭的日伪军，击毙日军30多人，伪军伤亡20多人。11月7日，四团收编了"九省""庄稼人"两支山林队为独立营，壮大了抗日力量。

1936年4月，第四团扩编为第四军第二师，李学福同志任副师长。同年11月间，四军二师改编为东北抗日联军第七军，李学福任七军第二师师长。

1937年春，一师和二师合并组成新编第一师，李学福任一师师长。他率一师将伪军"讨伐"队长张大胡子、土豪左殿生枪毙，为民除了两大害。接着缴了警察队24支步枪，打开了同江、富锦游击活动的局面，争取了二龙山第三牌一连伪军的哗变，壮大了七军一师的队伍。

李学福灵活运用战略战术，指挥部队到处打击敌人。同时，他非常注意军民关系，关心群众，部队纪律严明，深受人民群众的称赞。他关心战士，与战士们同吃同住，没有官架子，从不搞特殊化，得到了战士们的拥护和爱戴。

1938年1月，中共下江特委决定整编东北抗联第七军部队，李学福当选为第七军军长和七军党委执行委员会常委。不久，李学福因长期艰苦斗争，积劳成疾，患了严重的半身不遂症，于同年8月8日病逝，时年37岁。

2015年8月，李学福被列入国家公布的第一批300名著名抗日英烈、英雄群体名录。

十二、彭施鲁

彭施鲁，原名王鹏华，生于1916年，河南省武陟县人。1934年作为河南焦作市高中二年级的学生，受语文老师李常青引导和鼓励，彭施鲁加入了中国共产主义青年团。1935年春天，彭施鲁随老师李常青转学到北京。同年，参加了"一二·九"运动。1935年底，彭施鲁被党组织派到东北抗日联军工作，任抗日联军第四军军长李延禄的秘书，转战在通河、方正、依兰、勃利县境内。1936年加入中国共产党。李延禄调离四军后，李延平继任四军军长。

彭施鲁在《开辟富锦、宝清新游击区》一文中回忆说："开辟富锦、宝清两县为新游击区，是抗联第四军在1936年之内的重大军事行动，这个计划的实现，对于1937年在三江地区出现的抗日游击战争高潮是很有关系的。东起虎林、饶河，西至依兰、方正，使三江地区的抗日游击斗争逐步连成一片。而且还可以和松花江以北的汤原、萝北、绥滨等县境内的抗日斗争互相呼应。"他还说："富锦县是以平原为主，但也有不少丘陵地带，还有不少沼泽地，这对游击活动是很有利的。"

1936年8月，彭施鲁随李延平军长进入富锦地区开辟抗日游击区，经常在富锦地区的兴隆镇、国强街基、集贤镇等地活动。

1937年，东北抗联第四军发展为4个师，彭施鲁升任二师四团政委。1938年4月，第四军主力部队西征，彭施鲁留下任后方留守处主任，带领一个连三四十人，在宝清、富锦一带坚持游击半年之久。10月，撤销留守处。11月间，他率队转移到了饶河县。1939年1月，彭施鲁调到同归抗联第二路军建制的第七军任一师政治部主任。1940年4月第七军改编为二支队，彭施鲁任教导大队政委。同年，第二支队经常来往于富锦的大旗杆、老等窝、长林子、柳大林子等地。

1940年底，彭施鲁随部队转移至苏联境内整训，先后任东北抗日联军教导旅连政治指导员、连长、营参谋、旅参谋。1945年对日大反攻后，任苏军驻佳木斯卫戍副司令员、东北人民自治军佳木斯卫戍司令员、中共佳木斯地区委员会书记等职。

1946年至1982年，他历任东北军政大学合江分校副教育长、东北军政大学总校副团长、东北军区军政学校副校长、第二十七步兵学校副校长、军事师范学校副校长兼训练部部长、军委军校部编研处处长、总参军校部副部长、总参军训部副部长、解放军体育学院院长、国防科工委司令部副参谋长及顾问等职，为部队革命化、现代化、正规化建设做出了贡献。1985年离休。

彭施鲁1955年被授予大校军衔，1961年晋升为少将军衔。

1945年被授予苏联红星勋章；1955年被授予三级八一勋章、二级独立自由勋章、二级解放勋章；1988年被授予一级红星功勋荣誉章；1995年被俄罗斯政府授予卫国战争胜利50周年纪念章；1996年被俄罗斯政府授予朱可夫纪念章；2005年被俄罗斯政府授予卫国战争胜利60周年纪念章；2005年被俄罗斯老战士协会授予卫国战争胜利60周年纪念章。

2009年，彭施鲁同志因病医治无效，于11月7日在北京逝世，享年94岁。

十三、李天柱

李天柱1898年出生，山东人，迁居依兰。1927年参加东北军李杜将军的队伍，历任士兵、排长、连长、营长。1933年脱离原部队，组织反日山林队，自任"自来好"首领。1935年9月加入东北抗日同盟军第四军，任一师五团团长。

彭施鲁在《东北抗日联军第四军第二师师长李天柱斗争史迹》中说："在打完刁翎和林口之后，李延禄动身去方正县大罗勒密，准备在那里建立密营。在李延禄西去之前，指示李天柱要在1936年到桦川和富锦地区开辟新的游击区域。李延禄解释说：这样，第四军的队伍就可以西起方正、通河，连接着依兰、勃利，东至桦川、富锦，广泛进行机动互相牵制敌人，寻找有力进攻机会，并准备在适当的时机和远在虎林、饶河的第四团沟通联系。李天柱欣然地接受了这一任务。"

1936年春天，根据党中央的指示，所有的东北地区党所领导的部队统一整编为东北抗日联军。李延禄军长所领导的原抗日同盟军第四军，随之改称为抗日联军第四军，李天柱的部队已改成东北抗日联军第四军第五团。

同年4月，李延禄奉中央命令，转道莫斯科和巴黎返回上海，负责在那里开展抗日救国统一战线工作。刚从苏联回国的李延平接替了军长职务。5月间，李延平在作战中负了重伤。直到1937年的春天，才在富锦县的集贤镇会见了李天柱的部队。这时，李天柱的第五团已在桦川县和富锦县的集贤地区站稳了脚跟。不久，第五团改编为第四军第二师，并任命李天柱为师长，下辖三个团。

1937年9月，李天柱经过详细的侦察之后，决定攻打富锦县集贤地区的国强街基。国强街基处于兴隆镇和集贤镇两个区之间，属于交通要道。在国强街基，有伪警察和伪自卫团驻守。伪自卫团团长潘孝堂，外号潘大牙，是个死心塌地的日本走狗，而且手下有几个枪法很准的枪手。有鉴于此，李天柱决心要为抗日联军除掉这一祸害。他选择了9月18日攻打国强街基，也是想在国耻之日在此打个胜仗。

9月18日上午，第二师的部队向国强街基发起了进攻。镇里的伪警察和伪自卫队知道抗日联军攻到镇内了，他们慌乱地占领了炮台，凭借院墙胡乱向外射击也不敢出院。李天柱派镇里的熟人，去找潘大牙劝降，潘大牙拒不投降。

突然，炮台上一声枪响，李天柱受伤了。参谋长李鹏飞说："我们已经打了三个钟头了，之所以久攻不下，是因为我们只靠步枪和机关枪射击，看来没有小炮和手榴弹破坏不了他们的炮台和院墙。不如先撤退，等你伤养好了，咱们再来打。"李天柱同意了大家的意见。在撤退中躺在担架上的李天柱逐渐进入了昏迷状态，不久即停止了呼吸，结束了自己英勇奋斗的一生。李天柱牺牲时年仅35岁。

2015年8月，李天柱被列入国家公布的第二批600名著名抗日英烈、英雄群体名录。

十四、张相武

张相武，1914年出生，吉林人，早年参加东北军。1931年"九一八"事变后，被迫随军编入伪军任排长。1935年1月，在密山率队起义参加抗日同盟军第四军二团任排长。他抗日意志坚决，作战勇敢，不久加入中国共产党。1936年任连指导员。1937年9月，任抗联四军后二团团长。同年11月，任四军一师师长。1938年5月27日，东北抗日联军第四军军长李延平、副军长王光宇、五军二师政治部主任陶净非率领参加抗日联军第二路西征的四军、五军，由宝清县大叶子沟出发，向依兰、方正地区进军。在途经富锦县国强街基附近，与敌人发生激烈战斗，击毙日伪军七人。四军一师师长张相武在激烈战斗中壮烈牺牲，年仅24岁。

2015年8月，张相武名列第二批600名著名抗日英烈和英雄群体名录。

十五、李春满

李春满，中共富锦县安邦河区委书记，原为中共汤原中心县委书记。中共满洲省委直属汤原县委后，1932年2月4日调李春满到富锦县安邦河（今属集贤）组建抗日游击队。

1933年秋，根据中共满洲省委的指示精神，汤原中心县委派中共党员李春满、李爱道等来到富锦县安邦河一带，秘密组建了中共富锦县安邦河区委员会。区委会设在夹信村宽后甲屯刘世发家，共有党员28名，辖4个党支部。

1934年2月26日，中共安邦河区委书记李春满、金正国等4人去夹信子村收缴地主"高大冤"的武器，由于事先准备不足，李春满等3人壮烈牺牲，金正国脱险。

十六、李万春

1931年，中共汤原中心县委派中共党员李万春、李仁根等人到富锦县安邦河一带开辟党的工作。1932年4月，中共地下党员李万春、李仁根等创建了中共安邦河党支部，隶属汤原中心县委领导。1935年2月9日，中共安邦河区委宣传部长李万春等7人带领30多名进步青年攻打夹信子屯为警察署，由于行动失密，李万春等十余人壮烈牺牲。

十七、李连贵

李连贵，原籍吉林省榆树县，1898年生。1909年随父母迁到本县夹信子村（今金沙胜利村）居住，从事农业生产。1934年经中共汤原中心县委特派员赵子鹏等介绍，参加抗日救国会，担任交通员。1937年经中共地下党富锦县委书记刘忠民介绍加入中国共产党。此后，李连贵先后任安邦区委组织部长、区委书记等职务。在此期间，为地下党和抗联部队积极工作，搜集、传递情报，运送给养和供应各种所需物资，发展地下党组织，伺机打击敌伪势力，发动群众宣传抗日，建立红色根据地等。1938年1月29日，夹信村救国会会员王和向日伪军告密，致使安邦和河区委书记李连贵被捕，同时被捕的还有刘士发等10余人。李连贵、刘世发等人在敌人的严刑拷打下英勇不屈，壮烈牺牲。

十八、刘士发

中共富锦地下党组织设在刘士发家。1933年秋，中共地下党组织建立，机构设在夹信子村宽厚甲屯刘士发家。刘士发是普通农民，为地下党组织提供活动地点，千方百计掩护党的活动。富锦最早的党支部，安邦河支部、最早的区委，安邦河区委，最早的中共县委都在他家的厢房里诞生。在日伪的严酷统治下，中共党组织几年中得到迅速发展。1938年1月29日，因被人告密，他与李连贵等十余人被捕，不幸牺牲。

十九、刘善一

刘善一，原名王恩久。1937年6月3日，中共下江特委派原汤原县委书记刘善一到安邦河任区委书记，并正式组建中共富锦县委员会。2月，根据下江特委的指示，中共安邦河区委成员在夹信子村宽厚甲屯耿贵村家召开会议，会议决定在安邦河区委的基础上正式成立中共富锦县委员会，县委机关设在安邦河夹信子村宽厚甲屯刘士发家。不久，王恩久（刘善一）任县委书记。县委下设安邦河、集贤、英子岗和新城4个区委，隶属下江特委领导。

1938年3月15日，佳木斯日本宪兵队和伪三江省警务厅，纠集所辖各市县日本宪兵分队、伪警察、伪自卫团和特务千余人，对伪三江省所辖的汤原、依兰、桦川、富锦等县及佳木斯市党的组织和抗日团体，进行大规模的搜捕和"围剿"。在这次"三一五"事件中，富锦县委书记刘善一等许多革命同志被捕，惨遭杀害。

二十、赵明久

中共富锦县委员会成立时，赵明久任县委组织部长。1938年3月15日，在日伪军警大搜捕中，赵明久被捕，惨遭杀害。

二十一、刘忠民

刘忠民，1909年8月生于辽宁省海城县，不久随父迁入黑龙江汤原县。1931年参加反日同盟会，1932年加入共青团，1933年转为中共党员。1935年任中共汤原中心县委委员，保卫部部长。在此期间发动群众参加抗日队伍，建立抗日组织，为创建汤原抗日根据地做出了积极的贡献。1936年1月，汤原中心县委委派他到兴山（鹤岗）发展党组织和抗日救国会，配合抗日游击队攻打兴山，使游击队顺利攻入，炸毁吊桥、仓库，打下矿警事务所，解除矿警武装，击毙日本指挥官桥田德次，缴获辎重武器甚多，此次袭击矿山成功，震撼了伪满洲国。1936年11月，下江特委派刘忠民为巡视员来安邦河区筹建富锦县委工作，帮助抗联独立师创建七星砬子兵工厂。1937年任下江特委特派员兼绥滨县委组织部部长。1938年8月被捕，在狱中遭受严刑拷打，始终不屈，组织难友成立反帝牢狱会，策划暴动，同敌斗争。1945年解放出狱后，他和难友建立中共北满临时省委，任临时省委军事委员，坚持同敌斗争。1947年调任萝北县任民主政府县长，一边积极剿匪，一边努力生产军需用品，对稳定萝北社会秩序起了重大作用。解放后历任松江省工业厅黑背金矿局局长、松江化学厂厂长、松江省驻沈阳办事处主任、松江胶合板厂副厂长等职。1989年2月病逝。

二十二、王毓峰

王毓峰，生于1897年，原名王庆忠，黑龙江宁安县人。1916年在奉军当兵。1931年"九一八"事变后，他参加抗日救国军。1933年1月，他率部队参加抗日救国游击军，任二团团长，转战宁安、汪清等地，屡立战功。1934年春，他率全团参加遂宁反日同盟军，1935年加入中国共产党。同年2月，任东北反日联合军第五军一师二团团长。1937年初，任东北抗日联军第五军一师副师长，后任抗日联军四军二师师长。在长期斗争中，他身患疾病，但他坚持抱病斗争。1937年冬，组织上安排他留在富锦县密营中治疗。1938年2月25日，不幸被叛徒杀害。时年41岁。

2015年8月，王毓峰被列入国家公布的第二批600名著名抗日英烈、英雄群体名录。

二十三、姜宝林

江宝林，生于1906年，抗日联军十一军三旅旅长，在抗日战争中英勇善战。1937年2月11日，他率部队于富锦县第五区袭击哈达河伪自卫团，解除伪自卫团长以下14人的武装。12日，又袭击了安邦河敌农场，俘虏敌人13人。1938年，东北抗日游击战争进入了异常艰苦阶段，他率部留在下江一带坚持对敌斗争。1939年6月下旬，在富锦南部与日伪军遭遇，在激战中壮烈牺牲，时年31岁。

二十四、胡文起（富锦革命烈士陵园碑名为胡文起，国家公布名录为胡文权）

胡文起，生于1905年，黑龙江依兰县人，中共党员，抗联十一军二旅旅长。他率部队经常活动于富锦、宝清一带。1937年冬，他率二旅在富锦县集贤镇东部活动。一天，当部队行军至律甲长屯时，与日伪军遭遇，在激战中胡文起英勇牺牲，时年32岁。

2020年8月，胡文权被列入国家公布的第三批185名著名抗日英烈、英雄群体名录。

二十五、王济舟（富锦革命烈士陵园碑名为王济舟，国家公布名录为王济洲）

王济舟，共产党员，曾任抗联五军警卫旅二团连指导员；1937年10月，任抗联十一军二旅政治部主任。他率部队活动于富锦、宝清等地。1938年后，因敌人残酷"讨伐"，实行"三光政策"，部队供给遇到严重困难，有时数日吃不上一顿饭。他启发战士民族自尊、自强精神，宁死不向敌人屈服。1939年4月21日，他率6名战士在行军途中遭遇大风雪，因冻饿而全部牺牲。

2020年8月，王济洲被列入国家公布的第三批185名著名抗日英烈、英雄群体名录。

二十六、常隆基

常隆基（1921—1943年），爱国志士，民族英雄。（详见本章第五节"民族英雄的抗日壮举"）常隆基被列入国家公布的第三批185名著名抗日英烈、英雄群体名录。

第四节　主要遗址和纪念场所

一、德祥地下党支部遗址

1936年秋诞生的富锦第一个党支部，其遗址位于现富锦市锦山镇德祥村。1936年秋，中共安邦河区委派中共党员董青林、张佐臣、王介臣到别拉音子山山西后，落脚在一个叫李晓有马架子的地方，开展抗日救国和建党工作。当时德祥村尚未形成，李晓有马架子位于今德祥村西北0.5千米处的漫岗上，当时此地有一片树林，居住着3户人家。董青林等以此为据点，走家进户，扎根串连，发动群众，宣传革命道理，建立起抗日救国会和农民自卫队，组织广大群众保卫地方，肃清汉奸和土匪。姜廷栋为救国会会长，王树荣为自卫队队长，徐化民（原名徐国智）为救国会宣传部部长。1936年9月10日徐化民、王树荣等4人被发展为中国共产党党员，正式成立中共山西党支部，董青林任支部书记，徐化民任组织委员兼宣传委员，王树荣任武装委员。

二、抗联十一军建军地遗址

1937年10月建立的抗联十一军遗址位于现富锦市长安镇东日新村建军。抗联十一军的前身是抗联独立师。1937年6月28日，北满临时省委在帽儿山召开省委扩大会议决定将独立师改编为东北抗日联军第十一军。1937年10月，抗联独立师在对锦山西东日新村改编为东北抗日联军第十一军。改编后抗联十一军共1个师，下设3个旅9个团，1 500余人，祁致中任军长。抗联十一军建军地的农家大院均在日军归屯并户时或废弃或烧毁。2010年10月，被《黑龙江省革命遗址通览》收录。

三、抗联六军五师建军地遗址

1937年4月建立的抗联六军五师遗址位于现上街基镇和悦陆村。当年活动在和悦陆江对面的绥滨境内有两支抗日义勇军——中侠山林队（队长刘振生）、助国山林队（队长邱金海）。1937年4月，抗联六军军长戴鸿宾和政治部主任李兆麟带部队来到和悦陆村，收编了这两支队伍，改编为东北抗日联军第六军第五师，任命刘振生为军长，邱金海为师参谋长，高玉斌（抗联六军一师一团政治部主任）为师政治部主任，下设6个团，成为转战桦南、汤原、同江、绥滨、富锦地带一支重要的抗日力量。2010年10月，被《黑龙江省革命遗址通览》收录。

四、中共五顶山党支部遗址

1937年9月中共富锦县委成立后建立的第一个党支部遗址位于现砚山镇永发村。刘忠民以下江特委分局组织部长身份，从绥滨县过江到富锦县拉拉屯（今砚山镇永发村）一带开展组织发展党员工作，成立了中共五顶山党支部。由韩仁任党支部书记，老祝任组织委员，老焦任宣传委员，韩永魁与李淑珍夫妇为支部成员。拉拉屯是通往南沟里抗联根据地的必经地之一。在拉拉屯附近的巨福、八家子、东五顶等村，早在1936年吉东省的下江特委就在此开展活动，抗联七军在八家子建立了据点。在拉拉屯建立党组织是当时抗日斗争的需要，为抗联建立一个可靠的情报站，交通站和军需转运站。

五、富锦日军军事工程遗址

富锦日军军事工程遗址位于乌尔古力山。1938年，日本关东军开始修建，设有碉堡、掩蔽部、指挥所、观察所和兵舍、医室、发电所、弹药库等工事。日军驻扎在乌尔古力山上，居高临下，企图封锁松花江，防御苏军东北正面进攻；扼守富锦通往佳木斯、哈尔滨公路、水路交通。抗日联军在乌尔古力山一带同日伪军发生了无数次大大小小的战争。

六、日军白炮台遗址

白炮台遗址位于现大榆树镇奋发村。1941年，日本侵略军在北下吉林村（现奋发村）临江修筑了6个混凝土碉堡（炮台），因碉堡表面用白灰粉刷，老百姓称其为"白炮台"。1945年8月12日富锦解放后，白炮台被苏军炸毁。炮台为一条类似房屋的立体封闭通道连接的圆形碉堡，钢筋水泥构筑，壁厚1米。炮台东、南、西三面土筑高4米、厚2米围墙，墙外是3米深的壕沟，壕沟外环绕着铁丝网。炮台均设有外小内大的射击孔和方形排气孔。由于70多年的江水冲刷，土坝塌方，炮台下沉。如今，原靠江边的炮台残垣已离岸百米，成为"江中小岛"，丰水期淹没在水下，枯水期才能显露出来。

七、日军守备队遗址

1932年设立的日军守备队，其遗址位于正大街东段路北，现为富锦市抗战纪念馆。原为1927年建造的富锦县立中学。1934年日军侵占富锦中学校园，学校被迫多次迁移。此处先为日军旅部，后改为日军守备队。日军守备队楼前设木制大门，左右置木制岗楼，东侧挂"富锦守备队"牌子，四周用木栅栏围挡。2003年，富锦市委、市政府在拆毁旧楼的基础上，按照原规格复建。2016年，在此辟建富锦抗战纪念馆。

八、日本宪兵队遗址

日本宪兵队遗址位于现富锦市正大街东段路北老"世一堂"后院厢房二层小楼（官银号西侧）。日本宪兵队1939年5月设立。该楼南北17米，东西7.6米，建筑面积258.4平方米。《富锦县志》记载，此房为1921年建设的以经营中药为主，兼营粮食、山货的世一堂后楼。日军占领富锦后改作宪兵队。富锦解放后恢复世一堂，后楼为仓库，现为饭店。

九、爱国志士常隆基碑园

爱国志士常隆基碑园位于现富锦市大榆树镇富民村东的敬老院内。碑园建于1984年。在碑园里，立了一块纪念碑。纪念碑有4层大理石基座，碑底座高1米，碑身高1.78米，碑宽0.69米，碑厚0.19米。碑身用整块花岗岩石制成。纪念碑正面朝南，题词为"爱国志士常隆基殉难地"，落款为富锦市人民政府。背面刻有常隆基生平，背面碑文上方刻有"赤胆忠心"4个大字，背景为松花江波浪图。

十、富锦革命烈士纪念塔

富锦革命烈士纪念塔位于富锦城松花江滨新开广场西侧，

1949年7月1日立。中共富锦县委、县政府委为纪念抗日战争和人民解放战争中英勇献身的革命先烈，在此修建富锦革命烈士纪念塔。纪念塔呈方锥形，傍水耸立，庄严肃穆。塔高13米，塔顶嵌有立体红五角星，红五角星上嵌有中国共产党党徽。塔身正面朝西，上嵌"富锦革命烈士纪念塔"，背面（东侧）刻着"为党和人民解放事业而牺牲烈士们永垂不朽"；南侧有"浩气常存"；北侧是"永远活在人民的心里"。塔座高1.4米，四面刻有126多位烈士英名。

十一、苏联红军烈士纪念碑

苏联红军烈士纪念塔位于富锦市区松花江畔，新开广场西侧，1945年修建。其后，中俄（苏）双方数次维修。纪念塔成方锥形，灰白色花岗岩石贴面，造型如一座小巧玲珑的宝塔。塔高2.44米，塔顶嵌有微红色大理石制作的五角星。塔底长宽各1.82米。塔身东面镶嵌一块黑色大理石，镌刻鎏金中文碑文："为了我们的苏维埃祖国和把中国的东北由侵略者日本的手中解放出来而奋勇捐躯英勇大胆的红军战士们流芳千古。"东侧为富锦市苏联红军烈士纪念碑简介："1945年8月11日，为参加反抗日本法西斯战争，解放中国人民，苏维埃第十五集团军先遣队和阿穆尔舰队跨过同江奔赴富锦，向驻守富锦的侵华日军发动冲锋。战斗中，苏维埃红军动用飞机和坦克等重武器，先后对南大营、五顶山工事进行了重点进攻。经过激烈战斗，于8月13日解放富锦。其间消灭侵华日军近500人，160多名红军战斗英雄献出年轻的生命，长眠在富锦这片土地上。中校斯诺夫·尼·阿和上士亚库宾·伊·马光荣牺牲于此，由于他们的战功，他们被追授苏联英雄称号。为了纪念在战斗中牺牲的苏维埃红军战士，经苏维埃驻富锦红军司令达来秀克与富锦地方维持会协商，于1945年9月修建此碑。英雄们值得我们永远敬仰，值得我们永远怀念。"南侧和北侧纪念碑用俄中文镌刻168位烈士的姓名、军阶和生卒时间。纪念碑周边用开放式铁索护栏围挡。

十二、富锦市革命烈士陵园

富锦市革命烈士陵园位于富锦市城西嘎尔当村西0.5千米。1951年富锦县政府建立革命烈士公墓，安葬抗日战争、解放战争、抗美援朝和新中国建设时期牺牲的革命烈士。1999年9月重建，改称富锦革命烈士陵园。陵园由原来1.33万平方米扩大到3.5万平方米。陵园南部是园林，仿古式大门庄严肃穆，"富锦市革命烈士陵园"由黑龙江省原省长陈雷题词。园林中建有烈士展览馆、长廊、六角凉亭、水池、假山等，亭廊、厅堂布局合理，古朴典雅，风格独特，形成一个雄伟壮观、多姿多彩的古建筑群体。园中种植6 000平方米草坪、4万株树木，陵园绿荫环抱、花木馨香，给人以肃穆庄严与宁静清新之感。陵园北部是烈士墓地，墓地安葬了228位烈士遗骨，其中军、师、旅职7人。棺墓为混凝土大理石结构，4位烈士合葬，纵横排列有序。在陵园中建有一座高大的大理石纪念碑，碑长10米、高7米，正面题有"革命烈士纪念碑"7个金色大字，背面是碑文。碑前广场1 500平方米，每到清明时节及其他活动日，社会各界人士都来这里悼念、缅怀革命先烈，抒发爱国情怀。富锦市革命烈士陵园2001年分别被省委、省政府批准为全省重点烈士纪念建筑物保护单位、省级爱国主义教育基地及省级国防教育基地。2007年，富锦市委、市政府为纪念张进思100周年诞辰，将富锦革命烈士陵园改称进思公园。2010年10月，被《黑龙江省革命遗址通览》收录。

第五节　民族英雄的抗日壮举

1943年5月2日，在富锦县乌尔古力山上，发生了一起震惊中外的重大事件——身为"国兵"、时任勤务室警务兵的常隆基击毙了前来视察军事工程的日本驻伪满洲国最高军事顾问、日本陆军中将南本实隆。

一、家境贫苦，自强倔强

常隆基，1917年出生在辽宁省西丰县一个雇农家里，全家人以父亲给地主扛活为生。常隆基3岁那年，母亲病故，扔下他和不满周岁的弟弟常学基。父亲扛活无暇照顾两个孩子，好心的外婆把两个孩子抱回家里，宁肯自己灰菜掺谷糠，也要把两个孩子养大。

父亲病重，11岁开始，常隆基领着小弟弟，为了养活3口之家，到9亩山荒地里干活。风里来，雨里去，洒了一年的汗水，换来的粮食却不够一年用的，为了活命，兄弟俩便走村串户地去讨要。

"九一八"事变后，日本侵略军占领了他的家乡西丰县。西丰县的爱国之士纷纷起来反日。常隆基曾经跟他的磕头弟兄阮忠荣说："不能让外国人骑在我们的头上。"

二、被迫征为"国兵"

伪满洲国每年都要在20岁以上的男青年中征"国兵"。1941年5月，常隆基入伍当了伪国兵，被编入"靖安军"二团迫击炮连二排四班，部队驻地富锦县上街基。

新兵入伍要经过六个月的训练，各种训练全用日语口令，他听不懂，为此没少挨训、受骂、受罚，经常全连训练结束，罚他一个人做"单兵训练"。

同村好友黄凤祥与常隆基同时入伍，恰巧又都在"靖安军"步兵二团，又同在一个连。黄凤祥没少劝常隆基，也没少帮助常隆基。连长邹士朋也是辽宁人（家住辽阳李大人屯），是老东北军出身，年纪四十左右，长一脸大麻子，外号叫"邹大麻子"。看面貌挺凶，可心地却很善良，有时见常隆基挨罚，也个别教教基本动作与要领。

由于常隆基多次不合格，气得教官哇哇怪叫。大家为常隆基曾罚过两次排打"协和嘴巴"。每次"协合嘴巴"打完，人人都鼻青脸肿，各个忍痛叹气。常隆基为自己不争气，"拐带"全排、全班人受此污辱、毒打，更感到对不住大家。他心里只想着一件事：逃跑，跑出去个人遭罪，全排、全班少受连累。好友黄凤祥悄悄地劝他，他只是一言不发。

后来逃跑的念头打消了。那时候"国兵"开小差被抓回来，不枪毙也得送军法处并拿家里人、亲属问罪。他怕可怜的小弟弟和七十多岁的外祖母为此受到牵连。逃跑不成，只有一条路了——早点死去。有一次轮到常隆基值夜班站岗，他在树上上吊，被人及时救活。常隆基上吊自杀一事被日本教官知道了，罚他关了二十天禁闭。

1941年初冬，六个月新兵训练总算是熬出头了。这时部队由上街基移防到城东南海沟屯，1942年4月又移防到乌尔古力山下。常隆基一到连队就较引人注意，一是这批新兵里属他长得老，二是他又倔又强，从不言语。为此黄凤祥没少劝他，身在异地，要多交朋友，多个朋友就多条路。当时步兵团有个老排长，是一位老东北军，不让他退役就是叫他为各团训练新兵。此人见多识广，虽嗜酒如命，为人却心地善良。尤其三杯下肚什么话都敢说，有时吓得人们走开不敢听，有人劝他小心叫"亲日派"听见。常隆基不言不语，有时偷偷地把自己少得可怜的津贴费给这位老排长买"二锅头"。久而久之，这位老排长对这个抗大活出身的庄稼兵也有了好感。有一次星期天，常隆基又给老排长买了一瓶酒。这位老排长见没外人，便打开了话匣子，他边喝边讲。从老排长讲的话里常隆基才知道，富锦县当时归"三江省"管辖，军事上归第七军管区，司令官是贺慕侠中将。富锦离苏联近，日本在富锦派重兵把守，日伪军人数在万人以上。伪军中属于"靖安军"的是四个团，有骑兵团、步兵一团、步兵二团、炮兵团，有伪军的江上军，关东军系统的有"七七五""六一三"部队，有日本守备队、宪兵队，另外特务、暗探、警察很多。

因此，常隆基从不上街。由于常隆基与老排长接触，被"有心人"向连长打了"小报告"。邹连长与老排长都是老东北军出身，对全团最笨、挨打最多的常隆基更是了解、同情，故而将打"小报告"取宠的人狠狠地训斥了一顿。

伪满对军队的素质也极为重视，除"术科"照常进行外，团部对新兵的"学科"抓得紧，要求严。一次学科考试，常隆基口试、笔试全不合格，在教室内遭到一顿凌辱、毒打。这回他没想死，听老排长讲，这离苏联挺近，过了江，再过一道江就是。他暗暗打算，往苏联那边跑！一天夜里趁别人睡熟之际，他偷偷收拾东西，怀里揣了几个早预备好的干巴饼子，正要逃跑，不巧被值班教官发现了。他把常隆基叫到卫兵室，常隆基被值军官一吓唬全说了，但没说往苏联那边跑，只说想回家种地。第二天在全连队列前宣布了常隆基的"罪状"，并罚二十天禁闭。

在禁闭室里，常隆基左想右想是没活路了。跑吧，跑不出去；死吧，又死不了。学科刚开始不久，当完三年兵，不被打死

第五章　东北抗日联军在富锦地区的艰苦斗争

也得缺胳膊少腿。这可怎么办呢？他在禁闭室内没想到别的，只想两个字"跑""死"，别无他路。由于连长常和他接触，常隆基也觉得连长这个人还挺好，无缘无故用自己的钱给常隆基买东西吃，这在伪满国兵中确实少见。一天，他向连长试探着说："只要不出操训练，给我个什么差事都行。"邹连长见常隆基被折磨成这样，也颇同情。第二天早操结束，排长找到了常隆基。传达连长命令：常隆基从即日起，到伙房当"豆腐兵"（做豆腐供连队用）。当豆腐兵是连长关照常隆基，做豆腐就可以吃豆腐充饥。伪军也是吃不饱的，骑兵饿得没办法可以偷马料吃，步兵连马料也没有。

为感谢连长救命之恩，为报答老排长的帮助，这位老实的庄稼汉也不时地悄悄给连长送点小礼物（豆腐皮儿），常给老排长买点酒喝。常隆基每到连长家，只要有什么零活，不用太太吩咐，他便主动地干起来。太太渐渐地对这个豆腐兵也有了好印象。她觉得这个人心眼实，手脚勤快，比现在这个勤务兵好，可靠。因为连长现在的勤务兵，是个城市兵，油嘴滑舌，尤其偷偷赚太太的零钱，太太很讨厌他。于是，太太便向连长提出让常隆基当连长的勤务兵。就这样，常隆基在1942年秋天，从整天抱磨杆当驴的豆腐兵，当上了连长邹士朋的勤务兵。黄凤祥接替常隆基当上了豆腐兵。

常隆基除加倍的干好勤务兵的本职工作外，几乎连长家的杂活全包了，给太太送豆浆，取牛奶也是风雨无阻。太太对这个不言不语、勤奋老实的勤务兵当然十分满意。觉得这个又笨又倔的勤务兵一天比一天机灵、聪明了。她哪知道，常隆基背后有一名"高参"——那位号兵老排长。

第六章　东北解放战争时期的富锦战略要地建设

（1945年8月—1949年9月）

1945年8月12日，富锦解放。1945年8月15日，日本宣布无条件投降，沦陷了14年之久的东北地区重新回到了祖国的怀抱。但是，中国人民还没有过上太平的日子，在美国等帝国主义的支持下，国民党政府向共产党领导的解放区发动了进攻，内战又打响了。富锦成了"东北小延安"的重要地区，成了合江战略的总后盾。富锦地区的人民为解放战争的胜利做出了突出的贡献。

第一节　建立巩固的东北根据地，富锦成为合江的战略要地

在中国共产党领导的几个解放区中，在地区、资源、与邻国的关系等方面，东北地区有着得天独厚的优越条件。抗战胜利后，东北成了争夺的焦点，党中央和毛泽东提出要"建立巩固的东北根据地"。

1945年4月至6月，中国共产党第七次全国代表大会召开。在大会上，党中央提出了争取东北的任务，毛泽东主席作重要讲

话。他在《在中国共产党第七次全国代表大会的结论》中说："东北是个极其重要的区域,将来有可能在我们的领导下。如果东北能在我们领导之下,那对中国有什么意义呢?我看可以这样说,我们的胜利就有了基础,也就是说确定了我们的胜利。现在我们这样一点根据地,被敌人分割得相当分散,各个山头、各个根据地都是不巩固的,没有工业,有灭亡的危险。所以我们要争城市,要争那么一个整块儿的地方。如果我们有了一大块整个的根据地,包括东北在内,就全国范围来说,中国革命的胜利就有了基础,有了坚固的基础。现在有没有基础呢?有基础,但是还不巩固,因为我们没有工业,没有重工业,没有机械化的军队。如果我们有了东北,大城市和根据地打成一片,那么,我们在全国的胜利,就有了巩固的基础了。"(见《毛泽东文集》第三卷,第410页至411页)

抗战胜利后,党中央于1945年9月15日决定成立中共中央东北局,中央东北局书记由彭真担任,委员有陈云、程子华、伍修权、林枫等。他们立即赶赴东北,开展建立东北根据地的工作。

党中央和中央东北局认为,合江地区的战略地位十分重要。当时,东北问题处于复杂的国际关系中。国民党占据着锦州、沈阳、长春等重要城市,哈尔滨也在国民党掌管中。东北部的合江地区条件优越,一是这一带有小兴安岭和完达山山脉为屏障,背靠苏联,进可以攻,退可以守;二是这一带地域辽阔,土地肥沃,盛产木材、煤炭、粮食,工业也有基础,可以保证军需,支援解放战争;三是这一带交通便利,有靠铁路沿线的许多中小城市及广大农村,迂回余地大;四是这一带是东北抗联部队长期活动的地方,党的工作和群众工作基础比较好。因此,合江地区是个理想的战略后方。

面对复杂的形势,中央东北局创建根据地的工作,在合江地区有效地展开起来。

在苏联宣布对日作战，苏联军队进入东北以后，中共中央和中央军委派遣大批干部和部队进入东北，与东北抗日联军会合，领导东北人民，消灭日军和伪满的残余，肃清汉奸，剿除土匪，建立各级地方民主政府。但是，这时坚持要独占全东北的国民党反动派，在美帝国主义的支持下，经过陆海空三路向东北大举运兵，并攻占了已被人民解放军解放的山海关、锦州等地。东北的严重斗争已经不可避免，而这一斗争对于全国局势显然具有重大的意义。

1945年12月28日，毛泽东为中共中央起草了给中共中央东北局的指示，即《建立巩固的东北根据地》一文。这个指示预见到东北斗争的艰苦性，确定了中国共产党在东北的任务是在距离国民党占领中心较远的城市和广大乡村，建立巩固的根据地，发动群众逐步积蓄力量，准备在将来转入反攻。中共中央和毛泽东的这个正确的方针，由中共中央东北局有效地实现了，因而能在三年后的1948年11月，取得解放全东北的伟大胜利。

中央东北局提出：把富锦建成合江战略的根据地，把富锦建成大后方。

1945年12月28日，中共合江省工作委员会召开扩大会议。会议决定：以合江广大农村为战略的基本阵地，力争以佳木斯为战略中心，首先集中力量创造以富锦为合江战略阵地的出发点，成为合江战略的总后盾，以波浪式，逐步地向桦川、依兰、勃利发展，达到控制绥佳、牡佳、林鸡等铁路线及松花江、牡丹江下游，创造合江根据地，与黑龙江、滨江、牡丹江各根据地连成一片。（见富锦市委党史研究室编《中共富锦市历史大事记》第19页）

时任中共富锦地区书记兼富锦军分区政委的许铁民，在《我在富锦建政三年》一文中说:"1946年3月,合江省工委根据中央东北局'把富锦建成合江战略根据地'的方针和'把富锦建成大后方'的精神,决定从富锦现有的领导干部中抽出一名得力的人员去开辟集贤工作,以保证富锦和省委省政府驻地佳木斯道路畅通无阻。根据省工委的要求和当时富锦干部的现状,我只好亲自挂帅了,于是,带领20多人到了集贤镇。当时的集贤是富锦的第五区。"

把富锦作为合江的战略阵地,作为合江战略的总后台,是中央东北局和合江省工委的英明决策。富锦地处松花江下游南岸,三江平原腹地,位于佳木斯东部的中心,为交通要道,军事要地,产粮大区,文化重镇。

富锦人民在党的领导下,为建设巩固的战略阵地,自力更生,艰苦奋斗,锄奸剿匪,积极"土改",发展生产,特别奉献,踊跃支前,服务战争。行动和实践证明,富锦真正地成为合江战略的总后盾,为解放战争的胜利作出了突出的贡献。

第二节　大批军政干部进入富锦开展工作

抗日战争时期,东北抗日联军撤至苏联远东地区后,整编成抗日联军教导旅,旅长为周保中,副旅长为李兆麟。日本投降后,抗联教导旅马上成立中国共产党东北委员会,将抗联干部分成57个组,前往东北各大中城市及重要县城,其任务是寻找共产党的秘密组织和抗联失散人员,建立人民武装,建立群众性的政治团体,为建立人民政权奠定基础。前往佳木斯地区的抗联干部工作组共有40人,由彭施鲁率领。1945年9月3日,这支队伍从苏联远东营地到达佳木斯。这40名抗联干部,有12名安排在佳木斯市，其他派往富锦、依兰、勃利、汤原、鹤立、方正、通河、宝清等县开展工作，为迎接关内八路军和党的干部快速进入佳木斯地区做准备。

刘雁来是抗联干部，随苏联红军解放富锦，在苏联红军驻富锦司令部任副司令员。刘雁来在富锦还组建了一支骑兵大队，为开辟富锦地区的工作创造了有利条件。

从1945年9月上旬开始，中共中央先后派出10万军队、2万干部进入东北，开辟东北根据地。先后有几批革命队伍进入佳木斯及富锦。孙靖宇率领的30名干部和800名三江人民自治军，于1945年11月7日进驻佳木斯，李范伍、李延禄率领的20多名延安干部，于1945年11月17日到达佳木斯，吕清、孙西林率领的60名延安干部，于1945年11月22日到达佳木斯，其中有孙为、胡绍中、张健等。方强率领的延安和各解放区来的干部20人，于1945年12月18日到达佳木斯。1945年10月下旬，中共中央东北局派干部杨振魁来富锦开展工作。杨振魁到富锦后，与杨兴武、吕庆芳（二位是老抗联）等人经过几天的筹备，在原有武装队伍的基础上，吸收工人、农民、学生参加，组建了一支拥有4个连的武装队伍——富锦人民自治军，杨振魁任总队长，后任自治军二十六团团长。

为建立巩固的富锦大后盾，从关内各地来富锦开辟工作的军政干部，陆续进入富锦。1945年11月29日，中共合江省工作委员会派遣孙为、胡绍中、刘玉、章克华、岳明、于华锋、张健（女）、郭长治等14人到富锦地区开展工作。他们筹建下江行政督察专员公署，随即成立富锦军分区。孙为任合江军区富锦军分区司令员兼行政公署专员，胡绍中代理富锦县委书记，刘玉先后任组织部长、萝北县长等，于华锋任绥滨县长，章克华任同江县长。

第六章　东北解放战争时期的富锦战略要地建设

许铁民曾任工人自卫旅21团政治部主任，1943年在延安中央党校二部学习，1945年10月参加东北干部团，11月到达佳木斯。1946年1月到富锦任中共富锦地委书记，后为中共富锦中心县委副书记，再任富锦中心县委书记，他在富锦建政三年。刘德本曾任晋察冀边区抗大二分校政治教员、文化主任，抗战胜利后回东北。1946年3月当选富锦民主政府县长，后任富锦中心县委宣传部长，兼任富锦联中校长，后任合江省教育厅长。王旭曾在敌后组建晋西游击队，任大队长，之后在秦岳地区任书记；1946年6月到富锦，任富锦中心县委书记。田澍于1945年10月接受党中央指派，从延安出发，回东北家乡建立革命根据地，1946年6月任富锦民主政府县长。柳润生从延安来，1945年11月17日到达佳木斯；1946年4月，任合江军区第四支队（驻富锦）司令员。刘贤权从山东来，先随张闻天到牡丹江，任牡丹江军区司令员，1946年末到富锦，任合江军区第三（富锦）军分区司令员。

通过查阅不完全的历史档案和相关资料，关内来富锦地区的军政干部还有：刘毅、王行先、刘声忠、于炳麟、常寿山、叶林、方锐、张建阳、汤升昌、罗恕、吴涛、蔡久、何运洪、张铁军、张志超、亓道科、陈乐善、王慎失、胡炎、赵黎生、印永平、陈亮、刘玉厚、陈景彬、康非、徐祯祥、卡洛夫、巴力、胡东皓、顾烽、徐明、徐应惠、殷开勋、章申、王文科、孙华东、薛奇、吴志玉、苏鉴、亓导泉、薛有良、孟勇、戴本仁、曹锡福、孙学权等。

从延安等关内来到富锦开辟根据地工作的，还有一批优秀的女干部。所查到的有：张健，任富锦县委组织部长，富锦地委军政干校教务长；翟颖，任富锦联中副校长，地方干部训练班主任；陈子清，任富锦联中地方干部班和师范班主任；弓蔼茹，任富锦县城一区书记；郭健，任县城二区书记；赵朋，任县城三区书记；耿珍，任县城四区书记；肖章，任县城三区书记；张奋光，先后任县委委员兼区长，代理县委书记；蓝苓，任三区（花马）书记；晓湖，先后任组织部干事，四区（西安）书记。

据富锦政协文史资料研究委员会编辑的《富锦文史资料》记载：重大的贡献，除了人民努力外，更与从关内来富锦开辟工作的老干部的领导分不开的，这些干部与富锦人民情同手足，血肉相连。他们既能文又能武，工作既泼辣又细致，他们在创造以富锦为合江阵地的出发点，成为合江战略的总后台的革命活动中，不仅做出了丰功伟绩，而且为富锦社会形成了一代新风。

第三节 民主政权和武装部队在富锦的建立

一、共产党的组织与民主政府建立之前

1945年8月12日，富锦解放。在共产党的组织和民主政府建立之前，富锦出现了一些维持秩序和进步的组织。

8月13日，富锦的士绅们出来组织"富锦县临时治安维持会"，维持会办公地址设在正大街路南接近与向阳路的十字路口处。1945年9月7日，根据工作需要，治安维持会又改称为"复兴委员会"，作为掩护共产党活动的公开组织。

1945年8月下旬，富锦县进步青年在苏联红军驻富锦县卫戍司令部的支持下，建立了由300人组成的群众性组织——青年会。富锦县青年会活动的宗旨是：组织调查组，调查土豪劣绅、伪警察、宪兵、特务等方面罪恶，提交给苏军司令部，作为惩处的证据；发动全体会员，在各小学举办扫盲识字班，发起募捐活动，以修复战乱中被破坏的学校。富锦青年会还成立了一所小学校，改名为文化小学校（政府接管后，改名为富锦城区县立第三

小学校），共有8个班学生（初小班、高小班各4个），校址就设在青年会所在地。12月末，青年会自行宣布解散。

1945年9月12日，建立"富锦解放委员会"。1945年10月初，富锦解放委员会根据佳木斯人民民主大同盟的通知精神，改称为"富锦县人民民主大同盟"，委员长改称为主席，其主要任务是宣传人民解放，组织武装，领导行政，清理敌产、公产，没收敌伪财产，维持社会治安。大同盟经过一段时间酝酿，于10月19日成立了富锦县公署临时办事处，同时宣布解散富锦县复兴委员会。

二、共产党的组织和民主政权的建立

1945年9月19日，党中央发出《目前任务和战略部署》的指示，指出："全国战略方针是向北发展，向南防御。只要我们能控制东北及热察两省，并有全国各解放区及全国人民配合斗争，即能保障中国人民的胜利。"为完成这一战略方针，党中央按照统一的战略部署，先后派遣20名正式和候补中央委员，包括4名政治局委员，先后调集10万大军、2万干部挺进东北。

一批批党政干部及部队陆续到来。1945年11月17日，党中央从延安派出的李范五、李延禄、刘英勇等20余名干部到达佳木斯，成立了中共合江省工作委员会。1945年11月21日，合江省政府在佳木斯成立，李延禄为主席，李范五为副主席。

1945年11月29日，省工委派孙为、胡绍中、章克华、刘玉、张健、岳明、郭长治等14人到富锦地区开展工作，并成立富锦军分区和富锦专员公署，孙为任军分区司令员兼专员。富锦地区辖富锦、绥滨、同江、抚远、萝北、佛山等6县。

1945年12月7日，根据中共合江省工作委员会的批准，中共富锦县委员会、富锦县民主政府于当日成立。胡绍中代理中共富锦县委书记，张健任县委组织部长；杨振魁任富锦民主政府县长，于炳麟任副县长。县政府下设的工作机构有：秘书处、民政科、财粮科、实业科、司法科、教育科、公安局，其主要工作是积极建立人民武装，发动群众反奸、反特、彻底歼灭土匪，保卫抗战胜利果实，努力发展生产，恢复和发展经济，为建立巩固的合江根据地奠定基础。

1945年12月28日，中共合江省工作委员会召开扩大会议。会议做出重要决定，指出："以合江广大农村为战略的基本阵地，力争以佳木斯为战略中心，首先集中力量创造以富锦为合江战略阵地的出发点，成为合江战略的总后盾，以波浪式逐渐地向桦川、依兰、勃利发展，到达控制绥佳、牡佳、林鸡等铁路线及松花江、牡丹江下游，创造合江根据地与黑龙江、滨江、牡丹江各根据地连成一片。"

1946年1月5日，中共合江省工作委员会根据富锦在合江省的战略地位的重要性，为加强党对富锦地区的领导，决定成立中共富锦地区委员会，任命徐铁民为地委书记。1月7日，经省工委批准正式成立了"下江地区行政督察专员公署"（后改为富锦地区行政专员公署），孙为任专员。

1946年3月25日，中共富锦县委和县民主政府召开各界人士代表大会，会议历时3天。会上选出行政委员9人，候补行政委员2人，刘德本当选为富锦民主政府县长。会议还表决通过了十大决议案。

1946年3月，富锦县调整行政区划，废除解放前的街村制，实行区管乡、乡管村制，农村设7个区，城里设5个区。后来又进行了几次分合调整，农村实行区直接管理村。各区均建立了区党委和区政府。同江、绥滨先后与富锦合并后，富锦县共有16个区。

中国共产党的地方组织和民主政权建立之后，迅速开展剿匪行动、"土改"运动和大规模的生产运动。

1946年5月11日，张闻天来到佳木斯后，中共合江省工作委员会改组为中共合江省委员会。张闻天任省委书记，李范五任副书记。

1946年6月1日，中共合江省委为了进一步加强富锦地区的剿匪和反奸清算斗争，决定撤销中共富锦地区委员会和富锦地区专员公署，改设中共富锦中心县委，许铁民任书记，同时兼任富锦县委书记。富锦县委隶属富锦中心县委领导。6月下旬，中共合江省委任命王旭（王新三）为富锦中心县委书记，兼富锦县委书记；许铁民改任中心县委副书记，兼富锦县委副书记。中心县委下设秘书室、组织部、宣传部。县长刘德本改任中心县委宣传部长，田澍任富锦民主政府县长。

1946年6月，根据合江省委的指示精神，由王旭、许铁民、张子超（后名张志超）、刘德本、薛奇等人组成富锦地区民运工作委员会，同时抽调大批干部和战士组成民运工作团，向各区派出民运工作队，深入各村屯开展反奸清算和土地改革斗争。同时开展区政权的调整和建设工作，清除反动分子，吸收在斗争中涌现出来的贫苦大众中的中坚分子参加区政权领导工作。

1949年5月4日，根据东北行政委员会的命令和合江省政府发布的22号令，决定将富锦县民主政府改称为富锦县人民政府。同日，合江省与松江省合并称松江省，省会哈尔滨市。富锦隶属于松江省领导。

三、武装部队的组建

1945年8月12日苏联红军解放富锦后，建立了苏联红军驻富锦卫戍司令部，苏军达拉秀克少校为司令员，刘雁来（原抗日联军教导旅上尉）为副司令员，常驻部队200余人。1946年4月5日，苏军离开富锦回国。

1945年9月中旬，原富锦抗日游击队长吕庆芳（女）受富锦解放委员会委托，建立了富锦自治军。

10月末，中共中央东北局派中共党员杨振魁来富锦县开展工作，组建革命武装和人民政权。杨振魁到富锦后，与杨兴武、吕庆芳等人经过几天的准备工作，在原有武装的基础上，吸收工人、农民、学生参加，组建了一支武装队伍——富锦县人民自治军。富锦人民自治军由4个连组成，杨振魁任总队长。

11月，中共合江省工作委员会下令，将富锦人民自治军编入三江人民自治军二十六团，杨振奎任团长，胡绍中兼任政治处主任，张建阳、杨兴武任副主任，刘声中任参谋长，鲍德水任副参谋长。二十六团的建制共有4个连，即3个步兵连，1个特科连。特科连当时有九九式重机枪1挺，轻机枪8挺，掷弹筒3门。

11月29日，中共合江省工委派孙为率队到富锦建立富锦军分区，孙为任司令员，刘雁来任副司令员。孙为从佳木斯带一个工人连约30人，到富锦后，将工人连改为手枪队。刘雁来开始组建骑兵大队。

1945年12月24日，中共合江省工委召开会议，决定扩大人民武装力量，并对部队进行整编整训，将三江人民自治军改为合江人民自治军，建立合江省军区，省军区领导机构设在依兰，同时建立第一军分区（依兰）和第二军分区（富锦）。孙为任第二军分区司令员，刘雁来任第二军分区副司令员。

1945年12月29日，合江军区司令员方强到依兰着手对部队进行整编整训。一是建立地方武装部队。各县均建立独立营，依兰、富锦、勃利等县建立独立团。在县独立团、独立营下成立区中队，区中队长由区长兼任，指导员由区委书记兼任。二是建立野战部队。以合江军区特务团为骨干，调依兰、富锦、汤原、鹤立等各县武装的三分之二，调佳木斯市武装的三分之一，编成4个团，使合江省军区部队总人数达到1.5万人。经过十几天的时间，完成了整编整训工作。

1946年1月12日，合江省军区在依兰县城召开剿匪动员誓师大会。大会举行了隆重的命名授旗仪式，命名合江人民自治军一团为"狮团"，命名五团为"虎团"，授予"狮旗""虎旗"各一面。从此，拉开了剿匪斗争的序幕。

五团（即虎团）驻扎在富锦，富锦二十六团改为独立团。此时的第二军（富锦）分区所辖部队有五团（老虎团）、独立团（原二十六团）和骑兵大队。

1946年4月，遵照中共中央东北局、东北民主联军司令部的指示，合江省工委、合江军区对所属部队进行第二次改编。撤销了第一军分区和第二军分区，建立第四支队、第五支队及炮兵团、骑兵团、警卫团。其中，富锦地区为第四支队。第四支队长刘润生，政委何运洪，副支队长孙为。

1946年9月20日至23日，中共合江省委、合江军区在佳木斯召开军政干部会议，张闻天主持会议。会议对所属部队进行第三次改编，取消各支队，成立四个军分区。第一军分区（桦南、依兰、勃利），第二军分区（东安、林口、鸡宁、虎林、饶河、宝清），第三军分区（富锦、集贤、绥滨、同江、抚远），第四军分区（汤原、鹤立、萝北、佛山）。第三军分区司令部设在富锦，司令员刘贤权（虽有任命，但此时刘贤权为牡丹江军区司令员，那里剿匪接近尾声，一时还不能来任，因此，第三军分区司令员由戴鸿宾兼任），富锦中心县委书记王旭兼任第三（富锦）军分区政委，蔡久任副司令员，吴涛任副政委兼政治部主任。第三军分区下辖五团、富锦独立团、集贤独立团、骑兵大队。1946

年12月，刘贤权来到合江省军区。1947年1月，就任第三军分区（富锦）司令员。

第四节 富锦在合江省东部地区的战略地位

一、富锦地区专员公署的建立

1945年11月29日，中共合江省工作委员会派党的干部孙为、胡绍中、刘玉、章克华、岳明、于华锋、张健、郭长治等14名同志到富锦地区开展工作，筹建下江行政督察专员公署，并批准成立富锦军分区。孙为同志任富锦军分区司令员兼专员。

1946年1月7日，经中共合江省工作委员会批准，正式成立了下江地区行政督察专员公署，孙为任专员。下江地区行政督察专员公署机关设有秘书、民政、实业、司法、财粮、教育、保安等7个处。1946年2月初，下江地区行政督察专员公署改称"富锦地区行政专员公署"。

专员公署成立后，马上开展工作，发布了系列布告。公署成立当天的1月7日，发布了《专字一号布告》。一号布告宣布：富锦、同江、抚远、绥滨、萝北、佛山（今嘉荫）等六县为下江地区行政督察专员公署管辖区域，公署机关设在富锦县城。

1946年6月1日，中共合江省委决定撤销富锦地区专员公署。

1947年2月7日，在中共合江省委决定撤销富锦中心县委、成立中共第三分区地委的同时，合江省政府决定在富锦成立合江省第三专员公署，三分区地委和三分区公署主要负责领导富锦、集贤、绥滨、同江、抚远等五县的各项工作。

1947年7月，中共合江省委决定在恢复中共富锦中心县委的同时，撤销第三分区地委和第三专员公署。

二、中共富锦中心县委员会的建立

1946年1月5日，中共合江省工作委员会根据富锦在合江省战略地位的重要性，为加强党对富锦地区工作的领导，决定成立中共富锦地区委员会，许铁民同志任地委书记。富锦地委负责领导六县的工作。

1946年6月1日，中共合江省委决定撤销中共富锦地委，改组为中共富锦中心县委员会，许铁民同志任中心县委书记，同时兼任中共富锦县委书记。6月末，中共合江省委任命王旭同志为富锦中心县委书记，兼任富锦县委书记；许铁民同志改任中心县委副书记，兼任富锦县委副书记。

1947年2月7日，中共合江省委决定撤销中共富锦中心县委，成立中共第三分区地委，任命王旭为第三分区地委书记。

1947年7月，根据中共中央东北局召开的各分区会议精神，决定撤销第三分区地委，恢复富锦中心县委。

此外，富锦设有自身的县委机关。

三、富锦军分区的建立

1945年11月29日，中共合江省工作委员会批准成立富锦军分区，孙为同志任富锦军分区司令员兼专员公署专员，刘雁来同志任军分区副司令员。

1945年12月24日，中共合江省工委召开会议，决定扩大人民武装力量，并对部队进行整编整训。将三江人民自治军改为合江人民自治军，建立合江省军区，省军区领导机构设在依兰，同时建立第一军分区（依兰）和第二军分区（富锦）。孙为任第二军分区司令员，刘雁来任第二军分区副司令员。

1946年4月，遵照中共中央东北局、东北民主联军司令部的指示，合江省工委、合江军区对所属部队进行第二次改编。撤销了第一军分区和第二军分区，建立第四支队、第五支队及炮兵团、骑兵团、警卫团。其中，富锦地区为第四支队。

1946年9月20日至23日，中共合江省委、合江军区在佳木斯召开军政干部会议，张闻天主持会议。会议对所属部队进行第三次改编，取消各支队，成立四个军分区。第一军分区（桦南、依兰、勃利），第二军分区（东安、林口、鸡宁、虎林、饶河、宝清），第三军分区（富锦、集贤、绥滨、同江、抚远），第四军分区（汤原、鹤立、萝北、佛山）。第三军分区司令部设在富锦。

四、富锦为军政干部培训和中等教育的中心

富锦地委成立了军政干部学校。时任富锦地区行政专员公署专员的孙为回忆说：主要问题是缺少干部。刘玉同志（富锦地委组织部长）兼富锦军政干部学校校长，张健同志兼任教育长。张健回忆说："到富锦以后，我们发动群众，培养干部，并办了一个军政干部学校，我做干校的教育长。我们主要工作就是召集学生、工人，为革命工作培养干部。"富锦军政干部学校运用延安抗大的教学方法，理论联系实际，为富锦地区培养了近百名军政干部。

1946年8月至1947年1月，在富锦中心县委领导下，举办了12期农村干部培训班，为各县培训了697名干部。这些培训为各地政权的建立和土地改革运动的开展，起到了重要的作用。

富锦联合中学是佳木斯东北部地区唯一的最高学府。它面向周边各县招生，周边各地小学毕业生上中学，都要报考富锦这所中学校。中共中央东北局委派东北大学的干部来接管和改造富锦联中之后，富锦联中已经成为"规模较大的中心中学"，是黑龙江地区8所中心中学之一。

根据东北政委会的指示精神，在富锦中心县委的领导下，

决定在富锦联中开设地方干部训练班（简称"地干班"）和师范班，并注意吸收工农子弟参加。为满足革命战争和土地改革的需要，这些班以思想政治教育为主，短训速成，学制灵活。这些班坚持理论与实践结合、知识分子与工农群众结合、教育与生产劳动结合的原则，师生们经常参加一些政治斗争、社会活动、生产劳动等，注意培养解决革命实际问题的干部。这些班虽然学期较短，但是学习生活是很紧张的。通过这些班的培养和训练，知识青年们较快地走上了革命的道路，人们将这些班称之为"革命的熔炉"。

第五节 剿灭土匪，稳定秩序，安定民生

日本投降后，东北地区的斗争形势非常复杂，合江地区也处于混乱状态。地主武装、土匪武装蠢蠢欲动，有的投靠国民党，有的名义上收编在人民军队，暗中却等待反攻。1945年11月，国民党在东北挑起内战时，合江地区的武装土匪相继发动暴乱。因此，一时期肃清国民党党部，剿灭土匪武装，是建设巩固的东北根据地，特别是保护北满地区胜利果实的中心任务。承担着管辖6县开辟工作的富锦地委（中心县委）、行政专署、军分区进行了大量的艰苦的清剿行动。

一、肃清国民党党部

1.捣毁国民党富锦县党部。1945年10月初，李世芳从集贤来到富锦，住在女婿张清矩家。10月5日，他找到王达甫、王明义、赵志文、尹再人等，研究筹建富锦国民党党部和发展国民党员等问题。10月6日，李世芳找到苏联红军司令部，申请在富锦成立国

民党党部。当时，住富锦苏军司令员达拉秀克根据苏联政府与国民党政府的协定精神，同意了富锦国民党党部的成立。10月8日，富锦国民党党部成立，并在正大街粮栈组合旧址正式挂牌，李世芳自任书记。国民党富锦县党部设总务、组织、宣传、训练等4个科。10月中旬，先后成立了花马和太平川两个党部。10月21日，富锦县党部又进行改组扩大，李世芳任书记，尹芝发任督导员，增设复兴建设委员会、调查科、社会科和妇女股。县党部在富锦公开活动期间，举办两期训练班，培训近70人。国民党富锦县党部在一个多月的时间里，发展党员121人（男116，女5），这些人的身份情况是：伪官吏2人，伪军官2人，伪国兵13人，伪警察2人，伪职员42人，现职员11人，资本家4人，医生2人，中学教师4人，小学教师31人，大学生1人，中学生7人。他们到处串联，编发《晨钟日报》，上街张贴标语漫画等，进行反动宣传。国民党党部的反共反苏活动越来越公开，越来越嚣张，甚至将反共反苏标语漫画张贴在苏军司令部门前。由于他们的活动严重地危害了社会治安和中苏协定，苏军政治部于11月18日将李世芳逮捕，押送佳木斯秘密处决，随后通过大同盟查封了县党部。

2.查封富锦国民党地下组织。富锦国民党党部被查封以后，由公开活动转为地下活动。1945年12月中旬，赵良奉佳木斯国民党党部命令到富锦组织地下活动。他暗中成立了"东北精诚光复先锋队"，由赵伯文任队长，王明义任副队长，姜希超任参谋。后来又改为"东北光复先遣军"，并在同江、绥滨、富锦三县开展建军活动。1946年1月，这个地下组织召开秘密会议，谋划武装暴动，并拟定好要建立的反动政府的县长、科长等人选名单。1946年2月，富锦县民主政府将其查获。

3.进攻同江国民党地下"先遣军"，由胜利转为失利。同江县表面上是由地方维持会掌握，实际上为国民党地下"先遣军"

所控制。为了查明情况，富锦军分区司令员孙为曾率队突然去过一次，当日返回在二龙山，又遭到二龙山土匪刘洪山的伏击，得到副司令员刘雁来骑兵大队的增援，才回到富锦。同江县长章克华率公安队、工作队进行了一段工作，摸清了一些情况。他回富锦汇报工作时表示，可以完成任务。他分析同江国民党先遣军头子韩绍先力量不大，只有20多名武装，韩绍先主要依靠饶河的尤德荣、尤靸子匪军约60多人，再加上饶河县刘山东匪队，共百余人。如果我们以主力消灭了同江的国民党先遣军，县政权是可以巩固的。经过研究，继续开辟同江县的工作。刘雁来副司令员主动要求去同江指挥。1946年5月2日，由骑兵大队主力、独立团一个步兵连、军分区警卫队等，组成250余人的战斗队伍向同江进发。军分区又令独立团去一个连在二龙山接应，保护侧后。我军很快收复了同江。但是，同江由胜利又转为失利。赵秉庸闻讯后，带领光复军急返同江，尤德荣匪队从饶河县经二龙山突然进攻同江，他们内外配合，我军麻痹，受到各个击破，同江县长章克华同志惨遭杀害，独立团参谋长刘声忠英勇牺牲，教训十分沉痛。

二、剿灭土匪武装

1.新城镇消灭王福匪队。王福匪队是桦川、富锦两县的祸患。此匪队有200多人，武器装备好，仅机枪就有11挺。1946年春，东北民主联军二十六团在团长杨振魁和政治处副主任张建阳、杨兴武的带领下追剿王福匪队。二十六团到达新城镇后，立即通告王福令其投降。经过两天的谈判，王福接受改编。到了投降那天，王福没将全部队伍带进新城，只带来100多人，并在队伍集中的场地外和新城镇的东南设下伏兵。当双方队伍集中在场地时，二十六团教官喊"把枪放下"时，王福的伏兵向我军开火。二十六团战士英勇反击，王福被缴械。双方进行了短时间的战斗，王福匪队死伤20多人，其余全部投降。

2.富锦保卫战。同江的赵良、赵伯文因在富锦建军未能得逞，受国民党地下"合江省主席"兰翰涛之派遣，找到同江国民党党部书记长赵秉庸。他们在二龙山谋划组建"东北光复先遣军"，简称"光复军"，定武装番号为"东北光复军三师三团"，赵秉庸为团长。赵秉庸先将二龙山土匪刘洪山（刘二）手下30多名匪徒拉拢过来，成立了司令部，之后又把饶河、同江、抚远、宝清等叛变的保安队和小佳河的赫哲队编为光复军的一营、二营、三营和独立连及警卫连，一营营长李凤奎，二营营长刘洪山，三营营长尤德荣，独立连连长葛长春，警卫连连长王耀增。他们先后由国民党佳木斯地区司令任子谦发了委任状。1946年4月2日，同江保卫团叛变。4月10日，赵秉庸决定韩绍先为"光复军"驻同江军方代表组组长，带部分人员在同江筹措军需，扩充兵员。

国民党光复军占据同江之后，人马大增。在二龙山成立了攻打富锦指挥部，赵秉庸任总指挥，尤德荣任副总指挥，指挥部设立了军事部、政治部、军需处等，企图占领富锦，然后向集贤、佳木斯进逼，配合国民党军队北进，迎接"中央军"接收佳木斯。5月18日，"光复军"前沿匪队占领太平村，捣毁太平川区政府，将队伍集结于临山屯和唐家围子（靠山屯）一带，等待时机，进攻富锦。此时，富锦城内兵力不足，仅有富锦独立团的两个连和刘雁来的骑兵队，以及一些公安战士。为保卫富锦，富锦专署和军分区做了部署，修筑了防御工事。合江省军区十五团团长汤升昌带一个连和省保安大队来富锦支援保卫战。5月25日凌晨2时许，"光复军"350人（外有300名徒手队）分三路向富锦城进犯。赵秉庸率一部从正东门进攻，尤德荣领一股偷袭东北门，另有一股进犯东南门。战斗持续了一天，我军将敌人击退，敌总指挥赵秉庸在正东门被我反击部队击毙。此次战斗，敌人死亡56人，负伤62人，被俘23人。这场保卫战的胜利，有力地打击了猖獗的反动势力，对建立和巩固合江革命根据地具有十分重要的意义。

3.打击绥滨田九江和赵警尉匪队。1946年6月初，国民党地下特工人员派遣田九江（报号天龙）匪部，打着"中央先遣军"的旗号，从萝北县太平沟方面窜入绥滨县境内。他们盘踞在绥滨县城附近的几个村，扬言要攻打县城。前来围城的还有活动在萝北、绥滨一带的赵警尉、邢发武、吴摔爪子等匪部，都是伪满的警察、特务。来犯绥滨的土匪武装有600多人。为了打退围困之敌，县长于华锋决定出城到富锦求援，驻守在富锦的合江军区第三军分区五团立即派出部队支援战斗。

凌晨，增援部队登岸，兵分三路向土匪发起猛攻。匪队还未起床就遭到突然袭击，立刻狼狈逃窜，跑得慢的扔下武器，举手投降。五团立即进屯搜索，展开巷战。狡猾的田九江和刘山东子见势不妙，分别带领他们的亲信骑马仓皇出逃。战斗仅用一个多小时即结束，共歼灭土匪300余人，其中大部分是生擒俘虏。

田九江带领几个亲信后来跑到集贤县，被当地的县大队抓住，交给佳木斯的部队，不久在佳木斯处决。

赵警尉和邢发武带领40多残匪跑到绥东镇以北的大林屯。这个屯子较大，赵警尉、邢发武占领屯子后，声称"中央军"来了，是在此招兵买马，扩充力量的。第三军分区五团得到情报后，立即向大林屯开去。当部队接近屯头时，土匪见势不妙，向屯北方向逃去。五团指战员马上追击，在长发屯附近，活捉了邢发伍等10余人。邢发武被押到绥滨县城里，召开公审大会将他处决了。

赵警尉却再次侥幸逃走，跑到萝北肇兴。部队乘胜追击，不给土匪以喘息之机。先派侦察员搞清赵警尉的藏身之地，证实了赵警尉的确藏在肇兴屯的老柴家。部队赶到老柴家，向里面喊话。等了一会儿，不见动静，战士向里面射击，赵警尉哆哆嗦嗦地爬出来，后面还跟着吴摔爪子。至此，罪恶累累的赵警尉和吴摔爪子等土匪头子都已归案。

4.挺进深山老林追剿尤德荣顽匪。尤德荣，赫哲人，别名尤振东，出生于同江县图斯科屯，九岁入乡塾，后转入小学，学业至中学。他学会了打枪、骑马、划船、打鱼、滑雪等。"九一八"事变后，他随父前往饶河县大和镇狩猎为生。1936年参加大和镇日本特务机关"东宫顾问部"在常胜队长掘小兵卫中尉部下之赫哲狩猎队，兼搜捕抗联。1938年，日伪实行靖乡清野，归并集团部落，大和镇划归宝清县领属。赫哲狩猎队被编入宝清县警察游击队第二中队，尤德荣为队长，他常奉命入山搜寻抗日联军行踪。后来在宝清特务机关长木村之指使下，再行组织赫哲山林队，尤任队长，兼七里信子屯（后改为保安屯）部落长，以此遏制抗日联军之行动，并兼以搜寻苏联间谍。1946年1月，受国民党东北先遣军首领赵秉庸委任为东北光复军第三师二团三营营长。3月19日，尤德荣在全县集合兵众，取道二龙山，协助赵秉庸队进攻同江县城，他们内外配合，杀害同江县长章克华、独立团参谋长刘声中，同江失利。国民党"光复军"占据同江之后，人马大增，在二龙山成立了攻打富锦指挥部。赵秉庸任总指挥，尤德荣任副总指挥。1946年5月25日凌晨，分三路进攻富锦城，被我军击退。1947年农历正月十四，富锦独立团一个营，在副团长孟勇的率领下，于小佳河东北门外与尤匪队遭遇。尤德荣见势不妙，带队逃跑。1947年冬季，富锦县大队与饶河县大队、同江县大队联合组成剿匪部队。与此同时，合江省军区派出骑兵保安队前来支援，共同向深山老林进发。冬雪很大，部队行军全靠马爬犁。富锦县大队一个骑兵连，由副大队长薛友良率领，经小佳河、大和镇、报花顶子、七里信子等地，寻找尤匪队踪迹。一天，终于在大和镇北追上尤匪队。经过短时间战斗，俘获土匪3人，得长枪1支，尤匪溃逃。经过几次相遇、几次战斗，尤匪只剩29人。人缺粮食，马缺草料，土匪异常狼狈。1948年2月19日中午，我县大队追到石硊子山，立即三面包围，顽匪尤德荣终于被抓获。1948年4月13日，顽固匪首尤德荣在富锦城东被处决。尤德荣罪大恶极，是解放战争时期在合江地区最后一个被消灭的顽固的政治匪首。

富锦军分区出动兵力参加剿匪重大行动的还有很多。在宝清，追剿消灭了俞殿昌匪队；在太平镇，追剿消灭了佟家勤匪队；在兴隆镇，追剿消灭了李延会匪队；在萝北，追剿消灭了徐大胡子和刘山东子匪队。

第六节 培训输送急需人才，改造旧教育，发展新教育

一、举办"抗大式培训班"

中共中央指示东北局："在东北，工人和知识分子的动向，对于我们建立根据地和争取将来的胜利关系极大"，"鉴于抗战初期，我党对争取工人和知识分子进入根据地注意不够，此次东北党组织除注意国民党占领区的地下工作外，还应尽可能吸引工人和知识分子参加军队和根据地的各项建设工作。"

为培养大批革命干部，中央采取很大行动，北迁干部学校。把中国人民抗日军政大学等几所著名的干部学校从老解放区迁至

东北。

中共富锦地委马上成立了军政干部学校。时任富锦地区行政专员公署专员的孙为回忆说：主要问题是缺少干部。刘玉同志（富锦地委组织部长）兼富锦军政干部学校校长，张健同志兼任教育长。举办短期学习班，共培训了两期干部，但远未能满足开辟工作的需要。

张健回忆说："到富锦以后，我们发动群众，培养干部，并办了一个军政干部学校，我做干校的教育长。我们主要工作就是召集学生、工人，为革命工作培养干部。当时的年代，开始老百姓还不了解共产党，管我们叫'共匪'。老百姓是怀着一种警惕的心理来看待我们的，当时的工作开展得十分艰难啊！富锦军政干部学校运用延安抗大的教学方法，理论联系实际，为富锦地区培养了百名军政干部。"

1946年8月至1947年1月，在县委领导下，举办了12期农村干部培训班，培训了697名干部。这些培训，为地方政权建设、土地改革、支援前线等起到了重要的作用。

二、接管和改造旧教育

所谓旧教育，是指日本侵略者在东北实行的奴化教育和国民党政府推行的反动教育。日本投降后，国民党曾一度控制了黑龙江的一些地方，所到之处，大肆抓捕共产党员和进步师生，建立反动组织，散布反共反苏反人民的思想，大量散发美化蒋介石和国民党反动政府的文章和书刊。国民党的倒行逆施，严重地毒害了青少年学生的思想，在他们刚从法西斯奴化教育阴影下走出来的思想上，又打上了盲目正统观念的烙印。因此，对旧教育必须进行接管和改造。在富锦，接管和改造旧教育结束得较早，1947年底就结束了。

日伪垮台前，由于战争的破坏，富锦地区原有的学校都陷于停课状态，原有校舍设备毁损严重，师生流离失所。富锦光复后，民主大同盟及地方有识之士组织成立了教育会，以维持现状，并开展了返校复课工作。教育会成立于1945年9月25日。教育会开展了很多募捐活动，为各校的复课积极工作，复课工作开展近一年的时间。

（一）对原有的小学校的接管和改造

1946年5月，县政府对富锦城区原有的小学校进行了改造及新设。政府对初等学校教育改造的主要任务是改造教员问题、招收对象问题和教材问题。政府通过举办小学教师政治训练班，来转变教师的思想观念，对原有教职员坚持团结、教育、改造的原则，积极帮助他们进步，除少数反动分子和破坏分子外，一律给予信任，加以使用。通过开办"抗大式"干部学校训练班，来培养新型的教师。在富锦联中，还举办了三期师资班，来培养各区小学教师。此外，政府还注意接待和安置从敌占区逃亡来的知识分子及流亡学生。解放前，劳苦大众没有受教育的权利，对教育的改造要面向工农子弟招收学生。为了照顾他们经济上的困难，学校实行了免费上学。在农村，为了便于贫苦儿童入学，实行多种形式办学，采取早学、午学、夜学、半日班、全日班等形式办学，最大限度地满足他们学习的需要。旧教育的教材不可使用，抓紧教材建设是重要的基础性工作。东北政委会决定成立教材编审委员会，决定小学教材以延安和其他老解放区的教材为蓝本，结合东北当时的情况来编写。在一年多的时间里，共编写出14种40册的小学教材。

（二）接管和改造教育的重点在中学

当时东北知识青年的思想特点是存在着不同程度的盲目正统观念，而这些知识青年绝大部分集中在中学里，所以，对旧教育进行接管和改造的重点在中学。

1.县委接管中学教育，合并男女中学校为富锦联合中学校。富锦县民主政府成立后，首先整顿城内学校。当时，富锦两级中学校有12个班，富锦女子两级中学校有5个班。1946年8月1日，两校合并，校名为"富锦联合中学校"，校址在原富锦县立中学校的位置。合校后，改编为14个班，其中初中12个班，高中2个班。富锦联合中学校校长由富锦中心县委宣传部长刘德本兼任，加强了党对这所中学工作的有效领导。到年末，富锦联中的学生有近400人报名升学、参军、参干。升学的学生们有的上东北大学，有的上军政大学，有的上中国医大，有的上部队艺术学校。

2.中央东北局派东北大学干部来接管中学校，省教育厅直接领导中学校，加强富锦联中教育的改造。1947年春，根据中央东北局的要求，从东北大学派来接管富锦联合中学校的干部有：胡炎（东北大学社科院副院长）、赵黎生（在东北大学工作的抗战干部）、陈子清（在东北大学工作的抗战干部）等。胡炎任富锦联中校长，同时为富锦中心县委委员，赵黎生任教导主任，陈子清任培训班主任。不久，东北大学又有学生王赫、王戈、于由、陆平等到富锦联中工作。在富锦中心县委的领导下，成立了富锦联中党支部，胡炎任支部书记，当时党组织属秘密组织，对外还未公开。

3.改造富锦中学教育，肃清盲目正统观念。对学校接管和合并以后，按照党的教育工作的方针和老解放区的经验，对旧教育进行了改造。一是解决教师队伍问题。教育事业发展需要大批教师，坚持"团结、教育、改造"的原则，任用、接纳原有教师，吸收从关内回来的流亡学生。二是解决学生上学问题。主要是改变学生来源问题，学校的大门向工农子弟敞开。三是解决教材使用问题。由自选教材到采用东北统编教材。四是改造制度问题。

废除了旧的训导、训育等制度,实行民主管理制度。建立了党和青年的组织,建立尊师爱生、民主平等的师生关系。同时,改进教学方法。五是重点解决培养干部问题。根据东北政委会《关于改造学校教育冬学运动》的要求,"中等以上学校就应当适应斗争需要大批干部的情况,以训练政治、经济、文化、军事建设人才为主要任务",采取"干部教育第一、国民教育第二"的具体工作方针,重点发展干部教育,于是富锦联中开办了干部班和师范班。通过紧张的速成培训,一批批青年学生走上了革命的道路。富锦联中成为培养革命干部的摇篮,造就革命干部的熔炉。

（三）发展干部教育

东北大学派来干部接管富锦联合中学校后,学习抗大的办学经验,以政治教育为中心,继续进行政治启蒙教育,开展思想改造运动,同时,学校教育工作的重点是发展干部教育。根据东北政委会的指示精神,在富锦中心县委的领导下,决定在富锦联合中学校开设地方干部训练班(简称"地干班")和师范班,并注意吸收工农子弟参加。从1947年2月开始到新中国成立之前,富锦联中的地干班和师范班先后举办了3期,每期计划培训6个月。因为急需人才,有的训练班仅培训4个多月就让学员去工作了。在上半年(当时叫上学期),学校有学生1 029人,其中中学部898人,地干班和师范班131人。从5月起到7月15日止,学校派出工作、升入干部学校及参军者232人。

不仅如此,在下半年高中班的学生们除了升学外,都于10月份参加军队和地方干部队伍,因此,学校就没有高中班了。初中班的学生们(还有一些女学生)也踊跃报名为前线服务,参加革命工作。

三、初等学校在全县农村陆续开办

解放前,广大农村没有学校,个别大的村里有规模很小的私塾,在私塾学习的一般也只是些富家子弟。在"土改"和冬学运动中,广大农村陆续办起了小学校,并采取免费上学和多种形式办学,以照顾和方便贫困儿童上学读书。

从这时期的这些学校情况看,大多为一至四年级的初级小学,一至六年级的完全小学较少。例如,二区(永安)的20所学校中,只有1所(中心校)是完全小学,其五、六年级学生仅有36人,其他村校均为一至四年级的初级小学,有学生982人;三区(花马)的25所学校中,只有中心校是完全小学,其五、六年级仅有学生73人,其他村校均为初级小学,有学生1 152人;九区(二龙山)的31所学校中,只有中心校是完全小学,其五、六年级学生仅有79人,其他村校均为初级小学,有学生1 429人。另外,从在校学生看,男生上学的多,女生上学的少。

这些学校设立时间大多在1946至1948年间。广大农村初等学校的设立,使广大农民的子女有机会上学了,这是富锦教育事业的重大飞跃和发展,是富锦教育史上最为光辉的篇章之一。

四、学校教育转向新型正规化

1948年8月12日,东北解放区第三次教育会议在哈尔滨召开。会议认为,今后教育必须向新型正规化发展。党对富锦中学教育不仅接管和改造得较早,而且实行新型正规化教育也比较早。富锦联中为学校新型正规化教育的实施提供了有益的经验。中共中央东北局委派东北大学的干部来接管和改造富锦联中之后,富锦联中已经成为"规模较大的中心中学",是黑龙江地区8所中心中学之一。

第六章　东北解放战争时期的富锦战略要地建设

第七节　参军参战，服务前线

1946年6月，国民党反动派悍然发动了内战，在东北战场上纠集了40多万部队，由南向北向共产党领导的解放区进攻。为保卫抗战胜利果实，保卫根据地，根据党中央和东北局的战略部署，地处战争后方的黑龙江地区担负起了保证前线兵员及后勤供给的重任。除保证军粮、武器弹药、军衣军被等军需物资的供应外，最大的支持就是人力支持。各地的农民、工人、学生及各界群众，响应共产党的号召，积极报名参军参战，参加战勤工作。

为了加强对支援前线的领导，富锦成立了支援前线委员会，负责支援解放战争之一切动员工作，当时的口号是："要人出人，要物出物，一切为了前方！"

一、扩军补充兵员

1946年12月26日，中共富锦中心县委根据合江省委和合江军区"关于扩军令"的精神，向所属各县、区委发出了扩军的指示。指示要求"各区紧急动员起来，组织一切力量开展扩兵竞赛，造成参军热潮"，要求务必在1947年1月10日前动员300名翻身农民入伍。各县积极响应，各区积极动员，结果本次扩军800余人。其中，补充五团100多人，公安局60多人，省政府交通连70多人，其余参加独立团。1947年1月14日，富锦中心县委书记王旭向省委书记、合江军区政委张闻天同志汇报了这次扩军工作的情况。

1947年秋，全县共扩兵1 660人，在农村扩兵1 440人，其中，参加县大队309人，区中队156人，主力部队975人。在城区扩兵220

人，其中，参加县大队99人，区中队3人，主力部队118人。

1948年1月10日，中共富锦中心县委为了在平分土地的高潮中完成扩兵任务，发出《关于扩兵工作给各县区委的指示》，对新兵条件作出了具体规定，以保证新兵质量，要求扩兵对象为18—35岁的翻身青壮年农民（贫雇农及中农），还规定了"八项不收"的原则。

二、派出民兵担架队和车马

1947年8月，出民工191人，担架30副。1947年12月，出民工23人，担架30副，马51匹，大车17台。1948年2月，出民工244人，担架30副。三次共出民工458人。

三、动员中学生参加革命干部队伍，上革命大学，加入革命团体

1946年夏，参加讲习班的富锦中学的学生转变了态度和情绪，思想要求进步，为期42天的讲习班结束时，有90多人报名去上学，年末又有400多名学生报名参军、参干、上大学了。1947年夏，经过思想改造和政治启蒙教育，富锦联中的学生有232人升入干部学校和参军。10月，富锦联中高中班的学生，除了升学外，都参加了军队和地方干部队伍。参加革命工作的中学生们，有的在东北日报社，有的在东北电影制片厂，有的在鲁迅艺术团和其他文工团，有的在县区工作……升入上级学校的学生们，有的入东北大学，有的入军政大学，有的入中国医科大学，有的入军需学校，有的入东北行政学院……

1948年3月15日，《合江日报》第2版报道："合江省富锦联合中学，是学生参军参干发动得较好的学校。"

四、增产献粮与支援物资

1946年8月，为了支援前线，稳定物价，打击投机，成立了东北贸易公司富锦分公司，从事粮食和商业贸易。公司成立后，有力地控制了富锦粮食市场，完成了军需给养工作。当年冬季至1947年春调出公粮6 500吨。

为了增加粮食产量，1948年4月至1949年3月，富锦县组织各机关、团体、学校、部队等部门和农民修建了西起洪家甸北老龙岗，东至康庄屯，全长84.5千米的致富大壕。这是一项大规模的水利工程，它不仅有效排水，减轻了内涝，还保障了开垦了耕地2 000垧，不仅增加了耕地，也保证了农业生产的增产增收，有力地支援了前线。

1948年春，在农村开展了劳动致富的大生产运动，农民的生产积极性空前高涨。

1949年1月31日，富锦县委发出《开展节粮支前运动的通知》。通知强调："为了支援前线，保证前方将士供给，应尽一切力量完成省委指示的购粮任务。"通知提出"有粮就能胜利""后方节约粮食支援前线""完成购粮保证前方胜利"的口号，广泛开展了"每人节省一斗粮支援前线"的活动。

富锦的东兴德、德祥东、锦昌等三座火磨都在加工军粮，供应前线。

1947至1948年，富锦人民共做军鞋25 626双，晒干菜55 530斤（1947年14 992斤，1948年40 538斤），基本完成了每人交半斤干菜的任务。同时，城区1 663家工商业响应政府号召，完成军鞋代金6亿7千万元（旧币），按市价可生产军鞋2 200双。全县各界群众还捐献了大批拥军慰问品，如金银首饰、自行车、衣物、被褥、日用品、粮食，等等。

"八一五"光复后，富锦县民主政府于1946年组织白酒生产，支援解放战争。1947年成立了酒业工会。1949年，白酒日产量达2 660公斤。

五、组织青年前线服务团

在解放战争时期的东北战场上，以1947年5月的夏季攻势为标志，我军从战略防御转为战略进攻。东北民主联军得到空前的发展，解放区不断扩大。作为东北的老解放区和后方根据地的合江地区积极进行人力、物力的支援，这是责无旁贷的。富锦联中"青年前线服务团"的组建就是在这个历史背景下体现当时人民群众积极参战意志的一个自觉行动。

中共合江省委指示，经富锦中心县委批准，富锦联中青年前线服务团于1947年10月组建，共有52人，男生42名，女生10名；年龄最小的才15岁，最大的20岁，一年级学生有5名，其余为二、三年级的学生。服务团到前线服务的时间定为3个月。这52人组成的前线服务团编为3个中队。

1947年10月13日，合江省政府主席李延禄代表合江省委、省政府专程来到富锦联中，为前线服务团举行授旗仪式，并与服务团全体成员合影留念。

出发那天，全校师生都来送行，正大街上也挤满了人，家长们都在松花江岸边客轮码头等候送别自己的孩子。服务团队伍登上的客轮为"胜利号"。到了哈尔滨，服务团成员住在东北民主联军总部政治部招待所。在这里经过3周的学习，学生们换上军装出发了，奔赴东北战区的兵站。

战争形势的发展和部队的扩充，需要大批的有一定文化知识的青年充实部队。前线部队领导非常希望这批学生不是服务3个月后就回去，而是争取更多的人参军参战，成为一名正式军人。

面对新的情况，学生们是放弃学业参加革命，还是继续读书，求学深造，这是一个两难的选择。经过同学间的充分交流和个人的深刻思考之后，绝大多数同学把祖国需要放在了首位，决定放弃学业，投身革命战争。有45人正式报名参军，成为光荣的民主联军战士，有7人圆满完成了前线服务任务后，于1948年4月返回富锦，走上了新的岗位。

在解放战争中，这些入伍的同学们参加了四打四平、围困长春、辽沈战役、平津战役，直到渡江南下，解放广西、云南。

第八节　土地改革和大生产运动的进行及成果

一、土地改革实现耕者有其田

1946年3月20日，中央东北局发出《关于处理日伪土地的指示》要求对东北地区境内的一切日伪地产、"满拓地"，以及日本人和大汉奸的所有土地，应立即无代价地分配给无地和少地的农民，以利春耕，以增民食，以免荒芜。当时富锦的满拓（指伪满日本开拓团）地少，绥滨的"满拓地"多。时任富锦地委书记的许铁民组织一个20余人的武装工作队，亲自带队进驻绥滨县。在那里，工作队日夜发动，一个月的时间就把土地分配下去了。到1946年冬，富锦没收了敌伪兵营、飞机场等土地1 034垧。

1946年5月4日，中共中央发布了《关于清算、减租及土地问题的指示》（《五四指示》），决定将抗战时期土地的"减租和减息"政策，改为"没收地主土地分配给农民"的政策，并指出："解决解放区的土地问题是我党目前最基本的历史任务，是目前一切工作的基本环节。" 7月7日，中共中央东北局也作出了《关于形势和任务的决定》（即"七七决议"），把进行土地改革作为当前党的中心任务，要求各地迅速普遍地贯彻"五四指示"，号召共产党员走出城市，换上农民衣服，下乡发动群众，掀起清算、分地的高潮。

1946年6月，富锦的土地改革开始。富锦成立了富锦地区民运工作委员会，富锦中心县委书记王旭任民运会的政委和"土改"运动的总指挥，成员有王旭、许铁民、张子超、刘德本、薛奇等。在民运工作委员会的领导下，组织了若干个土地改革工作团，工作团成员由抽调的干部、战士、中学生等人组成。首先对工作团培训一周，培训内容主要是学习中共中央的"五四指示"。培训结束后，各"土改"工作团就下去开展工作。

富锦的土地改革大体上分为5个阶段。第一阶段，工作队扎根串连，发动群众，建立民兵武装，组织农会。农村相继建了民兵自卫队，各区成立民兵中队，村成立民兵分队，自然屯成立民兵小分队。大村民兵配有十多支枪，小村民兵配有五六支枪。民兵自卫队的任务，是看押坏人，站岗放哨，维持本村治安。农会依靠贫雇农积极分子参加。农会的任务是研究斗争对象，分工准备召开斗争会。第二阶段，召开控诉清算大会，斗恶霸、汉奸，分果实。第三阶段，煮"夹生饭"（夹生饭是指"土改"工作不彻底，半生不熟），挖枪，挖财宝。第四阶段是"土改"运动的高潮阶段，平分土地。第五阶段，划阶级，定成分，平分土地，搞纠偏。

1947年10月10日，中共中央公布了《中国土地法大纲》；12月，东北行政委员会颁发《东北解放区实行土地法大纲补充办法》。富锦各区召开了贫雇农大会或代表大会，向群众宣传平分土地的重大意义，宣布平分土地的政策和具体办法。首先是划定阶级成分。按照划分阶级成分标准，在农村将农户划分出雇农、贫农、中农、富农、地主等阶级成分，然后按照《中国土地法大纲》之规定平分土地。《中国土地法大纲》规定："乡村中一切地主的土地及公开地，由乡村农会接收，连同乡村中其他一切土地，按乡村全部人口，不分男女老幼，统一平均分配。在土地数量上抽多补少，在质量上抽肥补瘦，使全村农民均获得同等的土地，并归个人所有。"

富锦在完成土地改革、平分土地之后，由县政府向农民发放了土地执照。具体办法是，先进行土地丈量，评议土地等级，再以村为单位逐户登记造册，建立台账，填写土地执照和土地执照存根，最后召开群众大会，举行隆重的发照仪式，把土地执照发给农民。评地发照工作于1948年3月全部结束。

富锦的土地改革运动，得到合江省委的重视和表扬。许铁民在《我在富锦建政三年》中说："省委书记张闻天同志对富锦的"土改"工作非常重视，特派一名省报记者帮我总结"土改"经验和报道富锦"土改"工作情况。"土改"工作搞得轰轰烈烈，出了很多经验。张闻天同志对富锦"土改"工作的评价是：富锦"土改"搞得好，既轰轰烈烈，又扎扎实实。"

富锦的土地改革运动到1948年3月全部结束。土地改革运动废除了封建地主的土地占有制，实现了共产党提出的耕者有其田。

二、大生产运动激发了农民生产积极性

1946年3月，中央东北局就发出了《关于开展生产运动的指示》。"土改"结束后，省委将工作重心转移到发展生产上来，领导农民开展了农业大生产运动。1948年春，一场轰轰烈烈的农业大生产运动在合江大地蓬勃开展起来，兴修水利，发展互助组，开垦荒地，总结生产经验。在运动中，省委书记张闻天提出：用一切力量，动员农民发展生产，并以发展互助合作为新民

主主义农村经济发展的总方向。

"土改"运动后，农村出现了新局面，农民分得了土地，实行耕者有其田，农村的生产力获得大解放，翻身农民精神面貌发生了深刻变化，普遍要求发展生产，改善生活。根据中央东北局和省委的指示，富锦农村开展了劳动致富的大生产运动，广大农民群众解除顾虑，投身于火热的大生产运动中，有的添车买马，有的开垦荒地，扩大耕地面积，有的搞副业，增加收入，翻身农民的生产积极性空前高涨。

1948年3月，合江省政府公布了开荒奖励政策。政策规定："谁开谁有，第一年免征，第二年少征三分之二，第三年少征三分之一。"这些规定调动了农民的积极性，使撂荒地迅速得到耕种。本年度，富锦县耕地恢复到56 490垧。1949年同江、绥滨两县并入富锦县后，全县共有耕地124 459垧，即1 866 885亩（1垧=15亩）。

1.农业互助组的出现。土地改革运动后，耕者有其田，但是一家一户的生产单位，因为畜力少，生产工具不全，所以各家的生产面临很多困难。为了发展生产，在党的号召下，让农民组织起来建立互助组，本着自愿两利的原则，按三个牲口（牛马）一副小犋进行插犋编组，牲口多者也有6个牲口编为一个大犋的；换工是按垧论工，以工换工，按季结算。广大农民积极响应，很快组织起近6 000个互助组。

1948年全县有2 455个插犋换工组，其中较好的互助组有435个，占18%，一般的有1 260个，占51%，散伙的760个，占31%。1949年互助组发展到6 273个，其中常年组有1 881个，参加互助组的农户占总农户的73%。

1949年出现了三大季组，其规模、成员按季固定不变。一些地方还出现了常年组，不但组员常年不变，而且在生产计划、工作次序、劳动力使用等方面也统一安排。

随着畜力的增加和新式农具的推广，各种互助组发展很快，为以后农业初级合作社的建立创造了条件。

2.国营农场的创办。富锦中心县委决定，为发展农业生产，补充地方财力，创办几个国营农场。1947年3月，江大地主、刘竹林下坎的鸡鸭公司（位于上街基区万有屯北，伪满时称"山河堡醒民牧场"）收归公有，在此建立本县第1个农场，人们习惯上叫万友农场，此农场有耕地150垧，养羊800只。

1948年春，在大榆树区吉祥村和上街区大屯村，利用日伪飞机场占用土地，建起两处农场。同年，在西安区赵彬屯（欣荣村）西北1.5千米处，开荒建起一处农场。此外，县公安局利用为劝农模范场旧址，建起劳改农场一处。1948年6月，县委决定设立农场管理委员会，由县长兼主任，统一领导农场生产工作。农场管委会对各农场重新命名，原赵彬农场为第一农场，原吉祥农场为第二农场，万友农场为第三农场，原大屯农场为第四农场。

三、兴修水利

富锦地处三江平原腹部，旧时的富锦常有水涝灾害，人称"一年涝，二年灾，三年缓不过来"。富锦解放后，县委、县政府把治水排涝当作发展农业生产的重要项目，真抓实干，人工挖掘了一项巨大的水利工程，取名为"致富大壕"。

1948年春，县委、县政府提出了防外（水）排内（水）的水利建设方针，依靠群众，兴修水利，解决大面积开垦涝地的问题。4月动工，堵复了江北坝、漂筏河坝和富锦到同江界的松花江堤，拦挡江河之水的入侵。经过技术人员的勘查，最后研究测定一条排水壕线路。这条线路西起三区的洪家店北老龙岗，经赵彬屯（现欣荣村），再经二区的大小梁店，穿过城区南岗，过一区的大榆树，到福来屯北，入同江界沙岗东的忠义沟子，全长54.5千米。

线路确定后，于8月6日至12日全县总动员，男女老少，共出动14 996人，以团营排班的组织形式进入指定工段，工地的粮食和烧柴，大车不能用就用爬犁拉，水多泥定的工段，用锹挖不行，就用脚踩成泥团，然后用手往外捧。干得快的区村，苦干突击，6天就完成了任务。不到10天，挖土方量35万立方米，一条总长54.5千米，贯通东西低洼地的排水大壕修成了，它是富锦境内唯一的一条人工大壕。

大壕挖通后，不到一个月的时间，就把多年的内涝积水排出去了，第二、三、七区开出二荒地1万垧，生荒地7 300垧，一区开出二荒地3 000垧。

1948年9月9日，中共合江省委省政府给富锦县委书记许铁民、县长田澍及全县人民发来贺电，对富锦治水排涝的决心和毅力，表示欣慰和嘉许。

1949年3月，同江县划归富锦后，将致富大壕又向东挖掘，沙岗村往东经正和村南、福庆村北，延长到康庄村北入莲花泡，使致富大壕增加了30千米。这样，致富大壕西起洪家甸老龙岗，东至康庄村，横贯富锦84.5千米。致富大壕，人们还称之为百里大壕。

大生产运动的开展，极大地激发了农民的生产积极性，扩大了耕地面积，粮食增产增收，为支援解放战争奠定了坚实的物质基础，得到了中央东北局的赞扬。

第九节　工业、商业、交通业、金融业、邮电业的恢复发展和财税体制的变化

一、工业

1.电力工业。富锦解放时，原有发电厂无人守护，厂房设备及供电线路遭到破坏。苏联红军驻扎富锦后，因急需用电照明，便找到富锦维持会交涉。经过几天的修复，才勉强发电，但只能供苏军司令部照明用。1946年春，县政府改电业局为电灯厂，年底发电设备全部修复。1947年，电灯厂又改成电业公司。此时，供电只限在富锦城内，电压为高压3 000伏，低压照明为110伏和220伏两种。

2.机械工业。1946年10月，县长田澍找铁匠霍文芳谈话，动员他办个集体工厂，霍文芳欣然同意。工厂取名为新华铁工厂，厂房是没收敌产的3间土草房，63平方米，厂址位于今天三八街路南、新开路西。厂里有6名工人，设备仅有一座小洪炉，几把锤子，主要的生产项目是打制镰刀、锄板、给牛马挂掌等，也维修枪支。1947年，铁工厂增加一台皮带车床，一台6马力柴油机，增加14名工人，工厂面积240平方米，生产技术有了提高，工人还能修复汽车了。1948年，铁工厂与枪械修配厂合并，更名为利民铁工厂，工厂职工增加到60人，工厂增添了钻床、电焊机等设备。1949年，利民铁工厂面积扩大到600平方米，设备增加了小型压力机、中型压力机和4台机床，工厂试制成功镇压器、联合号铲蹚机等。此厂后来发展为富锦拖拉机制造厂。

3.轻工业。1947年春，富锦成立印刷厂。此前富锦没有专门的印刷业，只是在私营的书店里将印刷作为副业。

4.手工业。到1949年，富锦的手工业有320户，手工业者有600余人。

二、商业

1.公司、店铺。富锦民主政府成立后，私营商业有所恢复，并开始建立和发展国营商业及供销合作社。1946年，县政府在没收几家敌伪工厂、商店的基础上，建立地方国营裕华公司。后来又建立了东北贸易公司富锦县支公司，并在绥滨设分公司，共有职工51人。公司担负着供应人民生活必需品，征购粮食、皮张、土特产品等任务。1947年又分别在绥东、同江、二龙山等地，设贸易分公司，在县城内设粮栈、营业部、土产采购部各一处，全公司人员增加到214人。

1948年，东北贸易公司改为富锦县贸易管理局，此时的商业政策是"对外管理，对内自由，公私兼顾"。对外管理是指对国民党统治区进出贸易要严加控制和管理，购进的物资必须有利于解放区的生产生活需要，严禁生活必需品和生产资料输出；对内自由，是指在解放区内的市场，实行自由贸易，保护私营工商业的合法贸易。

1949年，县城的商业网点有地方国营商业5个，职工150人；私营商业370家，从业人员500人。富锦县百货公司成立于1949年9月，地点在正大街路北，即后来的百货一商店院内。初建时，有职员79人，解放初期，县城有各类饭店80余家。规模较大的有致美楼、第一居、兴记饭庄、鹿鸣春、中兴饭店、独一处、悦来香等。1946年，县城有旅店20余家，可容纳千人住宿，有大车店10家，可容百余车马住宿。1945年底，富锦照相业有5家，翻身农民也有机会进城照相，本县的照相业逐渐兴盛起来。

2.粮食。解放后，富锦市场上的粮食交易供应情况见好转，县城内小粮米店和集市粮食摊贩很多。但是解放伊始，因大豆生产较多，没有销路，较大粮商不再收购，造成一度用大豆及豆饼做燃料的现象，至1946年民主政府成立后，即告终止。

1945年冬，富锦的粮食基本是不出不入。1946年冬，在开展反奸清算斗争中，农村没收地主手中的部分存粮，其中大部分直接分配给农民，小部分作为公粮，为合江省政府和地方军队调用，运往佳木斯市。

1946年成立了东北贸易公司富锦支公司，开始收购粮食，粮食开始大量运往外地，如佳木斯、哈尔滨等城市，支援了解放战争，促进了城乡物资交流。1946年冬，富锦首次征购公粮。1947年5月除，留部分本县需要外，合江省在富锦调出粮食6 500吨。

1947年8月，县城里粮价一度上涨，一些私人粮商趁机投机倒把。县政府为及时解决民食，平定粮价，开设一处便利粮店，出售粮米价格低于市价四分之一乃至三分之一，很快就将市面粮米价格平抑下来，颇受群众拥护。

1949年，富锦县征购粮食共计45 378.5吨，分别是小麦7 062吨，玉米711.5吨，大豆35 001吨，高粱2 328.5吨，谷子237.5吨，稻子38吨。

1946至1948年，粮食收购、调运、储藏等统一由县贸易公司负责。1949年后，除国家正式设置粮食机构，进行粮食接收、储运外，为了加快粮食入库，委托各区供销社代为接收粮食。

1946年3月，富锦县有机械制粉厂2处，小型米面加工坊20余家。1946年4月，县政府对资本家采取监督政策，将3处火磨接管过来，实行公司分红，政府派员当监理。1947年，县政府正式接管，改名为利民制粉厂。本县制油厂是在没收接管日伪时期地主、资本家的油坊后建立起来的。1949年，县制油厂在二龙山设立分厂。

3.县联社。富锦县供销合作社联合社,简称"县联社",成立于1949年9月。县联社设有秘书部、财务股、业务股等,在城乡相继又增建了37个基层供销社。

三、交通业

1945年8月解放后,富锦成立了运输公司,由利民铁工厂监管。1949年成立了富锦运输站,江上运输机构开始为航务局,后改称航务股,隶属县政府实业科。

1945年,全县有斯达克客车3辆,运营路线是富锦至福利屯。这一时期,陆上交通工具数量少,大量的粮食在水上运输,通过松花江外运,木材、煤炭等物资也靠江上运抵富锦。1947年,全县有汽车17辆,都是从敌伪及私人手中接收过来的,有轮船3艘。

1948年,县委、县政府决定修筑富锦至福利屯、富锦至同江170余里的公路。修路的人力以民工为主,男劳力55岁为限,女劳力45岁为限,以一个劳力5个工计算。冬天农闲时,到山上打石头,夏天利用农闲时修路。按照先修通、后求精的原则,开始逐段修筑。经过几年的努力奋战,终于开通了富锦至福利屯和富锦至同江的公路。此公路为富锦交通建设和发展写下了开篇史。

四、金融业

1946年初,经合江省同意,下江地区行政督察专员公署(后改称富锦地区行政专员公署)临时设立下江地区人民银行。在此基础上,同年8月正式成立东北银行富锦支行,这是本县的第一个人民金融机构。1949年7月,又改称东北银行富锦办事处。

解放初期,富锦流通的货币较为混杂。除了伪国币暂时继续流通外,还有苏联红军发行的红军券、富锦支票、合江券、东北流通券（东北币）等。1946年8月，东北银行在东北解放区建立了统一的货币制度，树立东北币的信用，稳定币值，并采取措施，驱除伪币，即将掌握的伪币流向敌占区城市，换回物资，供应解放区。至1947年下半年，只流行只流行一种货币，即东北币。

东北流通券（即东北币）票面有多种，分别为5角、1元、10元、100元、1 000元、1万元至10万元等，还发行面额50万元至100万元4种面额的东北币。东北币一直使用到1951年4月。

东北银行建立后，即对城镇手工业者、小商业者、小作坊、渔民等进行小额贷款，以支持其恢复和发展生产。以后，又逐步对工业、商业、农业开办了贷款业务。

五、邮电业

1945年解放后，富锦重建电报电话局和邮政局，隶属于商工会领导。电报电话局利用旧设备开展电报电话业务。1946年12月，经合江省邮电管理局批准，成立富锦县邮电局，将邮政和电报电话合为一体，下设邮电股、线路股和话务班。1949年，县城内有电话近百门。

六、财政

1945年12月，富锦县民主政府设财粮科，财粮科设科长1人，科内分设主管财政事务科员5人，征粮科员2人，金库主任等3人，粮库主任等3人。

解放初期，地方财政按照"生产自给、自收自支"的原则，在维持地方经费的同时，要适应"建军建政"的需要，沿袭老解放区的传统，实行供给制（部分实行工薪制），各地积极恢复和发展生产，厉行节约，紧缩开支，一切为了支援解放战争。

1948年，根据合江省政府《关于统一财政问题的决定》《党政军机关部队学校供给标准》等精神，各生产自给单位生产供给及财政收支，由县财经委员会统一领导、统一筹划、统一收支，一切收入交县政府，支出由财委会批准。

1946年，富锦县自收自支，地方财政总收入4 054.8万元（东北币），其主要来源是：各项捐税1 995.5万元，摊收复兴费、教育费、军服费等977.7万元，工产经理及其他收入1 081.6万元。年度支出决算总计为3 358.4万元，其中军费（地方驻军之军需）1 152万元，政费及民运费1 162.2万元，教育费133.8万元，粮站及被服经费362.3万元，修缮费104.8万元，向省缴纳军费443.3万元。

1947年，富锦县地方财政收入的主要来源，有各项税收、生产收入和粮谷收入，还有省政府给的补助部分。本年1—10月决算，收入合计2.089亿元（东北币）。其中，地方生产纯收入1.123亿元，税收8 181万元，省补助1 483万元。主要支出项目有县区政府经费、学校经费、县大队、独立团、专员公署以及民运工作委员会等所需经费。1—10月支出，合计1.654亿元。结余经费拨给了各生产单位，包括铁工厂、利民公司、电业公司、油坊、皮革厂等，作为生产基金。

1948年，省政府确定新的财政开支方针，以建设武装、培养新干部为主，坚持"前方第一、后方第二，部队第一、机关第二"的精神，规定各市县财政支出，除公粮开支外，一切经费由地方自己解决。同年，省政府还确定富锦县除经费、服装等全部自给外，上交省财政任务为200万元。

七、税务

1945年12月，建立一个临时税收机构——富锦县税务局。

1947年春，经合江省政府批准，正式成立合江第三税务分局。第三税务分局下辖同江、抚远、绥滨等3个税所。1949年，同江、绥滨并入富锦后，撤销合江第三税务分局，改组为富锦县税务局，保留同江、绥滨两处税务所，又增设二龙山税务所。此时，有税政干部53人。

日伪时期，不断增加税种，提高税率，至1944年，税种达34种之多。解放后，废除旧税法。1946年始征营业所得税、货物税、商品流通税、车船使用牌照税、屠宰税等。

工商税方面，1945年9月至1946年5月，总计征收61.7万元（伪货国币）。1946年的各项税收，据《富锦县政府三十五年度各种收入决算》统计，税收总额，1 995.5万元（东北币）。1947年1—10月决算，工商税征收总额为8 181万元（东北币）。1949年全县工商税征收总额达13 775万元（东北币）。

公粮方面，1946年1月开始征收。为适应建军建政需要，1946年1月，下江行政督察专员公署（后改为富锦专员公署）决定开征1945年度"建国公粮"。征收办法，按已垦土地每垧征粮60斤（以小米为标准），自耕农由业主负担，出租土地由业主负担三分之二，租户负担三分之一，本年度征收公粮2 808 111斤。之后按合江省政府征收公粮规定，每年分夏征和秋征。1946年，夏征完成3 557 966斤的小麦征收任务，秋征完成13 997 223斤的大粮增收任务。1947年，贯彻实行负担公平合理的征收政策。夏征以实种小麦土地面积为依据，以土地等级确定标准产量，以产计征，其征收率平均为22%。在同一土地等级标准产量中，确定简便的累进率，即富农按26%，中农占22%，贫雇农按18%。秋征按大田总面积计征，平均征收率为17%。贯彻执行"照顾基本群众，勤劳致富，合理负担"的原则，最高不超过20%，最低不低于10%，每垧大田同时征收谷草40斤，并规定为每人不足二亩地者免征。

　　土地改革后，公粮计征办法由高额累进税率改为比例税率，按平均产量计征，并规定对烈军属、鳏寡孤独予以减免，以及实行新开荒、拣撂荒地免征的奖励政策等。1948年，富锦县小麦歉收。夏征在保证支援前线供给及减轻农民负担的原则下，根据丰歉不同情况，采取了增、减、免办法进行征收，定出常产，照顾灾情，每垧不足350斤者免征，350—500斤者征5%，500—600斤者征6%，600斤以上者征10%。秋征按大田平均产量20%征收。

第十节　卫生医疗事业的开辟和文化事业的建设

一、卫生医疗事业

　　1.卫生医疗机构的建立和药店的开设。这时期医疗机构少，条件差，尤其广大农村还没有诊所。

　　1945年12月，在县政府民政科中设有保健股，编制5人，多半由伪县公署旧职员组成。1946年，县政府紧缩编制，撤销保健股，只在民政科中配有主管卫生工作的科员一人。1949年，县卫生行政工作纳入县人民卫生院，院长兼卫生科长。在县人民卫生院下设医政管理部，负责全县的卫生工作，编制3人。县以下16个区政府各设卫生助理员一人（多数由助产士兼任）。1953年，正式成立了富锦县人民政府卫生科。

　　富锦县民主政府立即着手解决地方群众干部的医疗问题。1946年春，政府接收了敌伪广济药房，在药房建立诊疗所一处，负责城乡供给制干部的医疗工作。1946年8月，动员私营中药店集资办起了大众医疗诊所一处，并规定，凡有平民会、农民会介绍证明的贫困户可以免费治疗。又分别在花马、清化、太平川、务本、头林等乡村开设了中药分店，安排了坐堂医生，解决部分农村缺医少药的问题。

1946年12月，县民主政府组建县立医院。医院有工作人员29人，设床位20张。同时，保留了由县政府接管的广济药房开设的门诊部一处。

1947年3月，为适应解放战争需要，将县立医院与合江军区卫生处、军区第三医院合并，改组为东北民主联军合江军区富锦医院，兼负地方干部群众的医疗。随着全国解放战争的胜利发展，1948年5月，军区医院随军南下。留在地方的部分医护人员又恢复组建了县立医院，有工作人员27人，床位20张。

1949年，同江、绥滨先后并入富锦县。富锦县立医院又改组为全县卫生行政、医疗防疫的综合机构——富锦县人民卫生院。据《富锦县志》载：县医院1949年1至7月份，平均日门诊量只有45.8人次，收容住院人数为137人。

1949年，在绥滨、二龙山两个较大的集镇设诊疗所各一处，各有编制5人，由县人民卫生院统管，后又改为区卫生所。

"八一五"光复后至新中国成立前夕，富锦县城里的中药店，由解放前的8家增加到14家。

2.卫生医疗保健队伍的建设。1945年，富锦城乡有中医药工人员80余人，持有执业证件的中医38人。至1949年，富锦城乡（含同江、绥滨）公私各类医药卫生人员为242人，其中西医34人，中医105人（包括一技之长者），中医药工人员76人，护士10人，助产士12人，牙科技工5人。1948年8月，县政府进行了首次全县限地中西医、助产士考试工作。结果领有县政府颁发的限地医生格证者56人，其中中医39人，西医12人，助产士5人。

由于生活条件差、医疗条件简陋、广大农村缺少妇幼保健医生等，常有产妇和婴儿病亡现象发生。针对这些情况，党和政府非常重视妇幼保健工作，积极号召："注意保护母亲和婴儿的健康。"1947年10月，县政府委托天婴产院妇产科医生闫国秀开办了第一期助产训练班，1948年4月结业12人，成为本县妇幼保健队伍的首批骨干力量。1948年12月，由县医院接受省助产学校的委托，举办了第二期助产训练班，学制为一年。1949年12月毕业21人，多数学员分配到本县各区政府任卫生助理员兼助产士业务，成为本县开展农村妇幼卫生工作的基础力量。

3.对疫情的防控与传染病的防治。民主政府成立后，开始重视传染病的防治工作。天花是危害群众生命健康最为严重的传染病。1948年春，县政府组织公私医务人员，实行定期检疫和预防宣传。县政府在财政困难的情况下，积极筹款购买牛痘疫苗，组织医务人员下农村免费施种。

1947年7月至12月，东北很多地区陆续发生了鼠疫。据不完全统计，各地死亡总计2万余人，损失估计超过百亿元以上，为此，东北行政委员会于1948年1月20日向各省（市）、专署、县政府发布了关于1948年防疫工作的指示。

解放后，党和政府发动群众开展卫生清扫活动。1948年3月，以县长田澍为主任委员，组成"县卫生委员会"，制定卫生奖惩办法，开展了卫生清扫运动月等活动。一年搞几次突击清扫活动，并进行检查评比。

二、文化事业

中国共产党在创建东北解放区的初期，就把文化建设确定为建设解放区的五大任务（支持战争、土地改革、政权建设、经济建设、文化建设）之一。富锦的文化事业，为宣传党的政策、土地改革、支援前线等起到了积极的作用。

（一）群众教育馆

群众教育馆于1949年4月5日对外正式开馆，馆舍为伪街公所的楼房。群众教育馆有职工4人，馆内设有工人夜校、图书阅览室和游艺室。工人夜校开办两个班，一个叫文化班，一个叫识字班，共有学员93人。工人夜校开设的课程有政治常识、音乐、历史、地理、识字等。图书阅览室里有政治、文学等图书937册，有《东北日报》《合江日报》《庄稼人报》《新富锦报》等十多种报纸。游艺室有几种棋类。阅览室和游艺室每天约有百多人次在此活动。1949年5月9日，群众教育馆与工会共同组建了职工业余剧团，剧团有团员59人。

（二）影院

1946年秋，政府所属的利民公司投资承办了富锦电影院。影院地址在北二道街路南，有400个座席。利民公司在兴山（今鹤岗）东北电影制片厂购买了日本产罗拉三号配套电影放映机2台。电影院有工作人员34人。富锦电影院于1946年12月开始放映电影，上映的影片大部分是旧社会遗留下来的。不久，上映了一些苏联的原版片，原版片没有配音，影院只好采用插话、解说、打字幕的辅助方式配合放映，来帮助观众看懂电影。在富锦电影院，上映最早的彩色影片是苏联阅兵，上映最早的国产纪录片是《民主东北》（1—5集）。1948年5月，富锦电影院上映了第一部国产艺术片《留下他打老蒋》。同年9月，上映了故事片《白毛女》，此片仅两天就上映了24场，观众达3万多人次。

（三）剧团

1.德凤大舞台。1946年2月，有德凤大舞台开业演出，来演出者为佳木斯春华戏院的20多名艺人，演出的剧目有《珍珠衫》《桃花庵》《杜十娘》《四郎探母》《武家坡》等。1947年7月，戏院由公安局接管。1948年，公安局派专人到戏院整顿。1949年，戏院由公安局交给群众教育馆领导。此时，戏院有演职人员48人，每月平均演戏60出，大部分是传统剧目，有时演出东北书店出版的剧目，观众感到很新鲜，上座率很高。

2.爱克斯剧团。1945年9月，富锦大同盟和富锦青年会的一些人士发起组织一个剧团。关于剧团的名称，大家意见不统一，提出了很多名字都觉不合心意。有人提出就叫X剧团吧，大家觉得很新鲜，X剧团就这样叫开了。剧团地址在正大街东段路南（后来的第四小学校位置）。剧团成立后，得到大同盟的支持，一些活动经费由大同盟支付。该剧团演出质量较高，经常活动在富锦县内。1946年初，中共富锦地委在德凤大舞台召开全军大会，该团进行了慰问演出。1946年2月，爱克斯剧团更名为富锦剧社，社址设在德凤大舞台北楼。此时，剧团接受了一些进步思想，演唱了《流亡三部曲》《黄河谣》《军民要合作》等歌曲，还有话剧《夜半歌声》等剧目。6月，在参军参政大动员的高潮中，该剧团大部分成员到外地参加了革命，剧团也就解散了。

3.晨光剧团。晨光剧团成立于1945年12月，团址设在正大街西段。演出剧场在德凤大舞台和北二道街的电影院，该剧团在富锦影响也较大。1946年6月，中共富锦中心县委宣传部长刘德本将老根据地的剧本《粮食》交给该团，演出后很受观众欢迎。以后又演出了话剧《三江好》《放下你的鞭子》及陕北歌剧《兄弟开荒》等，更受群众欢迎。1946年4月，富锦县民主政府接管了晨光剧团。6月，该团改编为合江军区第四支队政治部宣传队。7月，全队人员调到东北军政大学学习。1947年初，由军政大学调往东北军区艺术学校深造。3月，成立合江军区部队宣传队，全员调往军区宣传队工作。5月，该宣传队编入中国人民解放军野战文工团。

4.富锦地区文工团。富锦地区文工团于1946年12月成立。成员有从东北大学调来的，有从富锦联中学生中录取的，还有从外县调来的，共有24人。文工团组建后，经过一个多月的学习和训练，在县政府礼堂彩排，在德凤大舞台举行首场演出。富锦地区文工团不仅在剧场演出，还走上街头演出秧歌、歌剧等。这是一支革命的文艺团体。1947年秋，富锦地区文工团改编为合江军区第三（富锦）军分区政治部宣传队。为配合土地改革运动的深入进行，宣传队从富锦城出发，前往太平川、向阳川、二龙山、乐业等乡村巡回演出。10月下旬，宣传队开始排演著名歌剧《白毛女》。县委县政府非常重视排演工作，将敌伪财产中的绸缎、裘皮衣料等拨给了宣传队做戏装，电业局为演出的剧场添加新的电线路，并安装了配电盘。经过15天的排练，歌剧《白毛女》在电影院的舞台上演出了，受到广大观众的欢迎。1947年12月，合江省委决定，为了加强鲁迅文工团的工作，撤销富锦地区文工团，除保留一部分同志在富锦搞文化工作外，大部分演职员并入合江鲁迅文工团。合江鲁迅文工团是1947年5月成立的。

（四）书店

"土改"时期，富锦县民主政府没收了资本家的文新书局。1947年3月，在文新书局旧址建立了富锦县东北书店。东北书店设有贩卖部、阅览室、印刷部等，共有职员12人。东北书店的业务包括出售图书（含学校课本的发行）、文具，代售《东北日报》《合江日报》《农民报》，兼搞印刷业务。

第十一节　中共党的组织由地下转为公开，党员队伍不断扩大，进步群团组织相继建立

一、党组织由秘密转为公开，党员队伍不断扩大

在中央东北局和合江省（工委）委的领导下，在民主建政和土地改革中，富锦中心县委及富锦县委不断吸收了积极分子加入了中国共产党。

1946年开始至1948年2月，在剿匪和"土改"中，建党工作及发展党员工作都是在秘密进行的。党在这个时期发展党员，是采取积极、慎重、个别发展的方针。1946年，富锦县城和农村的各区相继建立起区委组织，并发展了一些党员，成立了一些党的基层组织——党支部或党小组。

1948年3月，党在群众中公开了。党的组织领导和党员名单都在一定的会议上作了公布。共产党在群众中公开后，吸收党员是采取自愿报名、组织批准的方式。11月，党中央对东北地区的建党工作作出了指示。根据中央的指示，在吸收党员的方式上，将"自报公议"明确为"党决定和批准"，即由支部大会决定，党委批准。

公开建党后，党员和基层党组织发展很快。至1949年9月，全县有共产党员5 093人，有基层党支部354个，其中农村党支部307个（占自然屯总数的76%），工厂党支部9个，机关党支部38个。

二、富锦的青年进步组织

1.东北民主青年联盟富锦联中支部。除了发展党组织和党员

外，建立青年先进群众组织也是共产党的一项重要任务。1947年夏，哈尔滨市等地先后建立了东北民主青年联盟，简称东北民青，这是共产党领导下的革命青年的先进组织。富锦联合中学校的民青组织，经中共富锦中心县委决定，9月由富锦联中的党总支直接领导建立。处于秘密状态下的民青组织，在学校党总支的领导下，盟员们积极带头开展学习和各项宣传活动，参加政府组织的群众工作，动员学生们走出校门，参军参战，支援前线。1947年底，学校有盟员77人。这个组织在学校对团结和教育广大同学起到了很大的作用，成为学校党组织领导学生的骨干力量。

2.新民主主义青年团组织在富锦的建立。1948年11月6日，富锦中心县委派出建团工作队到富锦联中组建新民主主义青年团。首先在学校建立了青年团筹委会，然后动员愿意加入青年团的青年报名。报名的青年学生有200余人，最后校团筹委会批准了55人入团。11月28日，新民主主义青年团富锦联中团支部正式成立。这是富锦县最早建立的青年团支部。

1949年3月29日，县委决定成立了中国新民主主义青年团富锦县筹备委员会。团县筹委会按照团章草案的规定，先后在县政府、纸厂、东北贸易公司、税务局、教师联合会、东北银行、铁工厂、文化馆、公安局等单位建立了团支部。9月，团县筹委会分成两个组下乡建团。到首届团代会召开时，全县已建立团支部110个，有共青团员2 421人。

三、妇女团体

富锦县民主政府成立后，于1946年下设有妇女会，妇女会负责全县城乡各区的妇女工作，领导她们开展活动。

1948年3月，富锦县召开妇女代表大会。会上，改妇女会为民主妇女联合会，简称妇联。大会民主选举产生了10人组成的富锦县民主妇女联合会第一届执委会。广大妇女提高了社会地位，解放思想，积极参加社会活动，移风易俗，宣传党的政策，参加"土改"斗争，提高了政治觉悟，在大生产运动中，涌现出大批妇女劳动模范。

四、工人团体

1946年6月，中共富锦中心县委建立民运工作团，民运工作团负责领导县城的工人运动工作。1947年春，富锦县总工会成立。县委设立工委会，直接领导工运工作。工委会主任由县委书记兼任。1947年7月，富锦县召开了第一次工人代表大会，出席会议代表100余人，代表全县33个分会，1 348名会员。会议民主选举产生了9人组成的富锦县总工会第一届执委会，弓蔼茹当选为总工会主席。会议总结了前段工作，并动员全体会员，要积极投身到伟大的"土改"运动中去。

五、农民团体

1946年夏，全县各村都建立了农民协会，简称农会。农会的任务是，团结贫雇农、中农及农村一切反对封建的积极分子，遵照党的政策、法令，有步骤地实行反封建的社会改革，保护农民利益。农会是土地改革队伍的主要组织形式和执行机构。农会设有主任、副主任、组织委员、宣传委员、武装委员、锄奸委员等。随着"土改"运动的深入发展，农会又增加了妇女委员、生产委员和分果实委员。

农会在打击封建势力、斗争土豪劣绅、平分土地、支援前线等各方面，都发挥了重要作用。农村建政后，农会的职权划归村政权行使，农会组织自然取消。

第七章 社会主义革命和建设时期的经济建设和社会发展

（1949年10月—1976年10月）

1949年10月1日，毛泽东主席在天安门城楼上向全世界宣布：中华人民共和国中央人民政府今天成立了！新中国的成立，标志着人民当家作主的新社会的开始，这个新社会是新民主主义社会。到1956年，提前完成了第一个五年计划的主要指标和基本完成了社会主义改造的任务，建立了以全民所有制和集体所有制为主要形式的社会主义制度，中国进入了社会主义的初级阶段。富锦人民响应党中央的号召，在县委、县政府的领导下，自力更生，艰苦奋斗，勤劳为公，齐心奉献，各条战线在社会主义的道路上曲折前进。

第一节 党组织的发展和管理体制的变化

一、各级党组织的建设

新中国成立后，党组织逐渐扩大，党的工作机构不断增加。1949年10月，富锦从县到区、村建立了党的组织机构，各村都有党小组、党支部，全县有党支部365个，其中农村党支部307个。

1950年4月，县增设纪律检查委员会，纪检委书记由县委书记兼任。全县各行各业也都建立了党的组织机构。人民公社化之后，全县各公社都设立了党委机构。

新中国成立后到1976年，富锦共召开了六届党的代表大会。中共富锦县第一届代表大会于1951年12月21日召开，会议正式代表267名，列席代表54人。会议选举产生了中共富锦县第一届委员会，由11名委员组成。中共富锦县第六届党代表会于1976年1月20日召开，会议有正式代表663人。会议选举中共富锦县第六届委员会，县委委员35人，常委13人。

二、党员队伍的扩大

新中国成立后，发展新党员严格审查成分、品行表现，健全手续制度。1956年，富锦的共产党员增加到6 203人。1958年，全县党员队伍发展到7 280人。1964年，绥滨从富锦划出建县后，富锦县党员总数为4 565人。1966年5月，富锦党员总数为6 432人。至1976年10月，全县党员总数达9 108人。

三、基层政权、基层选举与人民代表大会

根据省委指示，富锦从1950年2月开始了基层选举，基层选举即意味着基层政权建设工作的加强。历时50多天，进行了全县选民的审查和宣传教育工作，完成了基层政权建设。全县行政村和街都建立了村和街政府。

根据中央精神，富锦于1953年5月15日成立了选举委员会，培训了336名普选工作干部，开始了第一次基层普选工作。至1966年，全县共进行了6次基层选举工作。

第一届基层选举于1953年12月17日开始。全县有14个乡区，一个城区（富锦城区），一个直辖镇（绥滨镇），174个

行政村，共划分176个选区，至1954年2月7日结束。全县共有选民109 399人，参加选举91 973人，占选民总数84.07%。选举产生人民代表283人，各阶层、各民族都有一定代表名额。第二届基层选举于1956年9月开始，选举产生县人民代表189人。第三届基层选举于1958年开始，选举产生县人民代表207人。第四届基层选举于1960年11月开始，选举产生县人民代表191人。第五届基层选举于1963年3月开始，选举产生县人民代表193人。第六届基层选举于1966年3月开始，选举时绥滨划出，当时全县15个乡镇参选选民91 012人，选举产生县人民代表197人。

1950年1月20日，富锦召开了各界人民代表大会，参加会议代表196人。1951年2月27日，富锦县各界人民代表大会召开，大会代表178人。县劳动模范列席了会议。

1953年《中华人民共和国全国人民代表大会及地方各级人民代表大会选举法》颁布。1954年3月25日，富锦召开了第一届由基层普选产生的人民代表大会，代表总数165人。会议主要议程为：贯彻党和国家过渡时期总路线，总结政府工作，选举县长、副县长、法院院长等。到1966年，富锦共召开了六届人民代表大会。1966年4月8日，召开了富锦县第六届人民代表大会，代表总数191人，主要议程：听取人民委员会工作报告、1965年财政决算和1966年财政预算报告、法院工作报告，选举县长、副县长、法院院长、22名人民委员会委员。

四、体制的变化

1954年8月，松江、黑龙江两省合并为黑龙江省，同时成立合江地区行政专员公署，简称合江行署，驻地佳木斯市。富锦县属合江行署管辖。

新中国成立初期，富锦县辖162个行政村，405个自然屯。1956年4月实行并区划乡，将全县170个行政村划为11个区、2个镇、35个乡，区公所为县人民委员会派出机构，负责领导所辖乡。乡设人民委员会，编制3至5人。1956年10月，撤销10个区公所（保留同江区公所），原区公所驻地为中心乡，负责领导片内其他乡。中心乡编制与原区公所基本相同。

1958年，陆续撤销德福等18个乡和中心乡领导职责，由县直接领导乡镇。1958年9月，全县实现人民公社，成立了14个政社合一的人民公社。公社设管理委员会，管理委员会下设管理区（相当于行政村），管区下设生产队。

1955年3月，富锦县人民政府改为县人民委员会。1955年11月根据省文件精神，决定将农村区政府改称区公所，原绥滨区政府改称绥滨镇人民委员会。

1967年5月，成立了富锦县革命委员会，简称县革委会。富锦县革委会下设办公室、政治工作委员会、人民武装委员会、生产委员会、群众工作委员会。随之，各系统、公社也相继成立了革命委员会。

第二节 政治运动的开展

一、镇压反革命运动

新中国成立之初，国民党反动残余势力活动猖獗。1950年10月，党中央提出了坚决镇压反革命的指示。镇压的对象是土匪、恶霸、特务、反动党团骨干、反动会道门头子等方面的反革命分子。

1951年3月，富锦县大张旗鼓地开展了镇压反革命运动，成立了"清委会"。在这次镇反运动中，富锦共逮捕反革命分子64人，其中伪满特务21人，恶霸18人，国民党土匪11名，反动党团骨干4人，反动会道门头子10人。根据"首恶必办、胁从不问、立功受奖"的政策，清委会对这些反革命分子的处理是死刑及死缓22人，有期判刑36人，交群众管制4人，释放2人。镇反运动巩固了新生的民主政权，保证了抗美援朝和经济建设的顺利进行。

二、抗美援朝，保家卫国

1950年6月，朝鲜战争爆发。8月起，美国飞机多次侵入中国领空进行侦察和轰炸。10月，美军越过三八线，并继续向中朝边境的鸭绿江进犯。面对这种形势，中共中央根据朝鲜的请求，作出了抗美援朝、保家卫国的决策。

1950年11月1日，松江省委号召各县动员一切力量支援抗美援朝的伟大斗争，决定富锦县扩兵640名。中共富锦县委为了提高广大干部思想政治觉悟，举办了区干部冬训班，至1951年3月止，共办了38期班，轮训了1 452名干部。经过培训普遍提高了广大干部对抗美援朝保家卫国的思想认识，征兵、后勤工作顺利进行。经过1个月的思想动员，全县青壮年农民纷纷报名。县委在1 726名报名青年中挑选出860人，机关干部有500多人报名，批准15人。1950年11月开始，富锦中学前后有50余人参加中国人民志愿军。12月末，富锦县组成担架大队，由代理县长李丙吾带队开赴朝鲜前线。富锦先后有994人参军参战，572人参加基层干部担架队，26人参加志愿担架队。富锦的父老乡亲们忙着做炒面、晒干菜、做军鞋，给志愿军伤员补衣服、洗衣服、洗被褥，为军属代种代耕。富锦建立了抗美援朝战勤医院，院部下设3个所，设500

张床位，接收伤员千余人。富锦籍的志愿军战士有80多人壮烈牺牲在朝鲜战场。

三、"三反""五反"运动

1951年冬，在国家机关、国营经济部门和企事业单位开展了"反对贪污、反对浪费、反对官僚主义"的"三反"运动。

富锦县委根据上级部署成立了"三反节约委员会"，领导全县机关开展"三反运动"，采取领导摸底与群众揭发相结合，斗争与查证相结合的办法，坚持"贪污分子一律退赃款，必退必返"的政策。运动揭露了大量违法事实，打击了贪污盗窃分子和蜕化变质分子，教育了广大干部，纯洁了国家机关，密切了政府与人民群众的联系，增强了机关内部工作纪律和工作效率。

1951年12月，根据上级部署开展了"五反"运动。五反即反行贿、反偷税漏税、反盗骗国家财产、反偷工减料、反盗窃国家经济情报。1952年2月中旬至4月下旬50多天里，在城区工商业中挖出有"五毒"行为的137户。"五反"的政策是"过去从宽、现在从严，多数从宽、少数从严，坦白从宽、抗拒从严"。根据政策重点处理违法资本家27人和贪污的国家工作人员17人。

四、整风运动与反右斗争

1957年4月，中共中央发出了《关于整风运动》的指示，决定在全党重新进行一次普遍的深入的以反对官僚主义、宗派主义、主观主义为内容的整风运动。1957年11月开始，富锦在城镇85个单位开展整风运动。1958年1月18日，960名农村中小学教师集中到县城参加整风，全县城乡参加整风人数为6 530名，占全县职工的87%。

整风运动对于改进党的工作，加强党和群众的联系，有积极意义。但在一些大城市里有极少数人，借着整风反对共产党的领导，攻击社会主义制度，一些地方还发生了少数人闹事的事件。面对这种情况，中共中央发出了《关于组织力量准备反击右派分子进攻的指示》，于是在全国开展了大规模的反右派运动。

1958年2月3日，富锦参加整风的单位转入到反右派的斗争中。5月8日，富锦县在反右斗争中揪出106名"右派分子"。其中"极右分子"6人，3人被判刑，7人开除公职劳教，72人送农村监督劳动，13人留用察看，1人撤职另行分配，3人降职降级，7人免于处分。

五、"大跃进"运动

1958年5月，中共八届二中全会召开。会议提出了"鼓足干劲，力争上游，多快好省地建设社会主义"的总路线，力图在探索我国建设社会主义的道路上打开一个新局面。"大跃进"运动迅速在全国轰轰烈烈开展起来。

六、社会主义教育运动

1962年在党的八届十中全会上，提出要在实际工作中进行社会主义教育。1965年7月下旬，在合江地区社会主义教育总团的领导下，全县农村1 065个单位、城镇216个单位全部进驻社会主义教育工作队。8月，发动群众揭发问题，边揭发，边整理，边核实，边立案。领导与群众背对背核实问题，自己自我检查。1966年5月末，社会主义教育运动结束。

七、备战备荒为人民

随着中苏矛盾的加深，中央提出备战、备荒、为人民。1969年珍宝岛事件发生后，富锦对民兵组织进行大整顿，团长和政委由县武装部长和政委兼任，全县组建12个武装基干营，下设14个连，还有通讯、炮兵分队。各公社普遍建立战备储备粮制度，叫社队机动粮，由生产队管理使用。8月，富锦城乡开始土武器试制工作，并全面开展战斗村建设。城乡中学开展军事训练，并按民兵编制编班。城里中学的各班叫"排"，学年为"连"，学校为"营"。富锦的战备工作受到上级重视，沈阳军区总后勤部在沙岗村召开现场会，介绍富锦战备经验。

八、知识青年上山下乡

1968年冬至1977年秋，根据中央指示，全国开展了轰轰烈烈的知识青年上山下乡运动。

富锦县委成立了知青办公室，负责知青工作。各系统在农村设立了知青点。在富锦地区农村和农场插队落户的知青有杭州来的、北京来的、哈尔滨来的、富锦城里来的。杭州知青共有1 018人，1969年春来到富锦，分别在二龙山、永福、富民、大榆树、头林、兴隆岗、西安等7个公社插队落户。北京知青和哈尔滨知青在建三江农场落户。在富锦农村插队落户的，大多数是富锦城里的知青。

1968年冬，富锦一中的三届初中和高中毕业生（1966、1967、1968届）符合下乡条件的，很快迁移了户口、粮食关系，下乡到了知青点。在富锦，最后一批下乡的是1977届的高中毕业生。

第三节 农村经济的初步发展

一、初级合作社、高级合作社、人民公社

"土改"后，实现了耕者有其田。由于各户的生产工具和生产能力不足，出现了自愿结合的互助组。新中国成立后，富锦农业经历了初级合作社、高级合作社和人民公社的发展过程。

1.初级合作社。初级合作社简称初级社，是在互助合作的基础上，依据自愿互利的原则，组织起来的生产组织。其特点是土地、车马、农具入股统一经营、使用，年终分红时，土地、车马、农具代价要扣除，其余实行按劳分配。社员入社退社自由。

1953年12月，中共中央发布《关于农业生产合作的决议》。决议规定在农业社会主义改造方面，要按照自愿、互助的原则，采取逐年前进的办法。第一步，组织带有社会主义萌芽性质的互助组。第二步，组织土地入股、统一经营的半社会主义性质的农业生产合作社。第三步，组织大型的完全社会主义性质的高级农业合作社。此前富锦已建成143个合作社。在中央《决议》的指导下，1954年秋全县又建了414个新社，入社农户14 725户。但高潮之后，合作社出现了问题，出现了部分农民要求退社的现象。为此，县委多次召开不同形式的会议，肯定成绩，找出问题，分析原因，采取措施，进行整顿巩固工作。

2.高级合作社。1955年秋，中共中央召开了七届六中全会，作出《关于农业合作化问题的决议》。县委学习了会议精神，批判了在农业合作化问题上的右倾思想，在全县范围掀起了合作化运动高潮。这时的合作社还属初级社，当年全县有512个初级社，参加户数为14 221户，土地1 197 615亩。1955年富锦在四合

村试办高级合作社（简称高级社）。这是在初级社基础上，建立起来的社会主义集体经济组织。全村104户村民全部入社，社员土地无代价转归集体所有，牲畜、农具作价以股金形式为高级社收买，按"各尽所能、按劳分配"原则分配，社队两级管理，实行统一经营、核算和分配。1956年全县成立188个高级社，参加农户为38 962户，土地3 621 100亩；农业劳动力55 426人，比新中国成立时的43 883人增加了11 543人，畜力27 597头（匹），比新中国成立时的20 963头（匹）增加了6 634头（匹）。至此，富锦农业率先完成了社会主义改造，迈开了从个体经济走向集体经济第一步。当年全县粮豆总产26 864万斤，比1949年增加5 079万斤，提前一年完成第一个五年计划主要指标。

3.农村人民公社。1958年，在"总路线""大跃进"的推动下，富锦农村的高级社并成人民公社。全县共成立14个人民公社，入社农户39 808户，农业人口193 310人。在管理体制上，实行公社、管理区、生产队三级管理和公社、管理区两级核算制度。一个公社辖若干个管理区，管理区即原来的行政村及所属自然屯。由于"共产风"的影响，一切强调统一领导，公社有权上调管理区的土地、劳力、农具和生产资料，甚至调动财产、物资，在分配上实行供给制和工资制相结合；取消了自留地，压缩了社员家庭副业；各地大办集体食堂，实行"吃饭不要钱"。这种做法超出了现实经济条件和可能，后来就停办了。1962年，《农村人民公社工作条例》（即"农村60条"）发布，纠正了错误做法，基本核算单位下放到生产队，实行了"三级所有、队为基础"，明确了生产队的财产所有权与生产自主权，恢复和扩大了自留地与家庭副业，调整了生产规模，除将原过渡到省、县基地的54个管理区135个生产队全都恢复原有体制外，在全县范围内调整了社队规模。人民公社由15个增加到20个，原168个管区改为341个生产大队，原501个生产队调整为998个。每个生产队由过去平均120户减少到41户，使之更有利于生产。

二、农业耕地

新中国成立后富锦耕地面积不断扩大。1950年全县耕地面积2 085 645亩。1951年后，国营富锦拖拉机站建立后，农村实行机械开荒。1953年，国家实行免征3年开荒税的政策。同年，建起七星岗农场，使用拖拉机开垦东部荒原，同时接收山东、河南移民来富锦开荒建点。1956年，在乐业乡（现属同江）进行移民新村勘测，建青年庄3个。年底全县耕地面积达2 673 720亩。1959年，同江、乐业、三村3个公社划归抚远，富锦耕地自然减少。受连续灾害的影响，1961年全县耕地面积减少到1 579 920亩。1963年，耕地面积到达1 737 420亩。1964年，绥滨设县，与富锦县分开，富锦有耕地1 350 116亩，农业人口人均耕地8亩。

三、主要粮食作物

新中国成立后，富锦农业生产水平迅速提高，粮食作物主要有小麦、高粱、谷子、玉米、大豆、水稻等。

1.小麦。1950年，小麦种植面积418 890亩，平均亩产138斤。1960年，种植259 095亩，亩产114斤。1965年，种植278 340亩，亩产184斤。1970年，种植472 177亩，亩产228斤。1976年，种植450 674亩，亩产240斤。

2.玉米（俗称苞米）。玉米是粮食作物中产量较高的作物。1950年，种植面积450 420亩。1955年，种植384 915亩，1963年达413 610亩。

3.大豆。新中国成立后，大豆种植面积迅速扩大。1950年，全县大豆种植面积672 165亩。1955年，种植985 425亩。

4.谷子。1950年，种植面积232 335亩，亩产134斤。1955年种，植233 685亩，亩产218斤。1960年，102 240亩，亩产42斤。1965年，169 605亩，亩产212斤。1976年，216 911亩，166斤。

5.高粱。1950年，种植面积160 590亩，亩产270斤。1955年，种植171 915亩，亩产276斤。1960年，种植145 215亩，亩产44斤。1965年，种植101 025亩，亩产226斤。1970年，种植112 461亩，亩产230斤。1976年，种植96 148亩，亩产264斤。

四、农业机具

1950年推广新式农具346台。1952年5月，利民铁工厂接收5台"火犁"和进口苏联的木壳脱谷机，建立了富锦县联合脱谷机站。富锦从1954年始，使用从苏联和东欧进口的拖拉机，配带3铧犁、5铧犁、圆盘耙、播种机、镇压器等农具。1955年推广综合铲趟机5 950台，又自制播种、整地、铲趟等工具2 200多台。1960年，上街基大户良种场首先使用国产东方红—54型链轨拖拉机。

到了20世纪60年代，各公社成立了机耕队。机耕队的任务就是对各村进行适时地整地和脱谷。1970年前后，各公社的机耕队拥有六七台东方红链轨拖拉机，还有一些附属的农机具，如五铧犁、耙、脱谷机等，实现了对各村的翻地、耙地、脱谷等作业。

五、林业

1951年，县苗圃迁至城南，占地1 200亩。1955年，育苗139亩。树种有杨树、榆树、水曲柳、果树、红松、落叶松、樟子松等，供各地造林用。1960年，开始了营造国有林。1966年，群众育苗613亩。1974年，苗圃改为杨树良种繁育场，主要培育"小黑杨""北京605杨""斯大林工作者杨""小青黑杨""白城2号杨"等,种条不但满足本县需要,而且还支援邻县。1975年,在原苗圃防护林中选出优秀单株"富锦一号杨",经几年繁殖被省确定为推广品种。1976年在太东、石硅山林场造落叶松、樟子松人工林1 709亩。

1.富锦机械林场。1960年2月建场,总面积544 670亩,其中天然林53 790亩,从1960年开始造林,主要以落叶松、樟子松、水曲柳为主。其中落叶松与水曲柳混交林著称全省。

2.石硅山林场。1962年春建场,经营富锦县东沟里段家窑石硅山一带的天然林,故取名石硅山林场,面积约225 000亩。1963年,从双鸭山招收青年33人当工人。1964年,造樟子松2 000亩,成林300亩。1965年春,经地区决定把林场搬迁到乌尔古力山,场部设在砚山小河子沟口,仍沿用石硅山原场名。1966年开始造林,以落叶松、樟子松为主要树种,全场面积57 000亩。

3.工农林场。1965年4月建于别拉音子山,育苗地45亩。1966年,开始造林,以落叶松、樟子松为主,林场工人主要来自社队。1973年,全场面积74 205亩,天然林34 655亩,人工林4 245亩,宜林荒山28 275亩。

4.东风岗林场。1972年建场,场区在兴隆岗公社南部荒原上,育苗面积105亩。1974年,场部迁至磨盘林子(原长春汽车制造厂农场)。1976年经省正式划界,批准土地利用范围为227 250亩。现有职工2 117人,干部7人,是本县机械最多的林场。

六、畜牧业

1950年3月15日,正式成立国营家畜诊所。1951年家畜诊所改为富锦县家畜防疫所。1952年,将防疫所改为畜牧兽医技术指导所,下设防疫组、畜牧组和兽医院。1954年撤销技术指导所,成立县畜牧兽医总站，区设畜牧畜牧兽医站2处，兽医所7处。1958年总站与县肉禽收购站合并为富锦畜牧生产服务总站。1959年8月改为县畜牧局。

在农村，各个生产队都有个叫"马号"的地方，它是集队部、马棚、牛圈、仓库等为一体的院落。在马号的马棚和牛圈里饲养着大量的马牛，这些马牛的数量必须满足本生产队耕地和拉车的需要。此外，猪、鸡、鸭、鹅等都是各家自己养殖。

七、水产业

富锦地区一江七河，分布各地的大小泡沼400多处。水域中有鲤鱼、鲫鱼、草鱼、白鲢、花鲢、青根、白鱼、鳡花、鳖花、版黄、鲶鱼、泥鳅鱼、老头鱼等。

1.渔业生产。1951年以前为个体捕捞，其后成立互助组77个。1957年成立高级渔业生产合作社4个、互助组71个，外有农业生产队79个，参加渔民户为1 874户，尚有个体渔户54家。1958年，渔民户全部加入高级社。1960年，全县从事渔业生产的有2 200户，渔民6 523人。1964年绥滨建县后，富锦渔民户为770户，渔民1 102人。富锦镇有富强、东方红、五星、富兴等4个渔业生产大队，西安公社渔场大队，大榆树公社有长发岗、永兴渔业生产队。此外还有108个渔农结合的捕鱼队（组）。1972年，全县只有92个捕鱼队。

2.水产养殖。1957年，县水产技术推广站开始普遍培训养鱼技术人员，总结推广先进技术。1959年富锦成立了鱼种场，几经撤建，至1970年始建立更名为富锦县水产苗种场。1960年，省决定在本县成立黑龙江省水产养殖场，即蜿蜒河水产养殖场，下设7个分场。1966年，全县养殖水面300亩。1976年，养殖水面317亩。

八、水利工程

（一）防洪排涝工程

1953—1954年，富锦完成了松花江堤加高加厚工程，修建了25条排水主干线。1956年汛期，富锦遇到新中国成立后最大的洪水水位60.57米，全县出动近4万名劳力，宝清、集贤县民工前来支援，顶风冒雨在210千米的堤段上，守护了20多天，保护了富锦、绥滨400多个村屯和210万亩耕地。1957年，富锦加强了防洪工程建设，复堤土200万立方米。除本县组织15 000民工外，地区又派宝清、集贤、桦川、依兰4县5 950民工支援富锦修堤。汛期最高水位超1956年2厘米。抢险阶段，富锦上堤人数增加到21 000人。合江地区又组织勃利县、集贤县、二九一农场等13 962人来富锦支援抗洪。松花江左右两岸完成土方1 021 871立方米。1960年，完成了城镇护坡、险堤培高加厚、重点维修、逐段加固等工程，组织1 200人在80千米堤上整修，完成土方95 915立方米。在60年代和70年代，松花江大堤经常维修加固，到1975年时达到防御1960年最高水位的标准。

为防御七星河水泛滥和双鸭山、集贤等地客水侵入，富锦于1950—1953年维修加固了由花马洪洲村至择林永太全长36 230米长的堤防，保护二道、长安、择林等乡的20万亩农田。

在农村，70年代的冬季，几乎年年修水利。1974年为防止双鸭山、集贤的砭石河、小黄河等客水侵入，富锦修筑兴隆坝，长36千米。

（二）灌溉工程

新中国成立后，富锦种植水稻，采取上游来水拦蓄自流灌溉、小型水库蓄水、小塘坝蓄水灌溉等措施。1956年后，建了一些电力抽水站、小型泵站和机电井。

1.红旗灌溉站。渠首工程于1956年1月规划设计，3月动工，当年受益。设计能力灌溉水稻3万亩，总流量4.4立方米/秒。干渠1条，长4.9千米；支渠3条，长10.91千米；斗渠21条，总长23千米。装泵6台，开机3台，装机容量465千瓦。1956年，灌溉水稻2.1万亩。

2.红卫灌溉站。1970年，由花马、西安、二道岗三公社联合兴建。1971年渠首施工，1973年末完工。安装水泵6台，总流量为8.52立方米/秒，干渠长7 300米，设计灌溉水田5万亩。1976年初灌溉水田1 100亩。

3.嘎尔当排灌站。1960年3月破土动工，设计能力灌溉面积18.8万亩，排涝30.5万亩。1962年停建。

4.小库塘小抽水站。1956年始修小型库塘，共有德祥、凤山、花马、六合堂、小河子6处。1957年开始建小型抽水站。1965年择林西付、马鞍山大队试打五眼电井成功，开始用水泵提水。

第四节　自然灾害中的自救与奋斗

20世纪60年代初，中国连续3年发生自然灾害，粮食减产，加上中苏关系恶化，中国还要清苏联贷款，人民生活处于极其困难时期，老百姓称之为"挨饿的年代"，富锦农村每人每天只有3两粮。在党和政府的领导下，富锦人民自力更生，艰苦自救，想方设法渡难关。

一、连续自然灾害，造成粮食紧缺

1959年7月，富锦农村大面积发生小麦赤霉病。9月15日，入库小麦4 824吨，赤霉病0.5%以上的占62.7%，有3 024吨。经查农村尚有未购进的24 176吨，其中赤霉病0.5%以上的占72%，大量小麦不能食用，严重影响生产和生活。麦收季节，连降大雨，洼地麦垛被淹；封冻后在冰上割黄豆，长安公社的六合、复兴、义泰、万安、贡玉、忠厚、盖州被水淹，由政府妥善安排迁移他乡。1960年春涝，多雨低温，春摆地56.2万亩，秋涝地44.5万亩，占当年播种面积31.4%。粮食平均亩产40.5公斤，总产量4.5万吨。8月31日，松花江富锦段水位达61.02米，超过历史最高水位，江堤虽未决口，但仍有1 290垧坝外地被淹。1962年春，大旱。全县123.7万亩农田受灾，小麦37.4万亩，占小麦种植面积97.8%，平均亩产仅60斤。

1960年是本县粮食经济最困难的一年。1月，粮食局派20名干部赴省内各县筹集晚田种子，完成收购3 142吨种子，解决了春耕种子不足问题。全县共有劳动力食堂743处（城镇134处），就餐人数76 326人。90%食堂伙食"低标准、瓜菜代"。城市居民粮食标准一压再压，一般居民每月每人26斤，中学生30斤，儿童18斤，豆油每人每月2两，副食品更缺。春节城镇居民每人供应2两肉，2两油。农村口粮、种子、饲料等都严重不足。每人每天只有3两粮，人与牲畜争口粮，豆饼、麸糠皆为稀罕物。

二、艰苦奋斗越难关

冬天里，农村把高粱秸秆瓤、苞米棒瓤磨成粉，做干粮吃，吃得人们大肠干燥。还有很多吃苞米叶淀粉的，即把苞米叶用水煮烂了，然后用洗衣板搓，搓下来的东西黏糊糊的，这就是当时人们所说的淀粉，用这种淀粉蒸出来的干粮是黑红色的，吃起来粘牙。开春，人们漫山遍野挖野菜、撸榆树钱、摘椴树叶等，把这些东西掺点玉米面，攥成团蒸着吃。这就算较好的食品了。为了节省些吃的，家家做饭按定量下米，分着吃，甚至把一天三顿饭改为两顿饭。

夏锄时，农村出现了严重的粮荒。1960年夏，县委在花马公社召开推广"代食品"生产技术现场会。全县行动起来，玉米秆、苞米瓤等粉碎后成为"人造淀粉"；中学组织学生采柞树叶，粉碎后掺入食品中，甜菜渣、豆腐渣成了高级代食品，后来还搞出了"人造肉"等代食品。长期的"瓜菜代"，使多地人们营养不良。

1960年富锦粮食继续大幅度减产，征购粮不足。为了保证农业生产，富锦粮食部门连续三年安排了3.3万吨农村返销粮。

为了解决粮食、副食等不够的问题，各乡纷纷组织搞副业，例如成立打鱼队等。1961年县粮食局去佳木斯、齐齐哈尔地区组织代食品甜菜渣子货源，调入富锦3 000吨甜菜渣，给农村社员食用，缓解大食堂粮食不足。

1961年10月，富锦县委根据中央八字方针开始纠正"大跃进"以来的"高估产、高指标、高征购"的浮夸风。采取了定购包干办法征购粮。粮食订购一律按粮田面积和正常年景量核实定购任务，完成定购任务后余粮归生产队自己处理，多产多留，多劳多吃。遇有灾害年，在留够种子、保证社员口粮和马料最低需要前提下，国家酌情核减定购任务。城郊纯粮队按农村公社办法定购，半菜农队，粮食分别核定，粮食余者购，缺者补。当年粮食紧张，完成定购任务后仅能维持低标准，勉强维持生产生活。本县根据《农村人民公社条例》允许鼓励社员发展家庭副业生产，进一步有领导、有计划地组织农村集市贸易，农村集市贸易迅速发展。

富锦一些企事业单位为补充职工口粮和副食品供应，开荒建立自给性农场或副食品生产基地，有156个单位开垦荒地

10 971垧，缓解了集体食堂粮食危机，解决了职工家庭吃饭问题。

第五节　电力、交通、邮电的发展

一、电力

发电厂1951年前为电业公司，1963年厂房由新中国成立初期的412平方米扩建为5 120平方米。有160千瓦发电机组2台，240千瓦发电机组1台，各种规格变压器65台，总容量为438.5千伏安，总发电量为183万度。1958年秋，省拨1台1 200千瓦旧发电机组，半年后完成修复安装，1959年5月正式运转发电。至此，电厂共有4台机组，总容量为1 760千瓦，基本满足县城工农业生产和民居照明用电。1963年后，又陆续增设1 500千瓦机组2台，3 000千瓦机组1台，扩建了厂房，同时拆除日伪时期遗留下的旧烟囱和3号机组。1974年成立电业科，属政企合一。

新中国成立后，富锦的电力迅速发展，城里机关、学校、民居逐步普及了电灯照明。除了城郊外，农村最早通电是1961年，这年上街基公社和平大队、嘎尔当大队通了电。1966年，农村大办电业，向东部大榆树、向阳川、富民3个公社供电，共架线50千米。1968年，向东延伸至二龙山公社，向东延伸至南太平川、砚山、头林公社，向西延伸至西安公社，共架线60千米。全年，农电建设达10千伏安，供电线路130千米。1969年，向长安、花马公社供电，架线70千米。平均每年有10个大队通电，平均每年架10千伏安供电线25.5千米。至1970年，全县有11个乡91个村屯通电。各公社农村大面积通电，是在70年代。

二、交通

1.修建公路。1953年,省交通厅批准改建富锦至福利屯的第一条干线公路,分期施工,1956年竣工。3年内完成了富锦境内全长58千米的三级公路修建工程,保证了晴雨通车。1966年,富锦养路段发明了马拉撒沙机、路肩剪草机,全省在富锦召开了养路机械化现场会。1972年,富锦始铺简易渣油路,从二中北大门起西至合发桥铺15千米,以后逐年由二龙山向西至锦山延伸。

1952年,富锦运输站成立。1953年,省里拨给富锦运输站两台进口"斯克达"客车,富锦始有定型客车。1956年,成立养路段,隶属交通科,辖道班5个。至60年代富锦结束了敞车运客的历史。1962年,开通了宝清、饶河、抚远的货运线路。1970年,富锦至同江客运通车。1972年3月,省粮食局决定在富锦成立省粮食战备汽车大队七中队,4月27日正式成立。

2.修建福前铁路。1973年富锦、集贤、友谊三个县、场相邀分别向省交通厅报请,在三江平原腹地修建一条铁路,以利开发三江,建三江国营农场也从农垦系统向上报请。1974年3月,国务院办公会议决定批准修建这条福前(福利屯至前进农场)支农铁路。

接着,省、地、县三级相继建立起修建铁路的指挥组织,人员都是从原编制抽出不另设编。富锦县设铁路民兵团,各公社建立16个民兵连,统一由县铁路民兵团指挥施工,主要是运土修路基。

1974年8月中旬的一天,富锦民兵团组织了十几个人从宿营地出发去漂筏河一带路段踏察。

1975年2月,从桦南、佳木斯、桦川、汤原、勃利、宝清、同江、依兰、集贤、富锦、七台河、双鸭山、鹤岗等14个市县调来男女青年民工12 000余人，陆续开进工地。同时，由哈尔滨铁路局从四个分局（哈尔滨、牡丹江、佳木斯、绥化）内以及太原、郑州、成都、昆明、贵阳和铁道部第一、二、三、四、五工程局分别调入1 000多名党政业务干部和4 000多名不同工种的工人，组建成线路两个队、房建两个队和电务队、机务队、车务队、桥梁队等九个一线施工单位，组建了指挥部各科室和一些后勤服务部门，在此线上奋战。

1975年4月正式铺轨。铺轨时除一台铺轨机外，枕木、钢轨、配件的运输全靠人抬肩扛，有不少地段是泥泞沼泽，车辆进不去，大家发扬"一不怕苦，二不怕死"的精神，硬是把材料抬到路基上。

修建这条铁路，共从外地调运沙石2 000万立方米，修建大中小桥（涵）140余座。这条铁路总耗资1.29亿人民币，全部由铁道部投资兴建。铁路全长（福利屯——前进镇）226.6千米，14个车站，其中富锦为三等站，金沙岗、升昌、红兴隆、新友谊、二道岗、向阳川、双龙山、建三江、换新天、前进镇为四等站，志四方、石坊为五等站。

3.水上运输。富锦设有客、货运码头，为哈尔滨至抚远客运中转站；货运由富锦发往苏联港。1956年，成立地方国营富锦县航运公司，属松花江航运公司管理。两艘客轮往返于绥滨、绥东运送旅客。其后逐年增加货船、拖轮。1957年，运输柴草社和航运合作社合并，成立了富锦航运合作社，后改为富锦第一航运公司。1958年，本县水上运输机动货船增至8艘，并有木制驳船12只，帆船79条，客轮2艘。1969年，富锦地方航运管理分站成立，属合江管理站和富锦县交通科领导，统一货源、调度、结算。

三、邮电

1952年，富锦县邮电局在绥滨镇、同江镇、二龙山乡设支局，在长安、花马、西安、恒山、大榆树、上街基、向阳川、绥东、连生、集贤（江北）等分设10个代办所。1956年，每乡设1名乡邮员。

1954年，富锦邮路总长522千米，其中自行车邮路482千米，步行92千米。1960年，有邮政自行车8辆，1971年增至36辆。1960年，富锦始有汽车邮路，当年开辟汽车邮路319千米。

新中国成立初期，富锦城内电话容量为100门，安装电话95台。1957年，富锦有电报机一台，长途电话交换机1台25门，无线电台1门。1957年有农村电话交换点10处。1960年，有长途载波终端机2台。1966年以后，各公社均建立了电话交换点。至1960年，富锦电话机总数为369台。

1970年，富锦邮局分为邮政局和电信局，电信局实行军事管制。1973年，邮政局和电信局合并为邮电局。

第六节　工业经济的发展

一、手工业

新中国成立初期富锦有手工业320户，从业600人。50年代初，根据省"统筹兼顾、全面安排"的方针，于1952年首先在绥滨镇和二龙山各成立一个铁工小组，车炉业组织了铁木农具社；铧炉和修理业组织成修理社，刃器炉业组织了刃器二社；白铁业组织了白铁社。同时，在西安、向阳川、绥东、绥滨各乡镇原来的个体手工业者组织了铁工合作社。

1955年10月6日，为了加强对手工业生产的领导，县委、县政府决定成立手工业生产联社，并成立手工业联社党委。

1956年，富锦在进行社会主义改造的高潮中，全县手工业493户，1 326个手工业者全部组织起来，成立54个合作社，全县工业总产值达247.7万元，比1955年增长42.7%。

在"大跃进"浪潮的冲击下，县里提出"全民大办工厂、土洋并举，由土到洋，以土为主，大中小结合，以小为主"的口号，仅6个月就办起了3 000余家小型工厂，但大多经济效益都较差。

二、机械工业

1.柴油机厂。1951年，利民铁工厂（原新华铁工厂集体手工业）建烘炉车间，安装20马力气力机，大量生产犁铧、大锅、将联合号铲趟机改制成综合号铲趟机。效能大大超过原来的联合号，综合号铲趟机以后由省统一调拨。1955年，试制了"万国""纳齐"拖拉机用气缸盖。1956年研制"热特"气缸盖，工厂改名农具机械厂。1957年生产金属切割机床，其后这个厂又生产水车（解放式）农用水泵、镇压器。是年厂名改为地方国营富锦农具机械厂，隶属于县政府工业科。1958年5月1日，富锦县农具机械厂改名为地方国营富锦县机械厂。

机械工业在1958年发展得很快。这年机械厂生产25马力柴油机46台，25马力拖拉机3台。在缺乏资料和设备的情况下，厂里技术人员和工人试制成功"松花江—3号"轮式拖拉机，产品送省展览，之后，被选送北京参加五一劳动节检阅活动。这一年还开发了万能打稻机、动力锄草机、万能粉碎机、制米机、水泵、小闷罐车床等。本年国营企业职工2 868人，产值为1 183.8万元。

1964年，机械厂自筹资金扩大生产，制造出1 678台综合铲趟机，为北京双乔农机供应站生产58 100件农具配件，为外市县制造大型碳化塔三套。由本厂技术人员研制十轴镗眼专机、1.6米土立车、车冷确箱专机、双面铣、四头镗床等专用设备。碳化塔出厂后，深受用户好评。60年代后，技术力量大增，改造更新了许多设备和新产品，车间装了行走吊车，淘汰了旧设备，扩大了生产规模。后来，厂里开发生产X2 105型和X4 105型柴油机。1969年，厂名改为地方国营富锦柴油机厂。

2.拖拉机配件厂。1960年5月，成立合江地区富锦拖拉机配件厂，由合江地区直接管理，设机加、修理、锻焊、铸造等车间，配有大修专用设备24台、铸压设备3台，生产的农机配件有气缸筒、摇臂轴、铧子等。工厂1962年交由富锦管理。

3.造船厂。1959年成立富锦地方国营造船厂。当年冬，在没有图纸、没有技术工程人员的情况下，造船厂自己设计造出第一艘铁机船。1965年，富锦富强渔场和五星渔场开始制造铁质机船和驳船，并对外承接加工业务。1967年至1985年，共制造各类船只134艘，造价过亿元。经省航务局质检验收合格，被评为全省造船业较好的13家企业之一。

4.起重设备厂。1966年5月，建立起重设备厂，由原电机厂改建，试产7.5KW电机。1968年试制TU（2T）电动葫芦，1969年更名富锦县起重设备厂。1970年，批量生产电动葫芦100台，用于各式起重机动力装置，由第一机械工业部统一调拨。1973年，开发新产品CP—1型2T、3T、5T系列电动葫芦，年产200台。1975年生产系列电动葫芦400台。

5.农机修造厂。1969年，成立富锦县农机修造厂为柴油机厂生产配件。

6.脱谷机厂。脱谷机厂建于1972年，由白铁社和钢铁厂工人合建。仿制T1—500型脱谷机，年产脱谷机150台，产品由省农机局包销。1976年始，为X2105—5型柴油机生产油箱、消声器支架、油门拉杆等13种配件。

三、轻工业

1.制粉厂。新中国成立时，富锦制粉厂隶属富锦县企业公司，自1950年起，松江省富锦制粉厂、地方国营富锦制粉厂分别隶属省工业厅。1954年6月，省工业厅将各市县制粉厂移交给省粮食厅。1955年3月，富锦县粮食局接收制粉厂，厂名为富锦县制粉厂。1961年制粉厂重新改建，至70年代年产标粉19 500吨以上，超过现存设备生产能力。

2.制米厂。1952年富锦县建米厂。从资本家手中接过的旧厂、旧设备，经过改造后，设有高粱米、玉米车间，后来又建了大米车间，年加工量5 264吨。

3.制油厂。1950年，富锦将4个油米厂合并成一个制油厂。1955年，县制油厂归地方粮食部门统一经营管理。1975年12月，易地建新厂，占地18 000平方米，建筑面积2 134平方米，车间736平方米。1976年1月正式投产，日处理大豆24吨。

4.面条厂。1966年1月，粮食系统创办面条加工厂，年生产549吨，隶属于城镇粮食管理所。1976年，改为集体经济，独立核算，自负盈亏。以后产量不断提高，至1976年年产达1 787吨。

5.曲酒厂。曲酒厂前身为富锦县制酒厂。1957年，时年产白酒400吨。1959年增设啤酒车间年产啤酒200—300吨。1974年试制成功"卧虎泉曲酒"，当年产100吨。以优质红高粱，配稻壳及辅料长期发酵制成，浓香型。

6.啤酒厂。1971年，啤酒车间从曲酒厂分出，成立富锦县啤酒厂。

7.印刷厂。印刷厂于新中国成立前成立，1957年扩大规模，有哈尔滨制造印刷机5台，设排版、印刷、彩印和装订车间，有铸字机、制版设备，产品为文字印刷、彩色印刷、商标表册等。

8. 针织厂。1974年，县委决定原地方国营富锦被服厂转产，筹建富锦县针织厂，经1年筹建，于1975年正式投产。设有针（编）织、染整、裁剪、成衣、检质、印花6个车间和锅炉组、电工组。针织厂年产200万件各类型棉毛和腈纶衣裤及汗衫、背心等。

9. 卷烟厂。1974年县委决定筹建卷烟厂。当时有职工30人，设备为木制土卷烟机，全为手工操作。其后陆续试制，购进压梗机、切丝机、综合式卷烟机等设备。

四、化工、冶金、采矿

（一）富锦"两矿一厂"的建立与停产

1970年4月，富锦县委常委扩大会议研究落实备战、备荒、为人民的要求，决定办"小三厂"（小钢厂、小煤矿、小化肥）。决定在集贤县福利屯建钢铁厂，在集贤县名曰干滴溜山的地方建铁矿，在七台河缸窑沟建煤矿。为此，县里成立了专门负责这两矿一厂的钢铁指挥部。

1970年5月17日，富锦钢铁厂挂牌成立。国家投入资金180多万元，设计能力年产生铁5 000吨，实际产量为2 500—3 000吨。在县内各大工厂抽调部分技术骨干，并招用280多名下乡知青当工人，从此拉开了钢铁大会战的序幕。经过3个多月的艰苦奋斗，1970年9月25日，钢厂流出了第一炉铁水。

1970年8月，成立铁矿，招用230多名工人。矿址在山顶，吃用等一切物资全靠一台东方红链轨车挂斗运送。9月份，指挥部决定修盘山路。交通局负责施工，调动5个公社1 000多名民工参加。9月末，全程25千米的盘山道修成了。10月1日国庆节那天，高山铁矿正式通车。1971年的10月，终因铁矿石含铁量太低，成本过高，地区指挥部宣布铁矿下马。

1971年4月，县里决定在七台河缸窑沟建富锦煤矿，建矿工作很顺利，仅4个月时间就达日产煤20吨。1973年6月，中央下发煤矿关停并转文件，煤矿停产。

（二）化肥厂

1970年10月8日，省化工局批准富锦革委会投资551万元建立化肥厂。1976年试车生产，设计年产3 000吨合成氨。因原料每吨976元，第二年年增至1 844元，导致成本过高，亏损严重，加上技术差、浪费严重等原因，1978年7月，县委决定化肥厂停产。

第七节　财贸战线的发展

一、国营商业

1949年10月，县人民政府成立了工商科。县城有地方国营商业网点，百货一商店、百货二商店、百货三商店、百货四商店（设绥滨镇百货公司）隶属于县工商科，设门市部一处，经营布匹等日用百货数百个品种，年销售额200余万元。1952年后，机构陆续扩大，人员相继增多。1953年后，公司有7个零售门市部，职工223人，年销售额906万元。

1950年，富锦县增设煤业建筑器材公司（煤建公司）隶属工商科，主要负责煤炭、石油、木材、建材物资供应管理，公司下设煤场、油库和木材储运站。

1951年1月10日，富锦工商会更名为工商联合会。6月1日修改制定了《工商联合会（暂行）章程》，除规定宣传人民政府经济政策，监督工商遵守政府的各项政策、法令、协商劳资关系外，还把协助政府完成税收及战勤等为重要内容。2月，富锦县贯彻执行《工商非法行为取缔暂行办法》，保护一切合法的公新贸易、对扰乱市场的投机商严加取缔，打击不法行为，对繁荣市场、稳定物价起到重要作用。

1955年，收购站和屠宰场合并为食品公司，隶属于商业科，主要业务是收购生猪、牛、羊、鸡、蛋，供应城镇居民食用，公司下设屠宰加工厂，肉制品加工厂，国营一、二、三肉食店，在农村设立了17个食品收购站。本年，富锦成立水产代销公司，下设同江、绥滨、富锦三个收购商店，负责水产品营销。

1956年5月25日，为加强对私营工商业的社会主义改造，发展社会主义商业，根据省人委通知改商业科为商业局。1958年8月，商业局、服务局、水产科和县联社合并为商业局。

1957年，富锦国有商业下设了百货公司、烟酒公司、五金公司、服务公司、木材公司、蔬菜公司、医药公司等八大公司和糕点厂，隶属于商业科。1961年5月，始建县糖业烟酒公司，其前身为县食杂站，主要经营烟、酒、糖、茶、罐头、糕点、乳制品及其他副食品批发兼零售。1967年，财政、税务、粮食商供销、水产系统大合并成立"财贸委员会"，翌年春又将商业、供销、水产分出成立"生产生活服务站。"1969年，富锦百货一商店就地翻修，扩建后营业面积达2 200平方米，设1个批发部、14个部组，经营商品达6 000余种。1956年，有国营饭店4家，旅店6家，国营理发1家，国营照相2家，国营大车店3家。1976年，有国营饭店5家，国营旅店5家，国营理发1家，国营照相馆1家。

二、合营商业

1956年，私营商业实现全行业公私合营及合作化，全县合营商业网点27个，合作网点17个。全县有合营饭店4处，合作饭店9处，浆子馆1处。1958年，合作饭店并成4处。

1956年，全县有合营旅店8家，其后合营过渡到国营，网点还有6个，当年照相业公私合营后，吸收了8名学员，从业人员达20人，集体照相馆2处。理发业实现合作化，下设4个网点，集体理发店6处，每个理发工人月收入60元左右。洗浴合营后过渡为一家国营浴池，附属米面加工厂，营业尚好。

三、粮食购销与仓储

1949年12月，富锦县财政科、粮政科合并为财粮科。此前县曾设富锦县粮食公司，隶属于工商科。粮食公司下设一、二、三处粮站。1952年11月，财粮科又分设为财政科和粮食科。粮食科统一管理征粮和购粮。同年，富锦粮食公司与富锦公粮仓库合并，组成富锦县粮谷储运公司，隶属于县粮食科。1953年，富锦实行国营商业领导下的自由购销政策，11月实行粮食、植物油料统购统销。农民从此将粮食按国家规定的数量、价格交售给指定部门。1954年8月，县政府撤销粮食科及所属粮谷储运公司，成立富锦县粮食局。9月，各粮栈改为粮库，下辖富锦镇、绥滨两个粮库。1955年春，国家实行粮食"三定"，即定产、定购、定销，规定若干年不变。丰年适当增购，歉年实行减免。1956年4月，富锦各镇设立了粮食管理所。

新中国成立初期，仓库不足，有70%粮食露天保管，用秫秸、草包围堆以及散积散放，后来造了秫秸园囤，粮食基本安全。1951年，建苏式砖铁库房六栋、简易粮仓6栋，库容3 600吨。1952年底，始建富锦、绥滨、绥东三个粮库，库容11 000吨。1959年，各公社维修仓库30栋，新建粮仓22栋；增设花马、二龙山两处粮食接收点。60年代初，正式增建花马、向阳川两处国家粮库。1970年，全县有富锦、二龙山、向阳川、砚山、头林、花马、长安、西安等8个粮库。1971年，建兴隆粮库，在换新天建九〇粮库。

四、供销合作社

1949年9月，富锦县供销合作社联社（简称县联社）成立，农村供销合作社，为集体所有制。新中国成立初期，城乡有37个基层供销社。1950年，县联社设供应、推销、组检三科和秘书、财务、信用三股。1950年，全县基层供销社已发展至67个，职工350人。

1951年，为占领农村金融信用基地，抵制高利贷，全县建起了16个信用合作社，并在部分基层供销社内兴办成衣、理发、皮革等行业，各基层供销社还增设了收粮点。

1952年，为加强江北地区13个供销社的领导，县联社在绥滨镇设了办事处和2个批发部。这年城乡共有45个基层供销社，职工达到1 378人。

1954年，县联社增设手工业科，兴办了刃器、修配、麻绳、被服、白铁等生产合作社或组，同时撤销了绥滨办事处和各社收粮点。年末，共有独立核算的基层供销社46个，职工976人。

1955年，县联社第三次社员代表大会决议，调整基层供销社。基本上以区并社，由原46处，调整合并为21处。这21处是：城区、永安、砚山、头林、花马、西安、清化、大榆树、向阳川、富民、二龙山、绥滨镇、大同、绥东、忠仁、北岗、连生、福兴、集贤、同江等供销社和手工业联社，其他供销社一律改属各区的分销店。

1957年，县联社供应科改组成立生产资料日杂采购供应批发站，主要经营小铁木农具、副业工具、农药、化肥及日用杂品等。1962年，恢复采购供应批发站、贸易货栈、果品公司。三年自然灾害期间，城乡市场商品供应紧张，成立贸易货栈。

1963年，市场供应转好，撤销贸易货栈，改建果品公司，主要销售干鲜果品、调料及当地果品、干菜收购。1966年，销售额为38.2万元。

1949年，建立土产公司，主要收购鬃尾、皮张、生猪等。1955年，改组为食品公司。1957年，县联社采购科改组成立富锦县土特产品收购站。1973年，改为土特产公司，负责全县土特产品、废旧物资收购。

供销合作社通过购、销、存各业务环节组织商品流通，其主要活动范围是在农村、各基层供销社、供销部、收购站及其代购代销店。从上级业务部门（生产资料、果品公司或货栈）进货或就地收购，然后将生产、生活资料销售给广大农村农户，并将当地的农副产品和废旧收购上交有关业务部门，为其经营特点。

五、金融

1.中国人民银行富锦县支行。1951年4月1日，原东北银行富锦支行改称为中国人民银行富锦县支行，下设代管、农村信用、会计、出纳、业务、秘书等6个组，有员工86人。1952年撤销保险业务，增设计划、信贷股。1957年增设储蓄股，至此，人民银行内部机构设置基本完型。

2.中国农业银行富锦县支行。1955年11月，正式成立农业银行。原人民银行所属农村营业所、信用社全部移交给农业银行。富锦支行内设人秘、会计、农金、信用合作、国企等5个股，包括基层营业所，共有职工84人。1956年下半年撤销农行，全部业务并入人民银行。1964年又恢复农行机构。1965年10月再次撤销农行机构，并入人民银行。直到1980年，又恢复农行机构。

3.中国人民建设银行富锦县支行。1956年始设中国人民建设银行富锦办事处。1972年，建设银行富锦办事处更名为中国人民建设银行富锦县支行。

4.银行基层办事处营业所。1951年4月，在绥滨设银行营业所一处。1953—1954年，又增设二龙山、同江、花马营业所。至1956年，基层营业所有绥滨、二龙山、同江、花马、绥东、二九〇、长安、砚山、大榆树等9处。1958年，农村营业所发展到15处。1964年恢复农行机构，人民银行只保留向阳川、花马两处营业所，其余移交给农行。1969年后，先后在七星25团、大兴57团、前进60团、换新天61团、看今朝62团建立5处人民银行营业所。1971年兵团建立六师支行（建三江支行）、5处农场营业所划归建三江支行。1974年建三江支行撤销，改组为中国人民银行富锦支行建三江办事处，下属5个农场基层营业所。

5.农村信用合作社。1951年起，首先在富锦供销社办起第一个"信用部"。到1953年末发展4个信用社和4个信用部。1956年，全县有36处信用合作社，开展农村存款贷款业务，各生产大队还建了信用社，代办信用社的存取业务。1958年，实行基层银行营业所与信用社合署办公。

6.保险公司。富锦县保险公司始建于1952年10月，之前保险业务由人民银行代理。1958年，停办国内保险业务，县保险公司撤销。

六、财政

1952年，原财粮科改称富锦县人民政府财政科。1958年税务、保险并入财政科，改组为县财务局。1961年税务分出独立。"文化大革命"时期，税务再次并入财政局。1968年设"财贸革委会"下置"财税革委会"。1970年至1971年又改称县革命委员会财政金融科，1972年财政、税务、金融机构分开，恢复财政科建制。

新中国成立后，地方财政由新中国成立前的"自收自支"走上由省"统收统支"。1951年中央人民政府颁布《财政预算暂行条例》。1953年实行"统一领导，分级管理"的财政制度，本县由"供给财政"转向建设财政。富锦财政体制，先后经历多次变革，第一次1950—1953年，省对县实行"统收统支"体制。地方财政的收支计划由省核批，年终决算短支，由省补助，结余转下年纳入收入计划。第二次1954—1958年，省对县实行"统一领导，分级管理，多种比例分成"的办法。第三次，1959—1967年，省对县实行"收支挂钩，总额分成一年一定"的办法，年终决算时按比例留县，收入及上解省财政。第四次，1968年又实行"统收统支体制，是年县财政上解省324.8万元。第五次，1969—1972年，又恢复"收支挂钩，总额分成，一年一定"办法。第六次，1973—1975年，实行"固定比例分成，一年一定"的办法。第七次，1976—1979年还用"收支挂钩，总额分成，一年一定"的办法。

1951年，国家颁布《财政预决算暂行条例》，划分各级财政职权范围，实行中央、省、县三级预算管理建立县一级财政，始正式编制县财政预算。1953年以来按"发展经济、保障供给"财政方针，"统一领导，分级管理"和"增加生产，开辟财源，厉行节约，统筹安排，收支平衡，略有节余"等原则，按事业发展需要与地方财力编制年预算，建立健全了县财政预算管理制度。"文化大革命"期间，亏损企业增多，连年短收超支。

七、税务

新中国成立初，撤销合江第三税务分局，改组为富锦县税务局，除了同江、绥滨二处税务所，又增设二龙山税务所一处。税务局设直税、货税、地方税、计划、会计等5个股。1958年，税务与财政合并，改组为县财政局，设税政股。1961年财税又分开，恢复县税务局。1966年财税再次合并，基层税务所合部撤销，改由税务干部包公社，征收各税。1972年，重新恢复税务局机构，局内设秘书股、税政一股、税政二股和计划股，下设二龙山、大榆树、砚山、花马、城关5处税务所。

1950年贯彻《全国税政实施要则》，本县开征的有货物、工商、印花、交易、屠宰、特种消费行为、车船牌照等7种税，不久又开征棉纱统销税。

1953年后，贯彻执行"保证税收，简化税制"原则，取消特种消费行为税，征文化娱乐税，执行"公私企业区别对待，繁简不同"原则，富锦开征9种税。1954年，富锦县城开始征收城市房地产税。1956—1958年，试行工商统一税，将商品流通、货物、营业、印花等4税合一，调整税率，简化征税办法。1961年，富锦进一步调整农税负担，税率由19%调降至13.5%，附加由12%降至10%。1962年，农业税附加收入实行三级比例分成，即省二成、专区三成、县五成。

1963年，工商所得税实行"区别对待，区别计征"的新规定，农业税征实行"春定任务、分期征收、秋定减免、年终结算"的办法。

1973年，按照《中华人民共和国工商税条例草案》富锦开征的有：工商税、工商所得税、屠宰税、房地产税、车船使用牌照税、牲畜交易税及集市交易税等。

八、粮食供应

（一）农村基本口粮

农村基本口粮，又称农村居民基本粮食保障线或农村居民最低粮食保障量，是指中国农村地区在人民公社时期，农村居民规定的最低基本粮食供应量。富锦县农村公社基本口粮分配方法，一般是按照人口年龄分等划杠。为了保证劳动力有足够的口粮，一线劳动力可多留一些。1958—1978年的20年间，富锦县农业人口平均口粮的数量，每年人均口粮为229公斤。其中60年代人均为206公斤，70年代为256公斤。富锦县农村基本口粮一般为原粮，别称皮粮，碾磨皮粮，除去糠麸，一般能出70%—80%的米（成品粮）如遇灾年，粮食籽粒不饱满，出品率就要低得多。原粮中又以小麦最为金贵，年人均分配30—40公斤。好年头，小麦丰收，可人均60斤，最多者上百斤。玉米、谷子、高粱、大豆（黄豆）则根据队里种植情况分配，或同其他大队、生产队串换调剂。水稻不多见。马铃薯（土豆）、绿豆、红小豆、饭豆等杂粮，社员需在生产队分给的自留地或房前屋后的园子里种植。粮食歉收时，全大队或生产队粮食分配出现低于基本口粮标准，社员就要购买由当地政府拨给的返销粮。1960—1962年，全县许多农村社员还尝试过"瓜菜代"，以解口粮不足。

（二）城镇供应粮

1.居民粮油供应。1953年12月，根据政务院命令，富锦县每人每月供应成品粮15公斤、食用油5市两，用粮总数填写在《居民粮油供应证》上。机关、团体、企事业单位食堂，按户口常住人口数，造册报粮食供应股审批。中学食堂，定量每人17.5公斤。此供应办法因漏洞很多，致使粮食超销。1955年8月25日，国务院发布《市镇粮食定量供应暂行办法》。同年9月30日，黑龙江省人民委员会制定《黑龙江省市镇粮食定量供应实施细则》。10月，富锦县执行省定居民口粮标准：特重体力劳动者：一级29公斤，二级27公斤，三级25公斤；重体力劳动者：一级23.5公斤，二级22公斤，三级20.5公斤；轻体力劳动者：一级19公斤，二级17.5公斤，三级16公斤，四级14.5公斤；机关、团体工作人员、职员、店员、其他脑力劳动者：一级16公斤，二级15公斤，三级14.25公斤；大中学生一级18公斤，二级17公斤，三级16公斤；一般居民：一级14.25公斤，二级13.5公斤；儿童：12周岁13公斤，8岁以下降一岁减1公斤，1周岁4公斤，不满周岁2.5公斤。

2.公共食堂。1958年"大跃进"开始后，富锦开始大办公共食堂，大部分居民把粮食关系迁至食堂，取消了个人口粮定量，吃大锅饭，敞开吃，不限量，浪费粮食情况十分严重，直到1961年公共食堂才停办。

3.调整口粮供应。1960年至1962年，由于农业连续受灾，黑龙江省根据中央指示精神，采取了3项措施：一是动员城镇人口上山下乡，减少城镇人口，减少粮食销量。二是各类工种、居民口粮定量普遍降低1.25公斤，最多降低2.5公斤，调整了各类工种定量水平，重点保证特重工种和儿童定量不变。三是省粮食厅下达了《加强市镇粮油供应管理的规定》，对各用粮户实行包干供应。富锦县口粮月人均实销水平由13.5公斤减少到11.7公斤。同时，黑龙江省委动员城镇人民6月至10月份每人每月节约1公斤粮，由粮食部门发给定期粮票，待11月新粮入库后再补还。由于城镇降低了粮食和食油供应标准，加上副食品和蔬菜不足，不得不搞一些代食品充饥，人们的体质普遍虚弱，有些人发生浮肿等疾病。

4.恢复口粮供应。1964年，农业丰收，粮食形势好转，富锦县城镇口粮恢复到1955年的水平。1966—1976年，富锦县吃商品粮人口和口粮销量持续增加。1975年，黑龙江省全面推广辽宁省旅大市管理粮食的经验，把职工基本口粮定到户，一律为15公斤，本县人月定量水平下降0.15公斤。至1978年，本县一直实行按人按月定量供应粮食。城镇居民凭《富锦县城镇居民粮油供应证》，在指定粮店购买粮油。公社职工户则持《富锦县非农业人口粮油供应证》到当地供销社或粮库、粮管所购买。

5.粗细粮供应标准。统销初期，对每月所供应的粗细粮没有统一规定标准，基本是任意选购。因当时吃商品粮人口少，细粮粮源比较充足，细粮比例一般达到40%—50%。自1955年口粮实行以人定量供应后，全省统一规定了粗细粮供应标准，对粗细粮品种实行在口粮定量内限量供应，但不同时期供应标准又有所不同，丰收年细粮多些，歉收年细粮少些。一般粮店供应品种较全，有高粱米、小米、玉米碴、玉米面、面粉、大米、小豆、绿豆，有的县还有高粱米面、大米面、荞麦面和其他杂粮。春节期间，县城还供应黄米面。居民细粮的供应标准：面粉4公斤、大米0.5公斤。每逢国庆节、春节等重要节日还另增面粉1—2.5公斤，大米0.5—1公斤。由于城镇粮食供应受粮食加工品种的影响，粮食供应品种变化较大，特别是富锦县受全省、全国粮食形势所左右，收购入库的秋粮每年必须上缴国家一部分，支援关内缺粮省市。待关内夏粮收购后，国家再调给黑龙江省部分。因此，就得临时确定"品种搭配，有啥吃啥"的方针，粗细粮时多时少，品种比例变动频繁。

6.粮油供应价格。富锦县六七十年代"职工户"粮油供应品种、价格、定量为：标准面粉，0.185元/市斤，每月每人2市斤，新年、端午节、国庆节、春节，每月每人5市斤；大米0.185元/市斤，平常月份没有，新年、端午节、国庆节、春节，每月每人1市斤；玉米碴子0.090元/市斤，不限量；玉米面0.095元/市斤，不限量；高粱米0.050元/市斤，不限量；小米0.070元/市斤，一般供应老人、孕妇。食用油（大豆油）0.80元/市斤，每人每月0.2市斤，新年、端午节、国庆节、春节，每人每月0.5市斤。饭店、食堂就餐和商店购买点心时，需用粮票。本省用黑龙江省地方粮票，出省则需全国通用粮票（每10市斤粮票扣1市两食油）。单位领导、驾驶员、采购员、外调人员等外出时必须先到粮店

"起"粮票。大中专学生升学、青年参军、居民迁移县外、调转工作到县外者,还要办理粮食关系转迁。

第八节 城乡建设

一、农村住房

从新中国成立到20世纪70年代,农村居住的基本是土草房。顾名思义,土草房即土墙草盖的房。土草房的墙大多是用土坯砌成的,还有用拉克辫(用茅草和泥拧成辫子型,人们称之为拉克辫)垒成的,四周墙的内外墙壁用泥抹上墙皮。土草房的房盖都是用在草甸子打来的人们叫"大叶薹""小叶薹""三棱草"等茅草或者芦苇苫成的。所建造房屋一般是2间或3间起脊的正房,3间房的中间一般为厨房(俗称外屋),东西两间各为居室。

1959年,全县农村居民住宅58 138间,建筑面积466 483万平方米,户均1.15间,人均居住面积为2.34平方米。1962年,县主管建设部门对全县东西两大片的大榆树、永福、二龙山、富民、择林、向阳川、二道岗、花马等8个人民公社的农村住宅建设情况进行典型调查,其结果表明农村社员居住户均1.2间,人均建筑面积为4.97平方米。其居住形式:独门独户者占40.2%,一屋二户占30.7%,一屋三户占16.66%,住对面炕的占12.37%。另据向阳川公社的典型调查,尚有占3.66%者仍住着窨子和马架子。

二、城镇住房

新中国成立后,县城居民以住公产房为多。至1958年,公产房为247 912平方米。由县房产管理处负责经营管理公产房、改造经租房、私产房及其他房产。至1978年,县房产部门直管住宅房屋尚有84 751平方米。1956年，私营房产实行社会主义改造后，私有房主对自住房只搞改造。没有住房的居民也不自己新建，期待国家分配住房，享受低租制。富锦县城居民公产房租金30年未调增，平均每平方米0.078 4元。扒坑、抹墙、掏烟囱等小修小补小钱一般由租者自行负责；苫房盖、固山墙、换门窗等大修大补大钱则由县房产维修队负责。公产住宅房屋基本是平房，一般为一屋两户，少部分一屋三户，也有住对面炕和几代人同居一室的。1959年，全县城镇居民住宅面积为263 673平方米（其中私产房191 247平方米），人均居住面积2.21平方米。1963年后，县房产部门开始用收取的房屋租金（主要是0.36元/平方米的公用房产租金），在维修改造老旧公产住宅房屋的同时，又新建了住宅房屋。有些年份县财政也投资资金，通过房产部门或机关单位新建住宅房屋。20世纪70年代至80年代，是县城住房最紧张的时期。

进入70年代，一部分房产公房开始实行不收租金，租户自修自住。一些单位建了家属宿舍，租户便可迁出房产公产房，再安排无房户。而普通居民、单位无力建职工家属宿舍的，只能一直住着房产公产房。全县机关、企业、事业单位开始建设职工住房，作为福利分配给职工，建设资金绝大部分来源于各级财政或企事业单位自筹。同时，个人也开始投资建设住宅房屋。1978年，国家提出解决城镇居民住房问题要充分发挥国家、地方、企业、职工个人四方积极性，个人建房有了较快发展。全县机关、企事业单位采取"自建公助""公建民助""公家投资职工包干"等方式，组织职工自建住宅。70年代末，县城居民人均居住面积为3.5平方米，砖木结构占26.5%，土草结构占73.5%。

三、收入分配

（一）农民集体劳动所得

富锦县土地制度改革完成后，党和政府及时引导广大翻身农民走互助合作、集体化的道路。1958年人民公社化后，在分配上贯彻"各尽所能，按劳分配"原则，广大农民从集体经济中获得了比较稳定的收益。

1.农业生产互助组收益分配。各农户有充分的自主权，生产的农副产品全部归农户所有和支配。1952年，全县互助组人均分配93.80元；1953年，全县互助组人均分配73.60元。

2.初级农业生产合作社收益分配。以年终的生产成果和社员投工和投入的生产资料多少进行实物和现金分配。1954年，全县初级农业生产合作社人均分配76.30元；1955年，全县初级农业生产合作社人均分配74.60元。

3.高级农业生产合作社收益分配。坚持国家、集体和社员三者利益兼顾和按劳分配的原则。按规定缴纳农业税，偿还到期的农业贷款，按政策规定留足公积金、公益金和下年的生产费后，剩余部分的实物和现金按照社员出勤天数或实作劳动工分进行分配。1956年，全县高级农业生产合作社人均分配74元，劳动日值1.60元。1957年，全县高级农业生产合作社人均分配132元，劳动日值1.07元。

4.农村人民公社收益分配。1958年，全县建立农村人民公社后，普遍实行了口粮供给制。此外，还实行看病、理发、洗澡、上学、看电影等免费或半费。有的公社还按人口统一平均分配毛巾、香皂、牙膏、牙刷等生活日用品。与此同时，还普遍以生产大队或以生产队为单位大办"全民食堂"，人民称之为"吃大食堂"。在食堂吃饭的人数占总人口的70%左右，1960年逐渐停办。此后，人民公社的收益分配走上正轨。基本核算单位的收益分配，每年进行一次。在可分配的总收入中，扣除已经消耗掉的生产资料（即生产费用）剩余的纯收入，向国家缴纳农业税，集体提留公共积累，余下的是社员的劳动报酬，按照社员每天出勤由记工员按照劳动项目进行工分，每个劳动项目工分有差距，实行月积累，年统计总数，并根据生产队全部纯收入按照10个工分核算为一个劳动日值。全县各生产队日值高低不等，相差悬殊。高的3块多钱，中的2块左右，低的几毛钱。有的生产队大灾年时，社员不但白白辛苦劳作一年，还要倒找队里钱。下面是全县1958—1978年社员收益分配情况表。

1958—1978年全县社员收益分配表

单位：元

年份	年人均分配	年均劳动日值
1958	57.00	/
1959	46.00	/
1960	14.90	/
1961	39.70	/
1962	51.80	0.98
1963	79.60	1.44
1964	51.70	0.97
1965	91.00	1.42
1966	111.00	1.41
1967	145.00	1.87
1968	122.00	1.51
1969	78.00	0.96
1970	116.00	1.34
1971	99.00	1.05
1972	84.00	0.97
1973	86.00	1.12
1974	114.00	1.18
1975	128.00	1.36
1976	102.00	1.06
1977	83.00	0.92
1978	115.00	1.30

（二）城镇居民收入

新中国成立以前，县（区）党、政干部和事企业单位的工人，基本上实行供给制待遇；小学教师实行半供给制，农村教师由农会给代耕1至2垧地，城镇教师部分享受供给制，部分享受薪俸制，月薪以小米为标准计算。

1.工薪分制工资制。1949年起，本县执行东北行政委员会规定的工薪分制工资制。当时工资等级规定为13等39级，另有等外5级。最低工资为40个工薪分，最高为630个工薪分。按职工所得分数，50%支付东北流通券，50%支付工薪实物券。每个工薪分值含量包括：混合粮1.63市斤，白解放布0.20市尺，豆油0.035市斤，海盐0.045市斤，煤5.5斤。每月15日前，由省财政经济计划部门，在省报上公布当月每1工薪分折算成的货币价值，职工持工薪实物券，到指定商店购买实物。1950年起不再发实物券，工薪分全部折算成现金下发。

2.实行工资制度。1956年，全国进行工资改革。取消工薪分和物价津贴制后，富锦县开始实行全国统一的工资制度。按照国务院下发的工资改革文件和地区类别、工资级别标准表，制定了具体改革方案。富锦县为四类工资区。改革定级办法是：把每个职工干部的月工薪分折合人民币，然后靠到接近的上一级工资标准。如185个工薪分的干部，每分以人民币0.21元计算，折成人民币38元，改革为二十四级，工资额为42元。全县工资改革人数为4 242人，到12月末完成了工资改革工作。改革后比改革前每人每月平均增加工资9.31元。

3.工资调整。1959年，全国职工进行一次工资调整。升级面为工业、基建、交通企业和城市公用事业单位的工人30%，国家机关行政工作人员10%，农业、林业、水利部门的工人和商业部门的售货员50%，其他事业单位的职工原则上不升级，个别调整的面为1%—2%。这次工资调整，于当年11月份结束。1963年，国家对全国职工的工资又进行一次调整。本次工资调整的升级面，工人与十八级以下的国家机关工作人员为40%，十级以上的行政人员一律不升级，至12月结束。实际升级3 578人，升级面占39.07%，其中：工人1 804人，升级面为34%；干部1 774人，升级面占44.5%。对调动工作后未定级的8 273人，共定814人。同时，调整了过低标准的280人，其中进入原一级的151人，达到最低等级标准的129人。本次调资后，全县工资由每人每年604元，提高到645元，年均提高7%。1971年，国家对低等职工工资进行调整，范围是1957年底以前参加工作的三级工，1960年底以前参加工作的二级工，1966年底以前参加工作的一级工和低于一级的工人以及与上述工人工作年限相同、工资等级相似的行政工作人员。1977年，再行调整职工工资，升级面是1971年底以前参加工作的一级工、1966年底以前参加工作的二级工，以及其他比照相似的职工普遍升一级，1971年底以前参加工作的其他职工（不包括十七级和相当十七级以上行政工作人员），升级面不超过40%。富锦县调资到1978年3月结束，共调整6 722人，占全县职工总数的51.6%，平均每人每月增加工资6.28元。另外，集体所有制职工有1 266人增加了工资，占所有集体所有制职工的44.1%。1978年12月27日至1979年1月15日，富锦县有2%的职工升级。实际升级252人，其中固定工250人，长期临时工2人；月增加工资额1 787.52元。在固定工升级的250人中，干部154人，占干部总人数4 881人的3.2%，副科级以上的升级33人，占副科级以上总人数328人的10%。集体所有制职工实际升级64人，月增加工资额97.80元。

第九节　卫生医疗

一、卫生医疗机构

1.县中心医院。1949年，称为富锦县人民卫生院。1950年10月，接受抗美援朝战勤医疗任务，扩建为战勤医院。人员300余人，床位500张，院部下设3个所，地方干群医疗保留门诊部1处。1952年9月，重新装备县卫生院住院处。门诊部增建病房12间，50张床位，设内科、外科、妇科、儿科。1953年春，战勤医院奉命迁往密山，县院住院处又迁回原址。至1956年，县卫生院院部下设总务、医务、防疫三个股，逐步增设内科、外科、妇科、儿科、五官科、针灸科等临床科及X光、检验、药剂等辅助科室，人员编制由53人增至75人，床位70张。1956年2月，成立县防疫站，县院撤销防疫股，改称县人民医院。1958年，与合江农垦局医院合并，改为富锦县中心医院，人员增至175人，床位增至160张。同时，扩建病房及职工宿舍956平方米。1959年，农垦医院迁往汤原。1960年，县中医院、牙科诊所并入县中心医院，相应增设中医科与口腔科，人员252人，床位150张。至1962年9月，中医院、牙科诊所经调整恢复集体所有制，又分出独立。1964年，县医院人员增加至230人，其中，卫生技术人员181人，高级占28.72%，中级占55.8%，初级占15.47%；床位增至200张，并增置十余种大型医疗器械。1967年，曾一度改称"富锦县工农兵医院"，为充实加强农村，全院先后两批近二分之一的技术骨干72人奔赴农村。至1970年，全院人员减少至170人。至1978年，医院开始走上正轨。

2.县中医院。1956年，由县城3处中医联合诊所合并组成，为集体所有制，人员38人。至1959年增至68人，其中，中医药工人员27人，中医药学员32人。1960—1962年，并入县中心医院，1962年10月，恢复集体所有制分出独立。人员41人，其中，中医药人员20人，增配西医3人，始设病床30张。1963年，人员增至56人，设普通中医科（分七个诊室）、整骨、西医等临床科，以及药房、煎药、注射、处置等辅助科室。1965年，由集体所有制过渡为国家办。1975年，人员69人，其中，中医药人员35人，西医药人员22人。1978年，人员96人，其中，中医33人，西医13人。设内科、外科、妇科、儿科、针灸科、骨伤科、肛肠科、口腔科、急诊科、中西医结合临床等科室及放射线、检验、心电超声、药剂（含中西制剂）等科室。

3.县卫生防疫站。始建于1953年，不久撤销，在县卫生院设卫生防疫股。1956年2月，从县卫生院分出，同县卫生科合署办公。人员编制10人，设卫生、防疫两个股。1958年，筹建检验室。1961年11月，省定编制17人。1963年独立，接收大、中专卫生专业毕业生8人，省站调整下派甲级卫生专业人员3人，设卫生、防疫、检验、宣教四个股（宣教后改为组）。1964年，富锦、绥滨分县后，编制减至14人（年底实有13人），其中，卫生医师3人，卫生医士6人，中医1人，检验士2人，防疫员1人。是年站址由原门诊部后院，迁至江沿船站西邻检疫所办公楼。1968—1970年，与妇幼保健站合并，人员减半。1971年，两站分开。至1978年，全站人员恢复至16人。

4.县妇幼保健站。1951—1952年，在县卫生院中设妇幼保健室，配助产士2—3人，负责全县妇幼保健工作。1953年5月，正式成立妇幼保健站，省定编5人，年底配至6人，附设于县院门诊部内。县以下有13个区妇幼保健站（附设在区卫生所中有助产士15人）。县内有私人助产所5处，农村接生站158处。

1955年贯彻《全国妇幼保健站组织试行简则》，人员增至8人，设观察床10张。

1959—1962年，同县卫生科合署办公，在"大跃进"中曾大办"农村产院和托幼机构"。1963年分出独立，编制10人，设妇保、儿保及避孕指导3个组，设简易妇科检查室，初步成为全县妇幼保健与避孕技术宣传指导中心。1971年为独立机构，至1978年未有变化。

5.口腔医院。1956年，县内6家私营牙院、镶牙社联合成立富锦县牙科诊疗所，初为14人，分镶复、治疗两部分，曾并入县中心医院，后调整转制恢复为集体所有制单位。1970年，富锦镇牙科诊所并入县牙科诊所。

6.农村医疗机构。1952年，国家办的区卫生所增至4所（绥滨、二龙山、花马、西安）。其后，由群众集资办起12处区卫生所。至1956年，绥滨卫生所改为"县第二医院"，另有区卫生所13处，人员79人，床位9张。1958年9月，建立人民公社后，绥滨卫生院及13处卫生所均改为公社卫生院。至1963年底，公社卫生院发展到20处，人员增至364人，床位80张。1964年，绥滨分县，富锦县有公社卫生院15处，人员253人，床位70张。1968年，城内医务人员充实农村安家落户，还有佳木斯中心医院来富锦28人，大都到6处中心公社卫生院。1978年，农村15个公社卫生人员增加至377人。

二、医疗政策

1.职工公费医疗。1949年4月，本县执行合江省政府《实施劳保条例暂行办法》：凡因公负伤职工的全部医疗费由该职工所属的企业负担，并付给治疗期的全部工资；因公死亡职工的丧葬费由该职工所属的企业全部负担（最多不超过本人所得的两个月工资），抚恤金由本企业加以适当照顾；因公负伤致成残疾在本企业能做其他工作或轻工作者，本企业应留用。死亡或残废职工直系亲属（父、母、妻或夫、子女）之具有工作能力者，本企业应尽力优先录用；职工本人患病及非因公负伤时的全部医疗费由所属企业负担（在指定的医院中治疗）；凡非因公积劳成疾，并妨碍劳动生产的慢性病，按现实情况进行医疗，其医疗费由本企业按情况负责全部或一部；女职工产假45天，小产在3个月以内给假15天，3个月以外给30天，均由企业行政照发原工资。1952年1月，本县工资制人员在本县公立医院挂号、医疗费用（包括特效药品）只交半价；因病住院工资照发；如因收入少，负担重，难以支付，减免医疗费后，还可享受适当的补助。1952年9月，根据国家、松江省人民政府文件规定，对党政机关、人民团体以及文化、教育、卫生、经济建设等事业单位的国家工作人员及残废军人实行公费医疗，由县属专门机关统一结算核销。1964年5月，对凡经批准到外地就医的，其往返车、船费亦予以报销。对服用营养滋补药品的范围，也做了明确规定。至1978年，以上公费医疗政策一直在执行。

2.公费医疗制度的实行。对工作人员的医疗保健起到了保障作用，但也存在费用难以控制的弊病。其原因：药价涨幅较大，各项检查费用增加，而公费医疗仍按原定水平未变，加之管理不善，一人开药，全家服用现象较普遍，造成公费医疗大量超支。

3.企业劳保医疗。1951年，国营工厂等企业开始实行职工劳动保险医疗制度。职工医药费全部报销，家属医药费报销50％。1949至1956年，对全民所有制单位职工连续病休6个月以内的按其工龄长短，发给本人标准工资的10％至100％；连续病休6个月以上的，按其工龄长短，发给本人工资的40％至60％。

从1956年1月1日起，职工病假在6个月以内，除第1个月工资照发外，其他月份，按其工龄长短，发给本人工资的70％至90％；病假超过6个月的，从第7个月起，改发本人工资的50％至80％。有重大功绩和特殊贡献者，经上级主管部门批准，可适当提高。1978年5月以前，职工因工（公）受伤时，可在指定医院免费就医。在住院治疗期间，可享受三分之二的伙食补助费，工资照发。

1978年5月以后，对因工（公）受伤致残职工的饮食起居需人扶持者，另发本人标准工资的80％作为生活费用。在实施过程中，一方面体现了职工有医疗保障的优越性，另一方面也出现药品浪费，药费超支的弊端。

三、农村合作医疗

1970年，富锦县农村兴办合作医疗，生产大队卫生所有了较大发展，全县296个生产大队办起合作医疗站284处，有赤脚医生515人。

至1978年，全县尚有大队卫生所217处，赤脚医生571人，卫生员497人，接生员280人。农村的赤脚医生都是经过培训的，他们受当地公社卫生院直接领导和医护指导，亦农亦医，解决或缓解了全县广大农村地区缺医少药的问题，在广大农村地区普及卫生知识、除"四害"、根除地方病、宣传计划生育政策等方面作出了重大贡献。

第十节　教育事业的全面发展

新中国成立后，每个时期都提出了党的教育方针，各级各类学校认真全面地贯彻执行了党的教育方针。在全面探索和建设社会主义时期，富锦县教育事业的发展走在了合江地区的前列。

一、各类教育事业的发展

（一）幼儿教育

1951年夏，县城建起第一个机关托儿所，有保育员4人，行政人员3人。1956年，机关幼儿入园220人，分为托小班、托大班和幼儿小班、幼儿中班、幼儿大班等5个班，有员工44人，其中保教人员38人，行政人员6人。

1958年，富锦县强调幼儿生活集体化，幼儿园也遍地开花，全县成立幼儿园331处，入园幼儿达10 896人。1960年，入园幼儿达12 647人。1961年，富锦县成立了幼儿教研组，负责幼儿师资的培训和幼儿园教育的指导。

1974年以后，农村规模大的学校大多办起了学前班。

（二）小学教育

1.农村小学不断发展。1950年，全县有小学342所，在校学生22 589人，教职工551人。1955年，全县有小学346所，学生21 227人，教职工782人。1960年，有小学399所，在校生37 217人，教职工1 497人。1965年，小学有307所，学生36 520人，教职工1 239人。其数量减少的原因是绥滨设县，原富锦县管辖的江北各公社小学都划归绥滨县。此时各村屯都有小学，但是大多是初级小学，即仅有一至四年级的小学。比较大的村和比较中心的村为完全小学，其他村屯的初小学生读高小（五六年级），要到附近的完全小学就学。1971年，全县有小学407所，学生46 771人，教职工951人。1975年，全县有小学467所，学生52 608人，教职工2 158人。此时，一些处于较中心位置的村和大村在小学附设了初中班，人们称之为"小学带帽初中"。

2.民办教师大量出现。由于农村小学发展速度快，正式教师明显紧缺，加上国家和地方政府拿不出更多的钱来办学校，因此，采用了大量的民办教师充实到学校的办法。民办教师成为农村教育的生力军，为农村教育事业的发展做出了贡献。

3.办学形式多种途径。办学需要校舍及教室，需要基本的设备，如桌凳（椅）、活动器材、场地等。从新中国成立至60年代末，农村和城里一些学区的办学条件满足不了教育教学的需要。为了普及小学教育，杜绝新文盲的产生，各地采取了多种形式办学，让孩子们都能读书。在农村，有巡回教学点，大多数小学为复式班，即两个以上年级学生组成一个班，进行管理和教学，有两组复式和三组复式，个别小学还有五组复式。

4.县城小学稳步发展。1966年，县城有9所小学，即富锦县第一小学至第九小学，后城里小学调整为8所。在县城，有的小学由于校舍及教室不足，采取了"二部制"方式进行教学，即把学生按年级分为两部分，上午到校上课一部分，下午到校上课一部分。

（三）中学教育

新中国成立之初，富锦仅有一所普通中学，名为富锦联合中学校，简称富锦联中，它是富锦一中的前身。1960年，全县有普通中学6所。1966年，全县有普通中学5所。1972年，全县有普通中学42所。

1.富锦第一中学。富锦一中前身最早是富锦县立中学校，成立于1927年。1950年春，学校由富锦联中更名为富锦中学校。1954年，学校更名为富锦第一中学。当时，校园地址在东大街包括今天三中、六中等地方。1958年以前，富锦第一中学是省教育厅直属学校，因此，学校冠名中没有"县"字，全称为黑龙江省富锦第一中学，后来把管理权交给了地方，校名中才冠以"县"字。

1960年，富锦一中迁移到新校址。此校址位于今天市委、市政府以东的地区，即向阳路以西、新开路以东、中央大街以北、文明街以南的地区。

1953年，富锦中学在新中国成立后的第一届高中学生毕业，仅有一个班。到1965年，富锦一中的高中共招收了38个班，初中共招收了66个班。这时期，一中都是通过中考和初考，全县择优录取高初中学生。

1967年开始，学制缩短，中学为4年，初中2年，高中2年。1967至1974年，一中每年招收6个班。1975年招收8个班，1976年招收10个班。这时期，招生基本没有正规的考试，小学毕业生大多上中学了。

2.富锦第二中学。富锦第二中学是1954年建校的，校址就是今天二中所在地。1956年，因为富锦师范要在此地再次设立，又考虑中学学区布局问题，所以将富锦二中迁往江北的绥滨镇（当时绥滨属富锦管辖）。富锦二中的冠名与富锦一中类似。这个富锦二中就是今天绥滨一中的前身。1964年，绥滨单独设县后，将富锦二中改为绥滨县第一中学。

1968年，富锦县第二中学又在富锦县城设立，校址在原富锦师范（此时富锦师范已经停办），也就是二中最初建校的地方。

3.富锦县第三中学。富锦县第三中学最早是1958年建校的，校址在向阳川公社，招生范围是富锦东部地区几个公社（包括同江，同江当时属富锦管辖）的小学毕业生，当年共招收4个班200人。1959年8月，富锦三中整体搬迁进城，并入富锦一中。1960年，一中迁入新校园（今市委、市政府以东一带），三中便在一中原校址就地再设。一中搬迁时，将初中班分给三中一部分，其中原三中学生（向阳川来的）基本都留在新三中，原三中的教师们也基本留在新三中了。因此，向阳川的三中与城里的三中就构成了直系的"血缘"关系。1958年，考入富锦三中的这批学生，在初中阶段的三个学年度里，经历了富锦三中（初一向阳川）、富锦一中（初二进城合并）、富锦三中（初三又独立设校）的过程。1961年7月，他们毕业于富锦三中，他们是富锦三中真正的首届初中毕业生。

富锦三中在1965年以前，只招收初中班。学生也是通过全县初考，择优录取的。到1965年，共有36个初中班学生在富锦三中毕业。

"文革"期间，中学学制缩短，富锦三中跟其他中学一样，改为招收4年制（初中2年，高中2年）的中学。

4.富锦县第四中学。富锦县第四中学最早是1960年在向阳川公社成立的，即今天向阳川镇中学的前身。它与今天城里的四中没有连接关系。城里的第四中学是1979年8月成立的。

5.富锦县第五中学。富锦县第五中学最早是1960年在花马公社成立的，即今天锦山镇中学的前身。它与今天城里的五中没有连接关系。富锦城里的第五中学是1989年8月成立的。

6.富锦县第六中学。富锦县第六中学最早也是1960年成立的，校址设在江北的绥东，它是由1958年成立的绥东农业中学改称而来的。1964年绥滨独立设县时，该校改为绥滨县第二中学（今仍设在绥东镇）。它与今天富锦城里的六中也没有连接关系。富锦城里的第六中学成立于1972年3月。

7.富锦县富锦镇中学。1959年为适应教育事业的发展，成立了富锦镇中学，简称富锦镇中，该校属镇办中学。1968年富锦县第二中学再次成立时，富锦镇中学并入新成立的富锦县第二中学。

8.各公社中学。50年代，由于普通中学都集中在城里办学，招生数量有限，大多农民子女不能上普通中学。为了改变这种状况，1961年在农村分设初中点。在县城南方的砚山公社，在松花江北岸的绥东公社，在县城东方的大榆树公社，均设立了初中点。这3处初中点共招生600余人。后来，这些初中点没能坚持办下去。

各公社的普通中学一般在1967年开始成立，1969年末一些公社有了首批高中毕业生。这是学制缩短后的高中毕业生。大的公社把村屯按方位分成几个片，有的片上也办起了高中班。"文化大革命"时期，农村初中的网点较多，一般都和小学在一起，或叫小学附设的初中班，称为"带帽初中"。到1976年，农村初中网点达到110多处。这时期，大有普及初中教育的趋势。但是，由于办学条件没有保证，师资不配套，而且不达标，因此教学质量难以保证。

（四）聋哑学校

1959年，为了发展特种教育事业，县民政科开办了聋哑学校。当年招1个班，学生近30人。1960年，把聋哑学校交由教育科管理。为了让学生学些技术，补充办学经费，学校办了木工厂、肥皂厂、被服加工厂等。70年代，学校一般有3个班，学生近百人，教职工15人左右。

（五）农业中学

1958年春，全县成立农业中学21所，有学生734人。农业中学的培养目标是为人民公社培养初级农业技术和管理人才，其办学形式是半耕半读，全年的时间安排是5个月学习，6个月劳动，1个月假期。课程设置有文化课和农业课，农业课有农业基础知识、农业技术、农业机械。同年，在县农科所附设农业学校。农业学校学制1年，当年招收40名学生。学生毕业后，"社来社去"。1960年，农业中学减少到9所。1964年，实行两种教育制度，即全日制的学校教育制度和半工（农）半读的学校教育制度。本年坚持办农业中学的有二龙山、砚山、头林、太平川、西安、择林等6个公社，共招收360多名学生。1965年，在富锦一中还招收了半耕半读高中班（简称耕读班）2个，学生90多名。"文化大革命"期间，农业中学都停办了。

（六）扫盲教育

解放后，党和政府重视扫盲工作。1952年，县政府成立了扫盲办公室。7月，组织621名群众教师学习"速成识字法"，训练辅导员2 000人，扫盲干部96人。1958年提出的口号是："让高山低头，让河水让路，让劳动人民做文化的主人。"在县扫盲协会的领导下，建立了32个公社扫盲协会，151个农业生产合作社的扫盲协会，共发展会员9 219人。在农村扫盲队伍中，有200多名小学教师、500多名中学生和4 000多名小学生参加教字送字活动。"文化大革命"期间，扫除青壮年文盲工作一直在抓，但效果不大。

（七）师范教育

富锦师范最早是1952年在绥滨镇成立的，全称为富锦初级师范学校。当时学校设有简师班和初师班，培养方向是小学教师。简师班招收小学毕业生，学制2年，初师班招收小学毕业生，学制3年。1954年学校停办。1956年，省教育厅再次批准设立富锦初级师范学校，校址在富锦县城第二中学的位置，同时将富锦二中迁往绥滨镇。1958年9月，学校更名为富锦师范学校，始招中师班。中师班招收初中毕业生，学制3年。1963年学校停止招生，其在校的中师班师生移交富锦一中管理。1963年，合江地区教育局决定在富锦一中设立速成师范班，简称速师班。速师班招收高中毕业生，学制一年，培养方向为小学教师。当年招收2个班，其招生范围是合江地区的各县市。1964年，在富锦一中又招收了3个速师班。1965年，合江教育局又决定在原富锦师范校址成立富锦速成师范学校，富锦一中不再招收速师班。独立设校后的富锦速成师范学校只招收了一届学生，共有6个班。1966年，学校停止招生。

1975年，经省批准在富锦设立佳木斯师范学校富锦分校，校址在原富锦师范的位置。当年招收2个专业班，一个是政治与中文专业班（简称政文班），一个是数学与物理专业班（简称数理班），共有学生93名。培养方向是中学专业教师，由佳木斯师范颁发毕业文凭。1976年，学校只招收一个班，即政文专业班。

（八）教师教育

1952年11月，富锦在县教育科成立教师进修办公室，下设25个进修辅导站。教育科教师进修办公室配备9名辅导教师，定期分别到辅导站给教师讲课。1956年，教师进修办公室改为教育科学习室，配备理论教员5人，文化教员3人。本年参加学习的中学教师44人，小学教师281人。1957年，正式成立富锦县教师进修学校，下设11个教师辅导站。招收小学初级部学员395人，高级部学员170人。1958年，根据县委关于提高在职中学小学教师质量的决定，扩大了招生名额。最高时中级函授学员达680人，初级函授学员372人。1960年，富锦县教师进修学校被评为黑龙江省先进集体。1961至1966年，教师进修学校改为富锦县教师进修学院。教师进修学院设有轮训部、中师部、高师部、教学研究室等。

"文化大革命"期间，教师进修学校一度停办。1972年春，恢复教师进修学校。当年秋季，教师进修学校招收2个脱产学习的教师培训班，一个语文培训班，一个数学培训班，培训时间3个月。

1969年11月至1970年1月，富锦教育部门举办了农村中学师资培训班。当时农村中学不断增加，师资数量和教学能力不足，为了补充农村中学教师，县里开办了3个专业班，分别是语文班、数学班、理化班。招收对象是初高中毕业的下乡和回乡知识青年，招收办法是给各公社一定名额，然后自愿报名，组织政审确定。师资班共招收了120人，其中大多是"老三届"知青（特指1963年、1964年和1965年考入高中的学生），其中还有杭州知青15人。培训时间3个月；培训地点为前两个月在向阳川公社富锦四中，后一个月在富锦一中；培训内容就是中学教材的内容和教学方法，授课教师都是有名望的专业教师。学员结业后，统一安排到各公社中学任教。这批师资成为70年代富锦农村中学教育的骨干力量。

（九）富锦农业技术中等专业学校

1965年7月，富锦县中等专业学校成立，属县办中专。学校招收对象是初中毕业生，通过全县中考，在填报志愿的考生中择优录取。当年学校设3个专业班，即农学、牧医和卫生专业班，招收学生141人，录取考生的成绩略低于富锦一中的高中录取线。校址在干部疗养所（时称老马头果木园子的西侧，今城西郊革命烈士陵园东边一带）。学校于1965年9月开学，1968年9月学生毕业后，大多下乡插队和回乡务农。从此学校停办。

（十）富锦农业大学

1958年10月，富锦县与二九〇、绥滨、七星等三个农场联合办学，成立了富锦农业大学，校址设在二九〇农场。富锦农业大学学制为3年，设有农学、农机、园艺等3个系，当年招收学生150人。1959年8月，学校停办。富锦农大停办后，将这批学生转到东北农学院合江分院和宝泉岭农大继续学习。

（十一）佳木斯医学院富锦分院

1975年，经省批准，在富锦设立佳木斯医学院富锦分院，校址设在向阳路以东、南二道街以北（现技术监督局住宅楼和原办公楼一带）。富锦分院当年设医学专业班2个，培养方向是农村医生，毕业去向是社来社去到农村。一年后，富锦分院的学生又迁到佳木斯医学院本部学习。

（十二）"五七"大学

"五七"大学成立于1970年6月，校址原在农业科研所，后迁到富锦二中农场（位于原二道岗公社，今属锦山镇辖区）。当年开设师资、农学、水电、兽医、卫生、农机6个班，招收学学员200多人。师资班培训各小学领导，其他班培养农村专业技术人员，学员毕业后"社来社去"。1972年，学校开设农学、农业机械、助产和畜牧兽医4个专业，招收学员200名。1973年，学校停办。1975年学校恢复，招收2期学员，第一期为农学班，第二期为助产班。

二、中小学的办学条件

农村的办学条件比较简陋，学校房舍基本是土草房，冬季取暖是班班室室烧炉子。学生用的是带两个书洞的长条桌和长条凳，两人共用一桌一凳。个别小学学生用的是土桌凳。操场比较小，每逢下雨，场地一片泥泞，无法活动。好一点的学校，在操场上立了一个或一副木头做的篮球架。

区乡（公社）所在地的中心小学，条件比村里的小学好一些。

各公社中学的校舍大多是土草房，砖房的校舍极少。学生坐的是长条凳，用的是双人桌，后来换成了单人椅子。学校的宿舍里每间要住上十几人，或是几十人，每个大间里有南北两个长长的土炕，有的是两个长长的板铺。没有暖气，取暖都是烧炉子。操场上有篮球架、单杠、双杠。

县城的中学是砖房，一中、二中、三中有楼房，也有平房，六中是平房。70年代后期，一中才安装了暖气，其他学校也都是烧炉子取暖。中学一般有实验室，有篮球场等一些体育场所。除了第一小学有日伪时期的楼房外，其他小学都是平房，有的是土草房。城里学校教室的设备要比农村好一些。

三、教师队伍

城里学校都是公办教师，数量不足时安排代课教师。

在农村教师队伍中，有大量的民办教师和代课教师，最多时在50%以上。村村有了学校，师资数量严重不足，国家和地方政府拿不出更多的钱来办学校，因此，由公社和村自己安排教师来教学。民办教师跟社员（农民）待遇一样，是挣工分的，其标准一般为本村社员工分的平均值。至于日值多少钱（每10个工分为一个日值），要看当年农业的收成，丰收了，日值就高些（一般1—2元），减产了，日值就少些（一般几角钱），有时候受灾了，几乎就分不到什么了。

为了解决民办教师待遇，减少与公办教师的差别，一些公社在70年代中期开始，实行民办教师统筹工资。其办法是先定民办教师工资标准，各村按民办教师数量将钱统一交到公社，年末由公社文教组按标准发放给每个民办教师。

民办教师和代课教师基本是中学毕业的，虽然他们没有受过师范教育，学历不够，但是，在农村中小学快速发展的年代，在大力普及教育的年代，他们成为不可或缺的力量，他们支撑着农村教育的发展，为农村教育做出了重大的贡献。

四、教育革命的推行

（一）教育革命的提出

中共中央提出，改革旧的教育制度，改革旧的教育方针和方法，教育为无产阶级政治服务、教育与生产劳动相结合的方针，使受教育者在德育、智育、体育几方面都得到发展，成为有社会主义觉悟的有文化的劳动者。各类学校在多方面进行了"教育革命"。

（二）教育革命的进行

1.工人阶级和贫下中农参与学校管理。富锦县城的中小学都有工人阶级宣传队（简称"工宣队"）进驻学校。例如富锦一中，1968年8月之前，县委先后安排制米厂、制粉厂、制油厂、农机制造厂的工宣队进驻学校，参与学校的领导和管理。1968年9月开始，由富锦柴油机厂工人师傅组成的工宣队长期进驻学校。各公社中学安排有名望的家庭出身好的农民（贫下中农）长期进驻学校，参与领导和管理。

2.学制缩短。1968年前后，富锦县将中小学学制缩短为九年，小学由六年缩短为五年，初中由三年缩短为二年，高中由三年缩短为二年。这样，从小学到高中毕业共有九年。城里中学和公社所在地中学均为四年一贯制的中学。

3.精简课程。1967至1970年，由于新的教学计划和教材还没有制订和编写出来，因此，这一时期学校没有统一的教科书，都是自主选择教学内容。在富锦的中学里，文化课基本是三门课，即政治、语文和数学。政治课主要是学习毛主席著作、毛主席语录和时事政治。语文课主要是学习毛泽东诗词、鲁迅的作品和一些报刊上选的文章。数学主要是学习一些初步的代数、几何等。1970年春，中学里给学生们发了一本白皮的《工业基础知识》，是工科综合性的知识课本。直到1971年，才有了省编的教材，另外还编了一些乡土教材，供学校使用。

4.学工。各学校一般都联系一些工厂或能学工的单位，为学生学工及实践锻炼提供场所。例如，1969年一中把课堂搬到柴油机厂的车间，半天在学校上课，半天在工厂学工，有时就在工厂里讲课。再如，砚山公社中学1970年下半年，将高中学生安排到机耕队、综合厂等单位学工近半年。后来，将这种走出去参加实践的活动叫作"开门办学"。

5.学农。农村的学校每年都放两次农忙假，学生们自然都参加农业生产劳动，另外平日的放学时间和星期天也去参加劳动。城里的学校每年也组织学生到农村去参加劳动。每次下乡，学生们都是背着行李，带着工具，吃住在社员（农民）家里。他们在田间一干就是几天或十几天。例如，1975年12月，师范学校政文班的学生们分成若干小组，到花马公社的各生产大队（村）参加劳动一个月。

6.学军。1969年3月珍宝岛事件后，中央提出备战、备荒、为人民的指示，各地积极响应。富锦各中学的学军活动较多，而且加强了训练。城里中学以民兵组织编排班级。富锦一中成立了民兵营，班级改为"排"，学年为"连"，学校为"营"。除了常规的军事训练外，还举行了"小长征"，即学生徒步到宝清县参观烈士陵园，并与宝清一中民兵连进行了"联合军演"。1969年5月，砚山公社中学的学生每人制作了一支木枪，参加规范训练一段时间后，进行队列和刺杀表演。学校还组织学生到曾经被日军占领的乌尔古力山上，进行军事演习。

7.取消高考，实行推荐上学。"文化大革命"发动后，高考取消了。1966年5月，富锦一中应届高中的学生们已经办理完高考前的报名手续，体检也进行完毕。但不久，高考取消了。他们留在学校，参加"文化大革命"。1968年冬，他们成为下乡知青和回乡知青。1971年，高校和中专学校开始招生了，但是招收对象和办法跟过去不同，招收对象是在实践中锻炼两年以上的优秀工农兵，一般具有初中文化程度，年龄不超25周岁，未婚，招收办法是"自愿报名，群众推荐，领导批准，学校复审"。在农村，一般是将招收名额下达到公社，符合条件者自愿报名，各生产大队向公社推荐，然后公社领导组织评议，确定人员，报到县里，最后再发录取通知书。

第十一节 文化体育事业的发展

一、文化事业

（一）文化馆

1950年4月，本县群众教育馆改名为文化馆。1951年，在二龙山、绥滨两个区建立了文化站。1954年，文化馆设宣传组、群众文艺组、图书组。1955年，文化馆在八区福安村和五区东瑞村各建农村俱乐部一处，至年底全县共建十处农村俱乐部。当年全县城乡群众业余剧团有70个左右、幻灯机11台，组成8个幻灯放映小组，各村屯经常有读报和出板报活动。1956年底，全县共有农村俱乐部70多处。文化馆为组织全县文艺宣传活动做了大量工作，创作歌曲，组织文艺会演，为富锦培养了一大批优秀文艺工作者。60年代举办了富锦、集贤、依兰三县美展。1966年上半年举办了阶级教育展览馆，下半年组织"毛泽东思想宣传队"在县内演出。1968年举办油画班，培训了一批美术工作者；1970年，举办大型"战备展览馆"和"农业学大寨展览"。

（二）新华书店

1951年，富锦东北书店改名为新华书店富锦支店，人事、财经、业务由哈尔滨分店管理。业务范围包括销售课本、图书、年画，开架售书。农村图书由供销社代购，书店有农村组下乡直接销售，图书推销发行至抚远县。1968年，富锦新华书店建成400多平方米门市部，位于正大街路南、新开路东的路口。1976年又接建一座80平方米库房。

（三）图书馆

1956年，富锦县图书馆建立，为黑龙江省首批7个县级图书馆之一。1960年县图书馆下放富锦镇，改名为富锦镇人民公社图书馆。1962年初，又恢复为县图书馆。1974年馆舍面积320平方米，有藏书库、外借书库、农村书库、报刊和综合阅览室，阅览室面积110平方米，设座席114个。

（四）影剧事业

1.电影院。1950年电影院大修后，增设了办公室、美术室、值宿室，换了600只铁脚板凳。1952年，电影院与剧院合并称富锦影剧院，财务行政统一管理。1954年分开独立。1958年，富锦电影院被评为黑龙江省先进放映单位。1964年，省文化局拨款翻修电影院，在原址建起1 200平方米、1 250座席的新楼，装上折叠椅，增加会议室等。1971年，省电影工作普查团考核后向放映单位和放映员发放了合格证。冬季，电影院安装了1 023个翻板对号座席。1973年，增设了观众休息室，改善了场内条件。

2.影剧院。富锦县影剧院于1976年10月落成并投入使用。影剧院为三层楼建筑，总面积3 500平方米，翻板对号座椅1 500个，为电影和戏剧两用的场所。

3.放映队。1954年7月，经省文化局批准，富锦县组建了一支电影放映队，这是本县第一个农村电影放映队。电影放映队常年在农村巡回放映，很受群众欢迎。1956年，农村电影队发展到4个，成立了县电影总队。1964年，富锦农村放映队大搞电影宣传，成绩突出，出席东北大区电影宣传会演。1970年，农村电影队发展到7个，电影管理站办了电影放映员培训班，培训放映员。1973年11月，电影管理站第七放映队代表合江地区电影系统参加省电影系统汇报学习团，在全省9个地区介绍电影宣传经验。1975年，电影放映队下放到公社，本县17个公社先后成立了电影队，有4个生产大队还办起了8.75毫米电影放映队。全县共有各类放映单位22个，放映员达110人。

（五）艺术团体

1.剧团。1950年7月，富锦戏院组织一支20多人的演出队到集贤县演出，经两县商议，这些演员就留在集贤县了。1952年12月16日，省文化局批准，县委决定正式接收戏院为地方国营评剧团。1957年评剧团修建剧场，面积扩大一倍。1958年在合江地区会演中，剧团创作的大型评剧《五顶山》被评为优秀剧目。同年招收20名新学员。1968年全国普及样板戏，本县也排演了《红灯记》《智取威虎山》《沙家浜》等样板戏。1969年秋，剧团全员到"五七"干校学习。1970年春，全团人员到长安公社漂筏大队插队落户。11月，县革委会决定抽回13人组建县文工团，招收38名新学员。1972年文工团创作了大型京剧《三江激浪》，参加合江地区和省文艺会演。1976年，排演了大型赫哲族伊玛堪《莫里根海莲》，6月参加省文艺调演，被评为保留剧目。

2.曲艺团。1956年富锦城里大来轩、松江、龙富3个茶社合在一起成立了合作茶社。10月，合作茶社改称曲艺团，行政上归文教科领导。曲艺团仍以说书为主。1959年曲艺团归富锦镇人民公社领导。当年，曲艺团先后从大榆树招收几名流散艺人组成东北地方戏班子，在工会俱乐部演出传统二人转剧目。1961年后，该团排演了几十出现代剧目。"文化大革命"之初，该剧团更名为富锦红卫剧团。1967年10月，该剧团解散。

（六）办报

1953年夏至1954年春，县委创办了《富锦生产报》，为双月刊两版。1956年7月1日，县委又办了县委机关报《富锦报》，为8开2版五日刊，发行量9 700份，还接受外地订户。1957年改为周二刊。1958年7月1日，改为4开4版周二刊。1959年试刊后，3月1日改为《富锦日报》8刊2版，1961年3月31日《富锦日报》终刊。

1962年1月办《生产快报》，不定期，于1963年停办。

（七）广播

1952年10月，富锦县第一个收音站在县政府院内建成。收音站用苏联产"波罗的海"牌电子管收音机1台进行接收，有收音员1人。记录每天松江省电台播送的中央、省政府文件、指示，送有关部门、领导。收音站隶属文教科。1953年1月，富锦县成立有线广播站，在县文化馆内设了本县第一个广播放大站。1954年秋，县拨款1 700元购置100W扩大器，架专用线6千米，装小喇叭200多只。其后县里增大放大器，用电话线将信号送到各区政府。每个区政府院都安上了喇叭1只，增加专职播音员1人，每天晚上转放1次节目，时间为3小时，其中县办节目10分钟，用报纸稿。1956年合作化运动中，全县广播线路260条，利用线路294条，播音兼采稿2人，线路工2人，站长1人。以后逐年不断发展，为适应广播事业需要，广播站与邮局合办了广播邮电学校，培养了一批技术人员，建立了修理部，修理广播器材。1965年，成立广播事业科，农村站增加了编制。此时，农村基本有了广播。"文化大革命"时期，各公社都设有广播站。广播站设有编采1人，播音员1人。

二、体育事业

（一）体育机构

1952年，富锦成立体育分会，与文教科合署办公，负责全县体育运动工作开展。1960年，富锦体训班改为体校，设田径、篮球、速滑、乒乓球等专业项目。1963年3月20日，成立县职工业余体育协会，由12人组成。1972年5月，县革委决定成立县体育运动委员会。

（二）体育场地

1961年，富锦建体育场，主席台两侧配房为体校宿舍、食堂、教室，场内设篮球扬、排球场、足球场、射击场、冰场，面积7万平方米，可容纳4万名观众。

1973年，富锦评剧院剧场改建为体育馆，内设篮球场，可容纳观众2 000人。该场地因建筑年久失修，于1981年拆除。

（三）群众性体育运动

20世纪70年代，群众性体育运动发展起来了。每个村里都有个篮球场，场地是土的，篮球架是木头做的。虽然设施不够标准，但是青年们玩得很有激情。天气好的时候，中午和傍晚休息时间，爱运动的青年们不管下地里干活怎么累，都要玩上一阵子。还常有附近村的球队互相来往自发组织比赛。有时候，公社还举办社员田径运动会和篮球赛。

城里的体育运动就更活跃了。各系统都很重视运动队的建设，都有自己的田径队和篮球队，而且运动水平都很高。中小学生田径运动会、职工田径运动会都是年年举办，各系统篮球大赛都是年年开展。每到冬季，各中小学校师生一起人工浇冰场，学生都上冰上课。每到夏季，人们在松花江上游泳，各中小学都组织学生到松花江的游泳区去学习和练习游泳，场面十分壮观。

可以说，70年代是富锦体育史上群众性体育运动最为辉煌的时期。

第八章 改革开放时期的巨大变化和发展

（1976年10月—2012年11月）

"文化大革命"结束后，全国经历了揭发批判"四人帮"、真理标准问题的讨论、拨乱反正等。党的十一届三中全会将工作重点转移到社会主义现代化建设上来。从此，中国进入了改革开放、建设中国特色社会主义的新时期。在富锦，各领域的改革不断深入，各项事业全面发展，城乡人民生活水平不断提高。

第一节 农业：从集体经营到联产承包，现代农业的推进

一、农业管理方式改革

1981年，富锦县永福公社东新民大队将集体青苗分到各户管理，初步解决了过去集体管理的弊病。1982年永福公社东新民、宝山、四化等大队率先在全县将集体土地、车、马分到各户管理，在严重春涝、低温和虫害等不利条件下，粮食生产取得好收成。县委及时总结这一经验，1983年全县普遍推行家庭联产承包责任制。1998年，富锦市委、市政府依据《中共中央办公厅、国

务院办公厅关于进一步稳定和完善土地承包关系》的文件精神，在全市进行土地第二轮承包，土地承包期从1983年第一轮土地承包起延长至30年不变。

二、土地开发和治理

1978年成立富锦县开荒办公室，具体抓开荒工作。1978年省政府规定开荒5年不征税，推动土地开发。1985年，全县有耕地（包括计划外）218 744公顷，平均每个农业人口占有耕地13.9亩。1988—2003年，富锦抓住国家开发三江平原的机遇，将农业综合开发作为"开发富锦，致富人民"的战略措施，多渠道筹集资金，先后争取和筹集资金29 207万元，建成兴隆、邻河、凤山、幸安、头林、安基、福合、宏南、安东、长砚、大安11个农业开发小区，开发面积98 407公顷。2004年至2005年，经省批准立项的农业综合开发项目10个，土地治理项目6项，产业化经营项目和科技示范项目各2项，项目总投资3 196万元，改良耕地799公顷，2005年总播种面积达到195 067公顷，2012年耕地总面积达到380 000公顷。

三、种植业的发展

（一）小麦

1977年，小麦种植面积是33 086公顷，亩产210斤。1985年，全县小麦种植面积是31 444公顷，亩产268斤。2001年以后，由于市场价格下调，小麦播种面积大幅度下调，2005年下降到20 000公顷，2008年下降到6 660公顷，至2012年下降到20多公顷。

（二）玉米

1976年，玉米播种面积为27 250公顷，亩产422斤。1986年，玉米播种24 669公顷，总产74 500吨，平均每公顷产量为6 000

斤。1992年以后，推广了玉米耕作新技术后，产量大幅度提高，1992年，每公顷平均产量为9 000斤。2000年，平均每公顷产量达到18 600斤。2005年以后，由于实施了调整产业结构，玉米种植面积大幅度提高，2012年达到136 400公顷。

（三）大豆

1977年，大豆播种面积24 124公顷。1997年，播种面积49 737公顷，平均每公顷产量为8 384斤。2001年，富锦被列入"十五"期间第一批国家商品粮大豆基地县。当年大豆播种面积69 850公顷，平均每公顷产量8 584斤。2002年，富锦被农业部确定为国家大豆振兴计划示范县、国家大豆行动计划示范县。当年，富锦市被中国特产之年推荐暨宣传活动组织委员会授予"中国大豆之乡"荣誉称号。2004年，大豆播种面积增加到144 368公顷，其中绿色食品大豆3 333公顷。由于大豆市场价格下调，2012年大豆种植面积下调到62 400公顷。

（四）高粱

1977年，高粱播种面积5 837公顷，亩产256斤。1985年，全县高粱平均亩产272斤。1986年以后，由于市场需求量小，高粱播种面积大幅度下降，2012年，播种面积仅为102公顷。

（五）水稻

1976年红卫电灌站建成放水灌溉，水稻种植面积有了很大发展。1985年达到4 467.6公顷，亩产提高到428斤。1986年以后，富锦把扩大水稻面积作为调整种植业结构的重要措施，1986年，水稻种植面积发展到8 889公顷，亩产406斤。2000年5月，幸福渠区开始试车运行。是年，水稻面积发展到32 124公顷。亩产达到794斤。2008年，水稻种植面积发展为51 411公顷，亩产为1 120斤。2012年，水稻种植面积为143 667公顷，亩产1 120斤。

（六）甜菜

1983年种植面积达到14 347公顷，占播种面积的9.8%，亩产2 734斤。1998年是富锦市历年甜菜单产最高所份，亩产2 732斤。2004年，全市推广甜菜纸筒育苗移栽技术，每公顷产量达45吨，亩产6 000斤。2008年，甜菜播种面积7 837公顷。2012年为甜菜种植最后一年。因为佳木斯糖厂停产，所以2013年以后富锦不再种植甜菜。

（七）烤烟

1976年烤烟种植667公顷。1981年富锦卷烟厂恢复生产，1982年烤烟种植面积为647公顷。1989年是播种面积最多年份，达到5 423公顷。1993年，是烤烟年产最高年份，种植面积3 673公顷，亩产。2008年，烤烟种植面积1 127公顷。2012年，烤烟种植面积为1 400公顷。

（八）白瓜

1996年，市供销联社开发外埠市场，使白瓜种植面积扩展很快。1998年，全市白瓜种植面积达到4 000公顷。1999年，市委、市政府把白瓜生产列入全市十大重点工作之一专题推进。当年，全市白瓜子产量6 200多吨，成为全省白瓜种植基地县（市）之一。白瓜子销往北京、上海、台湾等地。2004年，全市播种面积13 586公顷，总产21 988吨。

四、农业技术推广与科技示范园

1996年，富锦市农业技术推广中心设立专家热线，每天有专家值班。2006年，富锦电视台设立《三农指南》栏目，由专家讲解农村建设和农业科技知识，每年播出100多期。此外，还有农业科技人员到田间地头，面对面地亲自指导。

2006年，黑龙江省农业科学研究院与富锦市共同兴建院市共建科技示范园区，示范区位于富锦市锦山镇东、同三公路南侧，面积43公顷，被省政府确定为省级优秀科技示范园区。2012年，全市共建省、市科技园区4个，镇级园区22个，示范田300多块，其中万亩展示区20个，粮食高产创建示范片26块，并沿同三公路打造10大现代农业示范亮点，各级各类示范区总面积达到55万亩，约占全市总耕地面积38万公顷的十分之一。2012年全市优良品种普及率保持在100%，农业标准化覆盖率达到86%，科技贡献率达到65%。无公害农产品标志196个，其中有机食品标识4个，绿色食品标识5个，地理标志认证1个。7月18至20日，全国现代农业建设现场交流会在佳木斯市召开，富锦市长安镇漂筏村万亩玉米高产创建示范区是唯一的参观现场。

五、全国粮食生产先进县

1996年1月29日，富锦市被国家农业部授予"全国产粮大县"。1998年获得"全国粮食生产先进县"称号。此后2003年以来，连续多年获得"全国粮食生产先进县"称号。

六、林牧渔业发展

（一）林业

到1985年全县累计造林面积为70 969公顷。现存面积22 634公顷。1985年开始实行承包荒山、荒地造林政策。1996年面积达到3 018公顷。1997年富锦市被国家林业部授予"全国平原绿化先进单位"。2002年，国家把富锦市造林一部分——防护林，纳入"三北"（西北、东北、华北）防护林四期工程。至2005年，全市累计造林45 686.5公顷。2012年造林绿化完成1 240万公顷、绿化村屯达标128个，建立义务植树基地11块。

（二）畜牧业

1.畜牧业发展。1983年全县实行家庭联产承包责任制后，集体饲养的大牲畜都变价卖给农户饲养和使用。畜牧由集体经济变为个体经营，出现了畜牧业生产商品化、专业化。1988年县政府出台给养畜户饲料地、减免税金等政策。1991年，市委、市政府实施"畜牧业系统工程"。1997年，市委、市政府下发了《关于加快畜牧业发展的决定》。2000年，市政府提出年饲养100万只大鹅的目标。2001年全市开展了"畜牧年"活动。2003年，市委、市政府下发了《关于加快牧业小区发展的若干规定》。2004年，出台了《关于加快奶业产业发展的若干规定》，由于市委、市政府出台了一系列政策，调动农户发展畜牧业生产的积极性。2012年全年，猪、牛、羊、禽饲养分别达到160万头、16.5万头、35.7万只、477万只，奶牛存栏1.2万头，实现牧畜业产值24.4亿元，占农业总产值的21.9%。

2.规模养殖。2012年全市各类畜禽规模养殖场（户）达1 083个，其中千头规模奶牛养殖场2个，百头以上规模奶牛养殖场26个，万头规模养猪场1个，6 000头规模养猪场11个，2 000头规模养猪场26个，1 000头养猪场80个。建成天野牧业、头兴牧业、市种羊场3个国家级标准化养殖示范场，隆兴牧业省级标准化养殖示范场、鑫荣猪场等25个市级标准化标准化养殖示范场。2012年头兴牧业现有奶牛存栏1 008头，日产鲜奶6吨，由雀巢乳业接收，连续3年被南京国环有机产品认证中心认证为有机奶，被中华人民共和国农业部批准为标准化奶牛场，是黑龙江省奶牛协会理事单位，现已发展成为集饲料、牧草种植、加工、机械化喂饲、自动化挤奶一体化、标准化、现代化企业。

（三）渔业

1981年富锦始有个体养殖，全县建有31处养鱼池。1985年，全县养殖面积达到733.33公顷，共268处养鱼池。1986年，水产养殖快速发展，个体养殖面积达到873公顷，产量1 200吨。2005年，全市共有养鱼户3 881户，养殖面积3 224公顷。2012年，养殖面积为2 400公顷，总产量为11 650吨。

七、农业机械发展

1976年，全县拖拉机有508台，机引农具2 226台（套）。1983年，全县实施联产承包责任制以后，农民添置农业机械的积极性高涨。1985年，拖拉机达到5 276台，是1976年的10倍，机引农具4 117台（套），是1976年的1.8倍。1990年，全省开展"铁牛杯"竞赛活动，购置大型农机具可享受25%的国家补贴，联合收割机发展数量猛增。1996年，农机总动力达到22.4万千瓦，各种拖拉机10 630台，大中型配套农机具3 306台，综合机械化水平达到85.1%，达到省农机局制定的基本实现农业机械化标准。2003年以来，国家实施了农机购置补贴政策，农户购买大中型农机可获得不超过农机价格三分之一的补贴，大型农机合作社可获农机可获得不超过60%的补贴。富锦每年也拿出资金给予补贴。2012年，富锦市农机总动力达到75万千瓦，农间田间综合机械化水平达到92%，达到国家提出的基本实现农业机械化标准。

2003年，富锦市紧紧抓住国家和省对农业扶持政策，组建农机作业合作社。农机作业合作社是以国家无偿投入农机设备，吸纳村民、村集体入股，以股份制运行机制组建的农机经营服务组织。本年从省农机局争取400万元大型拖拉机和收割机，组建了5个农机作业合作社。2012年，农机合作社发展到19个。农机作业合作社的成立对于推动规模化集约经营起到了极大的推动作用。

八、水利建设

（一）防洪工程

1.松花江堤岸整治工程。城区堤岸整治工程1987年5月2日开工，从上游嘎尔当到下游永兴，全长7.72千米，城区堤防防洪标准为50年一遇。1992年10月，富锦市城堤完成工程建设任务。西堤堤防西起富锦市与二九一农场交界处，东至松江村北下坎，全长18.87千米。富锦西堤1991年4月开工，1993年7月全部完成任务，防洪设计标准为20年一遇。富锦市东堤堤防工程1995年开工，1998年完工，西起红旗灌溉站，东至七桥村东北与松干同江堤防连接，全长33.35千米。防洪设计标准为20年一遇。

2.南部堤防工程。工程由三环泡滞洪区北堤，内七星河堤防（三环泡泄洪道左堤）和挠力河北堤三段组成。三环泡滞洪区北堤，西起西蒿塘，东至兴隆岗镇鹿林村西，长度19.3千米，堤防标准为20年一遇，1991年4月开工，1992年完工。内七星河堤防，西起兴隆岗镇鹿林村西，东至宏胜镇黄牛场与挠力河北堤相连，长度为26.7千米，堤防设计标准为10年一遇。挠力河北堤，西起宏胜镇黄牛场，与内七星河堤防相接，东至马场落马湖与大兴农场六排干相接，长度为18.3千米，设计标准为20年一遇。内七星河堤防和挠力河堤防1992年8月开工，1993年8月完工。

3.青龙河左堤工程。青龙河是机械林场与七星农场界河，富锦境内长14千米，设计标准为10年一遇。1999年设计，当年完工。青龙河左堤保护面积11 560公顷。

4.莲花河右堤工程。工程西起七桥排干出口，沿莲花河右岸向东至二十五米桥边，长度12.24千米，设计标准为10年一遇，2000年5月开工，9月末竣工。

（二）治涝工程

1.新七星河工程。富锦市境内的新七星河干河河道筑堤总长度96.7千米，与之相配套的黑鱼泡滞洪区主副坝和兴隆总干长度分别为19.87千米和15.5千米，1987年开工，1998年全部完工。

2.富锦支河工程。全市筹款400万元之后，市政府向省政府请示立项。工程西起对锦山，东至解放桥1 600米处汇入新七星河，1990年5月8日开工，7月30日竣工，总长54.4千米。《中国水利报》报道了这一消息，评价富锦百天挖百里长河，创造了水利工程建设的奇迹。富锦支河建成使富锦15.23万公顷土地排水有了出路。

3.新开流支河工程。该河为人工河，从兴隆岗镇东风林场沿低洼地由西南向东北斜穿兴隆岗和宏胜两镇，在新七星河解放大桥上游200米处汇入新七星河，全长26.2千米，1991年动工，1992年竣工。

4.滞洪区工程。黑鱼泡滞洪区1987年动工，当年竣工。主坝长3.87千米，副坝长16千米。占地面积8 000公顷；二道岗滞洪区主坝长3.82千米，东副坝长11.18千米，西副坝长3.08千米。1990年6月开工，1991年竣工。三环泡滞洪区，是修筑19.3千米堤防与南邻的内七星河环绕而形成的，总面积8 667公顷。

（三）灌溉工程

1.红旗灌区。渠首1989年7月进行了改建，至1992年12月末竣工，改建后总装机容量为540千瓦，安装28ZLB—800轴流水泵3台，设计流量为每秒5.4立方米，设计最大扬程7米，设计灌溉面积2 113公顷。

2.红卫灌区。在1986年以后，边维修，边建设，边运行。先后实施了渠首护岸工程，总干渠护坡、护底工程，新建3座分水闸、2座渡槽。同时，在二九一农场发展了水田面积。1994年以后，灌溉面积一直保持在2 000公顷。

3.幸福灌渠。建于1997年，2000年5月，灌区开始运行。安装1 000ZLB—8.7型轴流泵10台，总装机3 300千瓦，灌区的渠系工程包括1条总干渠，6条分干渠和33条支渠，总控制面积57 300公顷。2012年底进行了续建配套和节水改进工程建设。

第二节 工业改制的完成，招商引资的推进，乡镇企业的创办

一、主要企业及其改制

（一）电力与机械工业

1.富锦发电厂。1984年，富锦发电厂改为电业局，成为局厂合一企业，隶属于县经济委员会。1985年热电联产初始，装机容量为7 500千瓦，当年集中供热面积12.5万平方米。2003年，公司自筹资金扩建改造，供热能力达到120万平方米。1994年，根据省农电局和佳木斯电业局的意见，将电业局由局厂合一的管理模式改为电业局和热电厂。电业局由佳木斯农电局管理。1996—2001年，热电厂对发电设施进行5次大规模扩建改造，装机容量18 000千瓦，供热面积达到95万平方米。2000年7月，热电厂改制组建富锦热电有限责任公司。2005年11月与双鸭山龙海煤矿集团合资合作，企业改称东方热电有限责任公司。2012年，发电量11 000万千瓦时，年供热面积312万平方米。

1989年4月，富锦热电厂与国网联网，热电厂发的电卖给国网，富锦生产和生活用电购买国网电。1998年至2006年8月，富锦电业局完成农网改造一、二期工程，完成投资17.042万元。新建变电所4座，送电线路四条，总长48千米；改造经路5条，总长

204千米；完成市域网调度自动化。2008年，供电公司完成三项资金改造工程，包括66KV城南变电所改造工程，砚山变电所改造工程，通调改造工程和10KV朽电线路工程。2011年，新增66KV送电线路2条，16.6千米；新增66KV变电所3座，改造两座；新增10KV线路8条，长度413.1千米；新增配电台区336个。2012年，实施农网升级工程，包括改造66KV向阳川变电工程，通讯调度改造工程，10KV配电升级改造工程，8个镇、116个行政村的电网建设改造工程，宏胜变、锦山变、二龙山输变电投运工作。

2.黑龙江省富锦拖拉机制造厂。1980年，隶属黑龙江省机械厅拖拉机联营公司，更名为黑龙江省富锦拖拉机制造厂。1980年进行新产品开发，试制成功"龙江—12"小四轮拖拉机和系列食品膨化机。在农村实行家庭联产承包制的形势下，"龙江—12"成为省内外的畅销产品。1983年生产5 050台，仍供不应求。工厂生产的三种型号，五种规格系列食品膨化机，深受国内外用户欢迎。1986年，"龙江—12"型小四轮拖拉机在全国同行业产品质量评比中，名列全国第二名。1987年，"龙江—12"型小四轮拖拉机在行业中被评为全国"十佳"产品，获得金牛奖。1988年，"龙江—12"型小四轮拖拉机被国家机械工业部定为部优产品。1996年，企业参与市场竞争，改革了单一结构，形成了15型、18型、20型小四轮拖拉机系列化生产。1999年12月，企业正式加盟中国华源凯马股份有限公司，取名为黑龙江省凯马富拖机械制造有限公司。

3.富锦县钢圈厂。原名为农具厂。1979年，销售大车底盘3 600台，万向节（"东方红—28"拖拉机配件）5 000只，年产值200万元。1985年总产值700万元，利润156.3万元。1985年更名为富锦县钢圈厂。1986以后，经过"七五"技术改造，除生产轻型汽车钢圈、联合收割机和小型拖拉机钢圈外，还开发了微型车钢圈，形成了3个系列14个品种，生产能力达到30万只。1988年，企业被省政府命名为"省级先进企业"。1990年，企业由集体所有制转为全民所有制。1994—1997年，企业进行改造和扩建，单班年生产能力达到60万只，企业技术装备水平居国内前10位。2000年8月，企业实行股份制改造，成立万里车轮有限责任公司。2001年12月，企业改制加入华源凯马机械股份有限公司，取名为富锦凯马车轮制造有限公司。

4.富锦县起重设备厂。1980年进行企业调整后，开发年产3万台120W微电机，年产5 000台35W电风轮和年产30个大油罐。1982年，又试制成功0.5T、1T、4T同型电动葫芦共7个品种，1983年产量达680台。1986年10月，企业同佳木斯防爆电机所联合开发设计，试制成功BCD型1TIIC级（四级）防爆电动葫芦。1987年和1989年，企业生产的QB型15个31.5MDIICI4级防爆电动双梁通过了部级鉴定，1991年底企业被省政府授予"省级先进企业"。1992年，企业更名为富锦起重机设备总厂。1996年，企业产品被列入"九五"重型矿山发展行业规划。2000年4月，企业完成股份制改造，改称为富华起重机有限责任公司。2003年9月，公司净资产被广东省佛山市三水科伦纸业有限公司以1 403万元买断，完成并轨工作。

5.富锦农业机械厂（脱谷机厂）。1979年，富锦脱谷机厂改称为富锦农业机械厂，主要产品为储油容器和2BF—1型联合播种机。1983年批量生产900台。1992年压力容器车间并入富锦起重机厂。1994年企业全部并入富锦钢圈厂。

6.富锦县农机修造厂。1979年为富锦拖拉机制造厂生产小拖配件。1983年，实行厂长负责制后，企业转亏为盈，当年盈利9 000元。该厂主要设备有金属切削设备38台，锻压设备4台，修理设备13台。主要产品有"东方红—54""东方红—75"型拖拉机的内外平衡臂、深松机、拖车以及为富锦拖拉机制造厂生产的小拖配件25种。生产年份最好是1988年，完成工业产值450.1万元，实现利润245万元。1997年9月，该厂撤销。

7.富锦市工具厂。厂房面积8 700平方米，主要设备73台（套），主要产品有双头呆扳手、两用扳手、梅花扳手。曾是省内镀铬扳手唯一定点企业，全国五金行业协会理事长；年生产能力400万件。1986年，该厂生产的双头呆板手被评为省优产品。1989年企业荣获省"集体明星企业"称号。1994年关停。

（二）化工建材

1.富锦市橡胶有限责任公司。1988年前，生产任务是给各种轮胎挂花，加工板带和胶制品（杂件）。1988年，企业开发了稻麦收割机三角带。1994年7月，企业迁至原市化肥厂，重新启动的厂区30 000平方米。1994年，橡胶厂买断北京化工学院具有国际先进水平的预处理短纤维项目，该项目填补国内空白，并于1996年10月，获化学工业部科技发明二等奖。1997年，富锦橡胶厂改制为橡胶有限责任公司。2000年，企业形成了300吨D法预处理短纤维，200吨浸渍法处理短纤维，300吨蓝棉及蓝棉粉综合生产线。2003年，公司自主研发的"高分散性共沉法短纤维"技术经北京科委鉴定，达到国际先进水平。2008年企业改制为民营企业，改称为弘宇短纤维新材料股份有限公司。2011年被认定为黑龙江省高新技术产业。企业年产2 000吨预处理短纤维，有300吨D法预处理短纤维生产线、年产2 400吨浸渍法预处理短纤维生产线、1 300吨棉粉生产线。

2.富锦市日用化工厂。1988年将火柴厂所属蜡烛分厂分出职工53人，组建日用化工厂，为地方国营企业，厂址选定在北二道街农建团院内。1990年，企业生产食用碱，将购进大包装改制成小包装，年改装量在200吨左右，产品主销富锦城乡。1992年，企业开发洗发香波。1997年企业倒闭。

3.富锦市佳峰复合肥有限公司。成立于1987年,建厂初期年生产能力2 500吨。2001年企业与东北农业大学联合共同开发大豆专用肥、大豆迎重茬专用肥、小麦专用肥、水稻专用肥、玉米专用肥、白瓜专用肥、葵花专用肥、西瓜专用肥共8个抗病害能力强、养分均衡的系列高效复混品种,被佳市技术监督局、经贸委确定为推荐产品。2005年,企业转制停产。

4.富锦水暖建材厂。原为农具厂的一部分,1987年改名水暖建材厂,集体所有制。主要产品有水暖配件、暖气片,是年装备一条石棉瓦生产线,年生产石棉瓦25万片。1991年,企业生产的三角牌石棉瓦、暖气片均获"省优质产品"称号。2003年,企业以20万元买断市铸造厂铸造生产线和产品商标。

5.东平建材有限责任公司。前称富锦市棉瓦厂,1986—1990年企业产品有红瓦、泥盆、砂轮和加工旧棉。1997年在东平路东侧临街开发1 800平方米商业用房。2000年实行并轨改制。

6.第一制砖厂。1977年,该厂日产红砖10万块。主要设备有:450型、40型制砖机各1台,搅拌机2台,4105型机械牵引车2台,运输机3台,小型牵引车3台,载重汽车一台,大型车床1台,20型车床3台,牛台刨床1台。1985年生产钙塑装饰板,共12个花色品种,日生产700平方米。

7.第二制砖厂。1997年,由第一砖厂抽调20多人,在太平川乡海沟村购买土地,辟建为第二砖厂。1984年,企业开发珍珠岩产品,企业改称富锦建筑材料厂。1994年正式投产空心砖生产,1998年,改变为股份制企业,企业改称为富锦制砖厂,年生产实心砖800万块。2005年企业实行转制。

(三)印刷造纸

1.富锦市印刷责任有限公司。1985年主要产品有各种表册、中小学练习本、档案袋、各种彩色商标。1987年，企业购6台海德堡彩印机，开辟了装潢胶印业务。1991年应用激光照排技术。1994年组建富锦市印刷有限责任公司。2004年停产。

2.富锦造纸厂。主要设备有纸机2台，打浆机1台，蒸球1台，生产卫生纸、包装纸、纸箱等，1985年产卫生纸537吨。1998年停产。

（四）火柴烟草

1.富锦火柴厂。该厂建于1983年，当年从四川省泸州引进圆形蜡梗火柴项目。1987年，火柴产量10.4万件，市场供不应求，产品除在省内销售外，还销往辽宁和吉林省。2001年，企业停产后作价作股份并入温春九龙制药厂。

2.富锦卷烟厂。卷烟厂1979年已初具规模，陆续购进了压梗机、切丝机、综合卷烟机等设备9台。当年根据国务院要求关停。1981年6月，富锦卷烟厂重新恢复生产，生产品种有芦花、大众等无过滤嘴烟，年产1 000大箱。1982年建成年产2万大箱卷烟生产线。1984年，由地方企业晋级为中直企业，隶属于中国烟草总公司黑龙江省烟草公司。被省政府授予"省级先进企业"称号。1991年购置卷接包自动生产线及西德蒙尼3 000公斤制丝生产线，生产能力达到年产10万大箱。"繁华""云竹"等产品打入俄罗斯市场，1992年在俄罗斯销售1.3万箱。1998年"参茸牌"香烟被评为省优，1989年"圣塔牌"香烟被评为省优。1998年，富锦卷烟厂停产。

（五）酒水食品

1.富锦市曲酒厂。1978年"卧虎泉曲酒"被省轻工业厅评为省优产品。1980年产量达到200吨。1983年生产的"卧虎泉特酿"被省人民政府评为优质产品，畅销东北三省。清香型白酒"千杯少"、普通型白酒"三江春"亦负盛名。1999年后停产。

2.富锦市冰鹅啤酒有限责任公司。1979年与县工业科研所联合研制成功高配比玉米啤酒，1982年获合江地区科技成果奖。1992年购置灌包装自动生产线等9台（套）设备，形成1万吨生产能力。2000年完成了股份制改革。2005年双鸭山客商以910万元竞标价格整体收购了啤酒厂。

3.富锦市食品总厂。建于1981年，厂址在原富锦县化肥厂旧址，当年与北京第一食品厂联营。1982年6月正式投产。主要产品分为三大类，即硬糖五种、奶糖41种和酥糖3种。产品除满足本地外，还销往周边市县和佳木斯、哈尔滨等市。1983年生产"雪花牌"汽水，日产400箱，受到市场欢迎。到1990年企业生产加工形成了机饼、面包、糕点、饮料、冷饮、糖果六条生产线，共50多个品种。1999年关停。

4.富锦市调味食品厂。20世纪80年代主要产品有各种酱油、老醋、雪花膏、面碱、腐乳、食品塑料袋、塑料雨衣，除此之外还承揽印刷业务。1986年，由化工厂更名为调味食品厂。1992年、1993年分别出口俄罗斯40吨和10吨酱油。1999年企业关停。

（六）粮油加工

1.富锦市制粉厂。1979年产面粉18 031吨。1985年实行生产责任制，年产面粉18 616吨。1992年移地更新改造后正式投产，年加工原粮37 000吨。1997年停产。

2.富锦县制米厂。1976年移地更新厂房设备，厂址迁至南岗靠近铁路。1978年8月正式投产，年加工大米5 000吨，玉米碴5 000吨、玉米面1万吨、玉米胚油15吨，玉米胚饼1 500吨。产品品质优良，色、香、味俱佳，销往国内30多个省、市和地区。1999年停产。

3.富锦制油厂。1978—1979年，拥有200型榨油机5台、小水压机榨22台，年加工大豆11 038吨，生产豆油1 663吨，豆饼

8 072吨，产值411.4万元。1985年，扩大生产规模，承用浸出法制油工艺，年加工大豆3万吨。1995年又进行技术改造，年加工大豆9万吨。1996年，新建一条日生产色拉油50吨生产线。2005年企业停产。

4.富锦市油脂厂。建于1988年8月，1989年10月正式投产，日加工大豆100吨，投产后与原富锦市制油厂合并成立富锦市油脂总厂，2005年企业停产。

5.金富饲料厂。1995年，市供销社与南京金象实业总公司合资创办专业饲料生产厂家，主要生产猪、鸡、鸭、鹅等家禽的全价饲料，建厂初期年生产能力21 000吨，产值为3 400万元，1997年改进生产技术，产值增加到5 500万元，实现利税460万元。2001年停产。

（七）纺织服装

1.富锦市针织厂。始建于1978年，1985年企业拥有各种设备100多台（套），生产规模为年产多品种和多规格的棉毛腈纶衫（裤）200万件。1989年与陕西省第一针织厂联营，年生产能力250万件，企业产品销往全国各地，并远销东南亚国家，产品多次获得省纺织工业厅颁布的"优秀产品设计奖"。1992年停产。

2.富锦刺绣厂。1979年生产的机绣枕套在合江地区被为优质产品，产品远销北京、广东、上海。1990年，企业生产的刺绣童装获国家轻工业部银奖。企业生产的童装销往全国大中城市，北京服装公司订货量最高年份达到23万件。2005年公司解体后，组建为民营企业。

二、招商引资的推进

（一）装备制造业

1.富华起重有限责任公司。2003年，公司净资产被广东佛山市三水科伦维基业有限公司买断。具有生产制造15个类别、26个系列、146种产品的生产能力，其中，三个系列19种新产品被国家科委、劳动部、技术监督局联合评为国家级新产品。

2.中国华源凯马股份有限公司。1999年，富锦拖拉机制造厂正式加盟中国大农机企业之一的中国华源凯马股份有限公司。2004年2月，重新组建为民营企业——龙江拖拉机有限公司。2011年6月，移地在市工业园区建新厂竣工。企业形成年产70—200马力拖拉机3 000台、中小型马力拖拉机2万台，小型联合收割机500台，大型农机具3 000台（套），综合产量10万台（套）生产能力。

3.富锦凯马车轮制造有限公司。富锦钢圈厂2001年改制加入华源凯马机械股份公司，取名富锦凯马车轮制造有限公司。企业建立5条生产线，设备达到120台（套），形成了微型汽车钢圈轻型汽车钢圈、联合收割机钢圈、农用车钢圈四大生产系列。2008年，对俄出口钢圈10万只。2011年完成销量50万只。2012年，受国内外大环境影响，主要指标下滑，当年完成产量28万只，销售收入3 072万元。

（二）食品加工产业

1.富锦市鑫龙粮油贸易有限公司。位于富锦市二龙山镇龙山村，属民营企业。公司成立于2009年，有两条水稻加工生产线，日加工水稻600吨，年生产能力15万吨水稻。2012年销售收入15 509万元，利润1 272万元。

2.富滢米业有限公司。位于富锦市锦山镇二道岗村，属民营企业。公司成立于2007年11月，现有一条水稻加工生产线，日加工水稻能力为200吨，年加工能力6万吨，主要产品有沃粒圆、紫晶香、十稻香，沃粒圆是富锦区域知名商标。2012年销售收入16 458万元，利润1 350万元。

3.富锦市双河粮食加工有限公司。位于二龙山镇，属民营企业。2002年成立，有一条稻米加工生产线，日加工水稻能力300吨，年加工水稻能力10万吨，主要产品有圆粒、长粒和糯米等，注册商标为"双龙河""131"，有绿色食品标识。2012年销售收入14 286万元，利润1 172万元。

4.金正油脂有限公司。成立于2005年10月，属民营企业，现生产能力是日加工大豆600吨，年加工20万吨。主要产品有笨榨一级色拉油、三级民用油等省级名牌产品。公司曾获得"农业产业化国家龙头企业"称号。2012年销售收入25 114万元，利润964万元。

5.富锦市森益食品有限公司。为民营企业，成立于2005年，具有年屠宰肉羊5万只，生猪15万头加工能力。2012年销售收入12 286万元，利润983万元。

7.富锦市黑龙江别拉音子山饮料公司。成立于2011年，为民营企业，年生产瓶装矿泉水1千万瓶，桶装矿泉水20万桶。

（三）新兴产业

1.富锦市宸龙生物质热力有限责任公司。2010年3月筹建，公司注册资金3 000万元，属股份民营企业，是以生物质为燃料的供热公司。2010年10月投产，供热能力达到45万平方米。

2.中宇富锦风力发电有限公司。成立于2000年11月，由黑龙江中宇投资公司与佳木斯开禹投资有限公司共同出资。风电厂位于富锦市西南32千米处的别拉音子山，现安装风力发电机组71台，总容量为90.3MW。风电场建设66KV升压站1座，升压变压器2台，总容量63MYA。2012年，完成发电量18 113万KWh，完成营业利润3 112万元，净利润2 740万元。

3.富龙风力发电有限责任公司。成立于2005年，属民营企业。风电场位于乌尔古力山，安装风电机组40台，总装机容量60

万千瓦。2012年销售收入实现7 223万元，利润837万元。

（四）新型建材产业

1.富锦市北方水泥有限公司。位于富锦市西郊，2010年8月开工建设，于2011年6月竣工投产。该企业是中国建材北方水泥有限公司旗下的水泥企业。主要生产水泥品种为32.5、42.5、52.5强度等级普通硅酸盐水泥，是年产100万吨水泥和20万立方米商品混凝土加工配套产业。2012年实现销售收入12 253万元。

2.富锦市盛达新型墙体材料厂。成立于2011年，属民营企业，利用煤矸石和页岩生产内墙、承重墙、非承重墙空心砖、多孔砖和俄式砖，是绿色环保产品，2012年销售收入11 443万元，利润915万元。

3.塑钢门窗产业。已发展10多家，富锦马金门窗有限公司规模最大，企业成立于2003年，属民营企业，是黑龙江省建筑协会塑钢门窗质量信得过定点生产企业。2012年销售收入9 888万元，利润811万元。

三、乡镇企业的创办

1985年，富锦乡镇企业总数为395个，职工人数为5 603人。1987年，富锦把发展乡镇企业作为发展农村经济的重点之一，形成了党政干部齐抓共管，乡镇办、村办、联户、个体四轮驱动的势头。企业总数达到6 616个，其中乡镇办111个、村办295个，个体办6 191个，联户办13个。1991年，全市引进乡企专业技术人员30名，推动了乡镇发展，是年，全市乡镇企业发展到7 137个，其中乡镇办125个，村办325个，个体办6 690个。2001年，企业总数2 728户，其中集体企业仅有5户，私营885户，个体企业1 838户。至2012年，镇、村办企业转为民营或关停。

为了抓好乡镇企业，各乡镇均设立了企业公司，企业公司的经理为正科级干部。

1980年，乡镇企业工业总产值227.4万元，总收入1 939万元。1986年，乡镇企业总产值11 055万元，占全县社会总产值71 972万元的15.4%，实现总收入7 780万元，获得纯利润1 025万元，上缴税金186万元。1992年，乡镇企业总产值37 501万元，占全市社会总产值158 233万元的23.7%；实现总收入30 045万元，获得纯利润2 123万元，上缴税金716万元。2000年完成总产值206 070万元，实现总收入209 440万元，获得纯利润10 010万元，上缴税金2 585万元。2005年，民营经济完成总产值83 050万元，实现总收入151 000万元，上缴税金4 296万元。

四、建立工业园区

2003年1月6日，经富锦市机构编制委员会决定，成立富锦市农副产品加工园区管理委员会，为市政府直属工作机构。2月28日园区管委会举行揭牌仪式。2007年8月，更名为富锦市工业园区管理委员会。2011年1月14日被，省政府批准为享受省级开发区待遇的富锦工业示范基地。同年6月24日，时任省长王宪魁来园区考察，将园区确定为省级重点绿色食品产业园区，成为全省两个重点绿色食品产业园之一。截至2012年，累计投入建设资金9亿元，实控土地770公顷，入驻企业8个。

第三节　财贸战线的转制，旅游业的兴起

一、国营商企的转制与民营商企的兴盛

1977年，商业系统下设八大公司，即百货公司、五金公司、糖业烟酒公司、医药公司、石油公司、食品公司、纺织品公司和

饮食服务公司，公司总人数1 260人。1980年始，商业系统实行改革，推行各级经营承包制。1993年始，个体经济的快速发展，省二级站的对下延伸，厂家直销的渗透和商品品种的彻底放开，使百货公司、纺织品公司、糖酒公司批发业务受到严重冲击，经济效益急剧下滑。唯有五金公司因洗衣机、电视机、冰箱处于热卖中，商品销售额突破历史最高水平，实现4 202万元。2005年，商业1 260名国企职工全部置换了职工身份，买断工龄。富锦石油公司1985年1月，省政府批准由省石油公司管理。

民营商企方面，随着改革开放的不断深入，逐渐发展和兴盛起来。1981年底，个体工商户发展到703户，从业人员773人，其中商业482户、修理业35户、饮食业26户、服务业84户。1981年4月，成立了富锦市个体劳动者联合会。1983年，个体有证工商户达到3 555户，其中商业1 651户、饮食业194户、服务业69户。2005年，批发零售业3 440户、服务业1 105户。2012年城乡个体商业批发零售业5 209户、住宿和餐饮业1 611户、居民服务业1 699户。城乡私营企业批发零售业530户、住宿餐饮业3户、服务业12户。

1.富锦百货第一商店。1986年以前，百货一商店是城里最大的零售商店。商店设有布匹、针织、服装、鞋帽、床上用品、文化、小百货、家具用具、五金、批发等10个组。1993年10月，商店改制。企业为职工提供柜台承租，并为承租经营的职工提供近4 000元的启动商品，有24人承租。1993年底，企业共有在册职工104人，其中73人下岗自谋职业，企业留7名职工管理资产。职工承租剩下的柜台和场地对外租赁。2005年，企业职工全部买断工龄。2010年，商店原址被拆除后，此地新建了妇幼保健院。

2.富锦百货大楼。1984年，富锦百货大楼同佳木斯百货大楼在互利互惠基础上合资建设富佳百货大楼。1984年8月动工兴建，1985年11月落成。1986年富佳百货大楼下设12个专业商场，1992年6月，富佳百货大楼由三层楼扩建为四层楼，总面积7.555平方米。1993年11月，富佳百货大楼重新开业，更名为富锦市百货大楼。总营业面积10 873平方米，经营范围扩大，经营品种增加。专业商场由原来的12个增加到16个，成为佳木斯东部最大的零售企业。1996年，市商业局对百货大楼和五金大楼实行了转向经营，由商品经营转向资产经营。利用百货大楼与五金大楼一墙之隔，打通二层和三层，形成营业空间一体化，面向社会招商个体经营者进店经营。2012年，百货大楼经营业户90余户。

3.五金交电大楼。五金交电大楼始建于1987年7月，1988年1月15日竣工开业，是五金公司下设的零售网点，是经营五金、交电、家电的专业商店。1996年，市商业局对五金大楼实行了转向经营，由商品经营转向资产经营。将五金大楼与百货大楼二、三层通开。向全社会招商个体户进店经营。1998年，五金交电大楼收回买断库存资金，企业全部退出了商品经营，转为资产经营。

4.新天地商厦。黑龙江省东方新天地商厦有限公司于2003年5月以1 830万元（拍卖）夺标，兴建大型综合性商厦。建筑面积（共4层）22 000平方米。该建筑设计新颖现代，整体为钢混框架结构，玻璃采光顶、阳光大厅。各类电梯8部。2004年10月15日开业。2010年经过扩建，营业面积已达到6万平方米。2012年，有经营商户约400户，从业人员1 200余名。

5.温州轻纺边贸商城。2003年，由温州商人与富锦市原针织厂合作开发建设商贸企业，占地9 700平方米，建筑面积2.1万平方米。商城于2004年12月营业，以经营服饰、鞋帽、皮具、针织、小百、黄金饰品、通信器材为主，有铺位500多个，从业人员2 000人。

6.大商新玛特。2011年9月3日开业，总面积35 485平方米，地下一层，地上四层。楼内设双向双侧滚动式扶梯、中央空调、消防安全设施，主营家电、珠宝、服装、鞋帽。

7.米兰国际地下商业街。位于富锦市向阳路中段（中央大街——南七街）。2010年6月动工，2011年1月投入运营。建筑面积5 766平方米，营业面积4 498平方米。共有摊位219个，从业人员600余人，经营品种有针织、服装、鞋帽、化妆品、日用小百货等。

8.商贸城。由双鸭山市三利建设公司投资2 100万元兴建，位于东平路南段东侧，布局为三层主楼套裙楼，建筑面积21 000平方米，主楼营业面积13 765平方米，裙楼营业面积6 000平方米。2000年12月16日举行开业庆典。

9.家世界。家具装饰材料商城于2011年12月落户富锦市，总规划面积6万平方米，建有家具、建材、家电三大主题场馆，位于锦绣大街南侧。

10.大集贸市场。轻工市场位于富锦城内三八路中段，1986年市场建设投资43.2万元，建筑面积2 780平方米，场房顶棚为半封式，有柜台410节，从业人员346人。1987年，轻工市场被评为国家级"文明市场"。1991年11月，轻工市场改建扩建成富锦市农贸市场，市场位于向阳路北段，建筑格局为玻璃钢瓦大厅全封闭式，建筑面积4 646平方米。

二、供销系统

1977年，富锦县供销联社下属企业有农业生产资料公司、土产公司、果品站（1978年改称果品公司）和18个基层供销社。1980年，重建了贸易公司。1987年组建了秋林公司、农副产品贸易公司。1989—1993年，又相继成立了经济贸易公司、粮油饲料经销公司、边贸公司和供销商场等。2005年，全系统22户企业进行并轨改革。

（一）生产资料经销

1.化肥经营。经营化肥的品种有氮肥、钾肥、复合肥、微肥及多种叶面营养肥。1977—1997年，化肥经营实行统购统销，计划调拨。统购统销化肥分为粮挂化肥和计划内指标化肥两种。1998年，国家对生产资料流通企业进行了改革，外埠农业生产资料厂家和经销企业开始进入富锦市场。2000年以后，生产资料经营全面开放。市供销联社积极应对市场变化，对农资经营体制进行调整，按照"自主经营、自筹资金、自理税费、自负盈亏"的原则，加快了农资经营网点建设。2005年，完成化肥销售42 000吨，达到历史最高水平。2012年，全系统农资经营企业供应各类化肥7.4万吨。

2.农资经营。供销系统经营的农药有100余种，经营的农用物资如农膜、铁木农具、车马辕具等2 000余种。1986年，完成农资商品销售总额2 890万元，实现利润278万元。1990年，完成销售总额6 120万元，实现利润324万元。1996年，完成销售总额8 780万元，实现利润327万元。1997年以后，由于农业机械化程度提高，铁木农具和车马辕具停止经营，增加了育秧盘、钢制棚和小型农机具等品种。2005年，由于农资经营网点的增加和服务措施的改进，农资经营效益提高，完成销售额9 100万元，实现利润389万元。2012年，供应农药290吨、种子3.1万吨，有效地保证了农业生产。

（二）工业品农产品经销

80年代初，工业品农产品经销有贸易公司、农业生产资料公司、土产公司、果品公司等4家三级批发站，网点有基层18个供销社和186个经营网点。

1.工业品经销。1977—1986年，工业品经销的品种有家电、五金、日杂、针织、文化用品、钢材、建材、药品、鞋帽共10大类6 800多个品种。1985年，完成工业品销售额4 387万元。1987—1990年，进一步扩大了商品经营范围，增加了燃料、油料、化工产品等，经营品种增加到18 600种。1992年，实行了商品买断式的承包经营。2003年，经营的品种扩大到23 000种，满足了城乡工农业生产和居民生活的需要。2005年，在城乡开展了日用消费品和农业生产资料连锁经营业务，工业品销售增幅较大。

2.农副产品经销。农副产品的经销有土产公司、贸易公司和农村18个供销社及网点。1987年以后，粮食经营逐步放开，各企业公司开展了粮食收购业务。1996年以后，由于个体和民营经济快速发展，部分从事农副产品经销业务的企业停止了经营。1997年，市供销联社本着"先发展、后取利"的原则，发展了白瓜、角瓜、向日葵，红小豆等经济作物。2004年以后，经销的重点为特色农产品收购。

（三）土特产品收购

1977年，土特产品收购的品种有草绳、芦苇、牛皮、羊皮、野生细皮毛等。1985年，扩大了收购品种。1988年，继续扩大收购业务，完成收购额1 670万元。1995年开始，加大了对农村养殖大户的扶持力度，皮毛收购比上年有明显的增加，还开辟了特色经济作物收购业务。2000年以后，市供销联社加大了与生产厂家和专业市场的联合。

（四）支农服务

1.建立庄稼医院。1990年，市供销社在市区内依托生产资料公司创办了庄稼总院，在农村乡镇以供销社为主，建立了16个庄稼分院，共有专业人员40人。庄稼医院成立后，每年都举办科学施肥方法、经济作物栽培、农作物科学管理等技术的农民培训班，并积极引进农业技术专业人才，还投资60万元为庄稼大院增添高新技术设备12台套。1991年，庄稼医院的做法在全国推广。2003年，庄稼医院分院增加到27个，农业技术指导站167个。2004年，农资经营体制改革，农业技术服务转入市农业技术推广中心。

2.创建富锦大市场。1996年10月，市供销联社创办了农副产品专业市场——富锦大市场。市场占地面积5 000平方米，销售产品以蔬菜水果批发零售为主，以粮食制品销售为辅。1998年，市供销社投资40万元，对市场进行了扩建，铺设水泥板22 000平方米，增设固定摊位126个，增设照明设备60件（套）。2003年，大市场已拥有固定摊位320个、临时摊位640个，日客流量上万人次。后来，此地被开发为住宅小区。

3.建立农业生产资料交易大市场。2009年，筹建生产资料大市场，2011年建成。市场占地面积79 000平方米，建筑面积45 055平方米，其中钢构仓库32 055平方米，经营门市11 200平方米，综合办公楼1 800平方米，有162户固定商户，仓储能力12万吨以上。2011年，销售化肥6.6万吨、农药260多吨、种子2.3万吨。

（五）秋林公司

1987年8月1日建成开业，营业面积2 600平方米。1992年，秋林公司改造扩建，营业面积增加到8 000平方米，销售额2 340万元。这年秋林公司被列入省级"最佳企业"行列。2001年以后，秋林公司转变经营方式，改集体经营为职工承包经营，部分职工买断分流。2002年，秋林公司引入民间资本，开办全市第一家私人独资的"上好佳购物商场"，并引进名牌商品驻店。2005年，企业租赁经营。

三、粮食征购与供应

（一）征购销售

1977年，富锦城镇居民粮食供应，仍实行定量供应办法，但推行了工种粮供应办法，干什么工种，供应对应数量的粮食。1984年粮油市场开放后，扩大了购销，仅县粮食系统年内议价购粮为2 238万斤，议价销售粮食1 198万斤。1985年，粮食收购工作改为合同定购。全县共签订定购合同47 079户，粮食定购总量为196 000万斤，实际完成30 102万斤，全年城乡分对象销售粮食为4 286万斤，并完成出口任务4 606.2万斤。1987年，为了鼓励广大农民种粮，国家实行了粮食合同定购的优惠政策，国家用化肥、柴油、预购粮食定金和农民交售粮食挂钩。1992年5月以后，供应城镇居民的口粮、油价格全部放开，议价供应随行就市。1993年，国家实行了保护价收购政策，保护价实施范围限于国家原定购和专项储备的粮食。各地可根据当地情况，适当增加执行保护价的粮食品种和数量，但不得调减。2004年以后，国家取消指令性收购任务，各粮食购销企业本着"购得进、销得出、保本微利"的原则，进行议购议销。

（二）粮食储运

1977年，富锦有粮库8处，即富锦、二龙山、向阳川、头林、砚山、花马、长安、西安粮库。1977年，粮食调入449.7万斤，调出26 823.6万斤。80年代初，又增加了九〇、二道、兴隆、宏胜4个粮库。总库容量达到155 025吨，标准库46栋，库容99 410吨；简易库6栋，库容9 005吨；土圆仓87座，仓容23 745吨。1998年起，世界发展银行先后在富锦粮库、兴林粮库、兴隆粮库投入资金4.266万元，建设国家粮食储备库。2000年始，国家先后对九〇、二龙山、二道岗、头林4个粮库投资9 406万元进行粮库基础设施，设备建设。2003年，全市储存能力可达232.5万吨。九〇粮库2009年8月依法破产，由中粮集团收购。富锦粮库和砚山粮库被外商收购，其余9家为国家控股粮库。

四、对外贸易

机构设置。1989年7月，设立中华人民共和国富锦港务监督局（2005年改为富锦海事处）。1989年10月4日，成立富锦市口岸管理办公室（2002年3月，外贸公司并入口岸办）。1990年1月设立富锦出入境检验检疫局和富锦边防检查站。同年，富锦口岸重新开放。

贸易开展。1977—1979年，为发展本县养牛业，扩大黄牛出口，投资4.3万元，从外地调进西门达尔、三合、犁母赞等良种牛，分别投入砚山、宏胜两个养牛场。1980年起，外贸公司每年有大批业务员深入到农村、街道、工厂企业落实计划，使出口货源不断扩大。到1983年，出口产品达28种，种植业的产品有大豆、亚麻、白瓜子；养殖业的产品有牛、马、兔、貂；药材有鹿茸、蜂蜜等；农副产品有豆饼碎、狗皮等；工业产品有工艺鞋、劳保手套、食品膨化机等。1996—1998年，累计过货42 000吨，其中，出口商品有蔬菜、服装、大米、啤酒、红砖、小四轮拖拉机等，进口商品有钢材、木材等。1998—2003年，累计过货64.4万吨，实现贸易额5 292万美元。2004—2005年，口岸过货完成26万吨，实现贸易额1 812万美元。2012年，全市对外贸易完成17 724万美元。

五、旅游业的兴起

（一）五顶山国家森林公园

五顶山国家森林公园位于乌尔古力山，乌尔古力山海拔

543.7米，1992年经省林业厅批准为"石砬山省级森林公园"，2001年，经林业部批准为"五顶山国家级森林公园"。山上呈天然林与人工林带块和块状混合分布，森林覆被率86.3%，面积2 046公顷。公园景点有卧虎泉、壑中之源、六龙塔、小河子水库、侵华日军工程遗址、民族英雄常隆基枪击侵华日军中将南木实隆纪念地等。

（二）荷兰邨森林公园

公园位于别拉音子山，2001年被省林业厅批准为省级森林公园。此山属长白山系完达山脉七星砬子主峰在富锦的余脉，天然次生柞、桦、椴树林同人工栽培的樟子松、落叶松、红松、云杉组成茂密的森林植被。山顶建有锦台，是一座楼台式仿古建筑，为登山观景的地方。别拉音子山现有中宇发电有限公司的71台风车运转，也是一道景观。

（三）富锦国家湿地公园

黑龙江富锦国家湿地公园位于富锦市区西南，公园东至黑鱼泡滞洪区东副坝，南至友谊县，西至锦山镇永阳村，北至黑鱼泡滞洪区北副坝；东西长6.5千米，南北宽5.9千米。公园于2008年9月9日正式开园，2003年正式成为"国家湿地公园"。景区原生态系统保持完好，有水生植物290种，脊椎动物270种。2011年投资建设占地7万平方米的湿地公园商服区。

（四）富锦松花江碑林

富锦松花江碑林位于市区内，北邻松花江大堤。2004年5月开工建设，占地面积20万平方米。

（五）湿地宣教馆

2009年12月12日，黑龙江省三江平原湿地宣教馆正式开馆。宣教馆集展示、宣传、教育、科研为一体，由概览厅、景观厅、生物多样厅、功能与保护厅四个主题厅组成。展出动物标本有鸟类、兽类、两栖类、爬行类、鱼类、昆虫类，共计255种、580件。2010年2月，湿地宣教馆被中国野生动物保护协会确定为"全国野生动物保护科普教育基地"。2010年10月，被国家林业局、教育部、共青团中央、中国生态文化协会联合授予"国家生态文明教育基地"荣誉称号。

第四节 财政与税务

一、财政体制

1.国家对地方财政的管理。1994—2003年，省对富锦市实行划分收支，超收分成，定额上解或补助分税制体制。主要内容：一是合理划分中央与地方的事权和支出，二是合理划分中央与地方的收入，三是合理确定了中央财政对地方税收返还的比例，四是合理确定了原体制有关结算事项的处理原则。从2001年开始，富锦享受过渡的一般性转移支付，每年额度在800万元左右，一年一定。2004—2005年，省对富锦仍实行分税制财政管理体制。2007年，省对县划拨资金直接拨付县，不再通过佳木斯国库调拨。

2.乡镇管理体制。分级包干财政管理体制。1976—1979年实行收支挂钩，总额分成，一年一定的体制。1980—1984年，省对县实行。"划分收支，分级包干，一定五年"的体制。1985年，实行"划分税种，核定收支，分级包干"的财政管理体制。1986—1988年，"统收统支"改为"收支挂钩"。划分收支范围，核定收支基数，实行基层与县级财政"分灶开饭"。1991—1993年，继续实行"划分税种，核定收支，分级包干"的体制。

1991—1994年，富锦市乡镇实行的是统收统支管理体制。

1995—1998年，实行的是分税制财政管理体制。1999—2001年8月，富锦市对乡镇分税制体制进行了微调，在收支划分不变的前提下，市对乡镇税收的返还改变了"双扣"办法。对上划分实行了"来五去五"，全额返还。2001—2003年，对乡镇财政体制进行了调整，一是调整乡镇财政收入范围，二是调整乡镇支出范围，三是确定收支上划基数，四是明确市对乡镇的结算项目，五是制定科学转移支付办法，六是改变了国库代理对象，七是申明相关政策。2004—2005年，镇级财务管理实行机构垂直管理，上划收入，核定支出，集中核算，镇财政市监管。2007—2012年，对乡镇实施规范人管理，开展基础工作拉练检查活动和标准化财政分局建设，编制乡镇部门预算。规范"一事一议"筹资管理程序，建立和完善农村社会保障体系。

二、财政收入

"六五"期间（1981—1985年）实行经济体制改革，狠抓企业扭亏和行政税收，财政总收入达到11 419.2万元。1985年是贯彻执行"划分税种，核定收支，分级包干"新财政体制的第一年，本县地方总财力达到3 768万元。1996年，农业税清土地抓税源，较1995年增收2 600万元。是年，全口径财政收入突破亿元大关。历史生地突破亿元大关。2006—2010年，市财政通过分税种落实征收任务，加大依法征管，促进税收整体攀升，2008年全口径财政收入突破2亿元大关；2010年，全口径财政收入突破5亿元；2012年，全口径财政收入达到80 249万元。

三、税制改革

1.工商税制改革。1983—1984年，执行新时期税制，国营企业实行利改税，两次对工商税全面改革，相应增加了一些新税种。富锦县1983—1985年，开征工商税收的主要税种有：工商税、产品税、营业税、增值税、工商所得税，以及房地产、屠宰、交易等税种。1991年，富锦市税收制度实行的是1984年国家利改税和工商税收改革制度。1994年，富锦市税收制度根据国家规定，实行分税制改革，分为中央税、地方税、中央与地方共享税。税制改革的主要内容是：统一税法，简化税制，合理分权，理顺分配关系，规范分配格局。富锦市从1994年4月1日起全面实行了分税制改革，开征的主要有：消费税、增值税、营业税、企业所得税、个人所得税、资源税、城市维修建设税、固定资产投资方向调节税、房产税、印花税、车船使用税、屠宰税。1994年，富锦市原税务局分设为国家税务局和地方税务局。2004—2005年，国税部门负责征收增值税、消费税、国有企业所得税，地税部门负责征收营业税，除国有企业外的其他企业所得税，包括个人所得税、城市维护建设税、房产税、印花税、车船使用税、土地使用税、土地增值税、烟叶等产税。财政部门负责税收契税和耕地占用税。2011年，国家税务局实施税收优惠政策，减免高新技术企业，粮食加工企业，农村电网维修，车购等税收。

  2.农村税费改革。1979年，国家为减轻农村税收负担，农业税改执行"起征点"的计征办法，以生产队为单位，人均口粮在起征点以下者，免征农业税。起征口粮标准是旱田区每人平均自产口粮300斤、水田区400斤以下者免征农业税。1983年，实行联产承包责任制后，停止"起征点"办法，同时恢复"常实产对照"的灾情减免办法，至1984年农业税征收实行"分等定率，重点照顾"的政策。1985年，进行农业税征管工作改革，实行"乡镇征管，村屯征收，任务包干，乡镇长负责制"，改变过去由县统管为乡镇征管，简化手续，减少环节，就地征收，并贯彻执行新的减免办法。灾免分三等（特重、重、轻三等）五级。2001

年起农业税改革为"三取消、两调整、一改革"。"三取消"即取消乡统筹费，农村教育集资，农村两工；"两调整"即调整农业税、调整农林特产税；"一改革"即改革农村提留征收使用方法。改革前税费总额为8 373万元，改革后为4 839万元，减负比例为42%；改革前人均负担323元，改革后人均负担186元；改革前亩平均负担56元，改革后亩平均负担32元。2004年起，全部免征农业税。原来由乡统筹等开支的乡村两级九年制义务教育、计划生育、优抚民兵训练、乡镇道路支出和村级三项经费全部纳入乡镇财政预算管理。

四、税收

1.国家税收。1994年，实行分税制后，由国家税务局征收和管理的共14个税种，主要是增值税和消费税。增值税属于中央和地方共享收入，中央分享75%，地方分享25%，消费税税率为3%—40%不等。1月28日，对个体税收开征个人所得税收。1994—1996年，征收个体税收营业税：公路运输业税率为3%，娱乐业税率为10%，建安税率为3%，饮食服务业税率为5%。1998年1月1日—2014年10月1日，对农村信用社按3%税率征收营业税。1999年11月1日起，个人储蓄存款利息所得税适用税率为20%。1994年，实行分税制后，当年国税税收额为6 088万元，至2005年，一直在这个额度上下波动。2006年以后，有了较大幅度的增长。2011年，税收收入为15 395万元，2012年，税收收入为15 931万元。

2.地方税收。1994年1月1日，全面推行增值税，其征收范围扩大到商品流通领域，营业税征收范围缩小，仅限于销售劳务、转让无形资产和销售不动产的经营行为。共设交通运输业、建筑业等9个税目。共设3%和5%两档税率以及一个幅度比例税率

（5%—20%）。税负较轻，体现了国家对发展第三产业的支持。《中华人民共和国企业所得税暂行条例》的施行，将原来按企业经济性质征收的国营企业所得税、集体企业所得税、私营企业所得税合并为企业所得税。实行统一的所得税，统一采用33%的比例税率。同时，实行土地增值税，对房地产业的正常开发经营所得，纳30%的低税率，对取得高增值收益的，纳60%的高税率。1994年实行分税制后，当年地税局税收收入为2 088.8万元，1998年，突破3亿元，2000年突破4亿元，2003年突破5亿元；2011年，地税税收为57 461万元；2012年，地税税收达到73 778万元。

第五节　各类教育事业长足发展

"文化大革命"结束后，经历了否定"两个估计"、肯定知识分子、恢复高考、恢复秩序、恢复学制等，教育战线实现了工作重点的转移。中央把教育放在优先发展的战略地位，富锦各级党委和政府高度重视教育。随着改革的不断深入，富锦的各类教育事业发展很快。

一、教育体制的改革与深化

在拨乱反正与重点转移中，1979年学校教育走向正规。1985年5月，《中共中央关于教育体制改革的决定》颁布，教育改革始有大的动作。1993年2月，中共中央、国务院印发《中国教育改革和发展纲要》，将教育改革引向深入。

（一）调整地方教育结构

发展学前教育，普及初等教育。调整初中网点，农村初中点由102处调整到20多处。压缩普通高中，普通高中由21所压缩到2

所，集中到县城办学。鼓励行业企业兴办职业技术学校。

（二）集中力量办好重点学校

党的十一届三中全会提出建设社会主义现代化强国的新时期总任务，教育要为实现这个总任务服务，必须尽快培养出大批高质量的人才。但是，由于"文革"十年对教育的破坏，人才青黄不接，学校的师资、设备、经费等满足不了高质量培养人才的需要，国家又不能拿出更多的资金全面改善学校的办学条件。在这种情况下，集中一定的人力、财力、物力办好一批重点校，带动教育的全面发展，也就势在必行了。

1982年，黑龙江省教育厅确定127所省重点小学，属科级单位。富锦县第一小学被批准为省重点小学。1986年，富锦一中被省教委批准为省重点中学。

（三）管理体制的改革

1.实行校长负责制。1985年7月1日，中共黑龙江省委发布了《关于贯彻〈中共中央关于教育体制改革的决定〉的决议》，要求在全省范围内进行教育体制改革。《决议》指出：各类中等学校和小学校逐步实行校长负责制，中小学校有中层干部的任免、教师聘任、学校创收资金的支配使用和对教职工学生的奖惩等权限。1985年秋季开学，富锦县的中小学均实行了校长负责制。此前，中小学实行的是党支部领导下的校长负责制。

2.从人民教育人民办，到人民教育政府办。中央把发展基础教育的责任交给了地方，县办县管，乡办乡管，村办村管，依靠全民，发展教育，实行人民教育人民办。在富锦，逐步形成了以财政拨款为主，以社会集资、个人资助、学校创收为辅的教育经费新机制。1983年以来，财政用于教育的经费一直占整个支出的31%以上。至1991年，社会集资420多万元，个人捐资2 600万元，学校创收990万元。社会集资、个人资助和学校创收为整个教育投入的30%。教育投入的增加，加速了办学条件的改善。

2006年9月1日起，重新修订的《中华人民共和国义务教育法》开始施行。国家实行人民教育政府办，办教育由政府"买单"。义务教育阶段开始免收学生杂费，学生免费使用教科书。

3.从企业自主办学，到企办学校归属地方。在富锦，企业办的普通中小学有：花果山园艺场小学、石砬山林场小学、太东林场学校、东风林场学校、九〇粮库学校、铁路小学、铁路中学等。后来，这些学校的管理权先后划归了地方。企业办的职业技术学校有9所，后来形势变化，有的学校停办取消了，没有停办的学校，有的被市教育局接收了。

4.人事制度改革。20世纪80年代开始，通过整顿清理、考试转正等，逐步取消民办教师和顶编代课教师。1986年，开始评定教师专业技术职务（即评定职称），分为副高级职务（中学高级教师）、中级职务（中学一级教师和小学高级教师）、初级职务（中学二级教师和小学一级教师）。2004年开始，对中小学教师的录用实行资格准入、合同管理。此后，教师队伍进入专业化时代，当教师要具备一定的条件，不仅要学历合格，而且要具有教师资格证书。

（四）普通高中招收自费生

富锦一中从1988年开始招收自费生（后来统称为择校生）。每年招收2个班，学费每生1 500元（三年）。后来，择校生名额增加，收费标准也提高了。普通高中自费生的招收，既扩大了办学规模，又补充了教育经费。

（五）农村初等教育学校集中统一办学

2004年开始，富锦在农村逐步实行小学集中办学。首批集中办学的有二龙山、向阳川、宏胜、砚山、锦山等5个镇。到2006年，农村小学基本集中镇所在地办学，仅剩极少的较中心的大村和特殊情况的村（例如原富民乡新旭村小学，是一位杭州下乡的老知青筹资建设的教学楼）还保留着小学校。到2010年，富锦村级小学全部停办。

二、办学条件的改善与更新

20世纪70年代末至2012年，富锦中小学校舍及教学设施等办学条件建设大体上经历了三个阶段。第一阶段，至80年代初，重点是解决最基本的办学条件。尤其在农村，解决最基本的办学条件就是实现"一无两有"，即学校无危房，班班有教室，学生人人有桌椅。第二阶段，至1986年前后，学校基本实现校舍砖瓦化，有三室（实验室、图书室、卫生室）。第三阶段，至2006年前后，校舍逐渐楼房化，利用电化教育、信息技术等多媒体教学。

中央把发展基础教育的责任交给地方后，在"人民教育人民办"的要求下，富锦兴起了集资办学热。农村最早集资建教学楼的是上街基乡，上街基乡中心小学楼兴建于1985年，是富锦农村第一栋教学楼。向阳川镇政府于1989年投资200多万元，同时建起了两栋教学楼，其内部各室设备标准齐全。头林镇于1990年政府投资165万元，农民和职工捐资50万元，建起了3 800平方米的教学大楼，内部设有物理室、化学室、生物室、劳技室、教师阅览室、学生阅览室、音乐室、卫生保健室、电化教室等。至1992年，富锦已有上街基乡、向阳川镇、头林镇、锦山镇、长安镇、兴隆岗镇等8个乡镇建起了教学楼。富锦城里也出现了集资办学热。由县（市）委、政府统一安排教育集资项目，按工作类别和职务，交纳一定的办学经费。1986年开始动工、1989年竣工的富锦一中新教学楼（异地新建），1991年竣工的第十二小学教学楼（新成立的小学），还有第四小学楼、教师进修学校楼等，都有城里职工捐资其中。

教育投入的增加，加速了办学条件的改善。尤其令人瞩目的是一幢幢教学大楼的崛起，向人们展示着富锦教育的蓬勃生机。至1991年，富锦有70多个学校和乡（镇）政府被评为省级改善办学条件先进集体。富锦市连续八年被评为全省改善办学条件先进县。1986年9月，富锦被评为全国基础教育先进县；1988年夏，全国18省市教育"双改"（改善办学条件、改善教师住房）会议在佳木斯市召开，富锦县在大会上做了经验介绍，并提供了参观现场。

2005年12月24日，国务院下发了《国务院关于深化农村义务教育经费保障机制改革的通知》。《通知》要求，按照"明确各级责任、中央地方共担、加大财政投入、提高保障水平、分布组织实施"的基本原则，逐步将农村义务教育全面纳入公共财政保障范围。从此，基础教育进入了"人民教育政府办"的时代。国家和政府逐步增加教育投入，校舍建设标准及教学设施标准不断提高，教育资源配置向着均衡方向发展。

至2006年，富锦基本撤销了村级小学，农村小学均集中到乡镇所在地办学，各镇小学和中学都有三栋校舍：教学楼、宿舍楼、食堂。至2010年，富锦城里的校舍基本翻新和扩建了。城乡中小学的办学条件为之一新，各类教育设施均已达标，利用信息技术多媒体教学的时代已经来临。

三、教师队伍的整顿与提高

（一）整顿教师队伍

70年代，富锦农村学校的教师队伍有50%以上是民办教师和代课教师，教师队伍的文化程度大多为中学毕业程度。县城中小学教师队伍虽然由公办教师和部分代课教师构成，但是，其文化程度和业务能力不够者也很多。在工作重点转移到以教学为中心、大力提高教学质量上的时候,这样的师资队伍已经明显不能适应了。为此,除了调整合并中学网点外,更需要整顿教师队伍。

1.清理一部分民办和代课教师。当时的民办和代课教师情况很复杂。民办教师有两类:一类是编内民办教师;另一类是编外民办教师,他们是生产大队自己选用的,不享受国家补助。代课教师也有两类:一类是顶编代课教师,他们属于公办教师的一部分,有转为正式教师的机会;一类是临时代课教师。县教育行政部门通过统一的文化考试进行了整顿和清理。

2.陆续给顶编代课教师和编内民办教师转正。从80年代到90年代末,通过各种途径,顶编代课教师和编内民办教师基本转为公办正式教师。

(二)提高教师文化业务水平

国家对中小学教师文化标准的要求是:小学教师中师以上学历,初中教师大专以上学历,高中教师大学本科以上学历。面对大批学历和文化程度不合格的教师,急需对他们进行培训和提高。

1.过教材教法关。没有合格学历的教师都要通过这一关。教师要熟悉教材,要熟练教法,这是对教师起码的基本的要求。教育行政部门对各科教师进行统一的教材教法考试,为合格者发给过关证书。

2.通过内招师范录用一部分。国家给师范学校一部分招收计划,通过考试择优录取一部分民办教师。各期录取后的情况不一,有离职学习的,有在职学习的,学制二年。学业合格后,由师范学校发给中师毕业文凭,同时转为正式教师。

3.通过中师函授和高师函授提高教师学历和文化水平。富锦教师进修学校每年有计划地招收中师函授学员,招收对象是小学教师。佳木斯教育学院每年招收一批大专的函授学员,省教育学院和各师范高校每年也有计划地招收本科和专科函授学员。函授学习时间一般为三年。各科考试合格后，学校发给毕业证书，国家承认学历。

4.通过高等教育自学考试提高学历和文化水平。国家制定了高等教育自学考试的政策，每年都有计划地开考科目。没有考入函授院校的教师，均可以报名参加相关科目的自学考试。按照自考计划，各科考试合格后，相关高校发给高等教育自学考试合格证书，国家承认学历。在20世纪90年代，黑龙江省还专门为教师开设了自考系列，给中小学教师的提高提供了平台。

（三）教师队伍的专业化

新世纪，教师队伍的专业化问题提到日程上来了。去迎接新世纪的教育，教师队伍必然要从中学文化走向更高的文化水平。2004年开始，对中小学教师队伍的管理有了新的明确的要求，即资格准入，合同管理。大学毕业生取得教师资格证后，方可进入教师队伍。2001年，富锦一中提出的教师队伍建设目标是：建设一支师德高尚、学历合格、业务精通、结构合理、相对稳定的教师队伍。到2006年，富锦一中的一线教师全部为大学本科以上的专业化队伍。

四、各类教育的变化与发展

（一）幼儿教育的兴起及学前一年教育的普及

除了机关幼儿园，一些大的系统和单位也办了幼儿园，如二轻局幼儿园、拖拉机厂幼儿园等。私人办的幼儿园（班）在80年代兴起。从1979年起，在小学附设的学前班陆续办起来了。在80年代，城里小学和乡镇中心小学都附设了学前一年的幼儿班。这些学前班，一方面为孩子入学奠定了基础，另一方面，为学校补充了经费。到1987年，富锦县已经基本普及了学前一年的教育，佳木斯市教育局对富锦的学前一年教育进行了检查和验收，并颁发了证书。90年代，民办幼儿园（班）多起来了。

（二）普及初等教育，实行九年义务教育，"两基"的实现及"双高"普九的进行

初等教育即小学教育。一个地区真正实现普及初等教育，是指当地学龄儿童（亦叫适龄儿童，五年制小学是指7至12周岁儿童，六年制小学是指7至13周岁儿童）95%以上都能入学，读满年限，并基本上达到教学大纲规定的小学毕业文化程度。

富锦县村村有学校，小学五年的基本普及早已实现。到1983年，富锦县城又增加了5所学校。它们分别是：1979年8月，富锦县第四中学成立；1980年8月，富锦铁路子弟学校成立，简称富锦铁路学校，为九年一贯制学校；1981年8月，富锦县第九小学和第十小学成立；1983年11月，富锦县第十一小学成立。

由于基础教育发展得快，发展得好，1986年富锦县被评为全国基础教育先进县。

1986年《中华人民共和国义务教育法》颁布后，开始实行九年制义务教育。到1991年，县城里又有新的学校成立：1988年8月，富锦铁路子弟学校分设为富锦铁路子弟小学（简称富锦铁路小学）和富锦铁路子弟中学（简称富锦铁路中学）；1989年8月，富锦市第五中学成立；1991年8月，富锦市第十二小学成立。

这期间，富锦出现了一批较好的乡村学校典型，例如，西安乡中学、西安乡中心小学、向阳川镇中学、向阳川镇中心小学、向阳川村小学，等等。这些学校得到了省政府领导及省教委领导的关注。

1994年，富锦通过了省政府对"两基"（基本普及九年义务教育，基本扫除青壮年文盲）的检查验收，并向社会公布。

进入新世纪，国家对九年义务教育提出了新要求，即高水平、高质量普及九年义务教育，简称"双高"普九。这是"两基"实现后，将义务教育由注重外部条件向注重内涵发展的方向推进。

2006年9月1日起，重新修订的《中华人民共和国义务教育法》施行，规定国家建立义务教育经费保障机制，保证义务教育制度实施，国务院和县级以上地方人民政府应当合理配置教育资源，促进义务教育均衡发展。

2006年秋，市政府对一些乡镇中学进行撤销、合并。原富民乡中学、原隆川乡中学、大榆树镇中学撤销，合并到富锦市第六中学。长安镇中学、上街基镇中学、原西安镇中学撤销，合并为富锦市联合中学，富锦联中设在城里原师范学校的位置。至此，义务教育阶段的学校共有42所，其中，各镇有小学17所，初中学校7所；城区有小学12所，初中学校6所。

（三）特殊教育学校

1980年，富锦县聋哑学校有7个班，103名学生。1984年，聋哑学校有5个班，86名学生。由于校舍处于危房状态，经县政府批准暂停办学。1987年，聋哑学校复校并迁移新址。新校园面积6 400平方米，校舍建筑面积2 296平方米。2002年，聋哑学校更名为富锦市特殊教育学校。2009年学校有教职工32人，有学生74人。

（四）普通高中的压缩与独立、扩招与提升、毕业与高考

1.普通高中的压缩与独立。1980年开始，压缩普通高中。各公社高中集中三处办学，即东片新建、二龙山、永福、向阳川、择林、富民、大榆树等7个公社，高中班集中在向阳川中学招生；南片隆川、砚山、头林、兴隆岗、宏胜等5个公社，高中班集中在砚山中学招生；西片长安、二道岗、锦山、上街基、西安

等5个公社，高中班集中在锦山中学招生。1985年以后，乡下三片的普通高中班不再招生。县城从1982年开始，二中、六中也不再招收普通高中班。全县普通高中只在一中和三中招生。1982年7月，富锦一中送走了最后一届初中毕业生，从此，富锦一中高中与初中分离，成为独立的高级中学。1998年7月，富锦三中送走了最后一届初中毕业生，成为独立的高级中学。

2.普通高中的扩招与提升。1999年，国家对高中提出了扩招的要求。7月初，省教委召开重点中学紧急会议，要求每校至少扩招2个班。富锦一中于1998年就开始扩招了。当时一中教室不足（每年只能招收8个班），就在教师进修学校租用了两个教室，增招的2个班就在那里上课。1999年，富锦一中增招的2个班仍在教师进修学校上课。为了扩大一中规模，为了创办省级示范性高中，1999年秋，学校向东征地，向北征地。2000年，学校新建了第二教学楼和第二学生宿舍楼。这样，一中每年可招收12个班。对三中的校舍也进行了扩建，招生规模也扩大了很多。

1995年，国家教委提出了办好一批示范性高中的要求。省教育厅提出，示范性高中建设，要重过程，重建设，重发展，重优质，重示范。在富锦一中，一方面，注重内涵建设和发展，注重办学思想提升，强壮师资队伍，深化课程改革，实行优质教育；另一方面，扩大校园面积，创新办学条件，达到办学要求。在2004年，富锦一中的师资队伍建设和办学条件改善达到了省级示范性高中的标准，有些方面已超过了标准。2004年9月23日至25日，省教育厅研评组和专家组到富锦一中正式研评，通过校长报告、大量听课、实地查看、教师答辩、学生问卷、家长座谈、专家交流、研评报告等，给予富锦一中很高的评价。2005年12月29日，省教育厅正式下达文件，批准富锦市第一中学为省级示范性高级中学，并颁发了牌匾。

3.普通高中的毕业与高考。20世纪80年代以来,富锦一中和三中为高等学校和地方建设培养了数以万计的高中毕业生。进入新世纪,一中每年毕业600多人,三中每年毕业400多人,莘莘学子遍布各地,在各行各业中发挥着作用。

恢复高考以来,富锦的高考成绩一直很好。80年代以后,文化课成绩高的学生都流向重点中学,因此,高考成绩高的考生必然在重点中学里出现。在富锦一中考生中,第一位考入清华大学的出现在1981年,第一位考入北京大学的出现在1985年。富锦一中的学生,先后有8人夺得佳木斯高考状元;超过北大、清华录取分数线者最多的一年出现在千禧之年——2000年,共有5名学生超过北大、清华录取分数线;考入哈尔滨工业大学最多的一年是1999年,一次考入12人;高考整体成绩最好的一年是2006年,本年600分以上者72人,考入"985"高水平大学38人,考入"211"工程大学113人。

(五)职业技术学校的大起大落

1982年开始,一些行业企业办起了职业技术学校,这些学校属职业高中性质,招收初中毕业生,学制一般两年。教育部门最先在富锦六中附设了职业高中班。1985年起,职业高中班从六中分出,成为独立设校的职业中学,校址在中央大街路北与向阳路路西的路口附近。开办职业技术学校的还有工业、商业、粮食、卫生、建设、农机、供销、拖拉机厂、物资等单位。为了鼓励各系统办好职业技术学校,县政府拿出招工指标分配给各职业学校,一般是当年毕业生数的30%,通过文化课和专业课考试,择优录用,分配到招工单位就业。

后来,由于体制改革,企业改制,招工指标不再往学校投放,因此,行业企业办的职业学校或陆续停办,或并入教育部门办的职业技术学校。

1997年，市政府将技工学校和教育部门办的职业技术中学合并，名为富锦市职业技术教育中心学校，地址在原技工学校。此时有学生230多人，教职工64人。2004年5月，市政府进行职业技术教育资源整合，将成人中专学校、农机学校、粮食学校、农业广电学校等，与职业技术教育中心学校合并，合并后学校更名为富锦市职业技术学校，有教职工119人。2009年，学校迁移，原校址为三环泡湿地管理局所用。新校园建筑面积16 000平方米，可满足40个班同时上课。尽管校舍很好，但是招生不足，这也是多年来职业技术学校的困惑。

（六）中师中专学校与高等学校在富锦的设立

1.富锦师范学校。富锦师范学校于1952年成立，先后经历了三次合并，四次停办，五次调整，六次迁移，七次定名，有着曲折的发展过程。

1975年，学校恢复招生时名为佳木斯师范学校富锦分校。1979年9月起，独立设校，名为富锦师范学校，时有中文、英语、物理、化学、体育等5个班，学生248名。此时的富锦师范培养的方向还是中学教师。1980年7月，学校开始转制，不再培养中学教师。为适应普及小学教育的需要，招收普师班，培养小学教师，招生对象是初中应届毕业生，学制四年。当年，招收3个普师班。1988年7月，省教育厅决定师范学校普师班学制由四年改为三年。至1994年，每年招收4个普师班。1998年，富锦师范学校有21个班，850名学生，设有普师、英语、体育、美术、民师等专业班。校园面积83 000平方米，建筑面积12 700平方米，有教学楼、实验楼、艺术楼、体育馆等。

2.佳木斯大学基础教育学院。2000年5月，省教委决定富锦师范附名为佳木斯大学小学教育师范部。从2000年起，招收小学教育专科生，招生计划列入佳木斯大学，学生毕业时发给佳木斯大学毕业文凭。2003年5月，富锦师范学校正式并入佳木斯大学，更名为佳木斯大学基础教育学院。2005年，佳木斯大学基础教育学院整体搬迁到佳木斯市。

3.富锦县技工学校。1979年7月，富锦技工学校成立。学校设钳工、电工两个专业班，有教工27人。后来，学校又增设了酿造专业班。至1983年，学校培养了400多名技术工人。1997年，技工学校与市职业技术中学合并为富锦市职业技术教育中心学校。

4.富锦农民中等专业学校。其前身是1970年成立的富锦县五七大学，学校多次更名。1980年，根据省教育局的决定，改为富锦县农村建设学校。1982年11月，更名为富锦县农民技术学校，是国家承认学历的中专学校。1985年，更名为富锦县农民中等专业学校。1989年，学校又更名为富锦市成人中等专业学校。2004年，学校并入富锦市职业技术教育中心学校。

5.富锦卫生中等专业学校。1981年3月成立时，名为富锦县卫生干部进修学校。1983年更名为富锦县卫生职业学校。1985年，经省教委和省卫生厅批准为富锦县成人卫生中等专业学校。学校有编制的教职员26人。多年来，为适应卫生人才的需求，学校实行多渠道、多形式办学。例如，学校曾与佳木斯中医学校、佳木斯医学院、牡丹江医学院等联合办学，开设护士班、助产士班、医士班、医疗大专班、乡村医生培训班，等等。1986年开始，学校医士班面向全省招生。

（七）成人学历教育的盛行

"文化大革命"期间，高校和中专一度停止招生。"文革"结束、重点转移后，各行各业的人才青黄不接，渴望人才；广大青壮年渴望知识，需要获得文凭，追求学历成为社会的时尚。因此，成人高校的学历教育兴盛起来，而且是多种途径的。

1.广播电视大学开办。1983年3月，黑龙江省广播电视大学富锦工作站成立，当年招生43名，分为商业管理、工业会计、金融等三个专业。1984年以后，先后开设了党政管理干部基础科、汉语言文学、文秘、英语、机械工程、电气工程、化学工程等专业。学员们通过广播电视开播的课程学习，来提高文化专业水平，考取大专文凭。1985年，黑龙江省广播电视大学富锦分校成立。随着信息技术的发展，经省教育厅批准，富锦电大进入现代远程教育公共服务体系，即富锦电大奥鹏远程教育学习中心。

2.高校函授教育招生。80年代以来，各高等学校都成立了函授教育部或成人教育部，每年将函授生招生列入计划，由教育部备案，符合条件的报考者要参加全国统一招生考试，录取者一般学习三年，各科考试合格，由高校发给毕业文凭，国家承认学历。在富锦，各行业都有职工参加这样的函授学习，中学教师参加这类高师函授的居多。以1984年为例，富锦教师参加大学本科学习者9人，参加大学专科学习者156人。

3.高等教育自学考试。国家制定各专业考试计划、科目，编写考试教材，每年开考两次。凡按该专业考试科目考完，并且合格者，发给相应的自考学历文凭。国家承认学历。80年代至90年代，在富锦设有自学考试的考点，为本市自考学员服务。

（八）民办全日制教育的出现与发展

1.民办中小学。90年代，民办教育在富锦兴起。1997年，富锦宏志高中成立，为富锦改革开放后的第一所全日制私立学校。宏志高中校址是租用民政局老年公寓，每年招收2个班。后来因师资短缺、生源不足等问题，于2002年停办。2003年，富锦市新东方学校成立。新东方学校是企业家投资创办的，学校坐落在大榆树镇德利村（现工业园区），建校时有教师14人，后勤服务人员9人，在校生99人，小学一至六年级各1个班，初中一年级2个班，全校共计8个班级。到2010年，学校发展到24个教学班，在校生788人，其中，小学12个班，初中12个班，有教职工102人。

2.民办幼儿园。民办幼儿园多起来了。到2012年，幼儿园发展到50多所，补充了政府办园的不足，但是，民办幼儿园大多没有达标的室外活动场地。

（九）各类培训机构的兴办

众多的民办培训机构相继出现。到1997年，培训机构有14处，有裁剪班、厨师班、美容班等。到2004年，有电脑培训学校（班）39处。到2010年，有各类培训机构70多处，培训机构越来越多：一是面向中小学生的培训多，二是面向幼儿的培训多。面向中小学生的主要是补习文化课，如英语班、数学班、理化班等；有培训竞赛项目的，如奥数班、作文班等；有培训专业技能的，如美术班、音乐班、演讲班、跆拳道班等。面向幼儿的主要是：脑开发训练、口语训练、舞蹈训练等。

第六节 卫生医疗条件的改善和技术的提高，计划生育政策的施行

一、卫生医疗条件的改善和技术的提高

（一）疾控中心

1977年，县卫生防疫站内设卫生监测、流行病、地方病、卫生宣传和检验5个业务科室。1980年实行了站长、科主任和技术岗位负责制。1989年、1991年、1993年，分别获得卫生部碘缺乏病实验室、世界卫生组织、联合国儿童基金会颁发的合格证书。1992年，全面贯彻实施《传染病防治法》。1992年移址，在中央大街西段建一栋1 950平方米的市卫生防疫站大楼。1996年，市卫生防疫站被评为全国县级一等卫生防疫站。2004年7月移址新建

办公楼，并更名为富锦市疾病预防控制中心，大楼6层，总建筑面积2 785平方米，内设办公室、职纪科、免病规划科、质控科、财务科、传染病防控科、健康教育与慢性病防控科、监测科、检验科、生物制品科，以及健康体检部门诊。中心现有检测仪器63台件，职工40人，技术人员38人。

（二）中心医院

富锦市中心医院是全县（市）医疗中心，是二级综合医院，1978年中共十届三中全会后，经过几年的整顿，医院有了新的发展。门诊设有内、外、妇、五官、传染6个临床科，以及放射线、检验、药剂、制剂、心电、超声、理疗等医技科室。2005年兴建住院部大楼，主楼七层，共12 000平方米，新购置超声仪、胎心仪、喉镜、生化分析仪等大小设备19台（件）。至2012年，医院医疗设备价值5 000万元，有东软飞利浦核磁共振机、西门子双排螺旋CT机、日本岛津全身扫描CT机、日本东芝纳米30彩超、东芝纳米580彩超、德国西门子彩超、各种类型日本B超诊断仪、奥林巴斯自动生化分析仪、德国贝朗血液透析机等大型医疗设备93台件；编制床位300张，实有床位517张；有卫生技术人员420人。

（三）中医院

富锦市中医院是一所集医疗、防保、康复、教学为一体的中西结合的综合性医院，1976年以后，按中医特点办院。1978年，全院96人，其中卫生技术人员79人。设有内、外、妇、儿、针灸、骨伤、肛肠、口腔科，以及放射线、检验、心电超声等医技科室。1985年底，全院人员196人，其中卫生技术人员161人，编制病床100张，新建住院处2 400平方米。1986年中医院建筑面积3 800平方米，设床位116张。经几次扩建，2012年医院占地9 600平方米，建筑面积6 006平方米，编制床位180张，卫生技术人员

181人，10万元以上的设备有美国CE双排螺旋CT机、彩色超生诊断仪、大型X光机、高压氧舱、全自动生化分析仪、全自动血球计数仪、体外电容场热疗机等。

（四）妇幼保健院

妇幼保健院，1980年迁于南岗新建医院。1985年，全站人员30人，其中卫生技术人员22人；病床10张；设有妇保、儿保、后勤护理四个组和计划生育指导门诊、婚姻保健咨询门诊。年内增设了住院部。2010年医址迁至正大街路北，医院占地面积6 579平方米，建筑面积10 025平方米，是集医疗与保健于一体的县级二级四等专科医院、全市妇幼保健指导中心和新生儿急救中心。医院新引进妊高征监测系统、多参数胎心监护仪、宫腔镜、电子阴道镜、全怎奈劝生化分析仪、液基细胞薄片制片系统、化学发光仪、全血清多元素分析仪等大型设备，可提供妇女各期保健、妇女儿童健康咨询指导、产前检查、产后康复、妇女病普查、妇科病诊治等技术服务。

近些年来，对农村0—3岁儿童进行佝偻病调查，患病率为13%，经过治疗，治愈率为95%。2011年，认真开展了新生儿疾病筛查工作，有效降低了残疾儿童发生率。2012年，医院接纳门诊6.1万人次，住院治疗4 100人次，住院分娩3 448人。

（五）第三医院

1981年，经县政府批准县牙科诊疗所改组为"县口腔医院"。1983年正式分设门诊部和住院部，设有口腔内科、口腔外科及口腔整形科。1985年有职工25人，其中卫生技术人员22人；有病床10张。1988年自筹资金在向阳路转盘道南东侧兴建了1 331平方米的医院大楼。本年，经县编委批准由集体所有制转为全民所有制单位。新楼投入使用后，口腔医院又聘任本地和外地医疗人才，使口腔医院发展为由内科、外科、儿科、五官科和口腔科构成的综合医院。1989年9月，由市政府批准改为富锦市第三医院。经过1993年和1996年两次扩建，医院总面积达到2 318平方米。1997年，全省牙病防治工作会议在富锦市召开。1999年被评为全国牙病防治先进县（市）。2012年，内设26个科室、30张床位，医疗设施有：MCZ血液铅镉分析仪、BM5血液5元素分析仪、MVIS—2015年全自动血液流变分析仪、HF50—R32医用诊断X射线机等，千元以上医疗设备70余台件；职工82人，其中医技人员69人。2012年，全年收治门诊患者16 613人，收治住院患者837人，口腔科接诊4 240人。

（六）第四医院

1979年，根据全国结核病防治工作会议精神，在县卫生科设"结核病办公室"，负责指导全县结核病防治。1980年4月，撤销办公室，在县中心医院设结核科，配主治医师1人、医师3人，检验师、X光医士、护士各1人。1981年10月，正式成立"富锦县结核病防治所"，从县医院分出。1985年，全所人员增至13人，其中医技人员10人。1986年以来，贯彻实施《黑龙江省结核病防治条例》，广泛开展宣传防治知识，全面做好辖区内结核病诊断、免费治疗和管理工作。同时，加强对结核病人督导管理，使98%的病人能按时吃药、全程服药。1992年，结核病防治所迁至中央大街中段第二建筑公司三层楼，办公面积900平方米。1995年，在富锦市结核防治所的基础上，成立了富锦市第四医院，引进医疗设备30台（件），内设内科、外科、妇科、中医科等临床病室，建成以结核病防治为主的综合医院。2003年，第四医院有职能科室16个，床位25张，有职工56人，其医技人员50人。2005年医院被评为全省结核病防治工作先进集体。该院是佳木斯东部地区结核病防治工作技术指导中心和世界银行贷款中国结核病项目执行单位。

（七）社区卫生服务中心

1.锦东社区卫生服务中心。富锦市锦东社区卫生服务中心是2009年由第二医院转型的公益性医院，承担富锦市城关社区、南岗社区、向阳社区、文化社区、繁荣社区、朝阳社区、东平社区、临江社区8个社区的常住人口50 730人、暂住人口近20 000人的基本公共服务、卫生服务、基本医疗、门诊急诊、康复医疗等工作。锦东社区卫生服务中心占地面积1 200平方米，建筑面积2 168平方米，在职职工76名，其中医技人员63名；设有全科诊室4个，康复理疗室、防保科、妇幼保健科、口腔科、皮肤科、中医科、五官科等。

2.锦西社区卫生服务中心。富锦市锦西社区卫生服务中心是2010年由富锦市铁路医院转型的公益性医院，是一所综合性一级甲等医院。中心承担着民主社区、新开社区、福前社区幸福社区、西平社区、建设社区常住人口和暂住人口的基本公共卫生服务、基本医疗、门诊急诊、康复医疗等工作。中心建筑面积2 405平方米，内设机构有预防保健科、全科医疗科和医技等科室。

（八）乡镇卫生院

1977年，全县有18处公社卫生院。富锦镇卫生院于1989年改称为富锦市第二医院。1995年，兴建1 400平方米住院部大楼。2003年，住院床位增至60张，医疗科室20个，有职工278人。2005年12月，红十字医院并入第二医院，该院已发展成为具有一定规模、科室配套齐全、医疗设备较先进的综合性医院。2009年转型为公益性医院，改成为锦东社区卫生服务中心。各镇卫生院的条件先后得到改善。

二、计划生育

这一时期，计划生育是基本国策，实行最严格的计生政策，成立专门的机构，先有计生委，后又改为计划生育局。

1979年，贯彻执行《全省计划生育工作三十条》，这是计划生育政策的又一个重要转折时期，由原来的"一对夫妇两个孩"调整为"一对夫妇只生一个孩"。1982年，县委、县政府正式下发了《计划生育工作若干问题的具体规定》，实行晚婚、独生子女奖金和征收超生子女费的办法。1986年开始，贯彻落实《黑龙江省计划生育条例》，认真兑现政策，把计划生育工作的好坏作为考核各级干部政绩的一项重要内容，实行一票否决权。1986年开始，17个乡镇建立了计划生育服务站。1995年，实行"持证生育"和"出生验讫"制度，严格执行审批二孩制度。2002—2003年，贯彻实施《人口与计划生育法》，全面推行行政执法和政务公开、公示、承诺制度。2004—2005年，按照《黑龙江省再生育审批管理办法》要求，在二胎审批中严格把关。自2005年连续13年完成与佳木斯政府签订的计划生育目标管理责任状一档指标任务。2012年，计生局被确定为国家免费孕前优生健康检查试点单位。

第七节　文化体育事业的新发展

一、文化事业的多元化

（一）各类文化机构的设立

1.图书馆（室）。1976年，富锦图书馆在正大街中段路南，馆舍面积320平方米，辟有藏书库、外借书库、农村书库、报刊和综合阅览室。1984年12月迁入新馆，位于中央大街中段路北，馆舍总面积1 011平方米，设书库2个及综合、少儿、咨询阅部。1985年，馆藏书刊48 000册。该馆1999年被文化部评为国家三级图书馆。2001年5月，市图书馆与第十建筑公司合作拆掉旧楼翻建新楼，新楼6层，图书馆4层。2007年，通过三级馆复检。2012年，图书馆内设少儿借阅部、老年阅览室、综合外借部、地方文献室、采编室、资源共享室、集藏库。图书馆有持证读者2 000余人。

各中小学校均有图书阅览室。在农村文化建设中，266个行政村均设有图书室。城里13个社区服务中心都有图书室。

2.富锦新华书店。新华书店原址在正大街与新开街十字路口东南角处，营业室面积400多平方米。1983年4月，新华书店迁到中央大街中段路北，书店为二层楼，建筑面积886平方米。1990年，全市经营图书网点23个，乡镇17个、市内6个。1995年，书店全面实行开架售书。1997年4月，富锦市新华书店划归黑龙江省图书音像发行集团管理。2001年，省图书音像集团又将书店翻建成新楼，大楼建筑面积3 000平方米，其中1—2层为新华书店营业部，面积1 435平方米，3层以上为住宅。

3.群众艺术馆。原名为文化馆，设有创作组、文艺组、美术组、后勤组，编制14人。1988年，经省文化厅批准更名为群众艺术馆。1989年8月，市群众艺术馆迁至新办公楼，位于新开路北端的松花江南岸。群众艺术馆使用面积为780平方米，内设舞蹈辅导部、乐器辅导部、声乐辅导部、美术辅导部、摄影辅导部、调研室、财务室等。2006年以来，群众艺术馆坚持做好广场文化活动品牌，组织演出队伍和辅导员深入到各乡镇进行文化下乡演出及辅导乡下文艺骨干。馆内常年举办少儿、青年、老年声乐培训，大力扶持舞蹈、器乐、京剧、中老年合唱团等艺术团体。

4.影院。这一时期，电影放映场所先后建有4个。富锦电影院于1964年在原址翻建新楼，是富锦重要的历史文化符号。改革开放初期，影院很火爆，每天放映好几场，基本场场爆满。1979年1月改制，电影院与电影管理站各自独立核算。1993年，市财政取消了对电影院的补贴，电影院为自负盈亏单位。2009年，电影院更名为艺术剧场。

1977年10月1日，新建的3 500平方米富锦影剧院竣工，时为富锦最大的文艺场所，由评剧团管理使用。影剧院大楼一楼设有前厅、观众厅、舞台、两侧休息厅，二楼设有观众厅、休息厅，三楼为办公室，观众厅设有座席1 500个。1996年1月，影剧院将一楼和二楼出租。承租人拆除原设施，将此地改装成集娱乐、饮食为一体的场所，取名为太阳城歌舞大酒店。1999年5月29日，一场大火烧毁了此楼。2004年，此地被开发，在4楼给730平方米的活动室和办公室。

1981年，电影公司与富锦镇富兴大队联合修建三江电影院，并开始营业。

1983年，富锦铁路俱乐部开业。该部集电影放映、文艺演出、会场于一体，经常卖票放映电影。

5.艺术团体。"文革"期间，评剧团改为文工团。1977年3月，文工团通过考试招收学员18名。同年12月，演出大型评剧《蝶恋花》。年末，经县委批准，文工团又改为评剧团。1990年，编排《雷锋》，演出32场。2000年，编排大型现代评剧《刘胡兰》，本市演出17场，去绥化演出6场。2004年，创编反腐倡廉题材的龙江剧《路》。2005年，参加省第二届龙江剧"白淑贤杯"文艺调演，获得金奖。该剧先后到七台河、双鸭山、牡丹江、哈尔滨等地市演出26场。

6.广播电视。1976年，县广播站位于清真寺旧址，房屋面积400平方米。1979年，各乡镇全部架设广播专用线路，基本结束了用电话线传播信号的历史。1987年，经省广播电视厅批准，富锦县广播站更名为富锦人民广播电台。

1981年春，富锦县筹建电视转播台，台址设在海拔546.8米的乌尔古力山的主峰。1982年10月1日，电视转播台正式转播佳木斯电视台节目。1983年，试办本县新闻节目。1985年9月，建成富锦微波站后，能转播中央电视台一套和黑龙江电视台节目，还担负输送绥滨、同江、宝清、创业等县与农场的电视台微波信号。1987年7月，富锦市电视台卫星地面站在五顶山建成。1994年，富锦市电视台与上级台接轨，购进全套数字设备，由模拟信号向数字信号转换。2005年，富锦电视台转播9套节目。2010年，成立黑龙江广播电视网络股份有限公司富锦分公司后，富锦电视台仅转播中央一套、七套，黑龙江卫视、黑龙江公共频道。

黑龙江省广播电视网络股份有限公司富锦分公司成立于2010年8月，隶属于省公司。2011年，在全省率先全面完成数字整转。2012年，实现有线网络城乡覆盖。

7.博物馆。富锦市博物馆于2009年8月28日正式开馆。该馆由原天主教堂扩建而成，面积2 406平方米，分为三层楼房：一楼历史展馆利用文字、图片、实物展示富锦从新石器时期到1949年新中国成立的变迁和富锦抗战、民主建政；二楼展示的是抗美援朝、北大荒开发、知青下乡和1949年新中国成立以来取得的成就；三楼分为未来展馆、国防教育和临时展馆。博物馆现有藏品2 012件，其中二级藏品2件、三级藏品8件。

（二）文化现象与文艺活动

1.网络文化。随着信息技术的飞跃发展，电脑进入了单位和家庭，手机是人人必备的信息工具。网络文化丰富多彩，日新月异。在电脑和手机上，人们可以浏览各种信息，可以学政治、学经济、学文化、学技术，可以读新闻、国学、小说、诗歌、散文,可以看电视电影、听歌曲戏曲、赏美图美景,可以写作,可以发表,可以交流。

2.节庆文化。这一时期,节庆文化盛行。每年春节前,富锦都有一台春节联欢晚会,现场演出后,还要在电视台播放。富锦注册了中国北方秧歌城,每年的元宵节,往往要举办秧歌会演及比赛。每年的七一,市里往往举办歌咏比赛。有时候,秋季里市里还举办"金豆节"。2007年,富锦一中举办了隆重的建校80周年大型庆典。2009年,富锦市委、市政府举办了隆重的建县百年庆祝活动。各中小学,每年都有自己的艺术节活动。企业店庆、厂庆等活动也常有举办。

3.出书文化。90年代开始,单位和个人著述出书现象逐渐多起来了,出版了很多史志、文学、艺术、科技等类的书籍。

4.文艺作品展览。2007年以来,这类作品展览比较多。美术作品展、书法作品展、摄影作品展、雕塑作品展、手工制作展、文化产品展等,几乎年年都有。此外,一些个人举办的展览也时有进行。

5.广场文化活动。城里的这些广场建成后,广场里的活动多样化。除了体育活动外,艺术类的活动也很多,常有广场歌会、广场舞会、露天电影、广场秧歌、广场戏曲、广场艺术团表演等。

6.文艺比赛活动。以"杯"命名的赛事比较多。从赛事内容看,有声乐类、器乐类、美术类、书法类等。这些比赛多为青少年儿童举办。

1997年6月,富锦被国家文化部评为"全国文化先进县(市)"。

二、体育事业的全民化

（一）体育机构与运动场馆

1.少年业余体校。1977年，富锦少年体校位于中央大街西段路北。1980年，省批准富锦少年体校办田径重点班一个，10名学生。1985年，少体校设有田径、速滑两个项目6个班，共有专职教练员6人，学生120人。1977—1985年，连续被评为省、地（市）体育先进单位。2006年，富锦市少体校迁入新址，位于西平路南段路南，占地面积2.7万平方米，建筑面积3 000余平方米，开设田径、速度滑冰、篮球、乒乓球等训练项目。2003年，富锦市被黑龙江省命名为"短道速滑体育人才后备基地"。改革开放以来，学校培养出了大批优秀运动员，在省级、国家级、国际级别竞赛中取得了优异成绩，并不断向佳木斯体校、省体校输送运动员。

2.运动场馆。1988年，建成市体育馆。1999年，市第一中学建1栋1 880平方米体育馆。2000年，国税局新建1处10 000平方米健身广场。2001年，富锦新建1栋600平方米乒乓球馆。2004年，市政府在正大街与东平路路口东北拆迁棚户区，兴建了面积为8 029平方米的艺体馆，共有1 000个座席。此外，在一些公园、广场、社区等地方都安装了体育运动设备。

（二）体育竞赛

每年夏季，教育局与体委（文体局）联合举办中小学生田径运动会；每年冬季，教育局与体委（文体局）联合举办中小学生速度滑冰比赛。职工运动会较前少了。在合江地区和佳木斯市举办的中小学生田径运动会和速度滑冰比赛中，富锦经常获得团体总分第一名。速度滑冰是富锦的强项，曾在全省比赛中取得优异成绩，为省队和国家队输送了很多优秀运动员。

（三）全民健身

改革开放以来，人们越来越注重健身运动，运动健身已成为人们的自觉行动。早上和晚上，广场和公园，路上和院落，江边和校园，到处都是人们锻炼的身影。

（四）富锦被评为全国体育先进县

1988年，富锦市被国家体育运动委员会评为"全国体育先进县（市）"；1998年，富锦市被国家体委命名为"全国田径之乡"。

第八节　城乡建设的巨大变化

一、城区住房建设

改革开放后的初期阶段，全县城镇房屋建设有了快速发展。1979—1983年，公私新建房屋总面积累计达11.9万平方米，质量也有很大提高，均为砖瓦结构，其中有2—4层楼房20余幢。其中，1993年，科技楼（4层）是本县第一栋楼式住宅。1986年以后，市政府为了解决中低档次收入居民和国有企业职工住房问题，按照统一规划、合理布局、因地制宜、综合开发、配套建设的原则，出台了集资建房、合作建房和危房、棚户区改造等住宅建设优惠政策。各企事业单位纷纷组织集资建房。1988—1990年，南岗新一街有一些单位兴建的职工集资楼15栋，面积37 820平方米。1993年开始，市政府采取开发商品住宅楼和旧城区改造相结合的办法，推动房屋建设。第一片开发的商品住宅楼是1993—1994年开发的向阳路西侧住宅楼和商服综合楼12栋，面积29 650平方米。而后，商品住宅楼开发向全市扩展。1998—1999年，市房产局实施了向阳路北段东侧的"正阳小区"安居工程，建成7栋安居楼，其销售全部执行市政府定价，各系统均摊，以低价销售给中低收入家庭住房困难户185户。1999年，在中央大街路南辟面建民主花园小区，建住宅楼16栋，居住808户，绿地面积15 500平方米，建有音乐喷泉、弧形长廊、雕塑、园林小品、体育健身等休闲设施，成为富锦城市建设的典范。1999年1月1日起，市政府停止住房实物分配，逐步实行了住房分配货币化。新建的经济适用房出售价格实行政府指导价。1990年和2000年，分别为685户和766户解决经济适用房。2004年，新建楼房28栋，其中住宅楼17栋，可容纳1 160户居民。步行街建设的9栋为商宅综合楼。2005年，兴建楼房21栋，其中住宅楼16栋，容纳952户居民。至2005年1月城区改造共计75 750平方米，新建商品开发楼31栋。2006—2010年，建安工程累计完成86万平方米，实现产值17亿元。2011—2012年，在建工程69项，总建设面积190万平方米。2012年，城镇人居住房面积30.44平方米。在房屋建设中，富锦市委、市政府重视对困难家庭的帮助，每年都安排资金配建廉租房。

二、乡村住房建设

进入80年代初，农村新建与翻修户日渐增多。新建住宅中砖木结构房屋相应增加，新建与改修"一面砖"（前墙砌砖）房居多。据统计，这一时期住房结构以土草结构为主。1987年以后，一部分先富起来的农民改善了办学条件，农民住房砖瓦化率大幅度增长。乡镇房屋建设呈现了蓬勃发展的局面。至2003年，全市乡镇所在地住宅总面积达753.85万平方米，其中楼房面积26 500平方米，砖瓦化率达19%。镇区内砖混或砖木结构住宅建筑面积341 700平方米，砖瓦化率达54%以上。各乡镇学校、银行等单位相继盖了砖混结构办公楼，共45栋。1986—2003年，全市村屯共新建翻建砖瓦化住房543户，面积70 700平方米。至2005年，全市农村住宅砖瓦化率达到43%，农村人均住房面积18平方米。2006—2010年，改造农村泥草房2 085户，农村住房砖瓦化率达60%，2011年达到76%。2012年，全年改造农村土草房200户，解决危房1 500户。2012年，农村人均住房建筑面积为34.8平方米。

三、城区给水

1972—1979年，在原水源地又新建了3眼深水井，每眼井日产量为1.6万吨，1985年，管网环绕面积占城区总面积的36%，供应率占40%。1993年第二水厂建成投产。投产后，管网不断扩展，2003年，供水普及率达到54%。2004年扩建改造了一水厂，2010年新建东郊水厂，实现全天24小时供水。2012年又新建西郊水厂，为今后供水需求作准备。

四、城区排水及污水处理

城市排水七八十年代主要以明沟为主。1982年，富锦县政府修建了针织厂经清真路至东北闸门的地下2 200米管道，解决了针织厂、染线厂等企业的废水排放。1983年以后，城市道路建设时，配套进行地下排水管网建设。1995年，成立了富锦排水管理处。2010年，新建的污水处理厂开始运营，日处理污水1.5万立方米。市区排水管网达到了全城覆盖，市区内污水处理率达到95%。

五、城区垃圾清运及处理

1977年，富锦用小型拖拉机取代马车清运垃圾。随着城市建设的发展，政府加大了对环卫的投入。1985年，环卫站有小四轮拖拉机30台，洒水车1台，排污车1台，粪车1台，东风车2台。

1989年，有垃圾箱170个，背箱106个，果皮箱75个。1997年，新增推土机1台，背车2台，铲车1台，翻斗车2台。2005年，购买两台清扫保洁车，开始用机械清扫，增加14个背箱。市内13个社区都设立了卫生队，市区垃圾基本做到日产日清。1985年起建有3处垃圾填埋场。

六、城区路网及道路修建

市区内有计划大规模整修道路始于1980年。1981年，成立了富锦城镇道路指挥部和城镇道路养护管理站。1981年以来，陆续新建与改造了向阳路、新开路、中央大街、老正大街。至2012年，主次干道全部铺上黑色路面或白色水泥路面；巷道全部铺上了黑色路面或砖路面；新修整的主次干道中间或两侧建有绿化带，铺设了彩砖的人行道，使车辆行驶、自行车行驶和人行各行其道。市区道路形成了以"二横八纵为主干道"的路网格局，各主次干道都安装了路灯。

七、城区公园与广场

（一）站前公园

1987年建，占地2.8公顷。公园四周围成6 300米铸铁栅栏，园内种植各种花草树木，实行收费管理。1994年8月1日，站前公园由收费管理改成开放式管理。园内增加了孔雀、猕猴、熊、鸵鸟、梅花鹿、红腹锦鸡等各种观赏性动物。2002年4月，市政府把站前公园建成休闲、娱乐式广场，拆除了铁栅栏。2003年改建结束，安装夜灯30盏，设座椅15处，设健身器2排，草坪4 760平方米，栽乔灌木633株，站前公园有松树、柳树、杨树等28个品种，共计1万条株。2004年，公园增加了宿根花卉数量。2005年，栽植樟子松100株、云杉168株、花卉2 600株。

（二）西平公园

西平公园始建于2001年，西起幸福灌区渠首，东至民主路，占地6公顷。2004年，西平公园栽植黄槐163株、红端木145株、花卉17 000株。2005年，播草坪2 200平方米。摆F1代花卉1 500盆，栽植云杉25株、樟子松45株、山丁子60株、白桦32株、山核桃25株。

（三）东平公园

东平公园西起东平路，东至奋发屯。2003年始，富锦结合江堤改造工程建设东平公园，2004年，栽植花卉18 400株、榆树13 000株。2005年，栽植垂榆70株、丁香7 836株、刺玫2 600株。

（四）政府广场

2009年建成。广场将中央大街分为南北两个广场，总占地面积为30 000平方米。南广场始建于2008年，采用大理石地面，设高杆灯1盏、景观灯35盏、一处喷泉、一处假山，2008年由富锦知青赠石碑1座（青春富锦）。北广场始建于2009年，广场内铺设人行道板1 174.24平方米、大理石板264平方米，广场主入口立有"天下富锦绣中华"字样石碑1座。

（五）廉政广场

2009年建成，位于中央大街东三岔路口，占地面积3 000平方米。广场铺设大理石路面1 517.8平方米，人行道板985.84平方米、花池1 586.3平方米，高杆灯1盏，广场内还有花岗岩字雕（鉴园）两块。

（六）新开广场

2010年建成，位于新开路北端，松花江畔，占地面积30 000平方米。广场内部铺设大理石地面，设休闲长廊6座、高杆灯1盏、大型景观灯两盏，庭院灯20盏、山景灯8盏、地埋灯167盏、有五处喷泉，以及大型浮雕墙1座。

（七）幸福广场

2005年建成，位于幸福罐区渠首，占地面积20 000平方米。广场内铺设大理石地面约8 800平方米、广场砖地面4 746平方米、水泥砼地面311平方米，广场东侧有拱桥1座，广场两侧甬道847平方米，广场南侧有牌楼1座，西侧两盏高杆灯。

（八）博物广场

2011年建成，位于博物馆北侧，占地面积4 600平方米。广场内铺设大理石路面3 733平方米、花池3 250.6平方米，有高杆灯1盏、景观灯11盏。

（九）艺术广场

2010年建设，位于艺术剧场（老电影院）西侧，占地面积4 000平方米。广场内铺设大理石路面2 318.9平方米，彩板280平方米、花池181.5平方米。

（十）艺体广场

2008年建成，位于艺体中心，占地面积12 000平方米。广场内铺设水泥砼路面640.9平方米，水泥板8 026.72平方米。建有混凝土仿木长廊、不锈钢运动雕塑、斜拉膜、石雕、花坛、绿地，设高杆灯两盏、地灯20盏，融运动、休闲、美化、亮化于一体。

第九节　交通、邮递、电信的快速发展

一、铁路运输

1974年开始兴建福（福利屯）前（前进镇）铁路，1982年11月竣工通车，富锦区域内设5个站。1986—1989年，福利屯—富锦间日均过货4对列车。1991年4月21日，哈尔滨三棵树至前进的383次直快列车通车典礼在富锦站前广场举行。2001年，福前

线完成了线路与基础设施的更新改造，全线线路由木枕换成水泥砼地，闭塞设备换成了较先进的继电联锁设备，运行速度由原来的40千米/小时增速为60千米/小时，富锦到哈尔滨实现了夕发朝至。2006年，同江地方铁路经富锦境内与福前铁路衔接。2011年，富锦火车站有到发线4条，每天接发列车18列，其中客运列车6列。日发送人数545人，全年发送旅客近20万人；日发送货24车1 400吨，日卸车10车600吨。2011年，抚远铁路与前进镇衔接经富锦通往哈尔滨。

二、公路运输

1977年，富锦已有大型客车41辆，客运量68.3万人。1985年，拥有大客车58辆（国营40辆）干线通往佳木斯、同江、饶河县西丰镇、福利屯、绥滨、建三江、县与乡均已通车。1986年始，全面启动了提高公路等级标准的公路网化工程。1989年，富锦市地方道路建设初见成效，建设规模向纵深发展。在完善骨架路段施工后，从内地逐步引向边远，由单线引向联通循环。1990年，富锦至宝清客运车开通。1992年，富锦至哈尔滨直达客车开通。1993年，全市的地方道路基本上达到了地方公路网络化，总里程1 254千米。全市18个乡镇407个村屯全部通了公路，其中380个村开通了客运班车。1994年，建立富锦客运总站，位于富锦中央大街东段，负责7市，11个县，2个农场管局，11个农场和富锦市11个乡镇的旅客中转运输任务。1997年10月，佳抚公路（经富锦）竣工，为二级白色路面。2000年，同三公路全线通车。2003年，全市地方道路打通"断头路"32条，全长173.6千米。联通循环路11条160千米，联通边远5个乡72个村。新建改建公路12条112千米。全市公路总里程达到2 300.97千米，其中高等级白色路面157.9千米，三级砂石路面1 284千米，村级公路858千米。2004

年，富锦—宏胜段建成为三级混凝土公路。富密公路富锦至友谊段建设为普通二级白色路面。至此，富锦主要出口公路全部实现白色化。2008年，全省实施公路建设"三年决战决胜"。至2009年，全市公路总里程达到3 065千米。通往周边市县的客运线路达到97条，总长8 783千米。2009年，正式启动了集贤至同江、建三江至虎林高速公路和富滨大桥的"两路一桥"工程。2011年9月23日，集同高速公路竣工通车，9月28日富绥松花江大桥竣工通车，9月3日建虎高速公路竣工通车。2012年，实施了富宏公路改扩建工程。2012年，新建公路客运站竣工，位于富锦市锦绣大街东段北侧，可同时容纳旅客500人，同时可发车10台次，日发班车178班次，日流量4 600人次，83条营运线路，营运里程20 130千米。

三、水路运输

1976年，富锦有货轮15艘、客轮1艘。1979年，成立港航监督站。1985年，有机动船21艘，其中客船2艘。驳船22艘。"龙客—11""龙客—07"每日由佳木斯和富锦对开，各载客134人。"龙客—27"三日一班，由佳木斯经富锦至抚远。1989年，航运公司新造一艘400客位的双体铁质客轮。1989年，富锦港口被国家批准为一类开放口岸。1990年，同江海关在富锦设办事处。1992年，富锦港码头岸线780米，其中国航码头岸线400米，混凝土直立式船台213米。有库房500平方米，场地28 000平方米。1993年，富锦市政府自筹资金修建总长7.2千米铁路专用线。1994年，市航运公司又购进1 000马力60客位水翼艇，加入富锦至绥滨航线旅客运输。2000年，市航运公司开通佳木斯经富锦——俄罗斯下列宁斯阔耶航线。2003—2005年，富锦——绥滨、富锦——绥东两航线6艘船，每日往返6次。2005年，全市拥有货船17艘、客船3艘、驳船19艘。2012年，富锦有各类船舶800余艘（含个体渔船）。

四、邮递

1976年，富锦邮件主要由汽车和自行车传递。1980年，福前铁路通车后，部分邮件用火车传递。1985年，汽车邮路为1 951.8千米，邮政网点城镇1处、农村16处，开办了国内、国际特快专递业务。1990年始，陆续由委办汽车邮路改为自办汽车邮路。1998年，富锦市邮电局实行邮电分营，划分为邮政局和电信局。富锦邮政局独立运营后，农村各分支机构仍办理邮政业务。2000年初，实行电子汇兑，并办理国际汇兑。同年，开办了国内快递包裹、国内直递包裹、国际包裹业务。2004年，开办特快送款业务。2012年，市内设1个邮政营业厅、7个储蓄所。农村设二龙山、向阳川、宏胜、兴隆岗、头林、长安、西安、锦山8个邮政支局和新建、砚山、二道岗3个邮政所。

快递业务发展很快。至2012年，富锦有韵达、申通、中通等13家全国连锁快递进驻。

五、电信

（一）电报传真

1982年有电报机5台。1990年以前，收发报使用的是55型载报机。1991年，用津科翰林机（计算机）取代了繁重的手工译报方式。同时，还有3G公众真迹传真机与电报业务兼顾使用。1998年以后，随着通信的快速发展，电话普及率逐渐提升，电报业务退出了历史舞台。

（二）固定电话

1977年，17个人民公社建有电话交换点。是年，镇内电话由手摇式改为拨号式。1986年，富锦县县话交换机总容量为1 000门，农活交换机总容量1 440门。1995年，交换机总容量为18 000门，安装用户8 902户；全市17个乡镇实现了传输数字化、交换程控化；完成了电信基础网的更新换代，实现了7位拨号。1998年，邮电局实行邮政和电信分营。2001年3月，中国铁通佳木斯分公司富锦电信局成立，2002年，铁通开通固话业务。2003年，富锦铁通交换机总容量5 000门，办理固话3 308户。2004年8月15日，中国电信（集团）公司北方电信有限公司黑龙江富锦市分公司成立，装机容量4 200门，办理固话800户。2005年，富锦市固定电话交换机总容量101 944门。至2012年，固话覆盖全市市区和镇村。

（三）无线电话

1994年12月，富锦邮电局移动通信业务开通，用户终端为模拟手机（俗称"大哥大"），因体积大，客户不到500户。1995年，邮电局新增移动通信数字网，客户终端手机体积小、功能多、发展迅猛。1996年，客户达到2 000多户。1998年，邮电局的邮政和电信分营，电信业务由电信局承担。1999年，数字手机用户突破10 000户。2000年1月，中国联合通信有限公司富锦分公司业务处成立。2004年4月，富锦电信局实行公司化，更名为中国网通（集团）公司富锦分公司。富锦市移动通信公司业务正式与电信分离，成立中国富锦移动分公司。2008年10月，中国联合通信有限公司富锦分公司并入中国联合网络通信有限公司富锦分公司。

第十节　健全社会保障体系

一、城乡居民生活保障

（一）城镇职工收入

1977年10月，富锦县有6 722人增加工资，占全县所有职工的51.6%，集体所有制职工1 266人增加了工资，占所有集体所有制职工的44.1%。1981年，富锦县为从事教育、卫生工作多年又工资偏低的职工普遍涨了一级工资，少部分人晋升三级。1983年，本县为国家机关、事业单位职工调整工资。1986年，富锦县职工总数为67 039人，职工工资总额6 621.3万元，职工年平均工资988元。1990年，职工工资总额为63 529万元，职工平均工资1 510元，比1986年增长52.83%，1995年职工工资总额144 429万元，比1990年增长12 734%；职工平均年工资3 538元，比1990年增长13 430%。2000年，职工工资总额为193 629万元，比1995年增长77.44%；职工年平均工资6 836元，比1995年增长93.22%。2005年，在职职工减少，全市职工总数19 047人，职工年平均工资9 843元，比2000年增长44%。2012年，职工年平均工资达到35 192元，比2005年增长257%。

（二）农民人均收入

1997年，农民年人均收入83元。1983年，实行联产承包责任制后，增长幅度加大，1986年，富锦县农村合作经济总收入18 188万元，农民年人均收入419元。1990年，农村合作经济总收入33 695万元，比1986年增长86%；农民年人均纯收入702元，比1986年增长67.5%。1995年，全市农村合作经济总收入103 150万元，比1990年增长206.1%；农民年人均纯收入2 349元，首次突破2 000元，比1990年增长234.6%。2000年，全市农村合作经济总收入168 939万元，比1995年增长63.8%；农民年人均纯收入2 821元，比1995年增长20.1%。2005年农业和农村经济形势好于往年，农业减免农业税、粮食直补和种植业优质粮种补贴第一系列优惠政策的出台，拉动了农民收入上涨。全市农村合作经济总收入238 807万元，比2000年增长41.4%；农民年人均纯收入3 455元，比2000年增长22.5%。2010年，农民人均纯收入9 605元，比2005年增长178%。

（三）扶贫帮困

1986年，富锦县政府在长安镇开展了扶贫试点工作。1994年起，市委、市政府开展了有计划、有组织、大规模的扶贫开发工作，制订了"富锦市七年扶贫攻坚计划"；即从1994年至2000年基本解决全市农村42 000贫困人口的温饱问题。七年时间内，全市累计投入扶贫资金2 500万元，其中省市投入343万元，地方投入2 157万元。2000年，市委、市政府组织实施了以城乡100个单位包扶100个贫困村，1 000名副科级以上干部联村包户，扶持1 000个贫困户，全年共为贫困户投放资金（含贷款）245万元，解决化肥350吨、种子210吨、柴油80吨、衣被3 560多件，累计投放折合人民币674万元。年末，每个贫困户增长1 000元。全市有32个贫困村、1 060多户贫困户3 500多口人当年实现脱贫。2005年，市镇两级累计投入扶贫开发资金和物质折合人民币685万元。2008年，市政府为99户拨危房补助款23万元；投入506万元，支持贫困村改善水、电、路、通讯等生活条件。

（四）社会救助

1977年，国家给本县农村救济款26.85万元。1980—1984年，村集体和县政府对农村"五保户"补助，每户在200元左右。1985年全市敬老院15所，入院老人261人。1985年，农村"五保户"962

户，平均每户补助578元。1986—2003年，全市累计向农村投放救济口粮4 000多吨，下拨衣物20多万件。1998年，特大洪灾过后，富锦共接收全国各地捐赠物质100多万件，折合人民币594万元。1998年，成立城市居民最低生活保障服务中心成立。首批纳入城市低保为421户613人。2000年，随着行政区划的调整，敬老院合并为12个，生活标准每人每年1 500元。2005年，全市城镇低保对象3 018户、6 788人，月人均补差额50元；农村首批纳入低保对象3 714户，8 077人，年人均补差189元。2007年，全市"五保户"1 690人，其中集中供养276人，分散供养1 414人；集中供养每人每年2 200元，分散供养每人每年1 600元。2009年，富锦市将农村年人均纯收入900元以下的农民全部纳入保障范围，全市农村低保户7 969户18 620人。2010年，为城乡低保户、困难户、"五保户"解决取暖费585万元，其中城市低保户均1 110元，农村低保户均200元。为确保困难家庭子女有学上，至2010年累计为贫困学生发放助学金31.7万元。2012年，城乡低保对象16 613户36 642人。城镇月人均补差235元，农村年人均补差1 236元。"五保"对象2 374人，其中集中供养1 190人，分散供养1 184人，分散供养每人每年2 370元，集中供养每人每年3 260元。是年，市政府为城乡低保、"五保"对象发放取暖费891万元。

二、养老保险

（一）城镇职工社会保险

1986年7月，成立富锦县劳动保险公司。是年，根据黑龙江省人民政府关于颁发《黑龙江省所有制企业职业退休费社会统筹试行办法》的通知，开展养老保险工作。1988年10月起，富锦县国营企业职工实现了（离）退休费统一支付。1991年，富锦市个体劳动者和集体所有制企业职工养老人保险工作全面启动。

2009年7月1日起，将符合条件的"五七工""家属工"等人员纳入基本养老保险范围。2011年1月1日起，"农林牧渔"四场职工纳入我省城乡职工基本养老保险统筹范围。2012年，富锦市有参保缴费职工13 887人，其中国企买断接续人员及个体参保人员9 833人，企业在职职工4 054人，离退休人员14 933人，其中包括"五七工""农林四场工"、知识青年下乡返城及低保进社保人员。

（二）机关事业社会保险

1993年9月，富锦市组建了富锦市机关事业社会保险公司，1997年3月，更名为富锦市机关事业社会保险局，保险对象是机关、事业单位中自收自支和差额拨款单位。2000年7月，市机关事业社会保险局划归市劳动和社会保障局。2012年，全市参加养老保险单位共228户，参保职工8 235人，其中离退休人员2 030人，基本养老保险基金总收入2 254万元，基本养老保险基金总支出4 174万元，累计滚存结余89万元。

（三）农村社会养老保险

1993年12月1日，富锦市农村社会养老保险工作从民政局社会救济股份的业务中分离出来，成立农村社会养老保险事业管理处，隶属于民政局。2010年，更名为城乡居民社会养老保险事业局，划归劳动与社会保障局管理。2012年，全市有14.2万农村居民纳入新农保，保险覆盖率为95%。初步实现农村居民"老有所养"。

三、失业保险

1986年，县劳动服务公司内设立职业待业保险股。2003年成立富锦市失业保险局，保险对象是城镇企业事业失业人员。失业人员在所在单位和本人按照、规定缴费时间1年以上者，根据缴费年限，在失业后按月领取失业保险金，最多不超过24个月。2012年，全市参加失业保险单位110户17 600人。全年征缴失业保险费435万元，完成145%，拨付失业保险60万元，拨付率为100%。

四、职工医疗保障

1977—1984年，继续执行1952年以来实行的工矿企业职工劳保医疗制，国家行政、事业部门实行公费医疗制。1977年，享受公费医疗人数4 441人，医疗费支出144 732元，每人平均年支出为32.59元。1985年始，废除医疗费统一管理的办法，试行"分层次的公费医疗经费管理责任制"，按标准下拨各享受单位，由基层单位统一掌握使用，标准为每人每年36元，超支不补、节约留用。2000年，富锦市成立医保局，负责全市城镇职工基本医疗保险、城镇居民基本医疗保险和企业职工工伤生育保险工作。至2011年来，全市参保职工已达到41 033人，全市灵活结业参保人数已达1 671人，全市城镇居民参保人数已达66 819人，至2012年，基本养老覆盖率达到98%。医保报销标准为：意外伤害报销90%；大病门诊最高支付限额1.5万元，报销90%；城镇居民封顶线8万元；职工基本医疗保险支付限额15万元；在职职工报销88%；低保人员年最高报销3.5万元。

五、农村合作医疗

1977年，富锦农村有287个合作医疗站。合作医疗的资金来源是社员集资和生产大队公益金投资各占50%，参加合作医疗的社员一般每口人集资1—2元。1981年，全县坚持实行合作医疗的有58处，1983年剩18处。1983年底，原有的303处大队办的卫生所减少到82处，转为赤脚医生及小集体承包的115处，个人单干的65处，均实行看病收费。1984年，重新整顿恢复大队（村）集体办所，有三种类型：大队集体办，乡村医生个人承包，个体办所。1985年底，全县村卫生所恢复至367处。农村医疗保险开始于2005年，2012年农村医疗保险人数为224 436人，占农村总人口的92%，住院治疗最高可报销6万元，在本乡镇住院报销额为85%。

第九章　建设中国特色社会主义新时代的跨越式发展

（2012年11月—2020年11月）

2012年11月8日，党的十八大提出全面建成小康社会目标；2017年10月18日，党的十九大提出不忘初心、牢记使命，高举中国特色社会主义伟大旗帜，决胜全面建成小康社会，夺取新时代中国特色社会主义伟大胜利，为实现中华民族伟大复兴的中国梦不懈奋斗。在这一历史时期，富锦市委、市政府带领富锦人民，认真贯彻落实党的十八大、十九大精神和习近平总书记视察黑龙江省重要讲话精神，以新时代、新气象、新作为推进富锦市振兴发展，不断取得经济社会发展新成就。

第一节　现代农业的发展与贡献

一、发挥农业科技示范作用

（一）农业科技示范园区建设

2013年，全市推进现代农业综合配套实验改革，投入资金5 392万元，建设长安镇永胜村、大榆树镇福来村等现代农业万亩作业区，投入资金657万元用于香菇生产基地建设。

2014年，全市培育了15个国家级、省级科技示范园区，带动标准化种植30.4万公顷，成功承办了全国产粮大县培训班现场会。全市以同三、桦富、富密、富宏公路为轴线，分别建设了长安镇永胜村、大榆树镇福来村、上街基镇德安村、长安镇漂筏村等15块水旱田万亩展示区，配套建设水利、电力、道路等基础设施，重点应用水旱田高产栽培新模式，推广玉米品种德美亚3、绿单2，水稻品种龙粳31、龙粳29，玉米110厘米大垄密植、水稻钵育机摆等技术，带动全市农业生产标准化水平的提高。长安镇永胜村万亩水田展示区和上街基镇德安村万亩玉米展示区作为全国产粮大县书记培训班现场，中央电视台报道全国粮食丰收也以此为背景。

2015年，在国省公路沿线高标准建设了长安镇永胜村、漂筏村、大榆树镇福来村、上街基镇德安村、锦山镇中永村、二龙山镇西凤阳村等16个水稻、玉米万亩示范区，配套水利、电力、道路等基础设施，重点应用先进生产技术，带动全市农业标准化种植，覆盖率达到86%。特别是长安镇永胜村万亩水田展示区作为全省两大平原现代农业综合配套改革现场会富锦分会场，受到与会领导好评。全市加快发展"互联网+农业"，利用田间传感器等各种物联设备，建成18个土壤肥力固定监测点、33个水稻病虫害实时测报点、32个水稻智能催芽车间智能温湿控制系统和智能喷水系统、长安镇永胜村水田万亩展示区自动控水系统、耕地地表径流与地下淋溶两个国家级监测点，提高了农业精准化程度，并建成现代农业综合信息服务中心，现代信息技术和现代农业生产深度融合，通过农业信息采集系统和专家系统，建设以"互联网+农业"为重点的农业信息综合指挥监测中心，在整个展示区实现智能化管理的同时，还可下传信息服务于全市农业生产，上传信息为上级部门指挥指导农业生产提供依据。

2016年，全市以国省公路沿线、"双百"区域（百千米绿色稻米长廊和百万亩优质水稻示范带）为重点，以中永村、东立村、诚信村、永胜村、高家村、福来村、西凤阳村等万亩大地块为基点，以象屿集团、金玛集团、东北村水稻种植合作社、中永种植业合作社等工商资本、新型农业经营主体为引路，建设5个省市级、22个镇级"互联网+农业"示范基地（总面积超过1.8万公顷），辐射面积15.4万公顷，占全市耕地总面积的40%。长安镇永胜村示范基地建成综合信息服务中心，依托催芽、温湿控制、生态检测八大信息系统，将示范基地的信息发布平台与11个镇政府综合服务中心电子显示屏、267个行政村"村村通"气象语音系统，以及手机短信、QQ、微信等终端信息平台有效连接，科学指导全市水稻生产，有效解决农业科技信息服务最后一千米问题。

2018年，全市突出试验示范，推动科技成果转化，把科技培训、对接指导、示范推广贯穿于农业生产全过程，农业科技贡献率65%，农业生产标准化覆盖率86%以上。建设30个"互联网+农业"示范基地。万亩水稻科技示范园被评为"首批省级农民田间学校"。全市试验、示范、推广项目70多项，推广面积达1 300多万亩次，为新技术推广、新成果转化和技术储备奠定坚实基础。完成200名新型农业经营主体带头人和20名现代青年农场主培训任务。全市无人机超过210架，植保作业面积达到9.53万公顷。引导12家绿标企业登录黑龙江农产品质量安全追溯公共服务平台，实现"来源可溯、流向可追、质量可控、责任可查"。全市坚持从严从紧，有效保护黑土资源，提高耕地质量。建设耕地质量提升和减肥增效示范区0.13万公顷，以此为带动，新增测土配方施肥1.67万公顷，累计达到33.87万公顷；印发《富锦市农业三减技术方案》（三减即减化肥、减农药、减除草剂），全市"三减"面积达到7.33万公顷；落实耕地轮作2.93万公顷，休耕733公顷；开展耕地地力评价，均匀选取605个土壤采样点并检测，为因地制宜对耕地进行改良打好基础。

（二）场市合作共建示范基地

2012年以来，全市以同三公路等国省公路沿线为重点，高标准建设了场（院）市共建示范园区、水稻育秧基地、水稻示范区等十大农业标准化示范基地，形成同三公路沿线"十千米一基地、百千米连成带"的建设格局。对全市9镇65村，6.67万公顷耕地集中进行高产攻关，带动全市33.33万公顷粮食作物的整建制高产创建。全市通过"双百"示范带建设，引导各镇村对农垦先进技术进行充分消化吸收，推进现代农业标准化生产。2018年，富锦市与建三江管理局签订合作框架协议，在打造"双百优质稻米长廊"和共建共享秸秆综合利用项目等15个领域开展对接合作，互派20名农村干部挂职交流，农业现代化水平显著提升。

（三）智能催芽育秧与万亩水旱地块

2013年，全市高标准建设长安镇永胜村水田和大榆树镇福来村旱田两个现代农业万亩作业区，水稻集中育秧小区发展到122个，智能化催芽车间发展到20个。建成锦山镇香菇生产基地，为水稻育秧大棚二次利用探索出新路。大榆树镇福来村旱田万亩大地块节水农业示范区项目，经省水利厅批复，由省水利科学研究院规划设计，项目总投资1 200万元，主要建设内容包括高效节水灌溉面积达万亩，新建水源井32眼，安装中央支轴式喷灌12处、绞盘式喷灌18处、膜下滴灌工程2处，完成安装调试。市农业局为长安镇永胜村水田万亩大地块配套建设单批处理能力200吨的水稻智能催芽车间一座，高3.3米、宽13米、长60米的标准化"桁架式"育秧大棚50栋，可基本满足该万亩大地块的水稻用秧需求。

2014年，全市新建水稻智能催芽车间8个和育秧大棚1 684栋。全市水稻智能化催芽车间达到28个，单批处理能力3 800

吨，高标准芽种覆盖面积达到126 667公顷；建有水稻集中育苗小区132个、标准化水稻育秧大棚3.9万栋，基本保证水稻育苗高素质。

2015年，全市新建水稻集中育秧小区16个、水稻智能催芽车间4座、高标准育秧大棚1 234栋，全市总数分别达到153个、32座、3.9万栋，水稻智能催芽工厂育秧面积达到14万公顷，基本保障水稻秧苗高素质。以食用菌、西甜瓜、蔬菜为重点，积极推进育秧大棚二次利用，锦城菌业公司共生产500万只菌棒，带动部分水稻集中育秧基地发展食用菌。

2016年，全市有水稻育秧集中育苗小区153个，标准化水稻育秧大棚3.9万栋。新建大中型智能催芽车间32个，全市水稻智能催芽车间单批处理能力达到4 270吨。水稻智能化催芽、工厂化育秧面积达到14.13万公顷，基本实现水稻育苗标准化。

2017年，新建水稻育秧大棚2 033栋。建成"惠商""金玛"和"同军谷物合作社"电商平台。

2018年，全市推进育秧棚二次利用，组织公路沿线的25个水稻集中育秧小区、1 770余栋大棚通过种植辣椒、姑娘、豆角、西甜瓜等棚室果蔬。

（四）发展绿色基地及特色经济作物

2013年，全市共有国家级绿色食品原料标准化生产基地3个，总面积16.67万公顷；三品标识192个，绿标企业5个，绿色食品标志8个。强化对俄蔬菜出口基地建设，总面积达到5 333公顷，主要生产早甘蓝、番茄、圆葱、毛葱、大蒜、蒜薹等品种，已经形成日光温室、大中棚、地膜与露地栽培结合的生产布局。

2014年末，全市获得绿色食品标志8个、无公害农产品标识192个、国家地理标志1个、认证绿标企业6个。金正油脂、福成粮油及鸿基米业5个绿标和"富锦大米"地理标志申报。扶持金玛农业打造"元态富锦贡米"和"元态富锦鲜米"两个品牌，提升富锦市大米产业的知名度和影响力。

2015年，全市共建成有机食品原料基地666.67公顷、绿色食品原料生产基地16.67万公顷，新认证绿色食品标识7个、摘标4个。全市共认证有机食品4个、绿色食品10个、无公害农产品266个、地理标志1个。长安镇永胜村现代农业水田万亩示范园区建成一套稻米质量追溯系统，已投入使用。加大"三减"工作力度，建设21个"三减"示范点，示范点全部形成二维码，实时上传和更新信息，让更多农民了解示范点情况，带动全市"三减"面积8.67万公顷，化肥施用量亩减少5千克，农药施用量亩减少0.01千克。

2016年，富锦市市属38万公顷耕地全面积通过无公害认定，拥有国家级绿色食品原料生产基地16.67万公顷、有机食品原料生产基地67公顷，认证有机食品4个、绿色食品16个、无公害农产品166个、地理标识1个。

2017年，全市印发《富锦市农业三减技术方案》，落实40个、总面积达1.55万公顷的"三减"示范基地（示范基地内全部施用黄腐酸肥），全市"三减"面积达到6万公顷。在长安镇漂筏村落实266.67公顷玉米、大豆轮作示范区，全市"三三轮作"面积达到5 267公顷。认证"三品一标"，加大农资市场和投入品监管力度，出动执法人员1 400余人次，禁绝高毒长残效农药及跨区、转基因种子经销行为。全市38万公顷耕地全面积通过无公害农产品产地认定，建成有机食品原料基地666.67公顷、绿色食品原料生产基地16.67万公顷，认证有机食品4个、绿色食品18个、无公害农产品266个、地理标志1个。

2018年，全市共认证绿色食品29个、有机食品2个、无公害农产品101个、地理标志1个，为农民打造品牌闯市场提供有力支撑。组织绿标持有者参与各类省级以上展销会5次，在第六届绿博会上签订农产品意向性订单2 600余吨、总值7 200余万元；组织同军谷物、新民水稻等农民合作社入驻市电子商务产业园，实现优质农产品线上、线下同步销售。全市"三减"面积达到7.33万公顷，占全市耕地面积的19%，建成30个"互联网+农业"高标准示范基地、5个省级农民创业示范基地。

二、水利设施建设及能力

2013年，全市实施幸福灌区续建配套与节水改造、节水增粮、千亿斤粮食产能等水利工程建设，新增节水灌溉面积4 000公顷，完成新隆村和安基小区土地整治项目，新增耕地面积64.6公顷。

2014年，全市建设了松干富锦西堤应急度汛、幸福灌区续建配套与节水改造、水毁工程修复、土地整治等工程。开展水毁工程修复，清淤排水干沟39.2千米，修复农道桥9座、涵洞15座，修复堤防总长度6.95千米。进行幸福灌区三干渠衬砌和长安排干清淤。

2015年，全市在头林镇建设临时泵站4座，配套轮式潜水斜拉泵和发电机组8台套，排水沟道清淤16 000米。在兴隆岗镇建设临时泵站3座，配套轮式潜水斜拉泵和发电机组6台套，排水沟道清淤16 000米。在宏胜镇建设临时泵站1座，配套轮式潜水斜拉泵和发电机组1台套，排水沟道清淤4 000米。

2016年，全市节水增粮项目（旱田），新建水源工程60处，新建设喷灌工程60处，新建设动力工程60处，总投资690万元。

2017年，富锦市争取的总投资26.3亿元，灌溉面积110万亩的锦西灌区项目，10月份得到国家发改委正式批复，11月份开工建设。争取国省资金2.2亿元，实施千亿斤粮食产能工程、富锦支河整治治理清淤工程、幸福灌区续建工程、高效节水灌溉工程和土地整治项目建设，全部建成后受惠农田面积达到122万亩。

2018年，幸福灌区续建配套与节水改造工程已完成投资2 812万元，占年度投资计划的60.8%。河长制工作持续深入开展。高效节水灌溉项目共3个片区，共计1 000公顷，全部为喷灌，工程全部完工。开展富锦支河上游段整治治理清淤疏浚工程项目及富锦市兴隆总干治理清淤疏浚工程项目。

三、农机装备作业能力

2013年，全市19家合作社大马力拖拉机完成整地作业95万标亩，单车平均作业量达到8 000标亩。联合收割机总作业量2.6万公顷，单车作业量达到3 000标亩。已批复500万元农机装备规模的水田农机合作社2个，新增农机装备资金1 000万元（省投600万元，合作社自筹400万元）。全市19家合作社入社成员3 159户，入社土地面积1.1万公顷，同比增加313户和1 800公顷。建设了19个旱田农机专业合作社，共装备大型机械132台。其中，100马力以上拖拉机23台，200马力以上拖拉机109台，整地机械256台（套），联合收割机131台，大型喷药机11台。落实农机购置补贴1 687万元。

2014年，全市有等离子体种子处理机10台，当年各合作社和科技示范户利用等离子体处理机处理2 667公顷水稻种子、1 333公顷玉米种子、1 333公顷大豆种子。经过处理的种子，实现了一次播种保全苗，达到了苗齐、苗全、苗壮。市农机总站重点围绕长安镇漂筏村农机合作社、大榆树镇拾房村万亩玉米示范区、上街基镇德安村、砚山镇福祥村4个玉米示范区搞好农机农艺的融合，实施玉米110厘米大垄双行高产栽培技术，在漂筏村示范地块出现了垧（公顷）产16吨的创纪录产量。全市推广玉米大垄双行栽培玉米2 667公顷，平均垧（公顷）产都在12吨以上，增产幅度达到10%。在水稻万亩示范区，示范、推广水田翻地、平地、打浆和水稻插秧技术。

2015年，全市农机总动力达到98万千瓦，同比增加5万千瓦；拖拉机保有量3.5万台，同比增长1 000台；农机具4.5万台套，同比增长3 000台套。

2016年，全市农机田间综合机械化水平达到96.5%，被列入全国农业机械化示范区。

2017年，富锦市被国家农业部列入全国100个农业机械化示范区之一。全市拥有拖拉机3.6万台、农机具4.2万台套、联合收割机5 046台、插秧机1.4万台，农机总动力达到131.7万千瓦时。45个现代农机合作社共装备大中型拖拉机419台，合计1 144台（套）。全市农机田间综合机械化水平达到98.5%。被国家农业部列入全国农业机械化示范区、全国平安农机示范市。年末拥有农业机械总动力127.0万千瓦，同比增长4.0%。农业综合机械化率98.0%。年末实有农用拖拉机36 078台、联合收割机3 948台、排灌动力机械4 545台。

四、农村经济合作组织发展

2013年，全市农民专业合作社达到507个。2014年，全市新型农业经营主体快速发展，新增家庭农场53个、各类合作社473个。全市现代农机合作社达24个，其中旱田农机合作社20个、水田农机合作社4个，省级规范社1个，佳木斯市级规范社4个。2015年，全市27家农机专业合作社，分布10个镇，拥有农机装备954台（套）。全市农民专业合作社、家庭农场、种粮大户分别达到1 198个、171个、190个。2016年，全市注册家庭农场171户，种养大户3 916户，农民专业合作社1 283户。

申报批建农机专业合作社11个。2017年，全市共组建45个农机专业合作社，其中，25个旱田，10个水旱兼作和10个水田农机专业合作社。2018年，全市共有农民合作社1 528个、家庭农场130个、种养大户4 005户，新型农业经营主体覆盖全部自然村，发展相对较均衡。培育出省级示范社4家、示范家庭农场6家，总数分别达到7家、8家。

五、耕用土地的规模经营

2013年，全市流转土地面积6.67万公顷，带动土地规模经营面积26.67万公顷。2014年，全市发挥三级土地流转服务体系作用，指导流转集体土地8.67万公顷，增长18%；规模经营面积达到28万公顷。2015年，全市规模经营总面积达到160万公顷，占市属耕地总面积的42%。重点培育了福祥村农机合作社、东北村水稻种植专业合作社、漂筏村种植业合作社、乔志国家庭农场、张玉种粮大户等一大批机制健全、管理规范、运营有序、辐射带动能力较强的新型农业经营主体。组织农技专家同40个合作社和家庭农场结成技术帮扶对子，开展点对点跟踪服务，促进合作社和家庭农场增产增收。建立土地流转平台，全市23.93万公顷农村集体土地基本信息录入平台，可随时查阅相关情况，全年共发布土地信息2万条，流转集体土地8万公顷，带动全市土地流转14.54万公顷（占农村集体土地面积的60.1%）；办理土地承包经营权抵押鉴证1.15万户。2016年，全市规模经营面积28万公顷，占市属38万公顷耕地面积的73.79%。全市产业化龙头企业21户。2017年，以新型农业经营主体为牵引，全市规模经营总面积超过26.67万公顷。2018年，全市以新型农业经营主体为引带，全市规模经营面积超过26.67万公顷。

六、富锦在国家粮食安全中的贡献

富锦市是国家商品粮基地及全国产粮大县。2013年，富锦市第11次跨入"全国粮食生产先进县"行列。2015年，富锦市连续12次荣获"全国粮食生产先进单位"称号。2017年，全市种植结构不断优化，大豆、玉米、水稻三大作物分别达到了10.33万公顷、11.07万公顷和15.33万公顷，其中，单季水稻种植面积全国第一，粮食生产实现了"十四连丰"。2018年，富锦市播种面积37.91万公顷，其中，水稻15.33万公顷、玉米14万公顷、大豆7.33万公顷、杂粮杂豆及其他1.24万公顷，粮食作物总产量达到41亿斤，稳居全省第一。

富锦发展成为国家粮食安全大粮仓。2014年以来，富锦市招商引进富锦象屿金谷农产有限责任公司，在园区投资建设345万吨粮食仓储项目，现仓储规模达到500万吨；招商引进万里利达粮食仓储项目在二龙山镇建设，现仓储规模达到638万吨。2017年11月9日，黑龙江省十三个粮食交易市场之一的富锦万达粮食交易市场开业运营。富锦市国有粮库、民营粮贸等20多家仓储流通企业仓容达到2 100万吨储备能力，富锦被誉为"黑土绿谷、粮都富锦"，成为国家粮食安全的压舱石。

七、畜牧业的发展

1.标准化养殖。2013年，全市投入资金1 130万元促进畜牧业发展。新扩建千头以上规模猪场14个、标准化叠层笼养肉鸡养殖场7个，在全省率先开展村级动物防疫体制改革并取得明显成效。2014年，全市年内牛出栏3.5万头，猪出栏107.5万头，禽出栏232.6万只。到2016年，全市各类畜禽规模饲养场发展到635个。市动物疫病预防与控制中心动物实验室通过生物安全一级兽医实验室资质认证，建立镇级疫情测报点11个，村级疫情监测点

87个，初步形成了市、镇、村三级动物疫病监控检测网络体系。2017年，全市各类畜禽规模养殖场达625个，全市万头规模猪场1个，6 000头规模猪场11个，2 000头规模猪场26个，1 000头规模猪场216个，具有实现年出栏商品猪80万头以上的生产能力。100头以上肉牛规模场81个，200只以上羊场253个，3 000只以上家禽规模场75个。2018年，全市大力发展高端肉牛养殖，引进元盛集团2 000头"龙江和牛"养殖示范项目。

2.建设畜禽龙头企业。2013年以后，全市建成2个国家级奶牛标准化示范场——头兴牧业、天野牧业，建成1个国家级肉羊标准化养殖示范场——富锦市种羊场。2017年至2018年，建成现代化的黑龙江大锦农有限公司所属肉鸡孵化、肉鸡养殖、肉鸡屠宰加工、饲料生产全产业链循环经济产加销一体化龙头企业，形成日屠宰肉鸡27 000只的能力。

第二节 经济开发区的建设

一、产业园区规划及建设

黑龙江省富锦经济开发区位于富锦市东部，距市中心3.6千米，是黑龙江省级绿色食品产业园。2013年，富锦市积极推进工业园区建设，总规划用地总面积12平方千米（已开发面积6平方千米），规划建设农畜产品加工区、对俄进出口加工区、仓储物流区、科技工业区、综合服务区、生活区6个功能区。2015年，富锦市完善编制园区各项规划，总规环评。产业园近期规划6平方千米已通过省国土资源厅用地预审。园区实控土地面积7.6平方千米。富锦市编制了《全市产业发展规划》《绿色食品产业园控详规划》《象屿食品医药生化产业园专项规划》。2016年，产业园区升级为省级经济开发区，经过发展，经开区坚持"一区多园"发展格局，建设生化科技产业园、绿色食品产业园、新兴产业园、对俄保税加工现代物流园、现代商务园。着力发展粮食加工及食品制造、生化医药、仓储物流、对俄进出口加工等重点产业。2019年，被农业部认定为国家现代农业产业园。经开区10平方千米范围内已实现"五通一平"，远期规划30平方千米。

二、基础设施建设承载功能增强

2013年，富锦市推进绿色食品产业园锦丰、富民等干路及配套设施建设，建成吉利新村一期工程，启动园区里铁路专用线建设。2014年，产业园区加快道路、给水、排水工程建设，完成了锦丰路建设，铺设砂石道路2 732米。完成了龙源饮品、象屿农业、华粮富锦粮库、锦润物流和铁路专用线等5家企业接通自来水工作。完成了锦园路排水主干线总长3 680米，两条主干线排水工程已完工并投入使用。加快绿化工程建设，完成了锦园路、富民路、锦程路绿化维护工作。加快路灯工程建设，维修园区路灯20盏。加快电力工程建设，架（改）设电力线路4 500米。完成回填土方120.29万立方米。铁路专用线建设由中铁二十三局第二工程公司进场开工建设，线路全长13.34千米，项目建设沿线征地13公顷，拆迁4户。当年，黑龙江省（富锦）绿色食品产业园荣获"2014年度全省开发区先进单位"和"黑龙江省开发区协会会员单位"。2015年，园区建成了配套完善的基础设施，总容量4万千伏安的66千伏变电站、日供水3万吨供水厂、日处理污水1.5万吨的污水处理厂、日处理垃圾195吨的垃圾处理厂均建成并投入使用。全市完成铁路专用线路基工程建设，绿色食品产业园项目承载能力进一步增强。2016年，园区污水处理厂竣工投产，锦城路北段铁路道口路面改造工程及富民路西段铁路道口路面改造工程全部竣工。完成锦稻厂区及园区回填土方20万立方米。开发区新建铁路线路及扩建线路17.92千米，象屿生化铁路专线11月15日提前通车。2017年，全市收回园区闲置土地8万平方米；推进经开区214万平方米土地征收工作，为产业项目落地储备了空间。完成象屿金谷农产物流综合配套设施项目、万里利达粮食仓储及物流项目及经开区铁路专用线建设。全市产业项目投资923 320万元。完成征收土地214万平方米，经开区铁路专用线全线通车，发运能力220万吨，远期发运能力500万吨，项目承载力显著增强。2018—2019年上半年，富锦经济开发区本着资源共享、优势共享、要素共享、产业集聚的发展目标，以"政府主导、企业主体、市场运营"的原则，实施引进松花江水入园工程、污水提升泵站工程、危化铁路专用线扩建工程、公共管廊工程、经开区消防站工程等项目。建设日处理2.5万吨的污水处理厂二期工程。通过企业投资实施经开区热电联产项目，年发电量30万千瓦时，生产蒸汽230万蒸吨。努力打造水、热、电、汽、物流等生产要素共享模式，降低企业直接投资成本和间接生产成本，进一步增强经开区的承载能力和项目吸引力。

三、引进各类项目及推进产业升级

（一）招商引进产业项目

2014年，全市重点引进象屿集团仓储物流项目、象屿生化120万吨玉米深加工项目、大连金玛农产水稻加工项目。其中，象屿集团345万吨仓储物流项目的建设，有效地缓解了富锦市仓储能力不足和农民"卖粮难"问题。2015—2017年，富锦市依托象屿生化医药食品产业园平台，突出资源共享优势，经过两年多的跟踪洽谈，成功签约了国投生物30万吨燃料乙醇、海资植酸钙等一批重点项目。依托农业资源优势，引进并建设了30万吨曼哈顿集团水稻精深加工、福慧食品大豆深加工项目，金正油脂有限公司退城进入园区建设20万吨大豆深加工项目。

（二）推进产业链稳步发展

2015年，产业园内已累计入驻企业23户，年产值达到12.6亿元，税收实现1.55亿元，初步形成了"粮头食尾、农头工尾"食品产业集群。象屿金谷集团有限公司农业全产业链项目，主要建设玉米淀粉深加工、玉米胚芽油、仓储贸易和物流等农业全产业链项目。2014年末，华粮物流集团富锦粮库迁建项目投入使用。园区引入大锦农农业开发有限公司肉禽屠宰加工项目、饲料加工项目、肉鸡养殖项目。园区配套建设了农机具产业富锦龙江拖拉机制造公司、凯马车轮有限公司及大宇农机公司。发展园区物流产业，引进锦润物流项目，主要建设海关监管库、海关保税仓库、综合仓储项目。象屿金谷345万吨仓储、金玛安全食品园5万吨稻米加工等一批大项目竣工投产，象屿生化120万吨玉米深加工项目开工建设，为市域经济发展提供了有力支撑。2016年，产业园区象屿农产120万吨玉米深加工项目、生化项目已完成一期60万吨深加工项目，完成土建工程和设备安装工程，配套热电站、污水处理厂及产品储运设施全部竣工投入使用，淀粉车间联动试车一次成功。经过不断入驻企业，经开区产业园共有包括富锦象屿金谷农产有限公司、富锦象屿金谷生化科技有限公司、黑龙江金玛农业有限公司、黑龙江锦稻农业发展有限公司、黑龙江绿谷酒业有限公司等企业入驻，加之全市城乡农副产品加工企业，全市重点建设延伸了玉米、水稻、大豆产业链。2017年，富锦市经济开发区象屿生化公司实现产值146 403万元，增长507.9%，占全市规模以上工业总产值的37.9%，实现增加值58 210万元，同比增长25.5%。其中，象屿生化公司实现增加值22 136万元，占全市规模以上工业增加值的38.0%。全市利用"哈洽会""央企佳木斯对接"行动和"富锦市（北京）经济技术合作推介会"的契机，立足资源和区位优势，广泛深入开展招商活动。大锦农肉鸡屠宰及饲料加工农业产业链项目重新建设并投产。2018年，富锦经济开发区金玛集团大米面膜、三聚环保秸秆综合利用、海资植酸钙等一批产业项目开工建设。30万吨燃料乙醇、曼哈顿30万吨水稻加工等一批在建项目稳步推进。市政府坚持"深加工建在粮仓里"的发展理念，着力发展壮大粮食深加工全产业链，为富锦市实施"农头工尾，粮头食尾"奠定坚实的发展基础。

（三）建设中小企业孵化园

2015年，富锦市政府为开发创新创业项目，在产业园区建设中小企业孵化园。一期工程建设了3栋一层总建筑面积7 560平方米厂房，以及供水、供热、电力、电讯、给排水干线、主干路混凝土路面等配套设施建设工程，并竣工使用，完成了3户小微食品企业入驻孵化园项目。2016年，富锦市立兴植保机械制造有限公司入驻园区后，主营"立兴"牌水稻、玉米喷杆喷雾机。产品属自主研发、订单生产、网络销售，是全国为数不多的植保机械制造企业之一，属于国家重点支持的战略产业。企业实施了"互联网+农机制造+农业互联网+农机配件"的市场营销模式。公司产品在国内10个省（自治区）销售，并远销国外。2016年，中央电视台《我爱发明》栏目"玉米去顶记"专题报道。公司注册商标为"立兴植保"，产品分为4大系列14个品种。2018年，富锦市经开区规划农用植保机械制造产业园并组织申报国家双创项目。

第三节 富锦城市的建设与繁华

一、城市基础建设与居住环境整治

（一）改造升级城市道路及给排水、供热供水供气

2013年，富锦市全面完成锦绣大街升级改造项目。总投资9 900万元，新建机动车道面积129 866平方米，机动车道宽度36米，双向10车道，两侧人行道每侧2米。东平路（文明路——南二街）拓宽改造工程全面完成，主路路面25 744平方米，修建沥青砼非机动车道8 371平方米，人行道板5 184平方米，沥青砼道口1 100平方米。完成中央大街东段排水管线改造，完成中央大街雨水管网工程和东平路南段、进思大街等10条主次干路改造，铺设给排水管线2.2万米，清通维修老旧管网80千米，新增集中供热面积55.7万平方米，新增燃气用户2 332户。2014年，开创了全国民营企业从俄罗斯进口石油液化气的先河，天然气管网入户9 500户。2015年，城市道路工程投资8 918万元，改造了中央大街、振新路北段和南八街等10条主次干道。维修新开路、西平路、东平路、向阳路、文明街、新三街、新二街、新一街、锦绣大街等9条街路人行道板3 850平方米和路缘石5 200米。城市排水工程投资992万元，铺设排水主管线6 070米、支线3 024米，修筑检查井201座。2015年，同三高速、建虎高速、富绥松花江公路大桥及同三辅路富锦段等路桥建设相继竣工通车，辖区内形成"五横六纵五循环"的公路网络。城市新增集中供热面积70万平方米。2016年，全市改造中央大街西段、民主路、新一街西段、教育街等11条主次干道，铺装沥青砼路面73 876平方米、水泥砼路面11 083平方米、人行道板42 154平方米、砂石路9 198平方米、巷

道路面36 573平方米；养护主次干路、人行道、广场40 663平方米。2016年，全市给排水工程累计铺设完成各类管线1 800米，完成45栋老旧居民楼1 500户供水管网改造。通过排水管网改造，使中央大街中段、向阳路中段、新开路中段连雨天积水排泄不畅问题得到了解决，方便了市民出行。2017年，全市完成了南二街、新二街，南七街、南八街等次干道的改造。投资6 000万元，日供水能力3万吨的西郊水厂正式投入使用，铺设给排水管线2 175米，重点完成了西平路、新二街、清真路、楼群市场道的铺设，有效改善了上述区域的居民吃水难问题。共完成32栋居民楼约1 200户居民的供水设施改造。改造城市供热二级管网13千米。全市城市供热普及率达到87%，燃气入户率达到21%，2018年，改造民主路、西平路等8条道路。全市投资1.3亿元，完成污水处理厂扩建。全市共有45个二次供水小区，直接接入城市供水管网直供，17个小区二次供水设施采用水箱式供水。市区大网供热面积555万平方米，区域锅炉供热面积38.8万平方米，分散小锅炉供热面积4.8万平方米。新建供水管线2 960米、排水管线2 644米。铺设富宏路、西平路、新开路等路段沥青砼路面11.8万平方米，打通民主路至锦绣大街和振兴路至三八路的"断头路"，铺设给水管线2.2万米，日供水能力3万吨的西郊水厂投产供水。全市排水工程累计新铺设管线12 233米（含纯雨水管网4 400米），砌筑检查井910个，改造全市老旧小区及单体楼的排水管网7 360米。同时，完成了市政排水设施的清通、维护、改造任务，清通管网7.6万余米，保证了市政排水管网主干管道的畅通。

（二）大面积改造棚户区

2014年，全市完成了63栋30万平方米楼房的节能改造，配建廉租房100套。全市棚户区改造项目10个，涉及1 327户8.6万平方米，廉租住房建设100套。争取到位国省投资保障性住房建设资金4 223万元。全市建筑工程累计57项，总建筑面积1 018 290平方米。2015年，富锦市区已经建设100个住宅小区，建筑面积达到372.8万平方米，棚户区改造面积15.5（4.89）万平方米，改造老旧小区面积40万平方米。全市建筑节能改造完成楼体改造84栋，约40万平方米。2016年，全市棚户区改造任务1 025套，完成1 269套。改造21个小区和单体楼。全市房地产开发项目工程累计9项，建筑面积22万平方米。2017年，全市推进棚户区改造，整合资金10亿元，启动6个片区棚改项目，受益群众5 000多户。改造老旧小区和单体楼31个。2018年，启动10个地块棚户区改造，征收2 919户，改造30个小区和单体楼。

（三）绿化亮化美化建设

2013年，锦绣大街道路绿化带每侧5米，安装298盏LED路灯、花池1 100米。2014年，全市对69条巷道进行了升级改造，安装路灯103盏，新增绿化面积10.5万平方米。2015年，维护44栋楼体亮化设施，城市园林绿化工程投资1 036万元，栽植树木花草。2016年，全市安装路灯682盏。2017年，安装路灯163盏，新增城区绿地面积4.5万平方米，全年共栽植乔木27 768株、灌木25 601株、栽植花卉约16万株、绿篱8 927平方米、铺设草坪42 400平方米。2018年，完成城市绿化3.5万平方米，实施城市绿化亮化工程，城市新增绿地3.5万平方米，对28栋楼体建筑和5条街道及广场景观进行亮化。在城市西出口建设了"天福地锦"地标性雕塑。2018年，新建一座11 000平方米锦绣广场。

（四）物业的发展

2015年，组织学习佳木斯市物业管理经验，联合消防部门举办富锦市物业服务消防安全知识培训班，对全市物业服务企业进行消防安全培训。指导西沙小区、江畔小区组建了业主委员会，中心花园小区、时代奥城小区的业委会选举；世纪家园A区业委会换届工作已完成。2017年，召开全市物业管理服务提升年专题会议，以会代训。指导东祥小区成立业主大会并选举产生业主委员会。组织筹备陆园小区、铁路小区、世纪家园B区、鸿福天地小区业主大会。到2018年，全市物业服务管理得到发展。全市组织开展了《宣传物业法规，提升物业水平》的物业知识宣传活动。指导锦绣家园、鼎鑫公馆、富锦花园、风情城小区的业主成立业主大会选举产生业委员会。完成86个小区物业管理考核。在住宅小区开展电动自行车消防安全专项整治工作，参加全市住宅小区高层消防演练活动，对全市住宅小区或单体楼的违法建设情况进行排查整治。2018年，全市范围内按照楼房的建设年限并结合小区实际情况确定改造30个小区和单体楼，已经完成老旧小区及单体楼基础设施及环境改造项目。

（五）沿江公园及景观带建设工程启动

2018年，市政府争取省住建厅支持，聘请专家完成沿江景观带、滨江大街规划设计和乡镇总规编制，落实农发行贷款4.16亿元，启动10个地块、43万平方米棚户区改造工作，改造棚户区2 521户，完成征收3 457户。

（六）生活垃圾处理

2014年以来，全市购置清扫保洁机械3台，设置钩臂卫生箱71个，市容环境卫生明显改观。城区清雪实现巷道全覆盖、主次干道全天候畅通，境内公路干线做到24小时全线通行。建成库容量80万立方米、日处理垃圾195吨的卫生填埋式城市生活垃圾处理厂一座，已运营。2017年，全市加大投入力度，修缮损毁的垃圾箱110个、地埋箱35次、维修钩臂箱120个，钩臂箱重新喷漆430个。为更好提升城市形象和城市品位，环卫部门陆续撤除了主干路的垃圾箱，并新购置50台电动环保垃圾收运车，工作时间内不间断循环收运垃圾,有效避免小垃圾堆的产生。电动垃圾收运车的投入,提高了环卫清扫机械率,减轻了环卫工人劳动强度。2018年,在城区建设水冲公厕12个、垃圾中转站2个,购置清雪设备7台套。市环卫清扫保洁工作已初步实现网格化管理,人均清扫保洁面积7 900平方米,每日出动各类环卫车辆65台次,全年清运各类垃圾11万余吨,保证了垃圾日产日清,完成了垃圾焚烧项目的选址工作。

(七)建立第二污水处理厂

根据城市发展需要,2018年8月,市政府开始建设第二污水处理厂,本次工程计划总投资为18 964.92万元,工程设计规模为3.5万m^3/d(2018—2023年),2018年8月已完成第一部分建设,主要是本工程新建设计规模为1.0万m^3/d的污水处理厂一座,接收象屿生化工业废水3 000立方米,城市污水7 000立方米。本项目采取A2O+AO工艺,出水水质达到一级A标准。污水排放口设置在富锦市污水处理厂北侧,排放量大约在2.5万立方米。园区企业污水设施二期第一部分接收象屿生化工业废水量3 000立方米,均符合排放下水道水质标准。

二、商贸业的繁荣

各类商场及专业市场发展成为区域商品集散中心。2014年,富锦市开工建设富源达农贸物流大市场,占地面积48 636平方米,建筑面积44 694平方米。锦润国际物流等商贸物流项目,苏宁电器正式落户富锦市。到2015年,富锦市建成大商新玛特、新天地商厦、家世界、苏宁电器商场,加之原有富锦百货大楼、秋林公司、温州轻纺商场(富锦皮草城、温商大润福超市)等大型商场辐射周边,以及果蔬农贸、农资、农机等专业市场功能完备,全市各类专业市场达到18个,市区沿街日杂、五金交电、装潢材料、手机商店、修配件等各类商铺5 300家。二龙山、锦山等各镇市场商品繁多，市场体系日趋完善，使富锦形成了城乡商品集散中心和繁荣活跃区域经济的大商贸格局。2017年，黑龙江省13个粮食交易市场之一的富锦万达粮食交易市场开业运营，三江平原区域粮食交易和价格中心初步形成。富锦市20多家粮食仓储流通企业粮食储备流通能力达到2 100万吨以上，成为区域粮食购销储备中心。2017年，全市有129家村级综合供销服务站，通过惠丰通村网为农民供应化肥等农资商品。全市城乡零售百货、五金、日杂商店、粮油店、家乐购、大型超市、家具商场、果菜商店、药品商店等沿街门市繁荣活跃，使富锦市形成区域性购物中心，辐射周边市县农场。

宾馆酒店、城市公交及各类服务业功能完备。2012年以来，富锦市东方大厦、海天大酒店、喜乐汇等大型宾馆酒店的住宿饮食、游泳馆等服务功能完备，提升了富锦城市形象。2017年，富锦市区公交车线路13条、公交车70台，出租车2 276台，方便快捷的市内交通环境，对生产生活发挥了积极作用。城乡加油站布局合理，为市内外交通运输提供优质服务，各类汽车4S店为周边汽车交易提供优质服务。

三、交通运输发展

（一）公路基础建设及物流快速发展

2015年，富锦市辖区内公路总里程数3 155.1千米。建成"两路一桥"（同三高速公路、建虎高速公路、富绥松花江公路大桥），改造富宏路、佳抚路、富密路，辖区内形成"五横六纵五循环"的公路网络，区域交通枢纽地位进一步增强。高速公路总里程达133.47千米，其中集同高速107.31千米，建虎高速22.36千米，富绥松花江公路大桥3.8千米。国道115.0千米，省道161.3千米，县道4.0千米，县级以下公路2 741.3千米。原有18个建制乡镇公路全部达到通乡标准，267个行政村通畅率达100%，连接自然村89个，占自然村总数的65.4%。同三辅路富锦段、富密公路富锦段、桦富公路富锦段、县道富绥路、二龙山至建三江支线和湿地保护区旅游专用公路道路等级达到二级标准，二二公路、富同北线公路等级达到三级标准。2018年，市政府交通部门组织实施农村公路改扩建工程和危桥改造工程，全年组织实施安防工程250.9千米、窄路面加宽工程30.1千米、路网改善工程4.7千米、撤并建制村工程34.9千米和农村公路危桥改造工程2座60.68米。地方自筹资金3 071万元，组织实施农村公路畅返不畅项目4条23.1千米，都已交工通车。2018年，市政府推进城乡物流发展，按照省交通运输厅提出的促进全省交通与邮政系统"六个融合"的发展思路，富锦市积极探索实践以邮政和运输企业联合村邮站个体经营者为运营主体，依托农村客运班车搭载邮件，打通邮路梗阻，整合乡镇客运站邮政局所的闲置资源，实现场站资源共享。整合村邮站和农村客车停靠站，打造"两站合一"的村级服务点的交邮合作模式，解决运输服务村屯"短路"问题，促进城乡交通运输一体化发展。全市已开通5条覆盖头林、兴隆岗、宏胜、锦山、长安、上街基和大榆树7个镇的交邮合作线路，设置村邮站2个。市政府坚持国、省、县、乡、村五道共治，持续开展路域环境综合治理，加大重要节点路段的绿化、美化、香化，为百姓营造"畅、洁、舒、美、安"的通行环境。

（二）铁路基础建设及物流快速发展

2015年，富锦区间铁路共有8趟列车经过。2016年，富锦站上下行旅客列车8对，旅客列车上行最远到沈阳市，下行最远到达抚远市。日均装车9车，发送货物504吨。经开区铁路专用线全线通车，象屿生化全年生产的75万吨玉米淀粉通过铁路专用线运往全国各地。2017年,象屿金谷农产物流综合配套设施项目、万里利达粮食仓储及物流项目及经开区铁路专用线建设完成,全市铁路物流发运能力达到1 000万吨。

(三)口岸基础建设及发展口岸经济

2015年末,富锦市有对外贸易经营权并在海关备案登记的外贸企业共有38家,有进出口贸易业务企业6家。富锦市全面开展口岸恢复工作,推进大屯临时港区建设,重新与俄罗斯下列区签订友好合作协议,组织企业参加了"俄罗斯企业佳木斯行""中俄企业经贸合作洽谈会"活动,分别与俄罗斯企业签订进口木材协议。市政府按照"远近结合、保障口岸"的目标,多方联系协调,健全完善口岸过货码头配套设施,起草出台了《富锦市鼓励口岸经济发展奖励办法》,促进富锦口岸过货量和对外贸易额,繁荣富锦口岸。黑龙江复丰工贸有限责任公司已从俄罗斯进口木材1.2万立方米进入富锦港区。完成富锦新港一级疏港公路项目开工准备工作。富锦新港区一级疏港公路项目2019年开工建设。重点推进富锦经济开发区对外保税项目孵化园区的建设,经过招商,与佐岸木材加工公司合作,在富锦镇大屯村西侧建设占地11万平方米的对外保税项目孵化园区。

四、电子商务、通讯及金融服务平台建设

(一)发展电商产业园

2017年,富锦市启动了电子商务产业园区建设,引进第三方运营,制定了入园优惠政策。立兴植保等公司积极开展跨境电商业务,建成"惠商""金玛"和"同军谷物合作社"电商平台。电商产业园一层设有电子商务公共服务中心、特色产业展示大厅、新零售超市、西湖云创业咖啡,二至四层设有电子商务企业办公区、西湖云电商学院、多媒体会议中心、大学

生创业梦工厂、科技企业孵化器。全市发展新业态，打造电商销售平台，园区入驻企业包括电子商务贸易商、平台商、服务商、大学生创业合计42家，物流中心6家（邮政快递、顺丰快递、中通快递、优速快递、京东和德邦物流），当地特色产品已收集312个单品。通过以绿谷粮都为主，林都汇、七台河电商谷、林口电商谷、大米网为辅的线上交易平台，推动农产品电子商务上行，让富锦特产在黑龙江省形成一定的销售规模，开展网络交易，主要为大米、豆油、蜂产品等土特产品，销往北京、浙江、广州、深圳等地。开展了"电子商务进农村"联合村挂牌仪式，将砚山镇联合村作为电子商务进农村示范村，开展生鲜出村活动，通过电商平台销往全国。举办了"粮都1号农货促销会"，活动期间直接参与人数近3万人。组织园区电商企业先后参加了第二十九届哈尔滨国际经济贸易洽谈会、第五届中国（北京）国际服务贸易交易会、中国（杭州）国际电子商务博览会，对外展示富锦市电商特色产品。2018年，扶持壮大同军谷物合作社、盛地土特产、兴蜂园、心兰民俗工艺等45家电商经营主体。

（二）城乡通信建设全面覆盖

到2015年，光缆总里程达到4 932千米，宽带用户发展到49 000户，2G用户发展到145 000户，3G/4G用户达到140 000户。营业网点已覆盖富锦城乡，城区有营业网点80个，业务代理网点109个，乡镇有营业网点41个。通讯区域交通道路四通八达。2017年末，中国移动通信公司富锦分公司移动网在网用户23万（2G用户8.7万、4G用户14.3万），宽带计费用户2.4万；城区营业网点47个，乡镇营业网点26个，其中自有营业厅3个。年收入1.1亿元。中国电信通信富锦分公司移动网在网用户4.7万，宽带计费用户1.5万，固定电话用户0.3万；城区营业网点33个，乡镇营业网点17

个，其中自有营业厅3个，合作营业网点47个。中国联合网络通讯公司富锦分公司有光纤接入宽带用户234 000户，IPTV12 564户，VPN用户786户，3/4G移动用户25 500户；现有传输网、互联网和接入网各类通信设备432台，通信基站205个，长途国际光缆365皮长千米，本地网光缆7 300皮长千米。中国联合网络通讯公司富锦分公司是富锦市骨干通信运营企业，负责政府机关，企事业单位和个人用户的通信服务，主要业务有：互联网商用光纤接入、宽带、IPTV、固定电话、VPN、出租电路和移动通信业务，网络覆盖富锦市城区和所有乡镇村屯。富锦市共建通信基站708个，其中，2G基站391个，3G基站87个，4G基站230个；覆盖富锦全域及农垦建三江管理局、同江市、双鸭山市友谊县、桦川县等地。通信设施完好，通信基站覆盖商场、住宅、机关单位、农村。

（三）金融服务能力增强

2012年，富锦市引进龙江银行，扩大专业银行规模，全市金融机构专业银行发展到10家，信用联社城乡金融网点发展到25家。全市金融机构存贷款余额双双突破60亿元，金融服务业呈现较强的发展态势。2014年末，富锦市金融机构各项存款余额952 872万元，同比增长15.3%。其中，个人存款余额745 920万元，增长27.6%；单位存款余额178 569万元，下降4.3%。各项贷款余额641 481万元，同比下降8.4%。其中，短期贷款415 592万元，下降10.5%；中长期贷款225 888万元，下降4.3%。2015年末，富锦市金融机构各项存款余额1 192 851万元，同比增长25.2%。其中，住户存款余额954 098万元，增长27.9%；非金融企业存款余额72 577万元，增长40.8%。各项贷款余额782 367万元，同比增长22.0%。其中，住户贷款余额403 965万元，增长5.3%；非金融企业及机关团体贷款余额378 402万元，增长46.7%。2015年，人保财险富锦支公司实收保费1 627万元，实现利润200万元。2016

年末，全市金融机构各项存款余额实现1 357 299万元，同比增长13.8%。其中城乡居民（住户）储蓄存款余额1 066 934万元，同比增长11.8%。各项贷款余额824 063万元，同比增长5.3%。其中，住户贷款余额409 461万元，增长1.36%；非金融企业及机关团体贷款余额414 603万元，增长9.6%。2017年末，全市金融机构各项存款余额实现1 635 579万元，同比增长20.5%。其中城乡居民（住户）储蓄存款余额1 170 562万元，同比增长9.7%。各项贷款余额860 044万元，同比增长4.4%。其中，住户贷款余额398 311万元，增长—2.72%；非金融企业及机关团体贷款余额461 733万元，增长11.37%。2018年末，金融机构各项存款余额1 663 126万元，同比增长1.7%。其中，住户存款余额1 191 947万元，增长1.8%；非金融企业存款余额248 388万元，下降13.8%。各项贷款余额866 349万元，同比增长0.7%。其中，住户贷款余额391 016万元，下降1.8%；非金融企业及机关团体贷款余额475 333万元，增长3.0%。

第四节　社会民生保障

一、社会民生保障事业健康发展

1.居民生活水平稳步提高。2013年，全市城镇居民人均可支配收入实现17 743元，比上年增长12.9%；城镇居民人均住房建筑面积29.4平方米。农民人均纯收入实现13 296元，增长10.6%；农村居民人均住房建筑面积25.0平方米。2014年，全市城镇居民人均可支配收入19 987元，同比增长8.5%；城镇居民人均住房建筑面积25.1平方米。农村居民人均可支配收入14 591元，增长10.5%；农村居民人均住房建筑面积25.5平方米。2015年，全市城镇居民人均可支配收入21 508元，同比增长7.6%；城镇居民人均住房建筑面积25.1平方米。农村居民人均可支配收入15 270元，增长4.7%；农村居民人均住房建筑面积24.1平方米。2016年，全市全年城镇居民人均可支配收入23 136元，同比增长7.6%；城镇居民人均住房建筑面积29.0平方米。农村居民人均可支配收入16 293元，增长6.7%；农村居民人均住房面积28.2平方米。2017年，全市城镇居民人均可支配收入24 941元，同比增长7.8%；城镇居民人均住房建筑面积29.0平方米。农村居民人均可支配收入17 402元，增长6.8%；农村居民人均住房建筑面积27.0平方米。2018年，全市全年城镇居民人均可支配收入26 679元，同比增长7.0%；城镇居民人均住房建筑面积32平方米。农村居民人均可支配收入18 973元，增长9.0%；农村居民人均住房面积28平方米。

　　2.就业医疗养老保险稳步实施。2013年，全市新增就业6 526人，城镇登记失业率3.5%，举办城乡劳动者专场招聘会10次，申请办理小额担保贷款384人，发放贷款1 152万元，发放《就业失业登记证》402本，培训各类人员6 000人，开发公益性岗位44个，职业介绍16 615人，介绍成功11 265人，劳动力转移636人。2014年，全市基本养老保险参保人数40 460人，新农保参保人数140 311人，城镇居民参保人数881人，参加基本医疗保险110 214人。社会福利事业继续稳步发展。全市共有养老机构24家，收养人数1 352人。2015年，全市基本养老保险参保人数40 369人，新农保参保人数142 900人，城镇居民参保人数974人，参加基本医疗保险110 401人。全市共有养老机构29家，收养人数1 701人。2016年，全市基本养老保险参保人数40 207人，城乡居民养老保险参保人数133 100人，参加基本医疗保险110 443人。全市共有养老机构26家，收养人数949人。2017年，全市基本养老保险参保人数49 514人，城乡居民养老保险参保人数132 100人，参加基本医疗保险80 938人。全市共有养老机构22家，收养人数982人。2018年，城乡居民社会养老保险方面，参保人数13.16万人，城镇职工基本医疗保险参保人数为26 077人。全市共有24家养老福利机构，投入6.2万元为7家514张床位进行养老机构综合责任险的投保。2019年1月，市医保局改为一级局。

二、各类教育事业的协调发展

（一）发展学前教育

2015年末，富锦市完成了市中心幼儿园、鼎鑫幼儿园、东平幼儿园、大榆树镇中心幼儿园、锦山镇中心幼儿园、宏胜镇中心幼儿园、兴隆镇中心幼儿园项目建设并投入使用。2016年，全市实施优质园示范引领。完成二期学前教育三年行动计划任务项目，三年毛入园率73%以上。2018年，全市幼儿园发展到48所，在园幼儿6 742人。

富锦市中心幼儿园的前身是成立于1951年的富锦县机关幼儿园，2014年7月易址新建后更名为富锦市中心幼儿园。今天的中心幼儿园占地面积12 560平方米其中绿化面积450平方米，运动场地5 500平方米，教学楼建筑面积8 700平方米，消防泵房72平方米，门卫房39平方米。

2020年10月，市中心幼儿园有班级23个（其中小小班2个，小班8个，中班7个，大班6个），在籍幼儿626人（其中小小班44人，小班208人，中班210人，大班164人），有教职工98人（其中财政供养人员32人，临时聘用人员66人）。教师队伍中高级教师3人，一级教师7人，二级教师16人。专任教师第一学历均为学前教育专业，学历达标率100%（其中本科学历14人）。

（二）义务教育阶段均衡发展

1.校舍及基础设施的均衡配置。2012年，全市投入28万元资金用于屏蔽器等设备采购和标准化考点建设，使富锦市的考点达到了国家标准，为考生创造了公正、公平、公开的考试环境。2014年，富锦市城乡44所中小学校接通宽带网络，实现班班通信息化教学，满足学校网络教学需要。市内20所中小学校宽带网络安装完毕，农村24所中小学校土建工程正在施工中，光纤主线年末安装完毕。2015年，投资280万元完善了城乡学校校园警务室建设，在市内20所中小学校配备安保人员37名，强化了学校安全管理。投资近100万元，在全市中小学设置道路安全标识。市财政投入416万元免费为全市小学生提供近10万元的古典书籍，免费为初高中征订教辅资料，其中高中114 555册、初中108 022册。2015年，完成第八小学教学楼扩建及水冲式厕所和部分城乡学校外墙保温、锅炉房、教学楼、食堂等改扩建项目；第九小学教学楼竣工使用。2018年，全市投入5亿多元，新建、维修改造中小学校40所。

2.师资均衡配置。2013年，全市公开招聘教师61名。2017年8月从超编单位调剂了32名教师到缺编单位，初步解决了缺编单位开学初人员紧张问题。为2014年94名特岗教师和2013年、2014年公招、签约的60名教师落实了编制。2018年，招聘教师265人，其中有60名优秀大学生，中小学招聘特岗教师145名。

3.就近入学、均衡分班、控制择校。2013年，全市义务教育阶段中小学校全部实行新一年入学学生均衡分班制。2014年全市城乡义务教育学校继续实施阳光招生、均衡分班政策，制发了《义务教育学校均衡分班实施意见》，召开新一年均衡分班现场会，城乡共计5 800名新一年学生参与均衡分班。2015年，全市推进均衡分班、阳光招生，大班额现象初步解决。全市落实学前教育"分级办学、分级管理"责任，完善"分工负责"管理机制。2016年，全市继续巩固实施均衡分班政策，阳光招生、均衡分班，制发《义务教育学校均衡分班实施意见》，召开新一年均衡分班现场会，城乡6 000多名新一年学生参与均衡分班。2017年，全面实行阳光招生、均衡分班。

4. 创建国家级县城义务教育发展基本均衡县。自2017年创建工作启动以来，市委、市政府成立了由市长为组长，30个责任部门负责人为成员的创建"全国义务教育发展基本均衡县"专项工作领导小组，建立了义务教育发展均衡工作联席制度。2016—2018年义务教育学校教育经费总投入14亿元，年均实现了"三个增长"。2016—2018年新增校舍建筑面积112 772.49平方米，新增学位5 950个，新建标准运动场面积148 828.6平方米，新增功能室455个，新增仪器设备5 575.7万元，实现城乡所有学校必备教室、功能室、仪器设备、运动场地达标，全市40所中小学校、2个正在使用的教学点全部达到省标准化建设标准。充分利用城乡全覆盖的"三通两平台"，实现优质教育资源共享，最大化缩小城乡、校际间差距。2017年至今，全市采取即退即补的方式，累计为义务教育学校补充教师397人（含特教10人）。政府在保证教师工资及时、足额发放的同时，不断提高教师待遇。班主任津贴由14元提高到260元，农村教师按工龄提供每月不同金额的补助，30年以上工龄的教师每月补助600元。从2017年开始教育系统率先在全市实行13个月奖励工资绩效管理，同时对244名优秀乡村教师给予每人2 000元的奖励。从2017年开始，全市严格执行免试就近入学、阳光均衡分班，建立阳光招生均衡分班制度，严格落实省教育厅"四零承诺"实施细则，新生入学分班严把入口关，小学班额控制在45人以内，中学在50人以内。

（三）普通高中教育规模不断扩大

富锦市普通高中教育发展的规模在不断扩大。2020年，全市初中毕业生3 423人，通过中考，普通高中录取2 793人，录取率为81.60%。其中，一中录取898人，16个班；三中录取1 194人，24个班；新东方学校（民办）录取701人，14个班。

（四）职业技术教育

2012年，富锦市职业技术学校社会教育职能得到有效发挥。2014年，富锦市职业技术学校全年招生128人。采取订单培训、校企合作培训方式，开展职业技能培训，全年共培训学员1 807人。其中下岗失业人员培训116人，农村劳动力转移培训611人，农村驾驶员培训712人，企事业技术工人技能鉴定培训306人，彩虹工程劳动协理员岗前培训62人。2016年以来，各乡镇职业技术学校分校教学点，进行涉农专业学生培训，开展农村初级职业教育。

（五）成人教育

2012年，黑龙江广播电视大学富锦分校搬迁到现职业技术教育学校楼内办公，设立2个教室、1个微机室、1个云教室、6个办公室。与东北师大、吉林大学、北京外国语大学、华中师范大学、电子科技大学、国家开放大学（原中央广播电视大学）等全国6所院校开展联合办学。开设法学、工商管理、金融等几十个专科、本科、专升本班。每年招收富锦行政区域内的在职职工和社会成人100多人，教学方式采取远程网络教育，属于函授性质，学生在网上与老师互动，作业在网上做，学制两年半，毕业证明由联合办学院校发证，国家承认学历。到2018年，毕业学生达到千人。

（六）社会教育

2017年，对全市民办文化教育培训机构重新审核，现有民办文化培训机构95所，其中有9所停办。许可证机构有34所，其中15所场所面积、师资没有达到设置标准。筹设证机构52所，其中条件基本符合15，并按上级工作要求对所有民办文化培训机构按营利性与非营利性进行了分类。全市落实成人文化学校机构、场所、制度、师资、学员、培训，建设农民培训教室，添置电教设备和桌凳。本年末，全市民办文化培训机构发展到86所。

三、群众文化

2013年，富锦市创新举办了首届富锦市民文化节系列活动，举办各种赛事文艺演出。建成农村文化大院、图书活动室30余家。在10个镇和22个学校成立了院线数字电影放映点，全年放映电影1 200场次。2014年，全市深入推进文化惠民工程，努力提高百姓文化幸福指数，叫响富锦特色文化活动品牌。市群众艺术馆坚持开展"孝行天下"百场文艺系列活动，组织开展包括高雅艺术欣赏、广场演出、文化下乡、群众文艺辅导4大类100多场"文化惠民"系列活动，参演群体20多个，演职人员5 000多人次，歌舞、京剧、民乐等节目1 000多个，观众达5万人次。创新开展"百场电影进村屯进社区""农民工电影夜市""群众路线廉政影片展播"放映活动。市图书馆荣获黑龙江省农家书屋系列阅读活动先进单位、黑龙江省百馆千站文化下基层先进集体荣誉称号，富锦市获全国群众文化工作先进集体荣誉。2015年，富锦市开展以"孝行天下""纪念抗日战争胜利70周年暨世界反法西斯胜利70周年"为主题的文体系列活动95场，参加黑龙江省第十四届群星奖大赛并取得优异成绩。到2015年，全市已逐步建立起乡镇（街道）、行政村（社区）公共文化设施网络，公共文化服务体系实现了城乡整体覆盖，有10个镇综合文化站、一个社区文化站。全市267个行政村农家书屋全覆盖，建设村级90处文化广场。文艺演出活动500多场，农村电影放映确保每年267个行政村"一村一月一场"，三馆一站免费向公众开放。投资3 000万元改扩建了图书馆、新华书店等群众文化场所，投资767万元新建了建筑面积达2 300平方米的市博物馆，投资500万元扩建了建筑面积1 857平方米的艺术剧场，新建和改造村级文化活动室102家。开展"三江明珠、金色田野"文化三下乡活动。2016年，全市开展"金色田野，美丽乡村行""纪念建党95周年""纪念长征胜利80周年"等主题活动106场。成功举办七一红歌万人大合唱和"诗里黑土、画里粮都、梦里富锦"旅游专场文艺演出。开展夜航社区文艺专场演出、文化部美丽乡村数字文化平台佳木斯（富锦）试点调研文艺专场演出。新培养和挖掘城乡文化志愿者500多人，成立二龙山镇德林村小剧团、长安镇小剧团。向农家书屋赠书1 800本，向社区赠送图书500册。2017年，全市已逐步建立起乡镇（街道）、行政村（社区）公共文化设施网络，公共文化服务体系实现了城乡整体覆盖。10个镇综合文化站、一个社区文化站，设施齐全，为群众文化活动开展、农民科技知识讲座等提供了便利条件。"粮都富锦·溢满书香"全民读书活动入围全国专业大奖评选。全市共有艺术团体机构数291个。2018年，全市举办了"改革开放40周年""撤县建市30周年"专场文艺演出。举办了"富锦万亩稻海田园音乐会""撤县建市三十周年最美富锦人颁奖典礼暨首届中国农民丰收节文艺庆典"活动。荣获《黑龙江省民间文化艺术之乡》"大手拉小手关爱儿童阳光助读公益活动"2016—2017年度全民阅读公益活动优秀项目"粮都富锦溢满书香"2016—2017年度阅读公益活动优秀项目。深入实施文化惠民工程，公共文化服务体系进一步完善，开展各类丰富多彩的文体活动860场。组织群众艺术馆开展"金色田野 美丽乡村行""结对子，种文化""红色文艺轻骑兵下基层""美丽家园，幸福生活"等声乐、器乐、文艺演出活动，完成文艺演出活动82场；组织11个镇开展读书、演讲、声乐、器乐等各项文化活动330余场。市文联所属的文学、诗词、书法、绘画、摄影、京剧等协会常年开展各种活动。

四、全民健身体育活动

1.体育设施建设。2013年，市政府建设了标准化体育场，全年安装健身路径5套、标准健身工程1套、农民健身工程10套。2014年，全市农村两个镇体育健身工程已建成，42个农民健身工程已批复，15个已建成。2015年，全市继续打造"中国北方秧歌城"的文化品牌，建成152个村级篮球场、30个健身路径，建成12座总面积56.6万平方米的文化广场公园，投资1 660万元新建标准化体育场。2016年，争取黑龙江省贫困村文化建设补助专项资金75万元，为砚山镇福祥村、城关社区嘎尔当村、锦山镇仁和村、兴隆岗镇前富村、向阳川镇东兴村等5处村屯建设文化广场和购买文体器材。

2.体育活动开展。2013年，实施百万青少年上冰雪工程，全市75%中小学校浇注冰场，65%以上学校举办冰雪运动会。市少体校选派运动员参加国际级比赛获得金牌4枚，银牌1枚；参加国家级比赛获金牌5枚，银牌2枚。2015年，开展体育活动300多场。全市以"春有幸福送水节、夏有农民艺术节、秋有金豆丰收节、冬有北方秧歌节"为引领，积极开展冰雪运动会、冰雪游园会、"舞动龙江、快乐健康"广场快乐舞步、"邻居节"等文化体育惠民活动。2016年，富锦市成功承办黑龙江省速度滑冰比赛、黑龙江省"舞动龙江"快乐舞步群星风采汇活动。2017年，全市挖掘、整理、弘扬地方传统文化，全力打响"北方秧歌城"品牌。城乡、社区新组建162支秧歌队，秧歌队总数达到220支。7月30日，开展了"中国·富锦"挑战吉尼斯世界纪录称号最多人一起扭秧歌活动，挑战人数为11 636人，刷新吉尼斯秧歌纪录。推出地域文艺精品，央视CCTV—7《乡村大世界》栏目组走入富锦，来自富锦城乡的110多个节目，共500余人参加了海选。节目充满了浓郁的东北地域特色，得到导演组和现场观众的认可与好评，体现出新时期广大人民群众在党的领导下全面建成小康社会的信心和决心。8月3日，中央电视台《乡村大世界》栏目组在富锦市万亩水稻公园完成拍摄录制工作，市级4个班子领导和2 000多名市民现场观看了演出。8月19日，《乡村大世界》富锦专栏一经播出，给全国人民带来了一场丰富的视觉盛宴，呈现了浓郁的富锦地方特色，展示了富锦的农副特产、风土人情和自然风光，突出介绍富锦的经济发展、旅游资源、招商引资，采用不同角度、不同方式把富锦市地方文化特色呈现在节目当中。连续三届获得"全国群众体育先进县"称号。富锦市文广新局获全国群众体育先进集体。2018年，庆祝撤县建市30周年，举办了秧歌会演，由政府主导、举办的国际乡村狂欢节，采取市场化运作的方式，邀请国内外的专业和民间的歌舞表演、商务洽谈、旅行考察团队及现场逾20万和网络逾3 000万的观众共同参与，有政府广场快乐舞步、秧歌，政府广场俄罗斯专场演出，中央大街彩车巡游盛装表演，各分会场美食大集，电商园农产展销品赏大会，政府广场快乐舞步表演，中央大街夜光游行秧歌表演，政府广场露天演出，江边焰火表演等。举办了全国首个"稻田音乐会"、半程国际马拉松比赛、最美富锦人颁奖典礼暨首届中国农民丰收节、职工运动会等活动。新组建农村秧歌队206支，全市城乡秧歌队总数达到220支，12 000余人。全市太极拳协会、游泳协会、篮球协会、足球协会、羽毛球协会、台球协会、象棋协会等各类体育协会常年开展活动。

五、城乡医疗事业的发展

（一）市级医院

2013年，全市完成了市中医院内科医技大楼建设，完成了市疾病控制中心和卫生监督所的组建工作，市卫生监督所办公楼1 295平方米已建成投入使用。2014年，市中医院异地新建工程完成主体工程。2015年，市政府投资260万元，建立市域卫生信息平台，建立起涵盖基本药物供应使用、居民健康档案管理、基本医疗服务、绩效考核等基本功能的基层医疗卫生信息系统，实现市域内医疗信息共享的目标。全市县级公立医院药品全部实施零差价销售。各医疗机构充分利用电子显示屏、宣传板，宣传卫生部"九不准"、医德医风政策法规和社会主义核心价值观，加大医德医风建设宣传力度。2016年，市中医院易地建设项目正式投入使用。第三医院大楼异地建设项目投入使用。2017年，新改扩建中心医院综合服务楼。2018年，继续落实政府办医主体责任和保障责任，市政府对全市2家公立医院累计投入财政补助资金1 320万元。市财政投资2 500万，为中心医院新建外科楼附属用房。2018年，在设备购置方面，采取分期付款方式为中心医院、中医院、妇幼保健院等医疗机构购置3.0核磁共振、64排CT及彩超等大型医疗设备9台件，总资金达6 500万元，其中，购置资金的50%由市财政承担，医院通过自筹承担剩余50%的资金，分期5年偿还。

（二）镇级医院

2013年，富民卫生院改建工程开工并投入使用。2016年，上街基卫生院和二道岗卫生院开工。2017年，新改扩建3所乡镇卫生院。2018年，完成锦东社区卫生服务中心和锦山镇、长安镇、上街基镇、西安、永福卫生院业务用房维修工程。2018年，经市政府批准，采取集中招标采购的方式为全市各乡镇卫生院配置配齐相关诊疗设备，包括便携式B超、心电、血尿常规等，总投资达156万元。

（三）村级诊所

2013年，全市维修和新建了32家农村卫生所，为农村卫生院和村卫生室配置医疗设备2 000余件。全市新建卫生厕所950座，无害化卫生户厕700座。加大医德医风政策法规和社会主义核心价值观，建设宣传力度。2017年，市政府扶贫项目投入资金84万元，为洪州村、隆胜村、前富村、福祥村、东兴村新建标准化卫生室，维修改建庆丰村、嘎尔当村、大屯村、仁合村卫生室。

（四）医疗服务

1.农民医疗。2013年，全市共有24 367人次参加新农合，全市农民住院补偿资金达4 874万元。2014年，全市筹集资金11 894万元，为25 075人次参合农民住院补偿资金6 323.61万元。全市新农合实行"六统一"（覆盖范围、筹资标准、保障待遇、医保目录、定点管理和基金管理），提高了新农合报销标准和比例。新农合参合人口22.8万人，参合率99.9%。2014年，加强农村卫生人才培养和引进，集中培训了366名乡村医生。镇卫生院招聘20名大学生上岗工作。2015年，全市新农合参保率达到98.5%，新农合住院政策补偿比达到75%。建立医疗救助和新农合无缝衔接制度。全市民政大病救助资金和新农合资金统一应用，建立一站式服务模式，实现低保人群有病可医。2016年，全市新型农村合作医疗参合人数22.1万人，参合率97%。

2.市民医疗。2013年，市政府投资260万元，建立了市域卫生信息平台。富锦市网上采集药品居全省首位。2014年，富锦市中医院顺利通过省卫计委组织"二甲"中医院等级评审组的初审和验收，成功晋升"二级甲等"中医院。巩固完善基本药物制度，严格执行网上采购。全市基本公共卫生妇幼项目覆盖全市10个镇和3个办事处，全市近3 000名孕产妇和23 502名儿童享受国家惠民政策。2014年，社区卫生服务中心和各镇卫生院平均配备使用基本药物品种220种，基本药物采购总额居全省前列。2015年，城市居民医保参保率达到96%，职工医保达到100%，三大医保基本覆盖全民。

3.健康教育。2013年，全市加强疾病控制工作，全市网络健全畅通，各项公共卫生报告率均达到100%。广泛开展健康教育宣传活动，全市各卫生服务机构共设立健康专栏1 834栏次，健康知识讲座2 339期次，播放音像资料、发放健康处方和宣传手册共计15万余人册，向辖区内居民普及卫生知识，广泛开展健康教育活动。全市农村自来水受益率达71.7%，受益人口达20.49万人。2014年，全市宣传《公共场所卫生管理条例》《黑龙江省生活饮用水卫生监督管理规定》，开展生活饮用水卫生监督，有效保障了全市居民饮用水安全。2016年，市政府制发《富锦市2016—2019年健康扶贫工作计划》。2017年，全市开展健康扶贫政策巡讲18场次，发放健康扶贫工作袋1 082个，发放健康科普宣传品4 000份。2018年，以"健康中国战略"为引领，深入开展健康龙江行动。举办"全民健身日，全城动起来""三减三健"（减盐、减油、减糖、健康口腔、健康体重、健康骨骼）主题宣传活动，深入开展了"走基层、惠百姓健康巡讲""百名专家下基层""关爱生命全过程技术服务活动周""远离毒品，戒毒宣传"等活动。共计培训医疗单位、学校学生、社区居民和乡镇居民2 400余人。在巡讲过程中发放给居民群众，共发放健康教育宣传画及折页4 000余张。积极开展"五进"活动，发放了《健康素养66条》《全民健康指导手册》《居民健康膳食读本》2万余本。向全市居民免费发放"健康大礼包"5 000套。全市利用"健康生活方式指导员"

在各个乡镇分别负责了每个辖区至少50户居民合理膳食和营养知识的指导，举办合理膳食知识讲座19次。努力创造更加优质、健康的生产生活环境，构建"全民参与、健康龙江"的健康氛围。

4.医疗服务体系。2015年，富锦市基本建立了由市级医院、乡镇卫生院、村卫生室等组成覆盖全市的三级医疗卫生服务体系。全市共有各级各类卫生机构361所（个），其中公立综合医院3所、妇幼保健院1所、疾病预防控制中心1所、卫生监督所1所、结防所1所、中心血库1所、社区卫生服务中心3所、乡镇卫生院18所、村卫生室332所、新型农村合作医疗管理办公室1个；共开设床位565张，平均每千人口床位数2.63张；现有职工1 520人，各类卫生技术人员1 354人，其中执业医师506人、执业助理医师112人、注册护士404人、乡村医生345人。市中心医院、中医院、妇幼保健院晋升二甲医院，各级各类卫生机构达360所，卫生技术人员1 354人。2016年，全市实施医生签订拒收红包承诺单、病人日消费清单和出院人医疗满意度调查单"三单"制度。2017年，全市共有各级各类卫生机构336个。其中市级医疗卫生机构8个，分别为中心医院、中医院、妇幼保健院、第三医院、第四医院、疾病预防控制中心、卫生监督所、卫校；社区卫生服务中心2家；乡镇（中心）卫生院17个（其中中心卫生院10个，乡镇卫生院7个）。全市、乡（镇）两级医疗卫生机构共有各类卫生技术人员1 129人（其中高级职称172人，中级职称372人）开设病床1 356张，每千人拥有卫生技术人员2.82人。全市村卫生室309个，共有乡村医生332名，其中具有中专以上学历人员263名。招聘卫生技术人员12人，医疗卫生服务质量得到提升。医联体和医共同体建设取得进展，市中心医院分别与哈医大四院、黑龙江省医院、佳木斯中心医院、佳木斯二院组建医疗联合体，市中医院与佳市中医院组建医疗联合体，市妇幼保健院与佳木斯妇婴医院组建专科医疗联盟，建立起长期稳定分级诊疗机制，百姓不出县即可享受到三级医院医疗服务。市中心医院与锦山镇卫生院组建医共体正式签约揭牌。加强临床重点专科建设。市中医院中医骨科专业被确定为佳木斯市首批临床重点专科，市中心医院泌尿、普外、妇科在上级专家指导下完成微创手术26例。创建群众满意乡镇卫生院，全面落实各项计划生育奖励优惠政策。全市参与公立医院改革5家单位全部实行零差价销售，严格控制医疗收入中药占比和百元收入耗材点比，仅取消药品加成一项就为全市百姓节省医药费1 691万元。全市县级公立医院门诊急诊人次、出院人次分别比同期增长2.71%和6.49%，住院患者次均费用下降130.42元，医院药品收入占医疗收入比下降0.51%。2018年，市中心医院和锦山镇卫生院组建医共体后，以中医院为牵头单位的医共体建设由年初的3家签约单位扩大到9家，医共体建设基层医疗机构覆盖率达到了50%以上，完成省、市指标要求。医疗保障能力不断增强，全市共配备急救车辆9台，达到了五配套要求，实行24小时值班，随时呼救，即刻出诊。全年累计出警1 320车次，接、转、送危急重症患者1 150人次，全力保障了群众生命安全。

第五节　旅游业的开发

一、打造湿地景区旅游名片

（一）国家级湿地公园

1.4A级旅游景区。富锦国家湿地公园总面积2 200公顷，是三江平原唯一一处以湿地原生态为载体的集景观功能、游憩功能、科教功能于一体的绿色旅游观光胜地。2013年10月8日，富锦国家湿地公园被国家林业局正式命名为国家级湿地公园，成为全国现有298

个试点湿地公园中32个被命名为国家级湿地公园之一，也是黑龙江省现已被命名的3个国家级湿地公园中面积最大、整体展示效果向好、基础设施比较完善的国家级湿地公园。2013年9月，被国家旅游局晋升为AAAA级旅游景区，授予"全国野生动物保护科普教育基地""国家生态文明教育基地"称号，是国家重点建设的21个湿地公园之一、国家湿地公园中的"四颗明珠"之一、黑龙江省十大最美湿地之一、黑龙江省十大最具人气湿地之一。2013年，富锦市积极开展湿地生态宣教活动，弘扬富锦湿地文化，提升富锦湿地知名度和影响力。积极参与了中央电视台主办的《大美湿地》评选活动，展示片《锦绣福地》在中央电视台第四频道成功展播，并入围前50名，为提升富锦湿地影响起到了积极作用。

2.生态景区功能。2013年，全市加强国家湿地公园建设，新修建生态岛屿6座、人工湖2处，作业总面积15公顷，完成总土方25万立方米。新修旅游码头2处、大门到码头游览木栈道150米、无障碍平桥1座、拱桥1座。新建公园大门和售票处，采用电子售票和验票。新栽种6 300株大树、25 500株小树，新修建荷花池10 000平方米，栽种观赏荷花7 000株。新建观光湖11 000平方米，栽种多彩睡莲2 500株。购置旅游观光电瓶车2台，购置旅游游船3艘、竹筏4艘，大小旅游船只数量已增至14艘。湿地公园商服区建设顺利。占地面积70 000平方米，总建设面积10 000平方米的3处访客中心工程已投入使用。600平方米的电瓶车停车场、1 500平方米的旅游车场和休闲广场、观光湖木栈道、岛上凉亭、专属码头、广场截水沟及环路两侧绿化和垃圾污水处理等配套设施工程全部完工。湿地温泉项目9月中旬钻探完工，井深1 352米，每小时流量38吨。访客中心投入使用。获得了国际湿地保护资金支持，湿地成为富锦市对外宣传和开发生态项目的"金字招牌"。2014年，全市加强湿地公园建设，园区景观以生态恢复区为轴心，吊桥、拱桥、休闲长廊、观鸟台等一系列错落有致的人文景观与观鱼池、休闲亭、乐然亭、香蒲观赏区、水葱观赏区、睡莲观赏区、芦苇观赏区、荷花观赏区等八大游览观光景区巧妙而完美地融为一体，构成了一幅让人赏心悦目的画卷，充满人与自然和谐情趣，彰显了三江平原湿地原始生态魅力。2016年，在湿地公园修建2.6千米塑木栈道，改造园内5千米高压线路，修建5千米游览观光车沥青路面，修筑6处休闲厅、2.7千米人行间甬路、一处荷花池观景平台、一处140平方米超市、一处竹排码头。新购置游览塑料竹筏10艘。2017年，4A级富锦国家湿地公园被评为龙江"十大最美湿地"之首。2018年，在湿地公园内栽种了一万株荷花，打造了一处10 000平方米的荷花池景观带；利用德国贷款项目资金，观鸟塔多媒体设备布展工作完成并投入使用，面向广大游客开放，两处景观的独特设计，成为湿地公园两处新的亮点，广大游客慕名而来。湿地公园成为旅游生态家园，也是科普宣教的优选之地。

（二）接待国内外游客

湿地公园开园至2015年，共接待了美国、英国、新加坡、澳大利亚、日本等国家和中国台湾、中国香港等地区425个旅游观光团体，65万人次。2016年，全年接待社会团体300多个，游客4.5万人。

二、建设稻海田园综合体及乡村旅游点

（一）开发稻海田园景区

1.万亩水稻公园。富锦市围绕"大农业、大湿地、大平原、大粮仓、大生态"资源特色，积极融入龙江东部旅游产业联盟，全力推进湿地生态游、农业体验游、城市风光游、乡村民俗游等精品线路建设，努力打造黑龙江东部旅游发展节点城市。2017

年，富锦市依托现代农业万亩展示区和金玛农业集团，打造"农业+旅游"发展模式，建设"稻海田园综合体——万亩水稻公园"。万亩水稻公园目前是黑龙江省建设的第一个田园综合体项目。景区位于富锦市长安镇东北村，核心景区占地819亩，投资4 600万元。景区内建有海稻船、4 622米起伏式栈道、观光塔、稻田画、热气球、循环农业、植物迷宫、稻田水世界、稻草人王国、黑土泥塘等景观，完成了通往稻海田园综合体景区道路拓宽基础建设。2018年，万亩水稻公园二期工程建设已完成。围绕39米高观景塔打造稻田画，面积共10万平方米。万亩水稻公园通过市场化运作、政府购买服务的方式将运营权交给哈尔滨年村儿文旅集团。长安农业科技采摘园大门、餐厅以及园内采摘园重新规整工作已完成。

（二）打造乡村特色旅游点

开发民俗文化景区。2017年，富锦市政府精心谋划并打造全域旅游乡村示范点，使其具备一定的旅游接待能力，进而实现一村一品的发展模式。乡村旅游示范点分别是民俗文化朝阳村、湿地芳邻洪洲村、低碳养生工农新村、满族风情六合村、农家餐饮大屯村、赫哲故里嘎尔当村、民国风情海沟村、红色典范福祥村、田园景观长安村、葵花朵朵向阳村。2018年，继续打造湿地芳邻洪州村、朝阳民俗文化村、葵花朵朵向阳村、年味十足的福祥年村等12个全域乡村旅游示范点。推动"农业+旅游+生态+文化"的产业深度融合发展，真正把绿水青山、冰天雪地变成金山银山，塑造富锦旅游新品牌、新形象，扩大地域文化在国内外的知名度和影响力，推进旅游节点城市建设。

三、大型旅游文化活动

（一）举办富锦市大型旅游推介会

2013年5月23日，富锦市邀请全国各地旅行社经理人150余人，参加佳木斯旅行社协会富锦旅游推介会活动，活动中积极宣传和推介富锦生态旅游品牌。进一步推进富锦市成为本区域旅游集散地的进程。在此次活动中，共计发放宣传手册、宣传光碟各150余份。2014年6月4日，邀请来自全国20余个城市120名旅行社经理代表来富锦市，欢迎会上重点介绍了富锦市旅游资源情况。6月5日先后参观了三江平原湿地宣教馆、富锦国家湿地公园、西山锦台等旅游景点，活动中积极宣传和推介富锦生态旅游品牌。2015年4月中旬，成功举办了来自全国的百家旅行社经理人走进佳木斯——富锦旅游推介会活动，活动期间先后参观了三江平原湿地宣教馆、富锦国家湿地公园、西山锦台、博物馆等旅游景点，与会旅游人士对富锦生态旅游资源给予了高度评价，并和多家有影响的旅行社建立了合作关系。

（二）举办旅游联盟发展论坛活动

2016年7月6日—8日成功举办"诗里黑土、画里粮都、梦里富锦""华夏东极"旅游联盟发展论坛，受到中央媒体、省市电视台及相关媒体关注。2017年7月15—16日，举办了"富锦田园梦、华夏东极游"第二届旅游联盟发展论坛活动。国家、省内外旅游部门领导和众多国内著名专家学者以及中央电视台、新华网、人民网等国内主要媒体百余人参加了本次论坛。在万亩水稻公园举办了首届"自驾游嘉年华"活动，还精心准备了20个木质平台和20顶星空帐篷，来自各地的自驾爱好者与参加论坛的嘉宾参加了篝火晚会，推进了自驾车营地项目的招商。

（三）宣传推动乡村旅游

2018年1月5日，CCTV-7《亿万农民的笑声——筑梦新时代》全国农民春晚在福祥年村进行外景拍摄。这是党的十九大召开后的第一期农民春晚，福祥年村是央视农民春晚全国七个外拍地之一，也是东北三省唯一一个外景拍摄地。该节目于正月初二在央视农业频道播出。1月11日，举办国际乡村旅游论坛，邀请国内外乡村旅游专家共聚福祥年村，围绕乡村旅游这个话题分享各自的经验，共同探讨乡村旅游未来发展的适宜途径。2月8日，富锦市受邀做客黑龙江卫视都市频道《新闻夜航》特别直播访谈演播室，通过节目访谈，再次在省级媒体展示了富锦市乡村旅游发展成果。2月14日，央视综合频道"新闻联播"对福祥年村进行"两会"海采。充分利用东北特有的气候开展汽车漂移挑战赛和冰雪游乐项目。依托富锦市丰富的冰雪资源，3月10日，由御行汽车文化传播（北京）有限公司主办汽车冰雪挑战活动，本次活动由浙江卫视《中国梦想秀》全程录制拍摄，本期节目于5月13日在浙江卫视播出。5月4日—6日，首届"富锦国际乡村狂欢节"系列活动之5月5日"'舞'动世界'舞'动情"如期举行，邀请到俄罗斯哈巴、韩国清雅等等来自32个国家的参演团队共150人，营造了良好的社会氛围。5月7日，央视一套《晚间新闻》中播出了"中国·富锦国际乡村狂欢节"的新闻报道。央视新闻频道《新闻直播间》通过直通车现场直播的方式对本次活动进行报道。黑龙江省电视台从5月1日就开始通过《新闻在线》、网络全媒体直播、微信推送等方式为富锦国际乡村狂欢节预热宣传。直播期间，网络全媒体观看人员10.84万人，直播结束不到一小时，直播回看累计109万人次。5月7号10点，累计观看人次近120万。人民网、新华网、网易、搜狐网、新浪网、东北网、凤凰网、哈尔滨新闻网、天天快报等主流媒体相继对本次活动进行

第九章　建设中国特色社会主义新时代的跨越式发展

报道。掌上佳木斯通过直播平台向全国进行直播，总观看量突破32万人。2018年，"富锦旅游"公众号平台共推出近60篇精品推送，关注量达4万余人次。

第十章　扶贫攻坚战

2014年，富锦市有3 506户贫困户、8个建档立卡贫困村。在2017年全省脱贫攻坚"回头看"再识别、再确认期间，清除了严重不符合贫困标准的2 585户。五年来，在每年的动态管理期间，经识别与退出程序，逐渐完成贫困人口的脱贫认定。2018年，8个贫困村全部完成脱贫出列；2019年，全市949户2 347名贫困人口全部完成脱贫退出；2020年，富锦市未发现新增贫困户，无一人一户返贫，彻底消除绝对贫困，圆满完成脱贫攻坚收官任务。

第一节　实施十大行动

富锦市制定下发了《富锦市扶贫攻坚实施方案》，方案中明确了扶贫攻坚的十项行动。

一、实施危房改造行动

全年投入1 404万元，改造建档立卡贫困户泥草（危）房205户，其中新建59户，维修112户，购买（置换）24户，无合理稳定居住条件长期租赁10户；改造"三类人群"673户。为了解决贫困低保、特困供养人员、残疾人等"三类人员"住房安全问题，建设幸福大院4处，解决32户住房保障问题。改厕2 000户，房屋灭迹2 810座。

二、实施水利扶贫行动

全年投入5 049万元，对80个村屯饮水安全工程进行新建、改造。对水质不达标的村屯因村施策，通过更换锰砂、更新净化处理设备等方法，确保全市村屯饮水安全质量。对全市行政村安全饮水进行实地查看，在枯水期和丰水期进行2次全面检测，共出具水质检测报告1 325份，全市267个行政村全部实现安全饮水。

三、实施健康扶贫行动

市内住院实行"先诊疗、后付费"，出院当天在医院"一站式"窗口即时结算。实行"五提高、六减免、两兜底"，投入1 276.8万元，受益1.1万人次。在实行基本医保、大病救助、医疗救助"三条保障线"的基础上，推行商业补充保险政策，目录外药品一并纳入报销范围，使贫困人口住院自付费用控制在10%左右。对20户医疗支出超过家庭收入30%的贫困户，通过共享账户因户施策进行资助，金额达13.45万元。

四、实施教育扶贫行动

制定《富锦市建档立卡贫困学生资助管理办法》《富锦市智力扶贫专项工作实施计划》等，对269名学生每人发放补助资金750元，为建档立卡贫困家庭参加高考的2名学生每人发放生活补助金0.6万元。

五、实施交通扶贫行动

深入推进"四好农村路"建设，实施农村公路安全生命防护和危桥改造工程，全面提升农村公路安全水平。投入养护资金1 500万元，完成路面灌缝110千米，处理坍塌涵洞64道、翻浆路段387千米，修整公路991千米，创建美丽农村路110千米。

六、实施就业扶贫行动

注重技能培训，重点围绕中式烹调、中式面点、月嫂、家政服务等内容开展"菜单式"培训，共举办培训班6期，共培训2 000余人。开展"就业扶贫行动日"、"精准扶贫"招聘会等活动，共吸引企业188家，提供就业岗位4 300余个，签订就业意向协议者1 500余人，到场求职人员3 300余人。打造"空中课堂"，建立"富锦市农业技术协会"微信学习交流群，打造"没有围墙的学校"，农业专家在微信群中及时解答农民群众在种植过程中遇到的难题，让群众真正听得懂、学得会。

七、实施产业扶贫行动

全市主攻产业扶贫软肋，强力推进光伏产业扶贫项目，投入3 201万元，在8个贫困村建设光伏发电项目，装机总容量4MW，目前已并网发电，以发电收益、土地租金和新增就业等方式保障无劳动能力贫困户每年持续稳定增收2 000元以上。锦山镇同军谷物种植合作社与北京车联盟汽车销售有限责任公司进行合作签约，公司负责推广销售，辐射带动全镇23户贫困户增收3 000元以上。制定出台《富锦市发展壮大村集体经济三年规划》，实施"金种子"示范工程。锦山镇洪洲村成立全市首家集体经济股份合作社，年底新增资产618万元，股份经济收益首次突破了100万元，653名股东每股能够得到213元的红利。二龙山镇通过土地确权，使48个村集体经济增收550多万元。围绕发展畜牧养殖、带地带资入社，为每个贫困户设计一条脱贫致富路径。鼓励上街基镇西安村、富锦镇嘎尔当村开展菜园革命，宏胜镇隆胜村开展中草药种植，向阳川镇东兴村开展河蟹养殖等特色产业项目。向阳川镇东兴村利用资源优势，鼓励贫困户入股发展河蟹养殖，带动全村72户贫困户，贫困户当年实现成本回收并分红400元。大榆树镇双福蔬菜合作社通过"政府+合作社+贫困户"产业扶贫模式，带动贫困户25户，户均增收1 500元以上。锦山镇利用冬闲时节组织80余户贫困户发展芽菜种植，每户预计增收300元以上。强化金融扶持，建立了500万元风险补偿金和分担机制，累计发放扶贫小额贷款带资入企3 605万元，带资入社405万元，带动802户入股分红，户均增收3 000元以上；企贷企还贷款600万元，带动120户户均增收1 125元；发放户贷户用贷款44户、299.3万元；投入专项扶贫资金2 000万元，144万元收益全部进入共享资金账户，用于产业、公益，强化带贫、益贫成效。

八、实施人居环境整治行动

开展人居环境整治"三清理一绿化"专项行动，实施厕所革命、垃圾革命、能源革命和菜园革命，集中整治农村环境脏乱差问题。加强改厕工程质量管理，对2 000户农厕进行改造。

九、实施扶志教育行动

坚持扶贫同扶、志扶智相结合，开展"自强、感恩、文明""感情扶贫'三个一'"和扶贫"全家福"活动，启动"文明家庭""文明户""好婆婆""好儿媳""脱贫之星"评选等活动，评选出各类典型944个。组建秧歌队220支，组织贫困户义务劳动1 200多人次。有76户老人的子女主动承担赡养义务，并为老人申请退出贫困户行列。全市267个行政村全部建立爱心公益超市，激发贫困户脱贫内生动力。采用生产奖补、劳务补助、以工代赈等正向激励机制，在镇村两级科学设置环卫保洁、防火宣传、治安巡防等公益性岗位，鼓励贫困户发展庭院经济、手工编织、电商微商等项目。

十、实施培训提升行动

推行"菜单讲堂"模式，对各级帮扶责任人、镇村干部开展精准识别、精准管理、精准退出等必修课的"公共套餐式"培训；对贫困人口开展健康扶贫、金融扶贫、危房改造等选修课的"自助餐式"培训；对有劳动能力和就业愿望的贫困户，开展农机修理、养老护理、特色种植养殖等需求强烈的"点菜式"培训，增强脱贫攻坚培训的实效性。到年末，全市共有贫困人口972户2 433人，其中已脱贫619户1 580人，未脱贫353户853人，全市贫困发生率降到0.3%。8个贫困村贫困发生率均降到1.1%以下，全部脱贫出列，全面完成2018年减贫任务。

第二节 "十三五"时期扶贫攻坚成果

一、家庭收入大幅增加

2019年，富锦市贫困户年人均纯收入达到12 767元，对比2017年底的8 815元、2018年底的11 754元呈逐年递增态势，年均增幅20%。2020年，在疫情、灾情双重加试下，大力推动产业扶贫、就业扶贫等巩固提升工作，确保贫困户产业扶贫覆盖率100%，每个贫困户至少有4项以上的扶贫产业带动，最高者可达9项；实现721名贫困劳动力稳岗就业，比去年同期增长97人，涨幅15.55%，全市贫困人口年人均纯收入14 000余元，脱贫状态稳定。

二、生活条件明显提升

1.住房安全方面。自筹资金1 887万元投入危房改造行动中，对贫困户住房进行集中新建、维修和改造，兴建4所幸福大院，共计解决856户贫困户住房问题，基本实现贫困人口住房安全。

2.饮水安全方面。投资18 425万元，集中实施农村饮水安全工程改造，受惠村屯达到334个。成立了农村饮用水工程维修队，在各村设置专职水房管水员316人，县级财政补贴维修养护经费419.7万元。累计检测枯水期、丰水期水样4 620份，农村饮用水水质、水量、供水保证率、取水时间全部达到国家规定标准，全市267个行政村全部实现饮水安全。

3.医疗保障方面。2 347名贫困人口全部签约家庭医生，356名医生深入基层，开展"千名医生包村联户巡诊"工作，累计巡诊70 030人次。推动贫困人口慢性病鉴定工作的开展，办理慢性病证1 355份，累计门诊慢性病报销21 406人次。制定大病救治工作方案，将农村贫困人口大病专项救治病种数量增加到30种，减轻农村贫困大病患者费用负担。全盘落实"一免五减"医疗政策，减免费用53.37万元。实行"先诊疗、后付费"，"一站式"窗口即时结算，受益贫困人口达22 858人次，实现病有所医。

4.控辍保学方面。几年来，富锦市为310名各阶段贫困学生精准落实补助政策，共发放国家六项教育补助资金79.33万元，减免学费6.45万元，受益贫困学生551人次；落实两项市定教育扶贫政策，发放补助资金90.37万元，受益贫困学生989人次。对于因身体原因无法入校就读的19名患有脑瘫贫困学生，开展送教上门与心理辅导，确保义务教育就学率达100%。疫情期间，为114名建档立卡学生开展网络授课，确保贫困学生"停课不停学"，实现学有所教。

5.民政救助方面。强化贫困人口中老、弱、病、残等无法通过产业、就业等途径增收的弱势群体的兜底保障，加强低保制度与扶贫政策衔接，做到应保尽保。几年来，共有179户371名贫困人口享受"大病保"，32名贫困人口"单人保"，272户564名贫困人口被纳入低保过渡性保障期，真正体现民政救助在脱贫攻坚中的兜底作用。

6.产业扶贫方面。为确保贫困户持续增收，富锦市着力发展特色种植、生态养殖、农产品加工、光伏发电、电商扶贫、文化旅游、资产经营、庭院经济等八类产业，实现贫困户产业扶贫覆盖率达100%，每个贫困户至少有4项以上的扶贫产业带动，最高者可达9项，2019年实现户均产业收益3 646元。

7.就业扶贫方面。开展"劳务协作"，提升就业扶贫的组织化和精细化程度，累计组织贫困户参加家政服务、育婴员、手工编织等32个培训班次，举办47场招聘会。认定扶贫车间18个，带动贫困人口务工102人次。规范公益性岗位的开发使用和监督管理，聘用市级生态护林员203人次，开发镇村防火宣传、秸秆禁烧宣传、卫生监督、安全巡查、保洁、农药瓶回收、更夫、水房管护等公益性岗位，聘用贫困人口617人次，就业务工人数逐年增加，工资性收入在贫困人口家庭总收入中的比重逐年上升，2019年底，已有624名贫困劳动力通过务工拉升家庭收入，实现业有所从。

三、精神面貌明显改观

富锦市在全市267个村全部建设了爱心公益超市，结合环境整治、好人好事、孝老敬亲等闪光点，明确了超市积分发放细则，设立了积分兑换制度，调动贫困群众积极性、主动性，参与积分兑换物资的村民达1.15万人次，累计兑换物品1.74万次，物资价值金额达37.35万元。开展"讲扶贫故事促振兴发展"主题扶志活动，挖掘脱贫攻坚中尽职尽责和自立自强的优秀事迹，评选"文明家庭""脱贫示范户"共计160余户次、脱贫之星""优秀共产党员"等典型共计400余人次，组织召开巡回事迹宣讲会，通过媒体广泛推送，激励贫困群众自主脱贫，推进移风易俗，打造乡村文明新风。设立新时代文明实践中心、农民夜校159个，组织学习、宣讲活动230次；先后组织开展"金色田野""农民丰收节"等群众喜闻乐见的文化活动，编排文艺节目走进乡村342次；培养180多名优秀农村文化带头人、26名农村优秀文艺骨干，建立5个农村文化大院和文艺创作群体，丰富了村民的业余文化生活，也让扶贫政策如春风细雨走进千家万户，滋润贫困群众的心田。

四、治理能力逐渐加强

近年来，富锦市将基层党建工作与扶贫工作紧密融合，将存在支部班子统带能力弱、组织生活不经常、社会矛盾较大等问题的40个村，列入软弱涣散基层党组织整顿对象，选派40名政治素质过硬的机关干部任驻村"第一书记"，帮助村党支部梳理细化存在的问题，会同村"两委"研究制定村务管理、议事决策、财务监督等制度20余项。推广"富村十策"，实施"金种子"工程，消灭147个"空壳村"，全市村集体经济达10万元以上的村171个，超百万的村6个，在全市267个行政村中占比64%。深化"四培养"工程，强化606名村级后备干部教育培养，为打赢脱贫攻坚战役及实施乡村振兴战略储备了一批"新生力量"，打造出一支"不走的工作队"。先后举办5期农村党支部书记培训班，组织开展了讲党课、走访慰问、重温入党誓词、知识竞赛等系列活动300余场次，用党的旗帜引领脱贫攻坚工作。

第三节　攻坚成果的巩固

2020年是全面建成小康社会和"十三五"规划收官之年，也是脱贫攻坚决战决胜之年，面对新冠肺炎疫情的"加试"，富锦市坚持把脱贫攻坚当成最大政治任务和第一民生工程来抓，向贫困县工作标准看齐，同加压、同考核、同进步。集中传达学习习近平总书记关于脱贫攻坚重要讲话精神、各级领导指示批示，深入贯彻落实决战决胜脱贫攻坚座谈会、省扶贫开发领导小组会、省扶贫办主任座谈会等会议精神和决策部署，先后组织召开扶贫领导小组会议5次、市委常委会议5次、政府常务会议4次，集全市之力解决疫情期间脱贫攻坚重点难点问题，以脱贫攻坚统领县域经济社会发展全局。

一、克服疫情影响，落实配套政策

根据全国决战决胜脱贫攻坚座谈会议、全省统筹做好新冠肺炎疫情防控期间脱贫攻坚工作推进会议等会议关于克服疫情影响、决战脱贫攻坚的指示精神，富锦市大力推进战疫扶贫"两手抓"工作。按照《黑龙江省扶贫办黑龙江省财政厅关于积极应对新冠肺炎疫情影响加强财政专项扶贫资金项目管理工作的通知》要求，农业农村局、人社局、工信局分别出台承接的补助政策支持计划，推动疫情防控与脱贫攻坚两不误、两促进。疫情期间，全力推动18家扶贫车间复产；累计为全市621户贫困户审核并发放复工复产补贴46.76万元，为农资生产企业发放补助资金3.8万元，为扶贫龙头企业争取疫情防控期间贷款贴息38.68万元，为50名务工人员发放疫情期间外出务工生活补助金4.75万元。

二、聚焦民生保障，稳固脱贫质量

1."两不愁三保障"方面。富锦市将"两不愁三保障"和饮水安全问题动态排查列入常态化工作，立查立改解决可能存在的增量和变量。全年完成92户农村住房安全改造（其中贫困户85户，三类人员7户）、44处农村饮水安全改造，为2 347名贫困人口缴纳基本医疗保险65.72万元，享受"三重保障线"医疗报销政策的贫困人口5 305人次，报销金额614.23万元；为建档立卡贫困学生减免学费、发放各类补贴补助40.34万元，受益461人次，保证建档立卡家庭学生都能顺利完成学业。

2.贫困人口家庭收入方面。富锦市以产业带动和稳岗就业为支撑点和突破口，延长产业带动有效期限，加大就业政策扶持和创业补贴发放力度，与实施乡村振兴战略建立有效衔接，实现平稳过渡，确保贫困人口收入来源稳定可持续。2019年富锦市贫困人口人均纯收入为12 767元，2020年贫困户人口人均纯收入14 000余元，涨幅9.66%。

3.社会救助方面。年初以来，共有348户703名贫困人口享受农村低保待遇，领取低保金145.45万元、冬煤补贴6.96万元；为833名贫困人口发放特困供养、失能、残疾人两项、高龄等各类补贴113.96万元。

三、拓宽致富路径，实现惠贫增收

1.稳岗就业方面。严格按照《富锦市对外出务工建档立卡贫困劳动力给予交通费补助实施方案》，为省外劳务输出76人、省内就近就地就业44人发放交通费补贴。疫情期间，出台《富锦市人力资源和社会保障局疫情防控期间就业扶贫补助政策支持计划》，对外出务工的贫困劳动力给予生活费补助。年初以来，举行线上招聘会36场，举办线上培训16个班次，实现721名贫困人口就业务工，与去年同期相比超出97人，涨幅15.55%，其中省外务工113人（含"点对点、一站式"输送12人）；省内市外转移就业51人；市域内务工557人。18家扶贫车间带动55名建档立卡贫困劳动力实现就业，为4家扶贫车间落实政策，发放扶贫车间补贴2万元。

2. 公益岗位设置方面。疫情期间，开发3类疫情防控公益岗位，安置41名贫困劳动力。招聘90人担任生态护林员，由林草局和各镇实行监管指导。按照光伏电站收益分配方案，由镇村实行公益性岗位职责监管，利用即将获利的发电收益，为259名保洁、防火、管护等公益性岗位从业人员发放奖补。

3. 产业扶贫方面。2020年投入财政专项扶贫资金1 372万元，扶持绿谷调味食品项目、头兴牧业养殖、向阳川镇黄牛养殖、锦山镇民宿项目、锦山镇百果园绿荫葡萄架长廊建设等5个产业项目发展。市镇两级共48个产业项目可带动全市贫困户参与收益，实现949户贫困户扶贫产业覆盖率100%，每户至少覆盖4项扶贫产业，最高可达9项，预计户均扶贫产业增收可达1 500元以上。

4. 金融扶贫方面。发放户贷户用扶贫小额贷款21笔，合计金额98万元，其中17笔用于发展种植业、3笔用于发展养殖业、1笔用于发展服务业；为11户贫困户的97头能繁母猪、193户的11 929.7亩作物缴纳政策性农业保险，为贫困户发展种养产业提供坚实保障。

5. 消费扶贫方面。严格认定消费扶贫产品，扩大消费扶贫影响力和社会效果，黑龙江大锦农农业开发有限公司通过消费扶贫企业资质审核，并在消费扶贫系统中提交了三类产品，全年销售额预计为11 500万元，可带动贫困人口1 328人。分别在东北水田合作社、大锦农生鲜超市、电子商务产业园区、供销联社超市、头林镇爱心超市，建设消费扶贫专区8个。利用电商平台，邀请市级领导带货直播，组织产销对接、发出倡议、发动社会力量进行爱心认购，拓宽市内市外销售渠道。

四、健全防止返贫监测，设立风险预警

2019年，通过动态管理期间"两摸底一排查"，富锦市共摸排出两类户26户65人，其中脱贫监测户1户2人、边缘户25户63人。为防止因疫情灾情收入骤减或支出骤增出现新致贫、脱贫不稳定现象，富锦市建立了返贫监测预警和动态帮扶机制，依据红、黄、蓝、绿四色风险预警标准，将排查出的26户65名监测对象全部纳入蓝色预警，有针对性采取产业、就业、综合保障、扶志扶智和其他辅助措施。动态管理结束后，监测对象可全面降为绿色预警，全面化解返贫风险。

五、集中全市之力，推进问题整改

2020年，富锦市对照国家成效考核反馈问题、中办通报我省需举一反三排查问题、"不忘初心、牢记使命"主题教育检视问题3类清单，按照成效考核入户核查方式，逐户逐项核验贫困人口"一收入两不愁三保障"情况，以及产业、就业、金融、综合保障等各项政策措施落实情况，共排查出问题18个。通过建立问题台账、制定整改方案、细化整改措施、明确职责分工、出台承接政策和实施方案的方式，发挥职能部门、帮扶干部、贫困群众的能动性，推动问题在6月20日前全部整改完成。由市纪委监委、市委巡察办、市扶贫办分别对照问题排查单、整改单、销号

单、逐一复查，核验整改成效。

　　建立问题整改防反弹机制，制定《富锦市农村饮水安全工程运行管理办法》《富锦市农村低保工作制度及责任追究办法》《富锦市教育系统扶贫资助政策宣传管理办法》等11项补充制度和实施细则，规范工作流程和标准，标本兼治。建立问题整改"回头看"工作机制，以追查、倒查的高压态势，强化扶贫干部的"底线思维"和"红线意识"，保证政策落实落靠，实现受益群体全覆盖，确保所有脱贫人口不存在返贫、错退风险。

六、强化作风建设，确保真帮实扶

　　富锦市不断加大组织推进力度，深化扶贫领域执纪监督和作风检查，集中整治行业乱象。全市各级干部聚焦脱贫攻坚，切实转变作风，狠抓扶贫实效，确保贫困群众真脱贫、脱真贫。

　　1.严格落实"四个不摘"工作要求。富锦市虽然不是贫困县，但始终按照贫困县标准，坚决落实脱贫"不摘责任、不摘政策、不摘帮扶、不摘监管"要求，市级党政领导以上率下，各部门、各镇一把手坚持亲自抓、亲自管，各派出单位严格加强扶贫干部管理，持续落实好责任和激励机制。持续加大各项扶贫政策保障力度，充分发挥驻村干部、帮扶干部等一线主力军作用，帮助所驻村集体经济、所包户家庭产业不断发展壮大，打造"不走的工作队"，进一步发挥脱贫攻坚的正能量。

　　2.严肃工作纪律，强化督查考核。富锦市坚持以问题为导向，挖掘多发性问题、常见性问题深层次的产生原因，先后组织9轮镇村自查、行业部门比对联查、扶贫办督查、执纪部门专项巡察、人大及政协民主监督，围绕"两不愁三保障"、日常帮扶、问题整改、履职尽责等各项工作，对各镇、各行业部门分别进行督查考核。对扶贫工作成效显著、考核成绩优异的单位和个人，给予通报表扬，并推荐作为综合绩效考评优秀等次考虑；对工作成效不明显或进展缓慢、在各级考核中发现问题严重、作风漂浮、不细不实的单位和个人，进行约谈、追究责任，限期整改，避免问题集中爆发，影响全市整体脱贫质量。

3.加强宣传教育。围绕帮扶工作方法、问题整改、动态管理等内容，通过邀请省市专家专题授课、党政领导安排部署以会代训、各镇自行组织业务培训等方式，面向全市开展业务培训14次，累计参训4 050人次以上。对选派调整的帮扶干部、驻村干部及时进行岗前培训，在入户走访、政策宣传、精准帮扶等工作开展方面"开小灶"，切实提高驻村干部精准扶贫能力。通过实地督导、电话抽查、业务知识测试等方式，对学习掌握情况进行督查，加深对村情户情、扶贫政策的了解。

4.关心扶贫干部。在严管的同时，不断加大对扶贫干部关心关爱力度，年节期间，由市级领导亲自带队走访慰问全市扶贫干部代表，全年提拔重用扶贫干部74人。选树培育先进典型127例，通过"脱贫攻坚成果图片展""我所经历的扶贫故事""事迹报告巡回宣讲会""最美创业者"等活动广泛推送，扩大合力攻坚范围影响。全年在国省级以上媒体发表典型信息和工作经验103条，在佳木斯市及媒体发表33条，在富锦市县级媒体发表154条，激发扶贫干部的斗志热情。推送扶贫系统34名个人、12个集体申报佳木斯市事业单位脱贫攻坚专项奖励。

附录：富锦历年大事记
（1909—2020年）

1909年

6月2日，清朝廷批准于富克锦地设置富锦县，在县衙配有知县（相当于县长），归临江府管辖，军务仍归富克锦巡检司。

8月，划定富锦县边界，东至古必扎拉，西至瓦里霍吞，南至七星河，北依松花江。

9月21日，于依兰府置东北路道，富锦县直属东北路道。

本年，富锦设立男女小学各一处，男小即后来的富锦第一小学。这是富锦有学校教育的开始。

本年，富锦第一家火磨（粮食加工业）——东发德建成开业，主要设备有磨粉机和90马力的蒸汽机。

1910年

本年，兴建富锦县城，县署由嘎尔当迁至下街基，即今正大街东段路南富锦三中的位置。

本年，设立富锦县税务局。

同年，设富锦县邮电局。本年富锦县开办邮政业务，属于私营的邮政单位。由初佩五在北二道街租民房三间，办邮局一所，初佩五自任局长，另配两名邮差。到民国时期改为官办，业务量稍有增加。

同年，食品加工业芝兰香开业。

同年，伊斯兰教传入本县，首任阿訇姓赵。

1911年

本年，富锦县第一家商店开张，店名"鸿泰号"。

本年，设有港口码头。俄国经办的中东铁路船舶部客船队开通由哈尔滨到富锦的航线。

本年，有一归侨黄某在富锦县城内开设了一处铁匠铺，主要生产水桶、油桶、水瓢、水壶等日用品。

本年，县城居民达503户，境内有45个村落，全县人口达12 503人。

本年，北京廖兴石（外号"廖老爷"，旗人）用美国制造的蒸汽拖拉机（用木头桦子做燃料，俗称"火犁头"），在今西安和悦陆一带开荒。

本年，富锦首次下拨荒地，面积37万垧，每方地（45小垧）价格56吊250文。政府放荒的土地在放荒后的6年内，将土地垦荒成熟地，经过清丈每垧地缴纳9吊钱，然后再领地照。

1912年

本年，福顺茶园（剧院）开张；第一家饭店开张，店名"义丰园"；第一家成衣铺开张，铺名"鸿兴茂"。

本年，成立公益会，职责是通过会议来处理和解决商业之间的账目款项及债务纠纷等问题。

本年，改知县为知事。

本年，修有几条公路，亦称官道。官道是在古驿道和民间道路的基础上改建的。主要有：上行有富锦县城经大屯、三义堂，过桦川境的马鞍山，去桦川县城的官道；富锦县城经嘎尔当、魏家山、洪盛、范家、宝山，过桦川境的孟家岗，去桦川县城的官道。下行有富锦县城经古必扎拉、图斯科，去同江的官道。

本年，在嘎尔当设立第二小学校。

本年，县城有义昶利、合发广、德庆魁等药店，还有纯裕堂、人和堂等私人诊所带药店。

1913年

本年，改县衙为县行政公署，县公署内设一科和二科，各设科长一人，分管庶务、行政。

春，全县行政区划为六个区，即一区海沟、二区上街基、三区西安镇、四区新城镇、五区集贤镇、六区兰家街。

春，富锦始设警察署。各区设警察分所一处，全县共有警察150名。各区没有区长，行政事务均由警察分所负责。

秋，设立富锦县劝学所，劝学所为教育管理机构。

本年，回族人集资建清真寺一座。清真寺，有草房三间，地址即今天的清真寺位置。

1914年

本年，基督教传入富锦，全县有基督教信徒七八人，在县内进行家庭礼拜。

本年，义泰号财东焦经通开办"万国农具公司"，有两台美造万国牌拖拉机，在东西义泰窝棚（今向阳川镇东新民村、西新民一带）开荒。

本年，在五区（今集贤县）兴安村建慈云观，又称周老道庙。慈云观有几间土草房。

本年，东北三省实行省、道、县三级管理体制，将东北划为三省十道，富锦县隶属吉林省依兰道。

1915年

本年，县城内开始用电灯照明。东发祥火磨的老板利用15马力的气力机带动10千瓦的直流发电机，发出的电全部供照明用。从此，富锦城内开始有电灯照明。

本年，县城及各区小学校已有9所。新任知事吴士澄认为教育经费太多，约占全县财政开支60%，财政负担太大，便下令只留城内一处学校，其他小学全部撤销。

本年，有"跑马占荒"之事。县里开始发放官荒，发放公田、生息田、赫哲田等，不拿荒钱。民田由领荒人按土地多少缴纳荒钱，但领荒数不限。发放时，有钱有势的人便骑上马飞跑，马跑到哪里，所围过的土地便为己有。这样廉价买取大片土地，再高价卖给他人，从中牟取暴利。

夏季，松花江发大水。当时松花江无堤埝，水大时江水漫入内地，全县受灾。

1916年

本年，全县已有熟耕地14万垧。

本年，在正大街东西两头分别开设华东书局和文达书局。不久，两家书局倒闭，继而文新书局开张。

5月，在正大街东段开设药店一处，店名"世一堂"。

本年，建清林寺。清林寺位于和平村西南。

1917年

8月16日，由汤原县来的胡匪"小白龙"（沈桂林）率队百余人攻入富锦城，开监狱放人犯，烧监署，掳县长孟广均及家人为人质。后经段有银去说和，并出吉洋25万吊，将人质抽回。9月初，"小白龙"离开富锦。

9月中旬，依兰道警备队派部队240人来富锦驻防，自此，富锦县有了正式军队。

本年，改公益会为商务会，商务会设有武装，名为商团。商团有团丁百余人。

1918年

2月，吉林陆军白团360人由团长白乃庚率领来富锦驻防。6

月换团长赵干臣。

本年，第一家照相馆开张。

本年，医生杨华廷在县城创办了第一家私人医院——协济医院，仅有4张病床。

1919年

本年，有粮食出口和卖往外地。通过水上航运，小麦有5 000石运往苏联哈巴罗夫斯克和国内黑河，大豆有6 000石运往哈尔滨。

本年，由七星河窜来烟匪400余名袭击县城。以陈东山为首的烟匪，字号"东亚革命军"，以保护烟苗、烟地为名，每垧捐收150两烟土。纠集东久胜、西久胜、河边虎、双龙等匪队控制头林、南沟里（今兴隆岗、宏胜一带）、长春岭一带。

本年，县知事吴士澄转走，新知事孙迪继任，将撤销的小学校全部恢复，并在县城内又增设一所小学校。

本年，永安寺竣工，该寺庙位于城东门约百米路北。

本年，霍乱疫情流行，造成大批居民死亡。

12月6日，富锦县农会成立。

1920年

1月，在富锦县公署内设实业局，主管农业行政事务。

本年，东发祥火磨被大火烧毁，老板赵禄又投入大量资金，修建成一座有150马力蒸汽机，日产面粉10余吨的火磨，字号"东兴德"。

本年，允许种大烟。为了缓和"小白龙"匪患造成的财政困难，县知事擅自允许种植罂粟。

本年，万泰店在县城开张，其规模为各店之首，能容大车300台，有客房30余间、厨房10间。

本年，出现无声电影放映。

1921年

本年，实行保甲制，即每一个区内附设一个保，各保都编制自卫团。区与保同在一个村里办公，保下设若干甲。每甲设正甲长、文牍各一人，甲下设牌，每牌有牌长一人。

本年，设立电话局，始有电话，主要设备有500号西门子交换机一台，用户250户。

本年，有金店开张，先后成立了永茂金店、东亚金店、瑞兴祥金店、会源金店。

本年，吉林省派宣抚专员来富锦招抚胡匪，陈东山、东久胜、西久胜等投诚。

本年，成立教育会，会长赵文祥。会址设在群众教育馆内，有干事6人、文牍1人、会员120人，全年活动经费1 000元。

本年，疫情发作。先是天花流行，不久又暴发了麻疹、斑疹伤寒。

1922年

9月13日晚，民团二甲长薛宝江、三甲长甄玉峰带团丁巡查。14日4点到七星河北南平岗处遇胡匪，当即交战，毙匪两人，余匪逃遁，缴枪等物及割匪耳级团所。

本年，沈神甫（德国籍）来富锦开天主教堂。教堂位于老城南门外（三八路南，向阳路西）。在老城南门外买青砖房5间，做教徒过"主日"的教堂。时有教徒几十人。

1923年

5月，县知事宋云桐到任后，扩充商团兵额达200人，增加城乡民团1 800人。

本年，县农会创建农事实验场，场址位于城西郊新盛屯，占地4.8垧，下设农艺、园艺、造林三科，开始承担五谷、苗木及花卉品种试验。

本年，县知事宋云桐与贾霈恩科长合著《富锦县史录》。该著作文字不多，但史料价值极高，对后世影响很大，它是富锦第一部地方性历史著作。

秋末，因胡匪作乱，县公署派遣民团、保安团与陆军到高台子剿匪。兵匪交战，官军死伤20余人，民团赫哲丁被掳，18人被铡去头颅。

1924年

7月，富锦县教育局成立，局长王世昌。教育局设视学、雇员长各1人，事务员、雇员各3人，夫役3人。

本年，增设第七区——头林区，七区下辖二道林子、漂筏河、柳大林子、长春岭、兰豁子、西官道、洋炮甸子、瓦盆窑等村落。

本年，于城东二道门里路北，建有天华宫（观音阁）。天华宫青砖灰瓦，亭式二层。

本年，由阿城来了一位陆牧师（英国人）在富锦传教，发展信徒，建立基督教会。后来又在南二道街买房基，盖教堂。教堂有3间正房、3间厢房。

1925年

本年，第一家曲艺茶社开张，该茶社主要以说大鼓书为主。社址在北二道街西圈楼，场内可纳百人。

本年，由于教育局长王九堂"擅专学校、任用私人"，因此县知事下训令，全县教师进城进行一次统一甄别考试。对不胜任教学者一律辞退，对教学成绩突出的教师给予奖励。

1926年

本年，吉林省公署派"永衡官银钱号"驻富锦，主要业务一是及时上解富锦县收入的税款，每月向吉林官银钱号上解一次；二是办理汇兑和放款业务。

本年，第五区集贤镇东南隅建关岳庙，前殿为二层楼，楼上匾额书有"圣宗阁"，底楼匾额书有"圣泉宫"；后有正房3间，两侧有配殿，外有砖瓦东西配房，占地约4 000平方米。

1927年

3月1日，富锦县立中学校成立。本年招收初中班一个，班名为第一班（至1937年即学校改制前，学校招收到第十班）。8月10日，学校正式开学。当年，由商会、农会组织捐款，建青砖教学楼一栋。这就是富锦教育史上的第一所中学校。富锦县立中学校的成立和开学，标志着富锦中学教育的兴起。富锦县立中学校是黑龙江地区建校最早的14所县立中学校之一，也是松花江下游地区的最高学府。

本年，天德汽车公司经营6辆汽车，开始往返于哈尔滨、佳木斯、方正、伊兰、宝清等地，进行客货运输。

1928年

本年，时任县长郭卫树组织城内各工商业主、大小房产主、船只主等缴纳捐资，修筑江堤工程。本工程东起清江门，西至西北门，长1 600米。在岸边打木桩，桩上钉护板，中间填石料，外边用石块护脚护坡。此工程到1932年5月11日才竣工，共打下大小木桩1 890根、装板1 854块，用工用料费共计哈大洋56 817元。

12月29日，东北易帜。张学良通电全国，"力谋统一，贯彻和平，已于即日起宣布遵守三民主义，服从国民政府，改易旗帜"，史称"东北易帜"。

1929年

1月，撤销依兰道，富锦县直属吉林省。县公署改为县政府，县知事改称县长。县政府设文书科、财务科、教育局、公安局、都邑所、税务局等机构及承审员、管狱员等职。

8月，曲俊峰开办锦昌火磨，厂房为4层楼，面积700多平方米，设备有磨粉机一台，760马力气力机一台，小型发电机一台。开业仅两个月，就遇上了中苏战争，厂房被炮击毁，设备全部被烧掉。次年春，曲俊峰投资50万元，在原址重建锦昌火磨，同年9月，火磨开工，日产面粉30吨。

8月15日，张学良向东北军下达对苏作战动员令，派兵6万增防国境。17日，国民政府发表对苏交战宣言。东北海军司令沈鸿烈来下江视察，将东北海军"江"字号与"利"字号两舰队分别布防于松花江下游的富锦、同江和三江口，并在三江口、同江、图斯科、下吉利、富锦等地构筑工事，准备与苏决战。

10月，由中东路事件引起中苏边界冲突，爆发富锦之战。10月31日苏军水、陆、空联合攻打富锦。东北军伤亡数百人，富锦县城居民有19人死亡，15人受伤，有83处房屋被炸毁和烧毁。11月3日，苏军自动撤军回国。

1930年

本年，建立清真小学校一所，校址在清真寺内。

3月1日，根据国民政府行政院院长谕示各省审核志书凡例之事，吉林省民政厅下达157号训令，"令富锦县长督办富锦县志修编工作"。

4月4日，县长薛翘如下聘书，聘请卢龙阁为县志馆馆长，王世昌为总纂，教育局长赵文祥、富锦中学校长孙桂岩为编纂，县工商会长赵禄、农会会长杨庆、县财务处主任柏乔、公安局长王家祺、都邑所长林沣、德庆粮栈老板刘凤田等人为县志馆调查员。

8月3日，富锦县政府将《请示成立富锦县志馆，一年编纂成书及修志预算呈文》报送吉林省民政厅。8月30日，吉林省民政厅批复："编修县志拟请设立专局，事属可行，为事同一律，应将县志馆改为县志局；所需经费暂由地方自治款内开支；拟具组织简章、志书凡例、目录，并将预算费用切实减核，另行编造，各缮三份，送候核夺。"9月23日，富锦县政府将《为拟具县志局组织简章暨志书凡例、目录并预算书，请鉴核由》上报吉林省民政厅。

12月1日，富锦县志局成立，人事亦有更易。新任县长李海春重新聘请赵文祥为县志局长，孙桂岩总纂，徐镇（秘书科长）、满福为县志分纂。

春，富锦豪绅借口，不发经费，使部分学校陷于停办，拖欠教员工资达半年之久。夏季，全城教师罢课，举行示威游行，并到县府请愿。事后，土豪李绅更加憎恨学潮之势，说模范校就是谋反校，不准存在，竟将模范两级小学校取消了。此事引起教员的极大不满。

本年，在县城西部开辟一条南北新街，向南打通，北至江边。因拆除民房和清除障碍，老百姓戏称为"新扒街"，后称"新市街"，即今天的新开路。

本年，在县政府中设有市政管理所，负责城镇建设和管理工作。

本年，富锦设有吉林省印花税富锦办事处，并在新城、集贤、兴隆镇设有三个分销处。

1931年

1月29日，吉林省政府电令，过去入国民党的均应正式入党，高级官员必须入党，并填写《入党志愿书》。

5月，根据吉林省政府民政厅训令《令饬督职员研究党义随时介绍入党由》，富锦县开始建立国民党地方组织。6月，富锦有12人填写《入党志愿书》。

8月1日，富锦县红十字会经上海总办事处批准，成立中国红十字会富锦分会，办事处设在原五区兴安镇（县集贤县）。

8月，富锦黎明女子中学校成立。黎明女子中学校是一所私立的女子中学校。学校每年招收学生40人左右，有教员3人，校长为李景祺。

9月18日夜，在日本关东军安排下，铁道"守备队"炸毁沈阳柳条湖附近的南满铁路路轨（沙俄修建，后被日本所占），并栽赃嫁祸于中国军队。日军以此为借口，炮轰沈阳北大营，这就是"九一八事变"（又称奉天事变、柳条湖事件）。次日，日军侵占沈阳。1932年2月，东北全境沦陷。此后，日本在中国东北建立了伪满洲国傀儡政权，开始了对东北人民长达14年之久的奴役。"九一八"事变是日本在中国东北蓄意制造并发动的一场侵华战争，是日本帝国主义侵华的开端，揭开了第二次世界大战东方战场的序幕。

9月19日，中共满洲省委召开紧急会议，发表《为日本帝国主义武装占领满洲宣言》，揭露日本军队的侵略罪行，号召东北各界同胞起来，赶走日本侵略者。

9月20日，中共中央发表《为日本帝国主义强占东三省宣言》，号召全国人民团结起来，反对日本帝国主义强占东北，为民族生存和祖国神圣领土完整而战。

10月10日，国民政府国庆日。富锦各界爱国人士和中小学师生上街游行，反对日军强占东北。

12月，李杜在依兰召开八县县长会，令各县成立暂时自卫团。规定各县编额为：依兰、桦川不少于1 000人，富锦500—800人，同江、抚远为200人。

1932年

3月1日，伪满洲国成立，国号大同，定都新京（长春）。

3月5日，中共满洲省委发表了《反对建立伪满洲国政府》的宣言，号召各族人民武装起来，为驱逐日本帝国主义，推翻日本新工具——满洲"独立政府"而战斗。

4月，李万春、李仁根在富锦建立中共安邦河支部。安邦河支部隶属汤原中心县委领导。

4月20日，富锦战时自卫团调往依兰，编入九旅666团和668团，同二十六旅组成中路军，再次向哈尔滨的日军进攻。

5月，中共满洲省委发表宣言，反对伪满洲国非法成立，号召东北人民武装起来，驱逐日本侵略者。

5月21日，日本侵略军与伪江防舰队由哈尔滨向富锦进发。

5月下旬，县长李海春召开富锦县地方头面人物会议，研究如何对待日军侵略。随后，派赵禄等人乘船去往佳木斯，他们在新城遇见日军。

6月，富锦县立中学校被迫停课。

6月，日军中佐小滨士善与大尉石井率日军400人进驻富锦。

7月，富锦设立了满洲中央银行富锦支行，接收了原吉林省督军署永横官银钱号富锦分号，废除吉大洋、吉林官贴和哈大洋，流通伪国币。

8月31日，张锡侯、奚铁牛率抗日义勇军千余人攻打富锦城。因日伪军防守严密，义勇军无法取胜，而退至二龙山、同江一带开展游击战争。

9月，日伪当局派白馥从佳木斯来到富锦任伪县长，成立了伪县公署警察局。

9月，成立富锦、绥滨、同江三县"联防清乡办事处"，由同江县的伪县长庞绍宣为"总督办"，其他两"县长"为帮办，日本人风发三津美为顾问。

秋，日本侵略军在富锦县城西大屯附近修建飞机场。

10月21日，伪江防舰队"利济号"在富锦下游10余里处起义，击毙舰长等5人，48名士兵弃舰赴饶河团山子，加入张锡侯的义勇军。

12月13日，东北军马占山部徐营率绥滨红枪会200余人，袭击富锦。在东大街县公署附近，与日伪军激战多时，击毙多人后撤退。

冬，冯景荣出资在富锦古比扎拉（富民一带）组建红枪会。会员有300余人，吴玉堂为法师。

1933年

夏，中共党员、原江北独立师师长张甲洲化名张进思，由巴彦县来到富锦，经人介绍，在富锦县立中学校教书。张进思以教师的职业为掩护开展秘密抗日活动。

夏，富锦县立中学校复课。

8月，太平川警察署在谢东旭的带动下，除署长外，其余十几名警察全员反正，组成抗日游击队，报号"小海龙"，活动于砚山一带。

秋，中共汤原中心县委派李春满、金正国、李爱道（他们均为朝鲜族），来富锦地区建立中共安邦河区委。李春满任书记，区委设在夹信屯（今属集贤县）刘世发家，下设4个支部，有党员28人。

秋，共产党员于九公化名于树屏（后名于天放），也来到富锦中学，与张进思一起，以教书为名，从事抗日活动。

本年开始，在中共富锦地下党组织及抗日联军领导下，部分村屯成立了妇女救国会。

本年，县城东大街路南建有文佛寺。文佛寺有3间青砖灰瓦庙堂，3间土草东厢房。

1934年

1月1日，县政府改为县公署，设置县长、参事官、副参事官等。

2月26日，中共安邦河区委书记李春满、金正国等4人去夹信子村收缴地主的武器，由于事先准备不足，李春满等3人壮烈牺牲，金正国脱险。

3月1日，伪满洲国实行帝制，改称"满洲帝国"，改"大同三年"为"康德元年"。

3月，中共汤原中心县委派党员李忠义（朝鲜族）到安邦河重新组建安邦河区委。李忠义任区委书记，区委会仍设在夹信村宽厚甲屯刘世发家。

5月，在夏云杰领导下，鲁祥、纪振纲于兴安镇组织红枪会抗日救国队，接连攻下五区（集贤）伪自卫团和三区伪自卫团武装。

7月，纪振纲等人来二龙山，在周家大院（东凤阳）成立红枪会。

10月，共产党员苏梅派李祥山、李祥川兄弟到太平川、向阳川一带组织抗日红枪会。

12月1日，伪满洲国将东北划分14个省、1个特区、2个特别市。富锦县归伪三江省（省会在佳木斯）管辖。本县仍保留保甲制，本年全县设8个保、98个甲。

1935年

1月，原中共安邦河区委书记李忠义调离，由任春植（朝鲜族）继任书记职务，后又于当年12月调离。

2月9日，中共安邦河区委宣传部长李万春等7人，带领30多名进步青年攻打夹信子屯伪警察署，但由于行动失密，李万春等10余人壮烈牺牲。

6月，日本侵略者在富锦县原有的电力基础上，修建发电厂一处，容量为160千瓦的汽轮发电机投入运行。

7月1日，建立了"满洲邮电株式会社"。富锦的电报局、电话局合并一起，成为电报电话局，均由日本侵略者控制。

8月1日，中共中央发表《为抗日救国告全体同胞书》，即《八一宣言》，号召全国团结一致抗日，收复一切失地，并提出建立抗日民族统一战线的主张。《八一宣言》的发表，进一步推动了东北抗日武装斗争的发展。

1936年

1月28日，东北反日联军（即抗日联军）在汤原县吉兴沟召开军政联席会议。参加会议的代表有赵尚志、李兆麟、李延禄、夏云杰、冯治纲、李华堂、谢文东等。29日，会议通过了《东北反日联军军政联席会议决定》，决定组织东北反日联军临时政府，政府下设东北群众反日联合军总司令部，赵尚志任总司令，李华堂任副总司令，李兆麟任总政治部主任。

2月10日，中共驻共产国际代表团以中共中央名义决定，东北抗日军队统一名称为东北抗日联军。

2月，东北抗日联军第三军、第五军、第六军及独立师师以上干部在富锦县德祥屯召开会议。参加会议的有：三军赵尚志、五军周保中、六军戴鸿宾、独立师祁致中等人。会议主要确定了抗联有关部队今后的活动区域、开辟新区、改造山林队伍和对待地主的政策等问题。

夏，东北抗日联军第六军和独立师部分部队共计400余人在别拉音子山东侧同800余敌人（其中日军200余人）展开激战，击毙日军高级指挥官（少将）一人，缴获手枪3箱。

7月，东北抗日联军第四军在富锦地区收编了刘振国、唐青山、九洲、中央、老来好等几支抗日森林队，并将其统一改编为抗联第四军第四师，刘振国任师长，朴德山任政治部主任。

8月，抗联三军政治部主任李兆麟率三军二师来富锦黑鱼泡、转心湖等地建立据点。在富锦扩充兵员260余人。9月，由富锦人组建一师骑兵队一支。9月，抗联六军教导队在李兆麟的带领下，于花马（今锦山）前大甸子建立密营。

9月，二龙山救国会在抗联配合下，烧毁了25米桥。这次烧桥和剪断电话线，是中共北满省委部署领导的破坏日伪交通和通讯设施的统一行动。

秋，东北抗日联军第六军在安邦河西与日军骑兵200多人（后来敌人又调来400多伪军）遭遇，双方经过激战，击退了日伪军，并毙伤和活捉了部分日伪军。

秋，中共安邦河区委派党员老董在别拉音子山西德祥屯开展工作。先发展4名党员，成立了中共山西党支部，书记老董，徐化民任组织委员兼宣传委员，王树荣任武装委员。至1937年，山西党支部已发展党员7名。

9月18日，中共珠河、汤原两个中心县委和东北抗日联军第三、第六两个军党委在汤原帽儿山召开军政联席会议。会议决定成立中共北满（临时）省委，赵尚志任执行委员会主席，冯仲云任书记，将原中共汤原中心县委改组为下江（松花江下游）特委。从此中共安邦河区委隶属下江特委领导，由姜伯川（赵子朋）任区委书记。

11月，刘忠民到富锦县安邦河区委发展组织，开展工作，姜伯川调离安邦河区委。

12月，刘忠民发展李连贵入党，同时李连贵接任中共安邦河区委书记职务。

本年，疫情多发。斑疹伤寒、回归热、天花等疫情相继发生，死亡者日渐增多，造成棺木奇缺。富锦城江堤下，每天都可见尸体。仅永安屯（今日新村）两月中就死亡了200余人。

1937年

1月，中共下江特委特派员赵明久到安邦河地区，协同刘忠民进行发展组织工作，为富锦县委的建立奠定干部和组织基础。

2月，根据下江特委的指示，中共安邦河区委成员在夹信子村宽厚甲屯耿贵春家召开会议，决定在安邦河区委的基础上，正式成立中共富锦县委员会。县委机关设在安邦河夹信子村宽厚甲屯刘士发家。富锦县委下辖安邦河、集贤、英子岗和新城4个区委，隶属下江特委领导。

2月11日，东北抗日联军独立师第三旅一部袭击富锦县五区哈达密河伪自卫团，解除了该团团长等14人的武装。

春，日伪在富锦强行进行"归屯并户"，建立"集团部落"。在制造"集团部落"中，日伪军对中国老百姓进行惨无人道的屠杀和迫害。制造"集团部落"的目的，就是对抗日武装力量进行政治围困和经济封锁。

4月，中共下江特委为加强对富锦、绥滨等地党组织的领导，决定成立下江分局，派组织委员姜忠诚兼任分局书记。分局机关设在富锦县安邦河。

4月，东北抗日联军七军在富锦县小永善一带，将敌为二十六团全部歼灭。

5月15日，东北抗日联军七军第二师师长李学福率300余名战士在二龙山附近与500余名伪军发生激战，击毙敌军50余人。

5月，祁致中率领东北抗日联军独立师进入富锦县境，开展武装抗日游击活动。

6月3日，中共下江特委派原汤原县委书记刘善义到安邦河任区委书记，并正式组建中共富锦县委。

6月15日，富锦县七区头道林子伪警察署署长李景荫，在抗日联军独立师师长祁致中及中共地下党员张进思（原名张甲洲）、于树屏（原名于九公，后名于天放）等引导下率部起义，参加抗联独立师，走上抗日救国的道路，并被任命为师参谋长。

6月，东北抗日联军独立师展开强大的政治攻势，迫使富锦别拉音子山伪保卫团投诚。在返回驻地途中，又袭击了柳大林子伪警察所，解除了40余名伪警察的武装。

6月，东北抗日联军第七军第二师一部在富锦县二道林子与日军小滨部队及伪军进行了激烈的战斗，在抗日群众的支援下，击毙敌人150余人，俘敌10余人。

7月初，东北抗日联军独立师在师长祁致中的率领下，攻袭在富锦县第二区驻地教堂的伪自卫团防所，毙伤伪团丁37人，俘虏40人，并将全部枪支弹药缴收。

7月25日，东北抗日联军独立师一部袭击富锦县第七区刚恢复不久的伪警察署，后迅即进入五顶山，一举攻占该地的伪自卫团办事处，解除了37名伪自卫团丁的武装。

8月，富锦黎明女子中学校并入富锦县立中学校。

8月21日，在抗日武装斗争的影响下，驻依兰县伪军三十八团118人，在白福厚率领下，携带迫击炮1门、重机枪1挺、轻机枪4挺、步枪100余支，举行起义。在抗日联军第六军第一师的接应下，起义队伍顺利开赴富锦、宝清游击区。后来，这支队伍编入抗日联军第六军一师六团。

8月28日下午，中共党员张进思、于树屏，还有进步教员张乐然、陈模，分头先后出城，投奔抗联独立师。出城后的途中，张进思遭遇袭击，不幸牺牲。

9月9日，抗日联军独立师300余人在祁致中的率领下，先后两次袭击富锦县第五区的国强街基（今集贤县太平镇），沉重地打击了敌人的嚣张气焰。

10月，东北抗日联军独立师，在富锦县二区改编为东北抗日联军第十一军，军长祁致中，政治部主任金正国，参谋长白云峰。该军下辖一个师，师长李景荫。师下辖三个旅，第一旅旅长张治国，政治部主任金正国（兼）；第二旅旅长胡文权，政治部主任王济舟；第三旅旅长姜宝林，政治部主任李军忠；另有军部保安连和少年连，共计1 500人。抗联十一军主要活动在富锦、宝清、桦川、依兰等地。

10月下旬，东北抗日联军第五军第二师与第三师攻破富锦与宝清两地之间的大孤山伪防所，毙敌10余名，缴获50支步枪，两2支手枪。

11月12日，东北抗日联军第十一军军长祁致中率领军部和第三旅一部在富锦县黑鱼泡附近，同日伪军展开激战，重创了敌人。

11月16日，东北抗日联军第六军骑兵部队在富锦县国强街基西南方与日军"讨伐"队展开战斗，并歼灭部分敌人。

11月20日，东北抗日联军第四军在富锦县南部密营驻地击退了100余名伪军的进攻。

12月，在东北抗日联军第六军的影响下，依兰县暖泉子伪伪自卫团团长张广文率40名伪自卫团丁发动了武装起义。经中共富锦县委同意，该部与安邦河游击连合并后，编为东北抗日联军第六军四师十四团，张广文任团长，王钧任政治部主任。

冬，东北抗日联军第六军五师在师长刘振声、政治部主任高玉彬率领下，从绥滨开赴富锦，在别拉音子山西德祥村的马家大院及花马店（今锦山镇）与抗日联军第十一军师长李景荫部会师，第二天与尾追十一军的日伪第四军管区教导队100余人发生枪战，毙敌90人，其中日本教官1人，缴获轻机枪2挺、马盖枪80支。

本年，"满洲帝国协和会富锦县支部"成立。"协和会"是统治东北人民，特别是奴化青少年一代的重要工具。

1938年

1月，富锦县立中学校改制，由三年制的初中学校改为四年制"国民"高等学校，属农科。改制后学校名为"三江省"立富锦国民高等学校，简称"富锦国高"。

1月29日，富锦县夹信村救国会会员王和向日伪军告密，致使安邦河区委书记李连贵、刘士发等10多人被敌人逮捕，李连贵、刘士发等人在敌人的严刑拷打下英勇不屈，壮烈牺牲。

3月15日，佳木斯日本宪兵队和伪三江省警务厅，纠集所辖各县日本宪兵分队、伪警察、伪自卫团、特务等共计千余人，对伪三江省所辖的汤原、依兰、桦川、富锦、勃利等县及佳木斯市党的组织和抗日团体，进行大规模搜捕和"围剿"。"三一五事件"中，中共党员、救国会会员及群众365人被捕入狱。这次搜捕一直持续到7月才终止，使松花江下游地区党的组织遭到严重破坏。中共富锦县委书记刘善一等许多革命志士也在这次大搜捕中惨遭杀害。富锦县党的组织一度处于瘫痪状态。

4月，东北抗日联军第六军参谋长冯治纲率领第六军一师、五师和第三军、第七军一部分，共千余人，在富锦县花马店同伪军第一教导队展开激战，俘虏敌人200余人，缴获重机枪1挺、轻机枪2挺、步枪百余支。

4月，伪满洲国军政部大臣于琛澂（于大头）来富锦慰问日伪军。当他听说大批伪军被抗日联军缴械的事，一气之下，把慰劳品带走了。

5月上旬，东北抗日联军第十一军政治部主任金正国在富锦县李家粉房（今桦川县永贵村）被叛徒杀害。

5月，六军五师袭击富锦小梁店日本机械农场，并与增援日军战斗了4个小时，缴获枪104支、马26匹，焚毁房屋、仓库、机械。

5月27日，东北抗日联军第四军军长李延平、副军长王光宇，五军二师政治部主任陶净非，率领参加抗日联军第二路西征的四军、五军，由宝清县大叶子沟出发向依兰、方正地区进军，在途经富锦县国强街基附近时，与敌人发生激烈战斗，击毙日伪军7人。四军一师师长张相武在战斗中壮烈牺牲。

6月18日，东北抗日联军第十一军一部在师长李景荫的率领下与抗联第三军四师一部，在富锦县南柳大林子同日伪军作战，击毙日军10余人，俘虏5人，缴获迫击炮1门、步枪5支。

6月26日，东北抗日联军第六军一师在政治部主任徐光海的率领下偷袭富锦县国强街基伪警察署，将伪警察署全部武装解除，击毙日军指挥官等数人，缴获各种枪械30支。

6月，东北抗日联军第七军一部在富锦县与同江县交界的七牌击退了伪军骑兵、步兵200余人的进攻，击毙敌人50多人，缴获轻机枪1挺、子弹千余发、军马20多匹。

7月，东北抗日联军第四军驻富锦、宝清留守处正式成立。三师四团政治部主任彭施鲁任留守处主任。

8月9日，东北抗日联军第六军一师政治部主任徐光海率领下江留守部队，在富锦县双山子（今集贤县境内）伏击伪兴安军汽车运输队，获得胜利。

8月15日，抗联七军一师在五顶山与敌激战，毙敌20余人，缴枪50余支，一师副师长姜克智不幸牺牲。

8月17日，为深入开展对敌斗争，金策、王明贵、侯君刚率北满远征队抗日联军第三军三师、六军三师八团、二师十二团，共300余人，分别从宝清、富锦出发，到萝北县梧桐河集结。

8月20日，李景荫、于树屏在富锦张兽医窝棚伏击日军马队，击毙日军松野副队长。

8月下旬，为保存革命实力，周保中率东北抗日联军第二路军总指挥部由富锦、宝清向依兰、方正转移，于9月初到达刁翎，与柴世荣所率五军西征返回部队会师。

9月15日，东北抗日联军第七军一师在五顶山歼灭尾追之敌20余人，缴获步枪50余支。

10月，东北抗日联军第四军在富锦、宝清两县留守处的工作结束后，部队分别编入五军二师和第二路军总指挥部，留守处主任彭施鲁调任第七军政治部主任。

秋，李兆麟得到抗联第十一军一师李景荫部队300余人被敌人包围在富锦县南沟里的消息后，率领第六军教导队180余人从松花江北渡江，急行军50余里，赶到老道庙山里，击退敌人的攻击，解除了敌人对十一军一师的包围。

11月16日，北满（临时）省委征得下江特委负责同志的同意后，任命东北抗日联军第六军一师政治部主任徐光海兼任富锦县委书记。

11月23日，东北抗日联军下江留守部队六军一师教导队在宝清县张宝窑与伪军三十五团相遇。师政治部主任兼富锦县委书记徐光海在战斗中牺牲。富锦县党的组织因缺少主要领导而暂时停止活动。

12月1日，东北抗日联军总政治部主任李兆麟和抗日联军第十一军一师师长李景荫，率领东北抗日联军第三批西征队（由抗联六军教导队和十一军一师组成，共300多人），在富锦县境内集结后，突破敌人封锁线，渡过松花江，开始西征。

冬季，抗联对敌斗争极其艰苦，粮食和服装问题突出。二龙山乡绅段有银秘密支持抗联。入冬以后，他以去小家河、大佳河买鱼、买大米为由，把粮食、棉服、鞋帽用马爬犁运往沟里，送给抗联。一些抗联领导，如祁致中、刘雁来、李学福、赵传谋等，都得到过段有银的支持。

本年，日本侵略军在富锦县城周围修筑的8处大营地全部建成。驻有日军七七五部队、六一三部队两个团600多人，还有一个伪军靖安师和伪江上军二团等4 230人。至此，日伪军在富锦的兵力达到4 830人。

本年，日本人在富锦县城南岗建水源地一处，开始铺设自来水管道。

本年，日本向富锦四区（今属桦川县）、六区（今属友谊县）、七区（头林镇）等地大批移民。由伪县公署出面，以低价强行收买农民土地，作为日本移民的开拓地。

1939年

本年，废除保甲制，施行街村制。全县划2个街，即富锦街、集贤街，22个村（相当于区）。全县设6个伪警察署。

7月28日，东北抗日联军第二路军总指挥部直属部队袭击了富锦县兴隆镇（今红兴隆）附近的杨家"集团部落"。摧毁伪甲长办事处，缴获步枪26支、马28匹、牛11头、粮食三石。

秋，抗联十一军离开富锦西征，去小兴安岭一带活动。

12月16日，五军三师和七军三师成立的联合部队在七星河西土仓子击毙日军指挥官1人、教官1人、伪军10余人，缴获轻机枪1挺、重机枪1挺、步枪20余支、迫机炮2门。

本年，日本侵略者实施粮谷管理法，禁止中国人食用大米、白面。中国人吃大米、白面，就是"经济犯"，要受法律制裁。

1940年

2月14日（正月初七），富锦监狱"政治犯"在葛景禄、孙秉贞组织下数十人举行暴动。暴动中，打死日本科长1人、士兵2人。但因计划不周和力量上的敌众我寡而失败，参加暴动的56人全部遇难。

春，"三江"省立富锦实业女校在富锦县成立，招生2个班，学生110名。

7月2日，活跃在富锦、宝清两县的东北抗日联军第二路军总指挥部的姜信泰小分队，在富锦县城南李家围子附近，毙伤敌军7人，截获运输车9辆、马30匹及大批粮食。

7月31日，东北抗日联军第二路军总指挥部警卫部队，在富锦、宝清两县交界的七星河上游杨树岗伏击敌军的战斗中，毙伤敌人11名，缴获一批粮食与军用品。

本年，富锦将农事合作社与金融合作社合并为兴农合作社。侵略者在农村推行的一切政策措施，兴农合作社都参与其中。例如征国兵、出荷粮、配给、摊派、抓劳工等。因而老百姓管兴农合作社叫"坑农合作社"。

本年，日本侵略者为了干扰苏联电台，为了对百姓进行奴化宣传，在县城西南门外（今第三小学位置）建立放送局，功率为3千瓦，局长、主任和技术人员都是日本人，只有3名播音员和1名杂役是中国人。

1941年

年初，富锦设立酒保。酒保是日本人为富锦地方日伪军购买大米、白面、白高粱米和日用生活品的地方。日伪军官及其家属在酒保可以买到市场上根本买不到的物品和口粮。

7月末，东北抗日联军第二路军第二支队长王效明率隋长青、李永镐、姜信泰等20多人，在当时敌对斗争形势十分恶劣的情况下，由北野营（俄罗斯境内）回国。他们分成两个小分队：姜信泰率领的小分队在富锦、桦川一带进行军事侦察，至1942年末返回北野营；王效明率领的小分队以佳木斯、富锦、宝清、勃利为中心目标侦察敌情，至1943年4月返回北野营。两个小分队经过一年多的艰苦斗争，获得了一批有价值的军事情报，积累了在敌后侦察敌情的丰富经验，为不久反攻东北，战胜日本侵略者创造了条件。

秋，日伪当局的"查粮队"（出荷督励班）下乡翻粮。

12月8日太平洋战争开始，自此以后，日本逐渐把驻富锦的军队向外地调转。

本年，日伪统治者对食盐、火柴、白酒、卷烟等商品实行专卖，对棉布、棉花严格控制，采取了"通账配给"办法。由此，本县市场萧条，黑市价格累累上升。

本年，伪满洲国中央银行富锦支行改为富锦兴农金库。

本年，富锦城内各大药店成立了富锦汉药组合。受伪满三江省辖制。"三江省"汉药组合负责下江富锦、同江、抚远、饶河、绥滨、萝北等地的药材统购分配，利用这一形式巧取高额利润。

1942年

春，日本关东军在富锦乌尔古力山秘密修筑军事工程，直到1945年8月东北解放时工程尚未竣工。

4月，对城镇的日本人、朝鲜人实行外券制度。富锦县的日本人、街内的朝鲜人得到了粮食配售的保障。农家口粮更无人问津，县城内的中国人能活下去靠的是黑市昂贵价格的粮食。

1942年冬至1945年春，富锦征用劳工和勤劳奉仕队修建了福山大坝。福山大坝高一米，顶宽5米，长43千米，东起今洪甸村，经福山屯（今二九一农场境内），到世功屯（今集贤县永吉村）。福山大坝投工8.6万人，动用土方25万立方米。

本年，全县闹饥荒。日本侵略者实行殖民主义掠夺压榨政策，特别是太平洋战争爆发后，把东北作为后方供应基地，为夺取大量的粮食和农产品，强行农民出荷粮，使农业生产遭到严重破坏，粮食产量逐年下降。由于粮食严重减产，全县闹饥荒，饿死的农民不计其数。

本年，富锦县成立地政科，对全县的土地进行航测和地面测量，以核实面积。同时，整理地籍，换照补税。

1943年

春，"三江省立"富锦实业女校改制为"三江省立"富锦女子国民高等学校，简称女子国高，学制四年。

3月，周保中在苏联派第二路军刘雁来、李永镐组织侦察小队，回富锦等地侦察敌情。

5月2日，被伪满洲国强行征去当伪靖安军的辽宁省西丰县贫苦农民常隆基，在日本关东军驻伪满洲国最高军事顾问、陆军中将楠本实隆视察富锦乌尔古力山军事工程时，用手枪枪击了楠本实隆，并在敌人的围追堵截中宁死不屈，毅然投入松花江，以身殉国。这就是震惊中外的"乌尔古力山事件"。

本年，为防止七星河、二道河、小黄河水侵入漂筏河北溢，淹花马（今锦山）、永安（长安）、砚山、向阳川等地区，修建了漂筏坝。漂筏坝从洪州起，经双发、六合塘，到永太，全长40千米。

1944年

本年，驻富锦的伪军靖安师全部开往锦州。

本年，日本侵略者为了进一步迫害进步人士，在富锦县城里成立了"矫正院"，对具有反满抗日思想的人进行"思想矫正"。"矫正院"是变相监狱。

1945年

1945年4月23日至6月11日，中国共产党第七次全国代表大会在延安召开。中共七大使全党的认识在马克思列宁主义、毛泽东思想的基础上统一起来，使全党达到了空前的团结和统一，为抗日战争和新民主主义革命在全国的胜利做了准备。大会通过了毛泽东《论联合政府》的政治报告，朱德《论解放区战场》的军事报告。大会分析了国内外的政治形式,总结了新民主主义革命的经验,阐述了新民主主义基本理论,制定了党的政治路线,即"放手发动群众,壮大人民力量,在我党的领导下,打败日本侵略者,解放全中国,建立一个新民主主义的中国"。在大会上,党中央就提出了争取东北的任务,毛泽东主席做重要讲话。他在《在中国共产党第七次全国代表大会的结论》中说:"东北是个极其重要的区域,将来有可能在我们的领导下。"

7月末,日本军大部队已撤到离富锦350千米的方正构筑阵地。在富锦留守的只有伪"江上军"二团2个营5个连和日本军七七五部队、六一三部队的部分军队。

8月7日上午,伪江上军回到富锦城东挖战壕筑防线,进入一级战备状态。下午2时许,苏联飞机越过绥滨绥东,飞临富锦上空轰炸扫射,主要目标是乌尔古力山和南岗日军阵地。

8月10日拂晓,苏联军队在黑龙江和松花江汇合处附近强渡,攻下同江镇。10日上午,苏军飞机连续飞抵富锦上空,空袭日伪机关和军事设施。日军七七五部队组织决死队,准备顽抗到底。同日,"江上军"团部人员及部分连队奉命撤至佳木斯担任固守佳木斯的任务。当夜有一个日军侦察分队从二龙山回富锦。

8月11日7时,苏军阿穆尔区舰队第一支队到达富锦,7时30分登岸;8时,苏第15集团军先遣支队逼近富锦,日军与苏军展开战斗,12日下午战斗结束。

8月12日,富锦解放。苏联红军解放富锦后,建立了苏联红军驻富锦卫戍司令部,苏军达拉秀克少校为司令员,刘雁来(原抗日联军教导旅上尉)为副司令员,常驻部队200余人。

8月13日,富锦县士绅组织富锦县临时治安维持会,办公地址设在正大街现水产商店对门处,9月7日,将"治安维持会"改为"复兴委员会"。

| 附 录 |

8月末，建立富锦青年会，牟仁同为青年会会长，共有会员300余人。青年会的活动是组织调查组调查土豪劣绅、伪警察、宪兵、特务的罪证交红军司令部刘雁来副司令；发动会员在各小学开办扫盲识字班；发起募捐活动，以修复在战乱中被破坏的学校。12月末，青年会自行宣布解散。

9月12日，建立富锦解放委员会。

9月中旬，原富锦抗日游击队队长吕庆芳受富锦解放委员会委托建立富锦自治军。

9月中旬，佳木斯的东北人民解放委员会改称东北人民民主同盟，负责整顿地方和维持社会治安。10月初，富锦解放委员会接佳木斯民主同盟的通知，将解放委员会的名称改为大同盟，将委员长改为主席，其主要任务是宣传人民解放，组织武装，领导行政，清理敌产、公产，没收敌伪财产，维持社会治安。大同盟经过一段时间的酝酿，于10月19日成立"县公署临时办事处"，解散了"复兴委员会"。

9月上旬开始，中共中央先后派出10万军队、2万干部进入东北，开辟东北根据地。先后有几批革命队伍进入佳木斯及富锦。

1945年9月15日，党中央决定成立中共中央东北局。中央东北局书记由彭真担任，委员有陈云、程子华、伍修权、林枫等。他们立即赶赴东北，开展建立东北根据地的工作。

10月初，李世芳从集贤来到富锦，住在女婿张清矩家。10月5日，他找到王达甫、王明义、赵志文、尹再人等，研究筹建富锦国民党党部和发展国民党党员等问题。10月6日，李世芳找到苏联红军司令部，申请在富锦成立国民党党部。当时，驻富锦苏军司令员达拉秀克根据苏联政府与国民党政府的协定精神，同意了富锦国民党党部的成立。10月8日，富锦国民党党部成立，并在正大街粮栈组合旧址正式挂牌，李世芳自任书记。国民党党部的反共反苏活动越来越公开，越来越嚣张，甚至将反共反苏标语漫画张贴在苏军司令部门前。由于他们的活动严重地危害了社会治安和中苏协定，苏军政治部于11月18日将李世芳逮捕，押送佳木斯秘密处决，随后通过大同盟查封了县党部。

10月25日，在中国共产党领导下设置三江地区，成立行政专员公署。同年11月21日撤销三江地区行政专员公署，宣布成立合江省政府，驻佳木斯市。黑龙江省管辖佳木斯、东安两市和依兰、勃利、汤原、桦川、富锦、同江、抚远、饶河、宝清、绥滨、萝北、佛山、鹤立、虎林、密山、鸡宁、林口等17县，并于中部和东部分别设立佳木斯专区和富锦专区。

10月末，中共党员杨振魁奉中共中央东北局命令来富锦开展工作，经过几天的准备，成立了富锦县政府，杨振魁正式上任县长。

11月29日，省工委派孙为、胡绍中、章克华、刘玉、张健（女）、岳明、郭长治等14人到富锦地区开展工作，并成立富锦军分区和富锦专员公署。孙为任军分区司令员兼专员。富锦地区辖富锦、绥滨、同江、抚远、萝北、佛山（今嘉荫）等6县。

12月7日，根据中共合江省工作委员会的批准，中共富锦县委员会、富锦县民主政府于当日成立。胡绍中代理中共富锦县委书记，张健任县委组织部长；杨振魁任富锦民主政府县长，于炳麟任副县长。

12月28日，中共合江省工作委员会召开扩大会议。会议做出重要决定，指出："以合江广大农村为战略的基本阵地，力争以佳木斯为战略中心，首先集中力量创造以富锦为合江战略阵地的出发点，成为合江战略的总后盾，以波浪式逐渐地向桦川、依兰、勃利发展，到达控制绥佳、牡佳、林鸡等铁路线及松花江、牡丹江下游，创造合江根据地，与黑龙江、滨江、牡丹江各根据地连成一片。"

1946年

1月5日，中共合江省工作委员会根据富锦在合江省的战略地位的重要性，为加强党对富锦地区的领导，决定成立中共富锦地区委员会，任命许铁民为地委书记。1月7日，经省工委批准正式成立了"下江地区行政督察专员公署"（后改为富锦地区行政专员公署），孙为任专员。

3月25日，中共富锦县委和县民主政府召开各界人士代表大会，会议历时3天。会上选出行政委员9人，候补行政委员2人，刘德本当选为富锦民主政府县长。会议还表决通过了10大决议案。

3月，富锦县调整行政区划，废除解放前的街村制，实行区管乡、乡管村制。农村设7个区，城里设5个区。后来又进行了几次分合调整，农村实行区直接管理村，各区均建立了区党委和区政府。同江、绥滨先后与富锦合并后，富锦县共有16个区。

4月，县政府对富锦城区原有的小学校进行了改造及新设。

4月5日，苏军离开富锦回国。

5月，我军进攻同江国民党地下先遣军，由胜利转为失利。赵秉庸带领"光复军"急返同江，尤德荣匪队从饶河县经二龙山突然进攻同江，他们内外配合，我军麻痹，受到各个击破。同江县长章克华同志惨遭杀害，独立团参谋长刘声忠英勇牺牲。教训十分沉痛。

5月25日，富锦保卫战获胜。凌晨2时许，"光复军"350人（外有300名徒手队）分三路向富锦城进犯。赵秉庸率一部从正东门进攻，尤德荣领一股偷袭东北门，另有一股进犯东南门。战斗持续了一天，将敌人击退。敌总指挥赵秉庸在正东门被我反击部队击毙。此次战斗，敌人死亡56人，负伤62人，被俘23人。这场保卫战的胜利,有力地打击了猖獗的反动势力,对建立和巩固合江革命根据地具有十分重要的意义。

从1946年春季开始到1948年春,富锦军分区出动兵力参加剿匪重大行动,并剿灭众多匪队。新城镇消灭王福匪队,打击绥滨田九江和赵警尉匪队,挺进深山老林追剿尤德荣顽匪,在宝清追剿消灭了俞殿昌匪队,在太平镇追剿消灭了佟家勤匪队,在兴隆镇追剿消灭了李延会匪队,在萝北追剿消灭了徐大胡子和刘山东子匪队。

5月,全县各村都建立了农民协会,简称农会。

6月1日,中共合江省委为了进一步加强富锦地区的剿匪和反奸清算斗争,决定撤销中共富锦地区委员会和富锦地区专员公署,改设中共富锦中心县委,许铁民任书记,同时兼任富锦县委书记。富锦县委隶属富锦中心县委领导。6月下旬,中共合江省委任命王旭(王新三)为富锦中心县委书记,兼富锦县委书记;许铁民改任中心县委副书记,兼富锦县委副书记。中心县委下设秘书室、组织部、宣传部。县长刘德本改任中心县委宣传部长,田澍任富锦民主政府县长。

6月,根据合江省委的指示精神,由王旭、许铁民、张子超(后名张志超)、刘德本、薛奇等人组成富锦地区民运工作委员会,同时抽调大批干部和战士组成民运工作团,向各区派出民运工作队,深入各村屯开展反奸清算和土地改革斗争。同时开展区政权的调整和建设工作,清除反动分子,吸收在斗争中涌现出来的贫苦大众中的中坚分子参加区政权领导工作。

6月,划分出集贤县,富锦的第四区、五区、六区划归集贤县。

6月,合江省政府任命田澍为富锦县县长。

6月,富锦的土地改革开始。

8月，两所中学合并为富锦联合中学校。富锦中心县委宣传部长刘德本兼任联中校长，学校加紧了培训人才工作。到年末，富锦联中的学生有近400人报名升学、参军、参干。

8月，为了支援前线，稳定物价，打击投机，成立了东北贸易公司富锦分公司，从事粮食和商业贸易。

8月，正式成立东北银行富锦支行。

9月20日至23日，中共合江省委、合江军区在佳木斯召开军政干部会议，张闻天主持会议。会议对所属部队进行第三次改编，取消各支队，成立四个军分区分别是：第一军分区，桦南、依兰、勃利；第二军分区东安、林口、鸡宁、虎林、饶河、宝清；第三军分区，富锦、集贤、绥滨、同江、抚远；第四军分区，汤原、鹤立、萝北、佛山。第三军分区司令部设在富锦，司令员戴鸿宾。富锦中心县委书记王旭兼任第三（富锦）军分区政委，蔡久任副司令员，吴涛任副政委兼政治部主任。第三军分区下辖五团、富锦独立团、集贤独立团、骑兵大队。

10月，新华铁工厂成立。1948年，铁工厂与枪械修配厂合并，更名为利民铁工厂。此厂后来发展为富锦拖拉机制造厂。

12月，经合江省邮电管理局批准，成立富锦县邮电局，将邮政和电报电话合为一体，下设邮电股、线路股和话务班。

12月，县民主政府组建县立医院。

12月，富锦地区文工团成立。

1946年至1948年，中央东北局和东北政委会连续三年发布关于开展冬学运动的指示。富锦的冬学运动始于1946年12月。

1946至1948年间，初等教育学校在广大农村设立，使广大农民的子女有机会上学。这是富锦教育事业的重大飞跃和发展，是富锦教育史上最为光辉的篇章之一。

1947年

1947年1月，刘贤权就任第三军分区（富锦）司令员。此前，刘贤权为牡丹江军区司令员。

1月，动员翻身农民入伍。各县积极响应，各区积极动员，结果本次扩军800余人。其中，补充五团100多人，公安局60多人，省政府交通连70多人，其余参加独立团。

春，根据中央东北局的要求，从东北大学派来干部接管富锦联合中学校。胡炎（东北大学社科院副院长）任富锦联中校长。

春，富锦县总工会成立。

3月，为适应解放战争需要，将县立医院与合江军区卫生处、军区第三医院合并，改组为东北民主联军合江军区富锦医院，兼负地方干部群众的医疗。

3月，在文新书局旧址建立了富锦县东北书店。

1947年至1948年，富锦人民支援前线，共做军鞋25 626双，晒干菜55 530斤（1947年14 992斤，1948年40 538斤）。全县各界群众还捐献了大批的拥军慰问品，如金银首饰、自行车、衣物、被褥、粮食，等等。

秋，全县共扩兵1 660人。

9月，东北民主青年联盟（简称东北民青）在富锦联中成立。这是共产党领导下的革命青年的先进组织。在学校党总支的领导下，盟员们积极带头开展学习和各项宣传活动，参加政府组织的群众工作，动员学生们走出校门，参军参战，支援前线。

10月，根据中共合江省委指示，经富锦中心县委批准，富锦联中青年前线服务团组成。服务团共有52人，其中有男生42名，女生10名。服务团成员均为初中学生，一年级学生有5名，其余为二、三年级的学生。10月13日，合江省政府主席李延禄代表合江省委、省政府专程来到富锦联中，为前线服务团举行授旗仪式，并与服务团全体成员合影留念。

1947年秋至1948年春，富锦大批革命干部南下，去开辟新的工作。

1948年

3月，共产党的工作在群众中公开了。

3月，富锦县召开妇女代表大会。会上，改妇女会为民主妇女联合会，简称妇联。大会民主选举产生了10人组成的富锦县民主妇女联合会第一届执委会。

3月，富锦的"土改"全部结束。土地改革运动，废除了封建地主的土地占有制，实现了共产党提出的耕者有其田。

春，在农村开展了劳动致富的大生产运动，农民的生产积极性空前高涨。

5月，王旭调离富锦，许铁民继任富锦中心县委书记。

5月，军区医院随军南下。留在地方的部分医护人员又恢复组建了县立医院，有工作人员27人，床位20张。

8月6日至12日全县总动员，男女老少共出动14 996人，修建"致富大壕"。大壕挖通后，不到一个月的时间，就把多年的内涝积水排出去了。

9月9日，中共合江省委、省政府给富锦县委书记许铁民、县长田澍及全县人民发来贺电，对富锦治水排涝的决心和毅力，表示无限的欣慰和嘉许。

11月，县长田澍调离富锦，合江省政府任命常寿山继任富锦县长。

1949年

1月6日，经东北行政委员会批准，合江省政府发布民字第1号令，决定将同江县划归富锦县。原同江县民主政府下辖的同江、二龙山、向阳川（包括已经撤销的马鞍山）等3个区划归富锦县领导。

1月，许铁民调离富锦，张奋光（女）代理县委书记。

3月29日，县委决定成立中国新民主主义青年团富锦县筹备委员会。团县筹委会按照团章草案的规定，先后在县政府、纸厂、东北贸易公司、税务局、教师联合会、东北银行、铁工厂、文化馆、公安局等单位建立了团支部。9月，团县筹委会分成两个组下乡建团。到首届团代会召开时，全县已建立团支部110个，有共青团员2 421人。

5月11日，合江省与松江省合并，省名为松江省，省会哈尔滨市。富锦县隶属于松江省。

6月27日，松江省政府经东北行政委员会批准，发布了第1 136号和松秘字437号通令，绥滨县与富锦县合并为富锦县。

6月，张志超任富锦县委书记。

6月，富锦县的辖区由10个增至16个。这些辖区是：一区（富锦城区），二区（永安区），三区（花马区），四区（西安区），五区（恒山区），六区（大榆树区），七区（上街基区），八区（向阳川区），九区（二龙山区），十区（同江区），十一区（大同区），十二区（绥东区），十三区（连生区），十四区（集贤区），十五区（北岗区），十六区（绥滨区）。

7月1日，中共富锦县委、县人民政府为纪念在抗日战争和人民解放战争中英勇献身的革命先烈，建立了富锦县革命烈士纪念塔。

9月，全县有共产党员5 093人，有基层党支部354个，其中农村党支部307个（占自然屯总数的76%），工厂党支部9个，机关党支部38个。

9月，富锦县供销合作社联合社（简称"县联社"）成立。

9月，富锦县百货公司成立。

10月1日，毛泽东主席在天安门城楼上向全世界宣布：中华人民共和国中央人民政府今天成立了！

10月，从县到区、村建立了党的组织机构，全县有党支部365个，其中农村党支部307个。

10月23日，在第一小学首次建立少年先锋队。

1950年

1月20日，中共富锦县委和县人民政府召开第一次各界人民代表大会。参加会议的代表196人，其中农民代表138人，工人代表15人，城市贫民代表18人，党员代表2人，其他代表15人。

2月中旬，富锦开始新中国成立后的基层政权建设工作。全县109个行政村和14个街，经50多天酝酿，选举产生了村政府和街政府。

9月，根据松江省军区决定，将富锦县人民武装科改称为中国人民解放军富锦县人民武装部，简称县人武部。

6月，朝鲜战争爆发。11月1日，松江省委号召各县动员一切力量支援抗美援朝的伟大斗争，决定富锦县扩兵640名。县委在1 726名报名青年中挑选出860人，机关干部有500多人报名，批准15人。11月开始，富锦中学先后有50名学生参加中国人民志愿军。12月末，富锦县组成担架大队，由代理县长李丙吾带队开赴朝鲜前线。

10月，党中央提出了坚决镇压反革命的指示，镇压的对象是土匪、恶霸、特务、反动党团骨干、反动会道门头子等方面的反革命分子。

1951年

2月27日，中共富锦县委、县人民政府召开第二次各界人民代表大会，参加会议的代表178人，其中农民代表122人。

3月，富锦县开展镇压反革命运动。共逮捕反革命分子64人，其中伪满特务21人，恶霸18人，国民党土匪11人，反动党团骨干分子4人，反动会道门头子10人。根据"首恶必办、胁从不问、立功者受奖"的政策，清委会对这些反革命分子分别进行了处理：处决11人，死刑缓期执行5人，判处有期徒刑36人，交群众管制4人，释放2人。

4月1日，原东北银行富锦支行改称为中国人民银行富锦县支行。

9月8日，富锦县成立人民检察署。

1951年10月16日至1952年5月，开展了"三反""五反"运动。"三反"的内容是：在国家工作人员中开展"反贪污、反浪费、反官僚主义"。"五反"的内容是："反行贿、反偷税漏税、反盗窃国家资材、反对偷工减料、反盗窃国家经济情报"。

12月21日，中国共产党富锦县第一次代表大会在县电影院召开。出席会议正式代表267人，列席54人。张志超代表县委作了《一年来的工作总结和今后的任务》的报告。

本年，在富锦城西建革命烈士公墓。公墓占地面积22 500平方米，安葬200多位革命烈士。

本年，为占领农村金融信用阵地，抵制高利贷，全县建立起16个信用合作社。

1952年

2月18日，富锦初级师范学校成立，校址在十六区，绥滨原伪县公署旧址。学校设有简师班和初师班，培养方向是小学教师。简师班招收小学毕业生，学制2年；初师班招收小学毕业生，学制3年。

3月27日，富锦县委、县政府为了迎接中国人民志愿军归国代表团和朝鲜人民访问代表团，组织了6 500多人民群众和秧歌队，举行了隆重的欢迎仪式。代表团在富锦活动两天。

8月1日在原观象台旧址，重建松江省军事部富锦气象站。气象站为部队编制，昼夜观测。9月19日，气象站确定为国家基本发报站，每天8次向外发送天气预报，主要任务是为航空飞行导航提供天气情报。

10月1日，中国人民保险公司成立。

12月16日，经省文化局批准，富锦县委决定，接收戏院为地方国营评剧团。

1953年

3月，成立了"贯彻婚姻法运动委员会"。全县城乡从3月上旬开始到4月10日止，经过一个月的宣传活动，使《中华人民共和国婚姻法》的内容和贯彻婚姻法的意义家喻户晓。

3月，富锦县有线广播站成立。

5月，根据省选举委员会关于基层选举工作的指示，富锦县成立了选举委员会，委员会下设办公室，共训练普选工作干部336名。12月，富锦县第一届基层选举工作正式开始。全县共分14个选区，一个城区（富锦城区），一个直辖镇（绥滨镇），174个行政村。划分176个选区，分两批进行。全县共有选民109 399人，参加选举91 973人，占选民的84.07%。选举产生县人大代表283人。

7月，哈尔滨师范学院历史系教授邓忠绵，在大屯古城探察，挖掘发现陶制渔网坠、鹿骨制刮削器、野兽头骨和鱼骨制成的装饰品等。探查结果曾报国家考古研究所和松江省文化局等有关单位。东北日报对此进行了报道。

12月，贯彻中央《关于农业生产互助合作的决议》。此时，全县已有143个农业生产合作社。

1954年

1月，气象站由军委领导转归地方领导，改称松江省富锦气象站。

3月25日，富锦县召开新中国成立后第一届经过基层选举而产生的人民代表大会，出席会议的代表283人，会议历时5天。会议主要议程有，贯彻党和国家过渡时期的总路线，总结政府工作。会议经民主选举产生了由25名委员组成的富锦县第一届人民政府。肖祥当选县长。

3月，同江、三村、乐业3个区划归抚远县。

7月，省文化局拨给本县一个电影放映队，这是本县的第一个农村电影放映队。

8月，松江、黑龙江两省合并为黑龙江省。

8月，富锦第二中学成立，校址就是今天二中所在地。

秋，农业合作化运动掀起第一个高潮。运动中建414个新社，全县共有农业生产合作社557个，入社农民达14 725户，占全县总农户44%。

本年，首批转业官兵来富锦建二九〇农场，其后又陆续有转业官兵到七星农场屯垦。

1955年

3月，经县一届二次人民代表大会决定，将富锦县人民政府改为富锦县人民委员会。

5月12日，成立富锦县人民检察院。

9月，富锦县始发《居民粮油供应证》。

11月，富锦县农村区政府改称区公所，绥滨区政府改称绥滨镇人民委员会。

12月，富锦县内30余家个体饭店合并为4家：东大街饭店、正阳饭店、回民饭店、六国（通江）饭店。

1955年至1958年，富锦共接收关里和省内移民13 000余人。期间，国家为移民生产与生活投资72.2万元，人均54元，给移民贷款26.7万元，为移民开荒6 450公顷，购马576匹，车297台，修建房屋5 500多间。

1956年

1月至2月4日，仅一个月的时间全县的农业初级社都转为高级社。

3月17日，中国共产党富锦县第二次代表大会在党校礼堂召开。王庆林作《提高党的思想水平，加强党的领导，为实现党的过渡时期总任务而奋斗》的报告。

春，在全县农业合作化运动的推动下，富锦县私营工商业者和个体手工业者向县委表示接受社会主义改造，私营工商业者和个体手工业者参加合营、合作等形式的共401人，其中安排做企业厂长的2人、经理13人、门市部主任57人，资金为332 810元。

9月15日至27日，中国共产党第八次全国代表大会在北京召开。八大是新中国成立后党的第一次代表大会，是中国共产党历史上规模空前的一次代表大会。出席大会的代表共1 026人，候补代表107人，代表全国1 073万党员。大会的主要议程是：讨论和通过中央委员会的政治报告，中国共产党章程，关于发展国民经济的第二个五年计划的建议，选举党的中央委员会。

12月10日，富锦县第二届第一次人民代表大会在县电影院召开。出席会议的代表160人，会议历时4天。会议经民主选举产生了富锦县第二届人民委员会委员41人。戴振寰当选为县长。

本年，省教育厅再次批准设立富锦初级师范学校，校址在富锦县城第二中学的位置，同时将富锦二中迁往绥滨镇。

本年，由县城3处中医联合诊所合并，组建了富锦县中医院。

1957年

3月，省气象局批准，把富锦气象站改为富锦中心气象站。富锦中心气象站监管双鸭山、笔架山、集贤、四方台、二道岗、七星农场、绥滨、绥东、二九〇农场等气象站。

4月，建立中国人民政治协商会议富锦县委员会。4月1日至5日，政协富锦县一届一次会议召开。

4月，中共中央发出了《关于整风运动的指示》，决定在全党重新进行一次普遍的深入的以反对官僚主义、宗派主义、主观主义为内容的整风运动。11月20日，富锦县在城镇85个单位开展整风运动，有5 570名干部、职工参加。1958年1月18日，960名农村中小学教师集中到县城参加整风。全县城乡参加整风人数为6 530名，占全县职工的87%。

7至9月份，降雨量436.8毫米，是正常年份的两倍，8月中旬全县抗洪。8月31日，富锦段水位达59.40米，地势低洼的地段内外一片汪洋。9月2日，富锦县修堤抢险人数达到21 000人，勃利县来支援8 000人，集贤县来支援5 400多人，二九一农场来支援500人，苏联派出501号轮船来援助。共有40只轮船和帆船在嘎尔大岗装土，运往大龙眼等险段。数万防汛大军日夜防守在江堤上，采取钉木橛、固草帘、打木桩、下草袋等，进行防浪护坡。经过30个昼夜的艰苦奋战，松花江两岸244千米的堤防没有漫堤绝口，保护了富锦县（包括绥滨、同江）417个村屯、210万亩农田、30万人民生命财产的安全。

本年，富锦县被列入国家口岸。

1958年

2月3日，开始进行"反右派斗争"。全县共划右派106名，其中极右6名，一般右派100名。1959年10月，根据中共中央、国务院《关于确实表现改造好了的右派分子的处理问题的决定》精神，县委决定给3名右派分子摘掉右派帽子。

5月1日，富锦机械厂试制成功一台"松花江—3"型25马力轮式拖拉机，10月1日在天安门广场接受中央领导人检阅。

6月1日，富锦县第三届第一次人民代表大会在电影院召开。会期4天，出席会议的代表191人。会议民主选举产生了由21人组成的富锦县第三届人民委员会。苏焕英当选为县长。

6月，富锦县各项事业开始"大跃进"。各项生产指标一跃再跃，完全脱离了实际。农业，1958年1月县委原定为垧产4 500斤，5月改为6 000斤，8月县第二届党员代表大会第二次会议又改为7 500斤，并指出第二年的指标是垧产12 000斤。11月，县委扩大会议与县委常委扩大会议又提出："明年种卫星田2 400垧，亩产2万斤以上，丰产田2万垧，亩产1万斤以上，其余为基本田，亩产3 000斤以上，平均亩产达到4 000斤以上，总产达到300万吨以上，比1958年翻10番。"可是，1959年粮食总产才2.3亿斤（11.5万吨），1960年夏锄时农村出现了严重缺粮现象，伙食上提倡"瓜菜代"。

8月，富锦县第三中学成立，校址在向阳川公社，招生范围是富锦东部地区几个公社（包括同江，同江当时属富锦管辖）的小学毕业生，当年共招收4个班200人。1959年8月，富锦三中整体搬迁进城，并入富锦一中。

9月，全县实现人民公社化。县委根据中共中央北戴河会议作出的《关于在农村建立人民公社问题的决议》精神，于9月中旬，将全县17个乡、2个镇、188个农业社（平均规模210户，地950垧左右）、38 700户，合并成立14个人民公社，实现了公社化。公社设管理委员会，管理委员会下设管理区（相当于行政村），管区下设生产队。

本年，在"总路线""大跃进"形势推动下，高级合作社合并成人民公社。由此，各乡改为人民公社，实行政社合一体制。富锦全县共建立14个人民公社，除同江外各公社都有新的名称。这14个公社分别是：卫星（富锦镇）、黎明（长安）、东风（花马）、五星（西安）、先锋（砚山）、太阳升（头林）、灯塔（大榆树）、宏伟（上街基）、红旗（向阳川）、东方红（二龙山）、同江、东升（绥东）、松花江（绥滨镇）、龙江（集贤）。入社农户达39 808户，农业人口193 310人。在管理体制上实行公社、管理区、生产队和公社、管理区两级核算制度。

1958年"大跃进"开始后，富锦开始大办公共食堂。

本年，县人民医院与合江农垦局医院合并，改为富锦县中心医院。

本年，县城正大街改造维修，用花岗岩石块铺路面。

1959年

1月25日，中国共产党富锦县第三次代表大会在县委党校召开。出席会议代表263人，列席277人，代表全县7 323名党员。郭献璧作《提高思想、总结经验，为实现我国社会主义建设更大、更好、更全面的跃进而奋斗》的工作报告。

3月，同江、乐业、三村3个公社划归抚远县。

9月20日，富锦县根据中央和省有关国庆10周年特赦的指示精神，结合本县实际，制定了执行特赦令方案。10月10日，富锦特赦各类犯罪分子共计75人。

1959年，富锦接收山东支边青年8 900多人。这些青年分别安置在国营农场、畜牧站和人民公社工作，或参加农业生产。国家为此投资49万元移民安置费。

1960年

1960年是本县经济最困难的一年。本年，全县严重缺粮。野菜、榆树钱等都吃光了。11月14日，中央发出立即开展大规模采集和制造代食品的紧急指示。在灾害面前千方百计地增加代食品，提出低标准、瓜菜代相结合的方针。20日，县委在花马公社召开推广代食品生产技术现场会。全线动员起来，高粱秆、玉米秆、玉米瓢等粉碎后称为"人造淀粉"，学校组织学生采柞树叶，粉碎后掺入食品中。甜菜渣、豆腐渣都成为代食品，后来还搞出了"人造肉"等代食品。

2月，建立富锦县机械林场，因场部设在太东屯，故称太东林场。

8月，富锦一中迁入新校址，校址在今市委市政府以东，即中央大街以北、文明街以南、新开路以东、向阳路以西的位置。

8月，富锦县第三中学再次成立，校址设在富锦一中原校址。此前，富锦三中于1958年8月成立于向阳川公社，1959年8月搬迁进城，并入富锦一中。

8月，富锦县第四中学在向阳川公社成立。它是今天向阳川镇中学的前身。

8月，富锦县第五中学在花马公社成立。它是今天锦山镇中学的前身。

8月，富锦县第六中学在绥东公社成立，校址设在江北的绥东，它是由1958年成立的绥东农业中学改称而来的。1964年绥滨独立设县时，该校改为绥滨县第二中学（今仍设在绥东镇）。

1961年

1月28日，富锦县第四届第一次人民代表大会在县人委礼堂召开。会期两天，出席会议的代表137人。会议选举产生了由25名委员组成的富锦县第四届人民委员会。苏焕英为县长。

3月23日，二九〇农场汽配厂锅炉爆炸，当场死亡7人，重伤2人，轻伤22人。

5月，富锦县增设太平川、富民、连生和北岗4个人民公社，至此富锦有14个人民公社、331个自然屯。

本年，县人委征用富锦镇林场大队菜地7万多平方米，修建成富锦县体育场。

本年，富锦县城区内居民用煤实行定量供应。

1962年

3月1日至4月26日，实施了富锦县嘎尔当排干续建和胜利截流沟新建工程。这些工程任务是经省政府批准，国家投资5.52万元，由佳木斯市制粉厂、化工厂、纺织厂、建工局、电工局等5个单位的职工完成的。同时发动受益村民续建了长安、嘎尔当、联合、锦江等排干工程。

6月，建设部门对全县东西两大片8个人民公社的农村住宅建设情况进行了调查。农村社员住房户均1.2间，人均建筑面积为4.97平方米。另据向阳川公社的典型调查，住房90%以上均建在20年以前，全部为土草房。仍住在地窖子、马架子者尚占3.66%。由此开始，着手大力组织进行农村房屋建设工作。

本年，富锦县农村社员口粮分配方法实行。口粮平均分配的方法有工分粮、出勤粮与人口粮相结合的方法，劳动力带人口、加照顾的口粮分配方法，劳动力划杠、年龄分线的口粮分配方法。无论采用哪种方法，必须经过独立核算生产队的社员大会表决通过，少数服从多数，春定秋不变。任何机关单位和个人不得擅自决定更改。中学生必须保证原粮300公斤。

本年，富锦县农村人民公社改变生产队核算制度，变管理区核算为生产小队核算。队型小，做到人合心，马合套，并便利社员与社队干部间、社员与社员间相互监督。实行小队核算，社员劳动热情比在管理区一起时高涨很多。

1963年

3月2日，中共富锦县第四次代表大会在县委礼堂召开。出席会议正式代表403人,列席141人。郭献璧作《总结经验,提高思想,高举三面红旗,为争取今年农业大丰收,争取国民经济新高潮而奋斗》的工作报告。

4月27日,富锦县第五届第一次人民代表大会在县委礼堂召开会议历时4天,出席会议的代表168人。会议选举产生了由25人组成的富锦县第5届人民委员会,阮永胜当选为县长。

1963年7月至1965年8月,富锦县进行了第二次全国人口普查。普查结果,总户数(不含建三江)44 351户,总人口213 855人。

1964年

1月18日,富锦县委、县人委为保证全县社会主义教育运动深入进行,决定分两批进行。第一批从2月18日开始,在199个生产大队、610个生产队展开,到3月4日开展完毕。第二批从3月5日开始,在135个大队366个小队进行。进行试点的一个公社,在3月底开展完毕。这次运动采取组织动员、学习文件、评功摆好、落实政策、安排生产等5个步骤,前后共历时42天,受教育人数达77 500人。

3月,富锦县委、县人委根据国务院1963年3月30日批示,决定恢复绥滨县建制,将松花江以北的绥滨镇、绥东、连生、北岗和忠仁等5个人民公社划归绥滨县。

本年,富锦县委决定开发南沟里,组建人民公社。11月,县委派工作队进入南沟里地区进行荒原勘察和规划开放点。1965年,有40个开荒队进驻荒区建点,开荒面积3 000多公顷,包括原有耕地共计4 000多公顷。

1965年

4月,在别拉音子山建立工农林场,场部设在解放桥西侧山坳处。

7月下旬，富锦县社会主义教育运动在中共合江地委社教总团和富锦县委的领导下全面展开。县委对农村165个单位、城镇216个单位都派驻了社教工作队。县委组建了社教工作团，在各公社与单位成立了社教分团。社教工作队在运动中坚持"三同"（工作队与群众同吃、同住、同劳动）和"四清"（清经济、清账目、清财务、清工分）。工作队进点后，除了生产队长外，其他单位领导干部一律"上楼"（离开领导岗位，集中学习）。由工作队负责所在单位的领导工作，组织群众学习中共中央"二十三条"，学习毛主席著作，发动群众参加社教运动。

8月，合江教育局又决定在原富锦师范校址成立富锦速成师范学校，富锦一中不再招收速师班。独立设校后的富锦速成师范学校只招收了一届学生，共有6个班。1966年，学校又停止招生了。

本年，省文化局对富锦县拨款10万元，在北二道街原址重建电影院。新建的电影院1 200平方米，有1 250个坐席，观众厅带二楼。

本年，南沟里经过一年的开发，成立了兴隆岗公社。

1977年

3月，经黑龙江省革命委员会同意，省民政局龙民社〔1977〕2号文件批复，富锦县花马人民公社改称为锦山人民公社。

3月，富锦县文工团举办招考学员学习班，参加学习班的有来自城乡各中小学校的学生和下乡知识青年100多人，经过一个多月的培训，最后选拔出18名文工团新学员。

1977年8月12日至18日，中国共产党第十一次全国代表大会在北京举行。

10月12日，国务院批转了教育部《关于1977年高等学校招生工作的意见》，决定正式恢复高校招生统一考试。黑龙江省"凡是工人、农民、上山下山和回乡的知识青年，复员军人、干部和应届高中毕业生，具有高中或相当高中毕业的文化水平者均可报名"。招生办法是，自愿报名、地市初选、学校录取、省级批准。考试分文、理两类，由省级命题，各市县统一组织考试。考试分两次进行，即初试和复试，初试时各个公社均设有考点，复试时，农村的考生都集中到县城。

11月，根据中共中央指示精神，进驻中小学校的"工宣队"全部撤出学校。

1978年

3月，中共富锦县委作出对"文化大革命"中造成的冤假错案和历次运动中遗留的问题进行全面复查和清理的决定。

12月18日至22日，中国共产党第十一届三中全会在北京召开。

同年，福前铁路通车试运行，运行区间为佳木斯——前进镇。

1979年

1月19日，中共富锦县委根据中共中央和黑龙江省委关于加强战备的指示精神，成立了县作战指挥小组，由县委书记张国良担任组长。

3月18日，中共中央副主席李德生在视察富锦工作期间，在全县科级干部会议上做重要讲话。

7月26日，富锦县技工学校正式成立，首批招收两个专业班，即钳工班和电工班。

8月1日，国务院副总理王任重和中共黑龙江省委书记杨易辰视察了富锦县长安机械化农场。王任重殷切希望富锦办好这个机械化农场。

11月7日，根据国务院关于《发展社队企业若干问题的规定》精神，将富锦县社队企业科改称为富锦县人民公社企业管理局。

1979年12月26日至30日，中共富锦县第七次代表大会在工会召开，会议代表646人，张国良代表上届县委作《全县党员动员起来，为打好四个现代化第一战役而奋斗》的报告。

同年，省政府确认富锦为革命老区。富锦为二类革命老区，有革命老区村97个，老区人口19.4万人。

同年，为了贯彻《中共中央关于加快农业发展若干问题的决定》，加快农业现代化进程，富锦县在各公社成立了机械化农场14处。机械化农场有各种拖拉机153台，推土机17台，联合收割机67台，汽车15台，其他农机具533台件。到1982年，共开荒37.5万亩，年产粮食810万斤。

1980年

4月15日，成立富锦县志编写委员会，下设办公室。5月15日县志办开始工作。

5月，中共富锦县委相继撤销了工业、手工业、交通、邮电、农业、林业、农机、畜牧、水利、文教、卫生、商业、供销、粮食、电业、人民银行等16个党委（总支），并按大系统相继设立了公交系统、财贸系统、农林系统、文卫系统、县委机关等5个系统党委。

9月18日至22日，富锦县第八届人民代表大会第一次会议在县工会俱乐部召开。出席会议的代表363人。会议决定建立富锦县人民代表大会常务委员会，并选举产生有18名委员组成的富锦县第八届人民代表大会常务委员会。会议决定将富锦县革命委员会改称为富锦县人民政府，并选举产生了县长、副县长，人民法院院长和人民检察院院长。

9月27日，根据黑革办〔1979〕155号和黑政发〔1980〕14号文件规定，将原冠以"富锦县革命委员会"字样的各工作机构印章作废，用冠以"富锦县人民政府"字样的印章。

10月初，黑龙江省机械厅和省农机公司对富锦县柴油机厂进行了实地考察。根据工厂规模和实际生产能力，决定将富锦柴油机厂收为省管企业，转产拖拉机，挂上"黑龙江省富锦拖拉机制造厂"的新厂牌，并决定年底生产出10台小拖拉机。1981年开始，拖拉机厂大批量投入生产。该厂由科级单位升为处级单位。

同年，富锦开始全商业系统实行改革。推行各级经营承包责任制，采取了四级负责制和五种承包形式。四级负责，即机关对企业，企业对商店，商店对部组，部组对职工，层层包干负责。五种形式，即推行浮动工资、计件工资、以销计筹、利润分成、大包干等形式。

同年，成立第一货运公司，其前身是富锦县运输社。

1981年

春，筹建富锦电视转播台。1982年10月1日正式转播佳木斯电视台节目。

3月，在大榆树公社进行地名普查试点。至1982年9月，全县完成地名普查工作。

9月，县委常委会议决定成立富锦城镇道路指挥部，大规模地修建富锦城内街道。

10月，富锦卷烟厂正式投产。

同年，兴办了206处青年集体企业，安置了9 027名待业青年。

同年，进行教育结构调整。城镇普通高中由原来的4所压缩到2所，农村普通高中由原来的17所压缩到30所。对农村小学附设初中班的学校（带帽初中）进行摘帽，对农村一些初中点进行合并。农村初中由原来的102处调整到76处。

同年，在中央大街中段路南新建县委、县政府办公楼，办公楼为2层楼，面积1 800平方米。

同年，富锦县在永福公社东新民大队试行家庭联产承包责任制，把土地、车、马、牛以及农具分给社员。

1982年

2月，中共中央办公厅转发中宣传部《关于深入开展五讲四美活动的报告》，报告中规定每年3月为文明礼貌月。"五讲四美"活动主要抓好三件事：一是搞好环境卫生，解决一个"脏"字；二是整顿公共秩序，解决一个"乱"字；三是服务质量要提高，解决一个"差"字。

3月，根据黑龙江省政府办公厅下发的文件批复精神，决定将太平川公社改称为隆川公社。

1982年9月1日至11日，中国共产党第十二次全国代表大会在北京举行。大会第一次提出建设有中国特色社会主义的崭新命题。大会提出从1981年至20世纪末，力争使全国工农业年总产值翻两番，人民物质文化生活达到小康水平的奋斗目标。

10月1日，富锦电视转播台正式开播。为办好转播台，富锦在乌尔古力山主峰安装了1千瓦单通道彩色发射机一部，竖起了40米高的铁塔发射线一座。

11月，福前铁路线工程全部竣工。

本年，青年电影院落成。青年影院位于中央大街中段路北。

本年，县委在部分大队改变了过去多年的集中统一管理方式，实行小组承包或家庭联产承包。

1983年

6月23日至26日，中共富锦县第八届代表大会在县总工会召开。会议正式代表324人。蔡秋成作《沿着"十二大"指引的方向，全面开创我县社会主义现代化建设新局面》的报告。

1983年8月，中共中央作出了《关于严厉打击刑事犯罪活动的决定》，强调依法从重从快惩处严重刑事犯罪分子的方针。9月，全国人大常委会通过了《关于严惩严重危害社会治安的犯罪分子的决定》和《关于迅速审判严重危害社会治安的犯罪分子的程序的决定》。严打共分三大战役，历时三年多。

12月，富锦县委决定，全县的18个公社和394个生产大队，将于1984年改换名称，将公社改称为乡，将生产大队改称为村。

本年，富锦拖拉机厂生产"龙江-12号"小四轮拖拉机5 050台。

本年，全县农村全面推行家庭联产承包责任制。

本年，第三次全国人口普查结束。富锦县的普查结果是，总户数（不包括建三江）73 391户，总人口333 625人，其中男性人口170 431人，占总人口的51.08%，女性人口163 194人，占48.92%。

本年，富锦县修建了第一栋四层结构、使用面积为1 556平方米的住宅楼。此楼被县委命名为"科技楼"，是尊重科技知识分子的象征，所安排的24个住户均为各系统的科技人员。

本年，根据中央文件精神，富锦县对1948年12月31日以前参加革命工作的退休干部，改办为离休。离休干部生活费100%照发。当年富锦离休干部为126人。

本年，富锦县制酒厂生产的"卧虎泉"曲酒（特酿）和混合普通型"千杯少"白酒，连续两次分别获得省优秀产品。

1984年

2月，富锦县委将老干部办公室改为县委老干部局，成为县委职能部门。

2月，经黑龙江省民政厅文件批准，将二龙山公社改为二龙山镇。

3月1日，富锦县人民政府根据中央省关于县级党政机关机构改革精神，将县政府直属机关各职能科统一改称为局。

3月，经富民公社建乡试点后，全县其他人民公社在普选的基础上，陆续改称为乡党委和乡政府。

4月1日至4日，富锦县第九届第一次人民代表大会在县工会俱乐部召开。出席会议的代表323人。会议选举产生了富锦县第九届人民政府，王永库当选为县长。

6月25日至26日，省委书记李力安、合江行署专员张庆久等一行14人来到富锦，在县委书记蔡秋成陪同下，走访了长安乡务本村王作文的家庭养猪场，视察了长安养猪专业村朝阳村，走访了专业户崔贵，视察了隆川乡茂盛大蒜专业村，还视察了针线针织厂、刺绣厂、拖拉机厂以及商业系统开放经营的"又一村""海林酒店""东风饭店"三个服务行业，并在听取，县委书记对富锦各项工作的汇报后，给予充分的肯定，认为富锦的工作符合中央和省委的要求，路子正确、方向对头。26日，又接见了县乡两级干部并合影留念。在前往建三江的途中，还视察了二龙山镇的镇办企业。

本年，富锦拖拉机厂生产的"龙江牌-12型"小四轮拖拉机被评为黑龙江省优质产品。

本年，富锦卷烟厂正式划归中国烟草公司黑龙江省公司，成为省公司的直属企业，并于1985年定为副处级企业。

1984—1985年，在中央大街中段路南新建第二栋市委、市政府办公楼。办公楼为4层，建筑面积为4 500平方米。

本年，全县集资268.6万元，新建了一中宿舍楼、第四中学和第八小学教学楼，总建筑面积8 100平方米。

1985年

1月，合江地区专员公署与佳木斯市合并，富锦县直接归属佳木斯市政府领导。

3月15日，富锦县七星河堤工程竣工。该工程于1982年1月31日破土动工，共用179万个工日，2 000多台推土机，完成84.6万立方米土方量，历经三年多时间，终将56.7千米长的河堤全部建成。此项工程的建成将对保护农田生产和村屯安全，具有重大的意义。

4月7日，中共辽宁海城市委书记李铁映来富锦商洽关于海城与富锦建立友好市县事宜，并邀请附近县委县、政府领导回访海城。4月14日，县委书记蔡秋成、县长王永库带领考察团赴辽宁海城考察学习。双方于18日签订了《姊妹市县协议书》。

6月，黑龙江省民政厅黑民字〔1985〕7号文件批准，富锦县向阳川乡、锦山乡改称为向阳川镇和锦山镇。

9月10日，中共富锦县委、县政府在影剧院隆重召开庆祝第一个教师节大会。城镇全体中小学教师、乡镇教师代表和县直各部门的负责人共计1 000多人参加了庆祝大会。

11月1日，中共富锦县委、县政府为富佳百货大楼正式落成举行剪彩仪式。佳木斯市市长李福顺参加了剪彩仪式。

12月16日，中共富锦县委、县政府召开全市教育工作会议。县四大班子领导，各乡镇领导、市直各系统、城乡各学校的领导参加了会议。

12月末，富锦全县建制共有4个镇、14个乡、402个村，城镇有6个街道办事处，4个镇有富锦镇、二龙山镇、向阳川镇、锦山镇。14个乡有新建乡、永福乡、择林乡、富民乡、大榆树乡、隆川乡、砚山乡、头林乡、兴隆岗乡、宏胜乡、长安乡、二道岗乡、上街机乡、西安乡，富锦镇街道办事处有新开街办事处、南岗街办事处、繁荣街办事处、建设街办事处、向阳街办事处、文化街办事处。

本年，全县耕地面积有3 281 168亩。

本年，县政府成立集中供热指挥部。8月破土施工，铺设主管道7 000米。10月19日，富锦城大网供热工程正式投入使用。当年实现供热面积18万平方米。

1986年

4月16日，省教委正式下达文件，批准富锦一中为省重点中学。

5月29日，中共富锦县第九次代表大会在工会召开。会议正式代表330名，代表全县10 690名党员。王永库作《开发富锦，致富人民，为建设繁荣、富庶、文明、整洁的新富锦而奋斗》的报告。

8月2日，国防科工委司令部原副参谋长彭施鲁偕同夫人刘英到富锦了解抗联时期的有关情况。抗日战争时期，彭施鲁作为抗日联军的干部曾经在富锦一带从事抗日活动。

8月，富锦县商业、粮食、供销三系统联合组织了富锦县第一次商业大集。在向阳路形成了大集一条街，本次大集历时两天，吸引城乡及周边市县、农场消费者光顾。

9月，富锦被评为全国基础教育先进县，县委书记王永库进京参加了表彰大会。

本年，富锦拖拉机制造厂生产的"龙江牌-12型"小四轮拖拉机在全国同行业产品质量评比中，以超满分的好成绩，名列全国第二。

本年，富锦县农具厂更名为富锦县钢圈厂。

1987年

3月，富锦县公安局交通警察大队成立。

7月1日，国务院批准富锦为一类对外贸易口岸，拉开了富锦对俄贸易的序幕。

8月1日，富锦供销联社秋林公司建成开业。

1987年10月25日至11月1日，中国共产党第十三次全国代表大会在北京举行。大会阐述了社会主义初级阶段理论，完整地概括了党在社会主义初级阶段"一个中心、两个基本点"的基本路线，制定了到21世纪中叶分三步走，实现社会主义现代化的发展战略。

本年，富锦被国家文化部授予全国文化先进县称号。

12月14日，富锦县12个工业厂家在哈尔滨举行新闻发布会。县委书记吕庆贤、县长罗文孝在会上介绍了富锦县的基本情况，黑龙江省政府副秘书长薛英出席会议并讲话。会议期间，还在北方剧场举行了富锦杯迪斯科舞蹈大奖赛。

本年，富锦卷烟厂生产的参茸牌过滤嘴香烟荣获黑龙江省优质产品称号。

本年，富锦拖拉机制造厂生产的"龙江牌-12型"小四轮拖拉机被评为全国十佳产品，并荣获金牛奖，进而被定为部优产品。

1987年至1998年，富锦先后建立了连三泡、连花泡、锦山、泽林、三环泡等5个自然保护区，总面积为45 105公顷。

1987年至1998年，富锦对松花江堤岸进行整治。城区堤岸整治工程从上游嘎尔当到下游永兴，全长7.72千米。1987年5月2日开工，1992年10月城堤完成工程建设任务。西堤堤防西起富锦与二九一农场交界处，东至松江村北下坎，全长18.87千米。1991年4月开工，1993年7月西堤全部完成任务。东堤堤防工程，西起红旗灌溉站，东至七桥村东北与松干同江堤防连接，全长33.35千米。1995年开工，1998年完工。

1988年

6月14日，富锦县成立边境贸易公司。

6月24日，省委书记孙维本在佳木斯市委书记李福顺陪同下来富锦视察。县长罗文孝、县委副书记李显明陪同，先后视察了拖拉机厂、钢圈厂、刺绣厂、卷烟厂、浸油厂、大榆树粉丝厂和向阳川村小学等单位，孙维本对富锦改革开放以来的工作表示满意。

8月30日，国家民政部〔1988〕19号文件《关于黑龙江省设立富锦市的批复》，同意撤销富锦县，设立富锦市（县级），由黑龙江省直辖，以原富锦县的行政区域为富锦市的行政区域，不增加人员编制。

9月23日，黑龙江省民政厅〔1988〕21号文件《黑龙江省民政厅转发民政部〈关于黑龙江省设立富锦市的批复〉的通知》明确规定：设立富锦市（县级），从佳木斯市划出，领导体制变更从1989年1月1日起实行。

11月5日，富锦县第十届人民代表大会第三次会议在市工会礼堂召开。因富锦撤县建市，本次会议同时也是富锦市人大一届一次会议。出席会议代表164人。经请示黑龙江省和佳木斯市人大常委会，富锦县第十届人大常委会第七次会议决定，相继举行两个人民代表大会会议，即富锦县人大十届三次会议和富锦市人大一届一次会议。为节省时间，两个会议只开一个预委会，通过了两个会议的日程和主席团秘书长名单。第三次会议通过了《关于将富锦县第十届人民代表大会代表改为富锦市第一届人民代表大会代表的决定》，通过了《关于将富锦县第十届人民代表大会常委会改为富锦市第一届人民代表大会常委会的决定》。市一届一次会议通过了《关于将县第十届人大常委会主任、副主任、委员，县人民政府县长、副县长，县人民法院院长、县人民检察院院长的称谓改为市一届人大常委会主任、副主任、委员，市人民政府市长、副市长，市人民法院院长、市人民检察院院长的决定》。罗文孝当选为市长。

1988年至1990年，各乡镇政府所在地，先后建起了客车候车室。

1989年

6月27日，富锦口岸经国务院批准为内河一类口岸，7月1日正式对外开放。

7月16日，苏联货船抵达中国富锦港，富锦市政府在口岸举行了欢迎仪式，并举行了中国富锦港对苏贸易通航仪式。

7月28日，国务委员、国家科委主任宋健一行在省长邵奇惠等陪同下来富锦考察三江平原科技开发工作。

1989年7月至1991年8月，富锦市进行了第四次全国人口普查。普查结果，总户数（不含建三江）81 552户，总人口344 973人，其中男性人口176 378人，占总人口的51.13%，女性人口168 595人，占48.87%。在本次人口普查工作中，富锦市统计局获得国家级先进集体称号。

8月26日，富锦市第一中学迁移校址，进驻新校园。一中新大楼于1986年秋破土动工，建筑面积近万平方米，人们时称"万米楼"。此建筑在黑龙江省引起轰动，省领导、省教委领导多次来此视察，大加赞赏。它不仅是在全省中学中建筑面积最大的单体楼，而且还是动员社会力量，集资办学的产物。1988年，该楼为全国教育18省市"双改会议"参观现场。

9月8日，富锦市委市政府在一中举行了隆重的教学大楼落成典礼仪式，并决定将此教学大楼列入富锦撤县建市的标志性建筑。

10月16日至18日，中共富锦市第一次代表大会在工会礼堂召开。会议正式代表247人，列席54人，特约党外人士4人，代表全市11 592名党员。吕庆贤作《以四中全会精神为指针，为建设崭新的富锦而奋斗》的报告。

本年，富锦被评为全国体育先进县。

1990年

1月3日，国务院下发批复文件，同意在富锦港口设立富锦边防检查站。

5月8日，举行了富锦支河工程奠基仪式。富锦支河工程是新七星河配套工程，西起对锦山，东至解放桥1 600米处汇入新七星河。总长54.4千米，完成土方461万立方米，总投资1 364万元。富锦支河工程于7月30日竣工，创造了百里长河百天通水的业绩。

8月23日，全国政协重点视察团一行53人来富锦视察。

8月25日，富锦市委、市政府在火车站广场举行"亚运之光"火炬交接仪式。市领导和近万名群众冒雨参加了仪式和亚运火炬接力长跑。

10月17日至19日，富锦市第二届人民代表大会第一次会议在市工会礼堂举行。出席会议代表220人。罗文孝当选为市长。

本年，富锦市综合经济实力跻身于全省"九小龙"行列。

1991年

4月21日，哈尔滨三棵树站至富锦的383次直快列车通车。市委、市政府在火车站前广场举行了通车剪彩仪式。

6月28日，长安乡长安村王立新在承包田地出土铜质65毫米方印一枚。此印章高55毫米，重690克。为汉字篆刻印。正面刻有"讹里骨山猛安之印"，两侧分别阴刻汉字楷书，右面为"大定十九年四月"，左面为"礼部造"。印的上方边沿阴刻汉字楷书，有"讹里骨山猛安印"，左边沿阴刻女真文。据考证，此印为金代官印。

7月至8月，汛情严峻。7月23日，松花江水位57.9米。8月1日，水位达到59.82米。8月4日，洪峰水位达到60.81米，超过警戒水位（59.67米）1.14米。

9月16日，中共富锦市委全委扩大会议召开。会议日程中，与会人员先后到第十二小学和头林中学，为新成立的第十二小学及新教学楼举行隆重的典礼仪式，为头林中学新建的海船式教学大楼举行隆重的剪彩仪式。两栋教学楼都是动员社会力量、集资办学的成果。

本年，富锦修建新开流支河工程。本工程于1992年竣工。支河为人工河，从兴隆岗东风林场沿低洼地由西南向东北，穿过兴隆岗和宏胜两镇，在新七星河解放大桥上游200米处汇入新七星河。工程全长26.2千米，平均底宽12米。

本年，开始实行乡财政体制。乡镇实行统收统支管理体制。

1992年

2月20日，第一部《富锦县志》发行。本县志内容上自清光绪八年（1882年）设富克锦协领衙门时起，下至1985年，续编至1988年。1990年6月定稿，1991年由三环出版社出版。

2月23日，富锦市委办公室印发了《富锦市实现小康标准》《小康乡镇标准》《小康村标准》和《小康户标准》，同时下发了《在全市农村开展"奔小康"大讨论的实施意见》。

5月，富锦市检察院获最高检察院通令嘉奖。

10月1日，富锦市城区有线电视局部开通。8月，富锦广播电视局自筹资金500万元，首先在广播电视局周边居民区内布网架线，然后向城区各处延伸。当年传输10套电视节目。

1992年10月12日至18日，中国共产党第14次全国代表大会举行。党的十四大以1992年初邓小平南方谈话为指导，总结党的十一届三中全会以来14年的实践经验，作出三项具有深远意义的决策：一是决定抓住机遇加快发展，集中精力把经济建设搞上去；二是明确中国经济体制改革的目标是建立社会主义市场经济体制；三是确立邓小平建设有中国特色社会主义理论在全党的指导地位。

1993年

1993年1月12日至13日,中共富锦市第二次代表大会在工会礼堂召开。会议正式代表252人,代表全市12 075名党员。韩印作《加强改革,扩大开放,为率先登上经济发展新台阶,率先建立社会主义市场经济新体制而奋斗》的报告。

10月18日至19日,富锦市第三届人民代表大会第一次会议在市工会礼堂召开。出席会议代表208人。李德香当选为市长。

10月20日起,按照省统一部署,富锦开展了打击刑事犯罪的"百日攻坚战"。期间,破获各类刑事案件346起,其中大案234起,破获盗窃机动车案45起。抓获各类嫌疑人229人,其中重大案犯79人。

10月,富锦市邮电局开通了万门程控电话。此后,家庭有线电话发展迅速。

本年,富锦市综合经济实力成为全省"十强县"之一。

本年,在全国第七届运动会上,富锦被命名表彰为全国群众体育先进县。

本年,黑龙江省航运管理局开通经中国至俄罗斯哈巴罗夫斯克高速客运航线。富锦第一航运公司292船队首航中国富锦至俄哈巴罗夫斯克。

1994年

6月,省政府教育督导室对富锦市"基本普及九年义务教育、基本扫除青壮年文盲"(简称"两基")工作进行检查验收。年末,《中国教育报》发表全国实现"两基"县市名单,富锦市列在其中。

7月5日,富锦市在五中操场举行隆重的头兴农场建场典礼仪式。国家有关部门领导、副省长孙魁文、省有关部门领导,韩国方面有关代表等出席典礼仪式。富锦机关干部、事业单位职工及群众上万人参加了庆典仪式。庆典仪式上，中韩双方文艺团体还表演了精彩的文艺节目。

12月，富锦移动通信业务开通。网络采用模拟蜂窝制式，用户终端为模拟手机，俗称"大哥大"。

本年，原税务局分为地税局和国税局。

秋，富锦开始重建永安寺。永安寺占地面积13 000平方米，建筑面积1 800平方米，2000年底竣工。

1995年

1月10日，根据富编字〔1995〕1号文件，决定成立富锦市城市管理监察大队，隶属市建委，核定事业编制22人，下设城管监察中队和市容监察中队。

1月12日，省民政厅批准将长安镇的新发村、兴农村，上街基乡的嘎尔当村、上街基村，大榆树乡的中兴村、城东村，隆川乡的临城村等7个村划归富锦镇管辖。

5月16日，海关总署下文，将哈尔滨海关驻富锦办事处更名为中华人民共和国富锦海关。

11月6日，富锦市开始历时三个月的冬季严打整治斗争。期间，破获各类刑事案件290起，其中重特大案198起，打掉犯罪团伙80个、成员261人，捕获各类案犯247人。

本年，建设局将9个建筑公司合并，组建富锦市建筑总公司。建筑总公司下设11个分公司。

1996年

1996年1月至1997年12月，富锦进行了第一次全国农业普查，调查登记标准时间点为1996年12月31日。普查结果，1996年末乡村总户数（不含建三江）55 523户，总人口24.36万人，劳动力70 008人，耕地面积167 937公顷，大牲畜存栏107 083头，生猪存栏191 382头。

4月，经上级批准，将富锦市人民武装部收归军队建制，改称中国人民解放军富锦市人民武装部，隶属佳木斯军分区和富锦市委双重领导。

5月，富锦市在七星河流域遗址中出土了石镞、石制刮削器、石斧、石臼、石锤、陶器等。遗址东起大兴农场，西至锦山镇黑鱼四队，南由内七星河左岸起，北至头林镇解放村南。

本年，富锦市被评为国家粮食生产先进市。

本年，开发建设了富锦大市场。为了满足市民生活需要，在市区向阳路南段由市供销联社新建开发了占地面积为5万平方米的农贸市场。销售产品以蔬菜、水果批发零售为主，以粮食制品销售为辅，也有部分小商小贩摆设地摊，销售轻工产品和日用品，设简易锅灶做饮食生意。为了扩大市场的辐射力，促进各类农副产品市场交易活跃，带动农副产品产业化的发展，市供销联社不断完善市场功能，市工商局给予从业者宽松政策，使周边7个市县和建三江农场的经营者也来到富锦参与市场流通，促进了市场的发育和完善。1997年，原国务委员陈俊生在视察富锦时，题写了门匾"富锦大市场"。

1997年

1月8日，富锦市公安局建立了110报警服务指挥中心，负责公安通信指挥工作，并将公共信息网络纳入其管辖范围。

5月，富锦市运输公司购进一批中客，在市区内开通9条公交车线路。

6月，全市开始进行各种迎香港回归活动。市委召开了迎香港回归庆祝大会，各单位都开展了各种形式的庆回归活动。

6月，锦山镇跃进村出土一枚铜制印章，印面6×6厘米，高44厘米，重510克；印文为阳刻汉字九叠篆书，有"喂罕王必罕谋克印"字样；印背面和侧面分别阴刻汉字楷书"天秦贰年五月份"和"少口监造"。经考证，该印章为金宣宗贞祐三年（1215年），金朝官员蒲鲜万奴建立地方割据政权时所铸的官印。

7月，中央下达取缔"法轮功"邪教组织令。富锦市委按照中央、省委、佳市委的部署，严厉打击"法轮功"邪教组织。

1997年9月12日至18日，中国共产党第十五次全国代表大会举行。十五大是世纪之交承前启后、继往开来的大会，大会提出21世纪前50年三步走的发展战略；着重阐述邓小平理论的历史地位和指导意义；提出党在社会主义初级阶段的基本纲领；明确公有制为主体、多种所有制经济共同发展是我国社会主义初级阶段基本经济制度；强调依法治国，建设社会主义法治国家。

10月22日至24日，富锦市第四届人民代表大会第一次会议在市工会礼堂召开。出席会议代表203人。修景文当选市长。

本年，市政府将职业高中与技工学校合并，成立了富锦市职业技术教育中心，校址设在原技工学校。

1998年

3月，经考核，佳木斯市编委正式下文批准，富锦一中升格为副处级事业单位。

5月，富锦市委党史研究室编撰的《中国共产党富锦市历史大事记》（1931年至1987年）印刷出书。该书为内部资料。

6月27日至29日，中共富锦市第三次代表大会召开。大会代表266人，代表全市13 696名党员。刘文波作《高举邓小平理论伟大旗帜，解放思想，开拓前进，为实现市域经济综合实力进入全省前五强而努力奋斗》的报告。

8月，富锦又遭遇了历史上最大的洪涝灾害。进入汛期后，松花江水猛涨。松花江富锦段8月17日水位上涨至59.72米，超过警戒线0.05米，8月23日水位至60.49米，8月30日洪峰最高水位

61.11米。全市5万多名干部群众参加抗洪，对12千米堤防加高1.3米，并用编织袋护坡。对30千米沙土堤采取打桩，用砂石袋固脚，用编织袋护坡，并加高0.54米。抗洪期间，全市共投入人力、物力、财力总值达3 670万元，出动车辆51 382台次出工585 460人次，用木杆68 877根，草袋28.1万条、麻袋7.1万条。经过一个月的奋战，确保了松花江大堤安全，保护了国家和人民生命财产的安全。同时因内涝严重，大面积耕地受灾。本年洪灾，毁坏堤防65处，损坏闸门7座，损坏桥涵143座，损坏机电井729眼，损坏泵站三座。

本年，省政府对富锦市取消了财政计划单列管理。

1999年

4月1日，金融机构按照上级要求，对储蓄存款开始实行实名制。

4月5日，富锦邮电局波斯特连锁店（038号）店正式对外营业，连锁店面积840平方米。该店为富锦第一家购物超市。

7月，富锦一中高考成绩创历史新高峰。理科600分以上有24人，为佳木斯地区各高中之首。

9月7日，富锦市委、市政府在富锦一中召开了现场办公会。研究解决富锦一中创办省级示范性高中，扩大校园面积及校舍面积，扩大招生规模等问题。市四个班子主要领导，以及市教育局、市土地局、市建设局、市房产局，富锦镇党委等有关部门领导参加了会议。会后市委办印制了本次会议的纪要。本次会议是富锦一中发展的重大转折。不久，富锦一中向东向北征地，使校园面积由原来的37 000平方米，扩大到近7万平方米。2000年，新建了第二教学楼、第二学生宿舍楼，还新建了两栋教工住宅楼，改善了百户教工的住宅条件。

9月，富锦市各部门均开展了庆澳门回归活动。

12月26日，黑龙江省富锦拖拉机制造厂加盟中国华源凯马股份有限公司，取名黑龙江省凯马富托机械制造有限公司。

本年，富锦市加大经济实用住房建设力度，开发建设民主花园小区，共拆迁居民住宅128户，投入拆迁补偿资金356万元，腾出58 000平方米建设用地。小区建设历时两年。著名书法家、黑龙江省原省长陈雷为小区大门题写"民主花园"。本小区为佳木斯东部地区住宅小区的典范。

2000年

1月6日，按照党中央、省委和佳木斯市委的部署，富锦市委在县处级干部中开展了讲学习、讲政治、讲正气的"三讲"教育活动。参加"三讲"教育的县处级干部31人，活动历时3个多月，至4月27日结束。

2000年1月至2001年12月，富锦市进行了第五次全国人口普查。调查结果，总户数（不含建三江）99 834户，人口358 167人，其中男性为184 110人，占总人口的51.40%，女性174 057人占48.60%。本次人口普查，市统计局获得国家级先进集体称号。

1月27日，中国联合通信有限公司富锦分公司业务处成立。开业当天放号300户。富锦联通的成立打破了移动通信领域的垄断局面。

4月，中国电信（集团）公司以长江为划分点，北方电信公司更名为网通集团公司，随之，富锦电信局更名为中国网通（集团）公司富锦分公司。本年，富锦网通公司为了拓宽通信业务领域，开通了"小灵通"业务，年发展用户12 038个。

4月，按照国家关于电信体制改革的部署，移动通信业务正式与电信分离，成立了中国移动公司富锦分公司。

5月22日，富锦师范学校开始加挂佳木斯大学小学教育师范部的牌子。本年，开设小学教育专科，招生计划列入佳木斯大学，学生毕业颁发佳木斯大学专科毕业证书。2002年9月18日，按照黑办发〔2002〕84号文件，富锦师范学校并入佳木斯大学，改称佳木斯大学基础教育学院，是佳木斯大学二级学院。

6月，国家文物局批准富锦锦山镇黑鱼村、解放村古城遗址为国家级文物保护单位。遗址地表面留有古人类居住地半地穴或穴居坑，直径分别为7—11.5米不等，深度为2.4米。

7月，在全国高考中，富锦一中的成绩又创造了新高峰。佳木斯市理科前10名中，有富锦一中4名，名次分别为第一、第三、第六、第九。有5名学生分数超过北大、清华录取分数线。孙丹同学夺得佳木斯全市高考第一名。

11月8日，由黑龙江中宇投资有限公司与佳木斯华为电力公司共同出资，成立黑龙江华富风力发电富锦有限责任公司。风电场位于富锦市的别拉音子山上。2008年共装风力发电机组71台，总容量90.3兆瓦，总投资9.1亿元人民币。

12月，开始对乡镇进行合并。全市由18个乡镇合并为11个。隆川乡、富民乡并入大榆树乡，永福乡、择林乡并入向阳川镇，上街基乡并入西安镇，二道岗乡并入锦山镇。合并后的11个乡镇分别是：大榆树乡、富锦镇、向阳川镇、二龙山镇、西安镇、锦山镇、长安镇、砚山镇、头林镇、兴隆岗镇、宏胜镇。2002年6月，大榆树撤乡建镇。2003年8月，西安镇政府驻地由西安村迁至清化村，同时西安镇更名为上街基镇。

本年，经市委批准，成立富锦市老区建设促进会，简称老促会。其职责是，宣传老区人民在革命战争中的重大贡献，弘扬老区精神，反映老区人民的意见和要求，与有关部门沟通，帮助老区发展生产，改善民生，调查总结和推广老区开发建设、脱贫致富的典型。

本年，富锦投资2 900万元新建东方大厦。大厦建筑面积

11 120平方米，主楼10层。2001年竣工，2003年使用。

2001年

1月10日起，根据中央部署，市委在全市范围内组织开展了"三个代表"重要思想学习教育和实践活动。全市参加活动的党员有14 437名，其中农民党员5 289名，活动到2002年1月结束。

1月，富锦市土地局和地矿局合并改称为国土资源局。

3月，中国铁通佳木斯分公司富锦电信局成立，当年办理电话业务。

5月24日，中央电视台焦点访谈节目以《贷款巧算，计农民苦难堪》为题报道了大榆树镇信用社以贷谋私，违规违纪，严重侵犯农民利益事件，在社会上造成了恶劣的影响。

6月至9月，富锦市对各乡镇行政村区划进行调整。按照省区划办意见，原则上1 500人以下的村屯都应合并。富锦市的行政村由原来的395个，合并为266个。

12月10日，市610办公室为市处理"法轮功"问题领导小组的办事机构，挂市政府防范和处理邪教问题办公室牌子，由市政法委管理。

本年，富锦市被列入"十五"期间第一批国家商品粮大豆基地县。全市大豆播种面积为69，850公顷，平均每公顷产量4 212公斤。

本年，《国务院关于基础教育改革与发展决定》颁布。从本年起，全市新建校舍或老校舍改造，一律由市政府投资或向国家争取资金，不再向各单位摊派集资。

2002年

1月，从本月起农村教师工资全部由市财政统筹按月发放，其标准同市内教师一样。

3月23日至25日，富锦市第四届人民代表大会第六次会议在市总工会礼堂召开。出席会议代表203人。会议补选黄福清同志为富锦市人民政府市长。

2002年，富锦被农业部确定为国家大豆振兴计划示范县，国家大豆行动计划示范县。8月，富锦被中国特产之乡推荐暨宣传活动组织委员会授予"中国大豆之乡"荣誉称号。11月17日，富锦市举行了"中国大豆之乡"授牌仪式。

7月，富锦一中高考又创新高峰。600分以上34人，为富锦一中历史之最。9月，市委、市政府为一中颁发高考奖5万元。

9月18日，按照黑办发〔2002〕84号文件，富锦师范学校并入佳木斯大学，改称佳木斯大学基础教育学院，是佳木斯大学二级学院。

2002年10月21至27日，富锦普降大雪和暴雪，地面积雪深度达19厘米，致使农业遭受重大损失。17 445公顷各类农作物捂在雪中，其中水稻受灾面积1万公顷，受灾农户10 235户，占全市农户总数的19.4%。

11月8日至14日，中国共产党第十六次全国代表大会举行。十六大是党在新世纪召开的第一次全国代表大会，大会总结过去五年的工作和十三年的基本经验，阐述全面贯彻"三个代表"重要思想的根本要求，提出全面建设小康社会的奋斗目标。

11月12日至14日，富锦市第五届人民代表大会第一次会议在市工会礼堂召开。出席会议代表203人。刘臣当选为市长。

2003年

1月6日，富锦市成立农产品加工园区管理委员会。园区管委会为正科级单位。

3月，富锦市决定成立对俄贸易及俄土地开发领导小组，在俄成立商务代办处，组建俄联邦远东富锦有限公司。对赴俄进行土地开发的农民和城镇职工实行优惠政策。富锦市政府与俄罗斯下列宁斯阔耶区和比罗比詹市政府签订了5 000公顷土地耕种租赁合同。其中，下列宁斯阔耶区为4 000公顷，租期为10年；比罗比詹市为1 000公顷，租期为5年，计划输出劳务人员30人，两年后增加到90人。

2003年4月25号至27日，中共富锦市第四次代表大会召开。大会代表256人，代表全市14 450名党员。黄福清作《再展宏图、再振雄风、再创辉煌，为率先全面建成小康社会而努力奋斗》的报告。

4至5月，面对全国非典型性肺炎的严峻形势，富锦市委、市政府全面部署抗击非典工作，城乡各地严格防控。

6月，富锦市委、市政府将富锦镇所属6个街道办事处划出，组建中共富锦市城市社区委员会和富锦市社区建设委员会。

本年，富锦市实施旧城区改造，拆迁南八街两侧老旧居民住宅，开发住宅楼及商服房建设，同时将南八街建成高等级步行街。拆迁居民住宅156户。

2004年

2004年1月至2005年12月，富锦市进行了第一次全国经济普查。普查结果，共有法人单位（不含建三江）967个。按单位性质分，企业法人329个，事业法人224个，机关团体106个，其他法人308个；按单产业多产业划分，单产业法人893个，多产业法人74个。共有个体工商户6 588户，第二产业实现地区生产总值34 354万元，第三产业实现地区生产总值107 578万元。

5月，向阳川镇六合村被国家宗教局批准为满族村。六合村有人口1 009人，其中满族人口占89%。

5月，经市委七届17次常委会研究决定，原农机校、农广校、技工校、职业高中、成人中专、粮食学校和麻晶莉农业技术学校等7所学校进行合并，成立富锦市职业技术学校。

6月10日，富锦市行政服务中心正式挂牌成立。

9月1日，市委、市政府等四个班子领导参加了二龙山镇、向阳川镇、砚山镇、锦山镇寄宿制学校落成剪彩，并在锦山镇政府会议室召开了富锦市首批寄宿制办学新楼落成总结大会。

9月，省民政厅批准撤销富锦镇，设城关社区委员会。

10月18日，富锦新天地商厦举行开业庆典仪式。

12月21日，富锦温州轻纺边贸商城开业。

2005年

5月12日，富锦艺术团创编的龙江剧《路》参加省第二届龙江剧"白淑贤杯"文艺调演大赛，获得金奖。同时获编剧、导演、作曲和表演4个一等奖。大型反腐倡廉剧《路》由富锦市纪检委牵头，市委组织部、宣传部参与组织，由富锦艺术团创作并演出。该剧受到省、市领导肯定。2004年和2005年，该剧在省城和全省各地巡回演出40多场次。

6月21日、22日，佳木斯市老区扶贫开发项目审评暨《三江抗日》首发会议在富锦召开。佳木斯市老区建设促进会领导，各县、市、区老促会会长、副会长等参加了会议。

7月31日至8月1日，省委副书记、省长张左己一行来富锦视察和调研。张左己一行视察了华富风力发电有限公司、农业研发科研基地、职业技术学校、幸福灌区、富锦港口等。

8月，位于富锦城里的佳木斯大学基础教育学院（原富锦师范学校）整体搬迁至位于佳木斯城区的佳木斯大学校本部。

12月3日，国家环保总局副局长祝光耀、张力军，省环保局局长李维祥，在佳木斯市委书记郭晓华的陪同下，一行35人来富锦市检查松花江水污染防控情况。

12月8日，水利部副部长鄂竟平来富锦市检查松花江水污染防控情况。

12月25日,省教育厅正式批准富锦一中晋升为省级示范性高级中学。

12月,富龙风力发电有限公司成立,该风电场位于乌尔古力山上。

12月,富锦市疾病预防控制中心正式挂牌成立。

2006年

2006年1月至2007年12月,富锦市进行了第二次全国农业普查。普查结果,农村居住户数(不包括建三江)67 300户,居住人口230 100人,其中外来人口11 900人。

4月12日,佳木斯大学基础教育学院富锦校址(原富锦师范校址)移交富锦市人民政府。富锦市政府代表佳木斯市政府与佳木斯大学签约。

6月,富锦市争取了松花江富锦至同江浅滩治理项目。省航务局安排挖泥船进入松花江富锦段施工。2007年5月,完成治理浅滩项目,保证了枯水期间富锦对俄贸易正常通行。

6月,富锦一中高考再创新高峰。总分600分以上人数72人,为历史之最。进入一批次(重点大学)166人,进入二批次366人,进入三批次448人,共计进线人数980人,为历史之最。考入"985"高水平大学38人,考入"211"工程大学113人。9月,富锦市委、市政府为富锦一中颁发高考奖20万元。

8月,经市政府批准,撤销上街基中学、西安中学和长安中学,三所学校的师生合并到新成立的富锦市联合中学。富锦联中的校址设在原师范学校的校址。

12月19日至21日,富锦市第六届人民代表大会第一次会议在市工会礼堂召开。出席会议代表202人。周宏当选为市长。

2007年

3月4日(农历正月十五),富锦市举办了中国·富锦首届秧歌节，全市城乡共有53支秧歌队，5 000多人参加了秧歌会演。

7月9日至12日，省政协原副主席李敏带领东北抗联精神宣传队和张进思烈士亲友团来到富锦，参加纪念张进思（张甲洲）100周年诞辰活动，并到革命烈士陵园、富锦一中（张进思曾经工作过的地方）等地进行了东北抗联精神的宣传活动。

10月2日，富锦一中举行了建校80周年大型庆典活动。省教育厅领导、佳木斯市政府领导、佳木斯市教育局领导、富锦市四个班子领导、富锦各系统领导、一中友好学校领导、一中历届校友及在校师生，共计4 000多人参加了庆典活动。

2007年10月15日至21日，中国共产党第十七次全国代表大会举行。大会总结过去五年的工作和改革开放以来的宝贵经验，强调要坚定不移高举中国特色社会主义伟大旗帜，坚持中国特色社会主义道路和中国特色社会主义理论体系，全面阐述科学发展观的科学内涵、精神实质和根本要求，提出实现全面建设小康社会奋斗目标的新要求。

12月，富锦相继完成同三公路富锦段、桦富路、富宏路、富密路等省县公路干线工程建设，完成农村公路畅通工程420千米，县乡总千米数达到6 902千米，通村公路通达工程293.8千米，在国省干线基础上，又将620千米县乡两级公路纳入养护和管理范围，已打通现有10个镇109个村，乡镇以上干线路已完成，主要村级干线大部分完成。

12月14日至15日，中共富锦市第五次代表大会在工会礼堂召开。会议代表256名，代表全市14 629名党员。刘臣作《科学统领发展，创新实现跨越，公正构筑和谐，为建设佳木斯市东部区域中心城市而奋斗》的报告。

本年，富锦凯马车轮公司与俄罗斯伊尔库斯克市贝加尔车轮公司，签订了770万美元的80万只钢圈出口合同，第一批供货5万只已出口创汇50万美元。

本年，富锦民营企业总户数发展到9 339户，其中个体工商户8 500户，民营企业839户。

2008年

1月9日，富锦市举行了"千千万万民生改善工程"救助物资集中发放活动。此次救助活动，共向城乡1 500户特困低保户家庭发放现金、大米、白面、豆油、彩电等，折合人民币约百万元。

4月28日，省委书记吉炳轩到富锦进行调研。

5月15日，富锦市举行向汶川等地震灾区爱心捐赠活动启动仪式。至6月30日，富锦为汶川地震灾区捐款计291.5万元。5月19日14:28至14:31，按照统一要求，富锦市4个班子领导及全市人民向汶川特大地震罹难同胞沉痛致哀。

7月27日，富锦市在工业园区举行南华糖业精制糖项目奠基仪式。省委副书记、省长栗战书，佳木斯市委副书记、市长李海涛，富锦市委书记刘臣，南华集团总裁冯晓华分别在仪式上致辞。副省长于莎燕，省长助理、省政府秘书长郭晓华，佳木斯市委书记林秀山及富锦市四个班子的领导参加了奠基仪式。后来，此项目未能进行。

7月27日，富锦市举行松花江流域水污染治理排水改扩建项目奠基仪式。省委副书记、省长栗战书，副省长于莎燕，省长助理、省政府秘书长郭晓华，佳木斯市委书记林秀山，佳木斯市委副书记、市长李海涛，以及富锦市四个班子领导参加了奠基仪式。

9月20日至24日，中国摄影名家"富锦之旅"采风活动在富锦进行。

10月16日至19日，省政府教育督导评估组对富锦高水平、高质量普及九年义务教育工作（简称"双高普九"）进行督导检查。

12月26日，富锦市委、市政府等机关地址由中央大街路南迁至路北原第五中学位置。此前五中迁至原教师进修学校的位置（在二中附近）。不久，路南原市委、市政府两栋大楼被拆掉，整个大院待开发。

2008年，城镇居民人均可支配收入达到10 272元，农民人均纯收入达到5 980元，同比增长28.8%和27.8%。

本年，富锦针对社会反应强烈、影响城市交通安全的近3 000台营运机动三轮车，多措并举，进行取缔。新增公交线路两条，更换公交车63辆，方便了市民出行，城市交通秩序有了显著改观。

2009年

5月，中央大街路南原市委、市政府大院始建大商新玛特商场和广场。

6月11日，富绥松花江公路大桥奠基。

7月20日至21日，中共富锦市五届六次全体会议召开。

7月25日，全国人大常委会副委员长周铁农来富锦市视察。

7月26日，杭州知青回访富锦，纪念在富锦下乡插队40周年。

8月26日，省委书记吉炳轩视察哈同公路和富绥松花江公路大桥施工现场。

8月28日，富锦市委、市政府举行富锦建县100周年庆祝活动。当天的文艺晚会在政府广场举行。百年富锦，群星璀璨。富锦电视台第一次进行了现场直播。

10月18日，国务委员、国防部长梁光烈到富锦市视察。

12月12日，黑龙江省三江平原湿地宣教馆正式开馆。

本年，富锦市被评为全国粮食生产先进县（市）。

本年，富锦城区房地产开发在建工程，包括2008年结转工程13项等共50多项，总建筑面积60多万平方米。在建规模较大的住宅小区有7处，总面积21.8万平方米。这些小区分别为：世纪家园C区3.5万平方米，新开街改造工程新富小区1.85万平方米，奥林小区6.2万平方米，嘉园小区2.5万平方米，鼎新小区4万平方米，鸿福天地1.9万平方米。有11个在建公共建筑项目，总建筑面积6.6万平方米。棚户区改造项目3项，分别为东风小区回迁楼，总建设面积1.6万平方米，向阳小区总建设面积1.5万平方米（共3栋），文博小区总建筑面积2.7万平方米。

本年，全市民营企业和个体工商户突破1万户，其中销售收入超千万元的达55户，超亿元的达8户，实现税收1.7亿元，同比增长32%。

本年，城镇居民人均可支配收入达到11 607元，农民人均纯收入达到7 539元（含政策性补贴），同比分别增长13%和26%。

本年，通俗歌剧《红雪花》参加全省国庆60周年优秀剧目调演，获得"优秀组织奖"等7个奖项。

2010年

4月29日，向阳川镇长春岭村农民因土地矛盾阻断同三公路和福前铁路，致使福前铁路停运9个多小时。4月30日，哈尔滨、佳木斯、双鸭山、鹤岗、鸡西等武警部队进驻富锦维稳。

5月17日，省民政厅批复，撤销富锦市城市社区建设委员会，成立富锦市城东街道办事处和城西街道办事处。

5月19日，农业部副部长张桃林来富锦市视察。

5月26日，富锦市公路客运站枢纽工程举行开工奠基仪式。

6月，富锦始建地下商业街，取名"米兰国际地下商业街"。地下商业街位于富锦市向阳路中段，中央大街至南七街，建筑面积5 766平方米，营业面积4 498平方米，共有摊位219个。2011年1月投入运营。

7月16日至18日，北京大学学生骨干训练营开展"乡土行、中国情"活动。本训练营一行10人，先后到小学、初中等义务教育学校和农村进行社会调查。

8月13日至15日，国际湿地生物多样性保护研讨会在富锦市举行。

10月30日，富锦市西山锦台落成。

12月1日，富锦市污水处理厂投入运营。

本年，富锦村级小学全部停办。富锦市2004年开始实行农村寄宿制办学，到2006年，绝大多数村小学被取消。

2006至2010年，富锦城区住房工程累计完成86万平方米，实现产值17亿元。

本年，群体性上访量剧增。最突出的是两大问题，一是农村土地矛盾激烈，二是城区拆迁问题。

2011年

4月18日，中央政治局委员、国务院副总理回良玉等在省委书记吉炳轩、省长王宪魁陪同下到富锦市视察。

6月24日，省长王宪魁来园区考察，将园区确定为省级重点绿色食品产业园区，园区成为全省两个重点绿色食品产业园之一。

8月28日至29日，省委书记吉炳轩参加富绥松花江大桥竣工仪式并视察富锦市。

9月3日，大商新玛特正式开业，商场总面积35 485平方米，地下一层，地上四层。

9月3日，建虎高速公路竣工通车。9月23日，集同高速公路竣工通车。9月28日，富绥松花江大桥竣工通车。

12月20日至21日，中共富锦市第六次代表大会召开。大会有代表256名，代表全市15 137名党员。周宏作《抢抓机遇，跨越赶超，为挺进全省十强县（市）而努力奋斗》的报告。

本年，城镇居民人均可支配收入达到15 030元，农民人均纯收入达到12 588元。

本年，全市财政收入达6.7亿元，5年增长4.2倍，其中一般预算收入达到3.9亿元，5年增长5.3倍，社会消费品零售总额达到36.7亿元，5年增长三倍。5年累计完成固定资产投资146.7亿元，是上一个5年的4.8倍。

本年末，为解决特困群众吃饭问题，全市共筹集资金100万元，其中党政机关干部职工捐款47万元，市财政匹配资金53万元，通过各镇、街道办事处入户调查、核实和公示，为2 000户特困低保家庭每户发放现金200元、大米一袋、白面一袋、豆油10斤。

本年末，为解决城乡低保对象取暖问题，争取省厅专项资金782万元，为城市低保对象6 103户发放取暖补助621万元，户均1 110元，为农村低保对象10 736户发放取暖补助161万元，户均200元。此项资金已到财政账户，元旦后及时下拨。

本年，通过采取常规性医疗救助和重点病种大病救助相结合的方式，切实解决城乡特困家庭就医难的问题。救助标准：低保对象每人每年达到8 000元，"五保"对象1万元，优抚对象13 000元。全年共发放医疗救助资金1 409万元，其中城市548万元，农村861万元。

2011—2012年，富锦城区住房在建工程69项，总建筑面积达190万平方米。

2012年

5月26日，省委副书记、省长王宪魁到富锦市调研。

7月12日，国家专家服务团"龙江行"走进富锦市，几位水稻专家深入向阳川镇田间，面对面现场指导。

7月18至20日，全国现代农业建设现场交流会在佳木斯市召开，富锦市长安镇漂筏村万亩玉米高产创建示范区是参观现场。

8月11日，省委副书记、省长王宪魁到富锦市调研。

9月，富锦市被农业部确定为国家现代农业示范区。

11月8日至14日，中国共产党第十八次全国代表大会举行。党的十八大是在我国进入全面建成小康社会决定性阶段召开的一次十分重要的大会。大会的主题是：高举中国特色社会主义伟大旗帜，以邓小平理论、"三个代表"重要思想、科学发展观为指导，解放思想，改革开放，凝聚力量，攻坚克难，坚定不移沿着中国特色社会主义道路前进，为全面建成小康社会而奋斗。

12月4日，中央政治局审议通过了关于改进工作作风，密切联系群众的八项规定。

本年，城镇人均住房面积达30.44平方米。

本年，农村医疗保险人数为224 436人，占农村总人口的92%；住院治疗最高可报销6万元，在本乡镇住院报销额为85%。

至2012年，富锦有韵达、顺丰、圆通、百世、申通、中通、天天、优速等13家全国连锁快递进驻。

本年，全市规模以上工业企业达到63户。

本年，富锦粮食总产量达到57亿斤。水稻玉米种植面积双双突破200万亩。富锦市成为全国水稻面积第一县。

2013年

1月1日，富锦市人力资源和社会保障局正式挂牌成立。

4月1日，省委书记王宪魁，省委常委、副省长刘国中，省委常委、省委秘书长杨东奇等省到富锦市调研。

6月4日，国务院批复三环泡保护区为国家级保护区。

6月18日，在北京召开党的群众路线教育实践活动工作会议。这次教育实践活动的主要任务聚焦到作风建设上，集中解决形式主义、官僚主义、享乐主义和奢靡之风这"四风"问题。要对作风之弊、行为之垢来一次大排查、大检修、大扫除。这"四风"是违背党的性质和宗旨的,是当前群众深恶痛绝、反映最强烈的问题,也是损害党群干群关系的重要根源。"四风"问题解决好了,党内其他一些问题解决起来也就有了更好的条件。

8月17日,中共中央政治局委员、国务院副总理汪洋,中央财经领导小组办公室副主任、中央农村工作领导小组办公室主任陈锡文,农业部部长韩长赋,国家发展改革委副主任毕井泉等,在省委书记王宪魁,省委常委、省委秘书长、办公厅主任杨东奇,副省长吕维峰陪同下到富锦市检查工作。

8月18日上午,富锦市召开防汛抗洪动员大会。由于近期暴雨频发,防汛形势异常严峻。省防汛抗旱指挥部于8月16日12时将二级防汛应急响应升级为一级防汛应急响应,并开展相应行动。8月16日松花江富锦段水位60.19米,已高出警戒水位0.09米。富锦市防汛抗旱指挥部决定从8月17日12时起启动富锦市一级防汛应急响应并开展相应行动。

9月,富锦国家湿地公园晋升为4A级旅游景区。

10月20日,省委副书记、省长陆昊等到富锦市调研。

本年,全市农民专业合作社达到507个,千万元农机合作社达19个,流转土地面积110万亩,带动土地规模经营面积400万亩。

2013—2018年,全市改造农村泥草(危)房17 354户。

2014年

3月11日,省建设规划委员会在省住建厅例会上评审富锦城市总体规划,富锦城市总体规划通过了评审。

4月2日,省委书记王宪魁来富锦调研。

6月4日—5日,全国百位旅游商走进富锦,踏查观光了富锦湿地宣教馆、西山锦台、富锦国家湿地公园等景区。

6月6日—7日，省委副书记陈润儿等参加富锦市委常委班子民主生活会。

6月25日—26日，农业部副部长余欣荣，黑龙江省副省长吕维峰率全国主产区产粮大县培训班的全国333个产粮大县主要负责人到富锦市考察。

9月3日，全国政协副主席卢展工率艺术团到富锦。艺术团先后到大榆树镇新旭村、砚山镇福祥村演出。新旭村原名新立村，卢展工曾作为杭州下乡知青在这里插队落户，参加生产劳动。

10月23日，富锦市砚山镇德祥村党支部书记姜驰被授予"第二届全国最美村官"称号。

本年，为城乡低保户、"五保"户和优抚对象2.9万人进行了免费体检。

本年，有42个村通上了自来水。

本年，全市建筑工程累计57项，总建筑面积1 018 290平方米。

2015年

2月11日，省委书记王宪魁到黑龙江（富锦）绿色食品产业园、象屿金谷农产有限公司调研。

5月11日，省委书记王宪魁到富锦市调研。

8月26日，省委书记王宪魁到富锦市调研。

12月30日，富锦市向阳川镇义务电影放映员彭步钦荣获"感动龙江"年度人物（群体）称号。

本年，在国省公路沿线高标准建设了长安镇永胜村、漂筏村、大榆树镇福来村、上街基镇德安村、锦山镇中永村、二龙山镇西凤阳村等16个水稻、玉米万亩示范区。

2016年

1月4日—3月9日，省委第八巡视组专项巡视富锦市。

5月6日，省委书记王宪魁到富锦调研。

6月，富锦市被农业部确定为"国家粮食生产功能区"五个试点县之一。

7月7日—8日，富锦市举办旅游联盟发展论坛。

8月30—31日，省委书记王宪魁到富锦调研。

9月3日，中共中央政治局常委、书记处书记刘云山调研富锦象屿金谷农业物产公司，王宪魁、陆昊等陪同。

11月16日，富锦市绿色食品产业园区铁路专用线正式开通运营。

12月27—28日，中共富锦市第七次代表大会召开。参加会议代表256人，代表全市16 713名党员。赵励军作《聚焦振兴发展，决胜全面小康，为建设三江平原区域中心城市而努力奋斗》的报告。

本年，黑龙江省（富锦）绿色食品产业园更名为黑龙江省富锦经济开发区。

2017年

6月9日，富锦国家湿地公园被省旅游委评为全省十大最具人气湿地。

7月30日，富锦市11 636人成功挑战"最多人一起扭秧歌"吉尼斯世界纪录。

8月20日，举办象屿2017富锦半程国际马拉松赛。

10月18日至24日，中国共产党第十九次全国代表大会举行。大会的主题是：不忘初心，牢记使命，高举中国特色社会主义伟大旗帜，决胜全面建成小康社会，夺取新时代中国特色社会主义伟大胜利，为实现中华民族伟大复兴的中国梦不懈奋斗。大会高举中国特色社会主义伟大旗帜，以马克思列宁主义、毛泽东思想、邓小平理论、"三个代表"重要思想、科学发展观、习近平新时代中国特色社会主义思想为指导，分析了国际国内形势发展变化，回顾和总结了过去5年的工作和历史性变革，作出了中国特色社会主义进入了新时代、我国社会主要矛盾已经转化为人民日益增长的美好生活需要和不平衡不充分的发展之间的矛盾等重大政治论断，深刻阐述了新时代中国共产党的历史使命，确立了习近平新时代中国特色社会主义思想的历史地位，提出了新时代坚持和发展中国特色社会主义的基本方略，确定了决胜全面建成小康社会、开启全面建设社会主义现代化国家新征程的目标，对新时代推进中国特色社会主义伟大事业和党的建设新的伟大工程作出了全面部署。

10月，砚山镇福祥村党支部书记姜驰（女）作为党代表参加党的十九大。

2017年，富锦市被国家农业部列入全国100个农业机械化示范区之一。

2018年

1月，恢复富锦镇建制。30日，中共富锦镇委员会、富锦镇人民政府正式挂牌。富锦镇党委政府曾在2004年9月撤销，设为城关社区委员会。

2月22日，市委组织部下发通知：成立31个部门党组；撤销14个党委，成立2个部门党工委和12个部门机关委员会。

5月5日，富锦市举行国际乡村狂欢节。

6月5日，富锦市被评为第四批全国法治县（市、区）创建活动先进单位。

7月20日，国家税务总局富锦市税务局挂牌成立。

8月22日，锦西灌区主体工程正式开工。锦西灌区工程总投资6亿元，覆盖锦山、头林、上街基、长安等4镇，建成后灌溉面积将达到110万亩，计划2022年建设完成。

9月7日，全市露天禁烧秸秆工作全面展开。

9月15日，省委书记、省人大常委会主任张庆伟到富锦市考察。

9月23日，富锦市举办"撤县建市三十周年最美富锦人颁奖典礼暨首届中国农民丰收节文艺庆典"活动。

10月以来，富锦市全面开展扫黑除恶专项斗争。

12月19日，富锦市退役军人事务局挂牌成立。

本年，水稻、玉米、大豆三大作物种植面积分别达到229万亩、198万亩、113万亩，粮食生产再获大丰收，总产达到53亿斤，稳居全省第一。

本年，争取省住建厅支持，请专家完成沿江景观带，滨江大街规划设计。

本年，引进并开工建设了秸秆碳基复合肥、秸秆生物质发电、稻米加工、大豆食品、植酸钙等一批投资规模大、产业拉动力强、税收贡献率高的大项目。

本年，投入5亿多元，新建、维修、改造中小学校40所，招聘教师265人，顺利通过教育均衡县创建工作省检。

本年，城市西出口建成"天富锦城"地标性建筑。

2019年

1月7日，中共富锦市第七届委员会第五次全体会议召开。

5月31日，召开全市领导干部会议，宣布省委关于富锦市委主要领导职务调整的决定。佳木斯市委常委、组织部长刘立民在会上作了重要讲话，新任职的市委书记李源波在会上作了表态发言。市委副书记秦世海主持会议，并就贯彻落实会议精神提出具体要求。市级领导班子成员、其他现职处级领导干部、市直部门主要负责人，各镇（街道）党政正职，中省直部门主要负责人参加会议。

5至10月，"富克锦历史文化圈"探究者、采风者、旅行者沿着清代《富克锦舆地略》《富克锦山川形势》《吉林通志》记载富克锦所辖之地，到此一察。这些志愿者们的行动，南至穆棱河，北至黑龙江，东至乌苏里江，西南至音达木河，西北至嘉荫，踏查、观光、拍摄了古城、古迹、风土、名胜等。

10月1日，在新中国成立70周年这一光辉时刻，富锦市在市政府中心广场举行庆祝新中国成立70周年万人升旗仪式。

9月30号，市第八届人民代表大会第四次会议圆满完成了各项议程，郝旺同志（女）当选为富锦市人民政府市长。

12月7日，为进一步实施"招商之冬"战略，促进经济合作领域不断拓展，富锦市在北京举行"黑土情谋振兴"黑龙江·富锦（北京）商务恳谈会。富锦市委、市政府领导，富锦籍在京成功人士、北京黑龙江企业商会、北京吉林企业商会、北京杰出企业家嘉宾代表200余人参加会议。

12月26日，中国工农红军富锦东北抗联英雄基地红军小学授旗授牌仪式在市第十二小学举行。富锦市第十二小学正式加入全国红军小学队伍。

2020年

1月3日，中国共产党富锦市第七届委员会第七次全体会议举行。

1月9日上午，全省"不忘初心、牢记使命"主题教育总结大会召开。同日，富锦市召开"不忘初心、牢记使命"主题教育总结大会。

1月22日，富锦市召开新型冠状病毒肺炎疫情防控工作会议。认真贯彻落实习近平总书记重要指示精神和李克强总理批示精神，贯彻落实国家、省级和佳木斯市有关会议要求，对全市有关防控工作进行安排部署。

1月26日上午，市委书记、市应对新型冠状病毒感染肺炎疫情工作领导小组组长李源波主持召开我市防控新型冠状病毒感染肺炎疫情工作推进会议。

2月8日，全国新冠肺炎确诊病例34 664例，死亡724例。今天开始，富锦城里各小区门口有人值班进行严格管控。有物业的，由物业部门直接管理；没有物业的，由政府指派单位安排专人值班进行管理。

2月开始，因为新冠病毒的大流行，企业停工，商场、饭店等停业。

2月12日晚，市委召开常委会会议暨市应对新型冠状病毒感染肺炎疫情工作领导小组会议，市委书记、市应对新型冠状病毒感染肺炎疫情工作领导小组组长李源波主持会议并讲话，会议以视频形式召开。

2月19日，富锦市集结了14名精锐医护人员，组成了支援湖北医疗队，紧急出征孝感市。

3月1日为学校春季开学日，因疫情形势严峻，中小学开学时间延期。小学、初一、初二、高一、高二学生本学期没有返校。初三学生于5月25日返校复课。高三学生于4月7日返校复课10天后又停课，5月25日再次返校复课。但是，停课不停学。本学期学生不能返校期间，各学校组织实施了线上教学、上网授课。

3月3日上午，我市与中央储备粮创业直属库有限公司、北京万里利达有限公司、长扬大秦环保科技有限公司，采用"屏对屏"远程操作的方式顺利完成招商项目的"线上签约"。

3月，佳木斯市委下发《佳木斯市关于加强社区（村）网格化管理推进市域基层社会治理现代化的指导意见》的通知。通知要求做到一人一格。4月，网格化组织机构建立，总网格长由县（市）区党政主要领导担任，对本地网格化服务管理工作负总责。一级网格长由县（市）区党政干部担任，包联社区（村）和网格，二级网格长由街道（乡镇）党政主要领导担任，包联社区（村）网格化服务管理工作，至少包联一个社区（村）和网格，二级网格员由街道（乡镇）班子成员及所属办（中心、站、队、所）干部和工作人员担任，包联网格或担任兼职网格员；三级网格长由社区（村）书记、主任担任，包联网格，三级网格员按照"一格一专多兼"原则，采取"1+N"模式组建网格员队伍，"1"为每个网格配备一名专职网格员，"N"为兼职网格员。

6月23日，富锦市人民政府与明辉大秦（上海）环保科技股份有限公司、黑龙江金象生化有限责任公司举行30万吨速溶胶粉项目签约仪式。项目全部建成投产后，年可加工玉米淀粉28.5万吨，生产速溶胶粉30万吨，年产值预计实现10亿元，税收2 000万元。

7月7日、8日，进行高考。原为6月7日开考的全国高考，因为疫情延期一个月进行。

8月6日，三江平原湿地生态文化季在我市盛装启幕。省委常委、宣传部部长贾玉梅，佳木斯市委书记杨博，佳木斯市委副书记、市长邵国强及龙江东部湿地旅游联盟成员单位有关领导出席活动。省委宣传部副部长、省文化和旅游厅厅长张丽娜主持开幕式。

9月22日，第三个中国农民丰收节黑龙江省庆祝活动主会场在富锦市长安镇永安村万亩水稻公园举行。本届农民丰收节以"黑土粮仓庆丰收，大美粮仓迎小康"为主题，以农民为主体，以庆丰收为主线，以大农业、大粮仓、大丰收为题材，全面展示龙江农业新成果、农村新风貌、农民新形象。省委书记

| 附 录 |

张庆伟寄语丰收节，通过视频向全省农民表示祝贺，省长王文涛出席现场，宣布秋收"开镰"，并向全省先进农民颁奖。庆祝活动以省内各地前来的14位收割机手参加水稻机械化收割比赛开始。23日，中央电视台新闻频道《朝闻天下栏目》对庆祝活动进行了报道。

后　记

在国家和黑龙江省、佳木斯市老区建设促进会的组织指导下，在富锦市委、市政府的领导下，作为《全国革命老区县发展史》丛书之一的《富锦市革命老区发展史》付梓了。

本书从收集编写道印刷出版，历时三年多的时间。这期间，正值庆祝中华人民共和国成立70周年、喜迎中国共产党建党100周年，又恰逢富锦建县110周年，本书是向新中国成立70周年和建党100周年的献礼，也是向富锦建县110周年的献礼。本书较全面地记述了富锦建县以来110多年的历史，也是富锦的第一部发展史。

本书编辑部成立之后，首先确立了明确的编写目标：力争写成"三可"之书，即一本可信的地方"真书"，一部可读的富锦正史，一册可藏的珍贵文献。

为了编写好本书，编写组成员认真、细致地做了大量的工作。先是研修发展史的特点、史书的体例、章节提纲及写作表达知识。在编写过程中，不断地收集各个时期的有关文件、文章、权威书籍等，访谈了众多的知情人士，邀请业内资深人士提供纪实资料，多次到市档案馆查找文档，先后去往黑龙江省档案馆、大连市图书馆查找资料。在各镇党委的支持下，近百个老区村都提供了基础材料。在编写过程中，参考了权威版的通史、党史、军史等，参考了《富锦县志》《富锦党史大事记》《富锦文史资料》等书籍，还参考了当事人写的回忆录及回忆文章等。

本书共有十章和一个附录。第一章自然概况，第二章历史沿革与行政区划及人口变化，第六章东北解放战争时期的革命斗争、第十章扶贫攻坚战和附录：富锦历年大事记，由衣树羽执笔；第三章富锦建县初期的开发和建设，由穆宝达执笔；第四章东北抗日斗争时期中共党组织的建立与发展及老区人民的抗日行动，由编写组集体执笔；第五章东北抗日联军在富锦地区的艰苦斗争，由张家繁执笔；第七章社会主义革命和建设时期的经济建设和社会发展，由刘延复执笔；第八章改革开放时期的巨大变化和发展，由王殿阁执笔；第九章建设中国特色社会主义新时代的跨越式发展，由张家繁执笔。

三年来，书稿经历了多次的集体讨论和史实核对，经历了多次的修改。书稿先后由佳木斯市和黑龙江省老促会组织专家进行审读。根据专家的意见，主编又多次进行增删和修改，最后由黑龙江教育出版社出版。

自古至今，富锦地区的行政区划每个时期都有变化。因此，本书所记历史事件必然尊重当时的所辖区域。例如，清代后期，富锦版图最大，南至穆棱河，北至黑龙江，西至音达木河，东至乌苏里江甚至伯力。再如，解放战争时期，富锦中心县委管辖6县（富锦、同江、抚远、绥滨、萝北、佛山）。因此，本书对历史负责，对不同时期所辖区域发生的重大事件，如实记述。

在本书编纂过程中，得到了佳木斯市老促会时任会长李淑香同志和现任会长王君清同志的精心指导，得到了佳木斯市地方志主编富宏博同志的细致审读和严谨校正。本书的编写得到了各镇党委及老区村党支部的支持，也得到了相关部门的支持，以及各领域资深人士的支持。在此，表示衷心的感谢！

由于有的历史文档资料空缺,编写人员水平有限,书中难免有不足之处,敬请读者指正。

《富锦市革命老区发展史》编辑部

2020年12月